세계경제사 들어서기

송병건 지음

세계 경제는 어떻게 진화해 왔나?

도서출판 해남

세계경제사 들어서기

초판1쇄 인쇄 2013년 7월 22일
초판1쇄 발행 2013년 7월 26일

저 자 송병건
발행인 노현철
발행처 도서출판 해남

출판등록 1995. 5. 10 제 1-1885호
주소 서울특별시 서대문구 충정로 3가 227-1 우리타워 6F
전화 739-4822 **팩스** 720-4823
이메일 haenamin30@naver.com
홈페이지 www.hpub.co.kr

ISBN 978-89-6238-069-9 03320

머리말

모든 단어는 특정한 느낌을 가진다. 물론 그 느낌은 시대에 따라, 환경에 따라, 개인에 따라 다르게 다가온다. 오늘날 사람들에게 '세계화'라는 단어만큼 다양한 느낌을 풍기는 단어도 드물 것이다. 때로는 첨단 기술로 설계된 미래 사회, 때로는 하늘과 땅과 바다를 가로지르는 놀라운 스피드, 때로는 엄청난 힘을 동반하고 밀어닥치는 쓰나미, 때로는 촌부가 이해하기 어려운 외부로부터의 보이지 않는 압력, 또한 때로는 이미 색 바랜 진부한 표현으로 다가온다. 어떤 이는 세계화에서 풍요로움을 느끼고, 어떤 이는 경쟁심을 느끼고, 어떤 이는 박탈감을 느끼고, 어떤 이는 분노를 느끼며, 또 어떤 이는 무기력을 느낀다.

이런 다양한 느낌은 세계화가 우리에게 얼마나 강하게 영향을 끼치고 있는지를 말해 주는 증거이다. 세계화라는 용어가 본격적으로 확산되기 시작한 30여 년 전에는 세계화란 국제적 경쟁의 무대에서 뛰는 기업가나 외교관이 느끼는 경쟁의 힘과 같은 것이었다. 그러나 오늘날에는 활동 공간과 직업과 연령과 성별과 사회 집단과 무관하게 모두를 감싸고 있는 공기와 같은 것이 되었다. 그 속에서 사람들은 온갖 종류의 지식과 감정과 경험을 갖게 되고, 그런 가운데 세계화에 대한 자기만의 느낌을 형성하게 된다. 이제 세계화는 우리를 둘러싼 세계의 모습이자 세계의 변화를 이해하는 틀 자체가 되었다.

이런 변화는 학계에도 영향을 주었다. 이제 세계사는 개별 민족, 개별 국가, 개별 문화권의 역사의 병렬적 합이 아니다. 개별 민족, 개별 국가, 개별 문화권이 모여 하나를 형성한 세계라는 유기적 조직체의 단일한 역사이어야 한다. 개별 집단의 역사와 그 공백을 보충하는 의미로의 집단 간의 역사만으로는 세계라는 단일한 실체를 제대로 파악하기 어렵다.

필자는 지난 10여 년 동안 대학에서 세계화의 역사라는 관점에서 경제사를 강의해 왔다. 강의를 계속할수록 필자의 세계사 지식이 서구에 편중되어 있음을 깨달았고, 지구의 각 지역과 집단 간의 상호 작용에 대해 관심이 부족하였음을 느꼈다. 2005년에 『세계화 시대에 돌아보는 세계경제사』라는 책을 출간하였는데, 이 책도 이런 제약에서 자유롭지 못하였다. 2012년에 『경제사: 세계화와 세계 경제의 역사』라는 책을 출간해서 마음의 부담을 다소간 덜 수 있었다. 그러나 적지 않은 분량의 본격적인 대학교 전공 교재인 탓에 읽기에 무거움을 느끼는 독자들이 있었다. 이번에 출간하는 이 책은 『경제사』의 주제와 핵심적 내용을 그대로 담으면서도 이 분야 특유의 건조하고 딱딱한 속성을 부드럽게 만들고자 하였다.

특히, 경제사 분야가 익숙하지 않은 독자도 쉽게 읽어 가면서 세계 경제의 진화 과정을 파악할 수 있도록 하기 위해 노력하였다. 해당 시기와 지역의 시대상을 보다 가까이 전달하기 위해 많은 그림과 사진 자료, 그리고 문헌 자료를 수록하였다. 독자들이 이 책을 통해 세계 경제의 흐름을 다양하고 풍성한 방식으로 느낄 수 있기를 기대한다.

이 책은 세계 경제사를 세계화의 관점에서 풀이하고 있다. 인류의 기원에서 출발하여 21세기 초 글로벌 경제 위기까지 시대별로 구분하여 세계화의 추세와 방향이 어떠하였으며, 시기적 특징을 낳은 요인이 무엇인지를 논의한다. 세계 경제가 어떻게 오늘날의 모습에 이르게 되었는가를 밝히는 것이 가장 중요한 목적이다. 그런데 세계화는 경제만이 아니라 정치, 사회, 문화 등 다양한 부문에서 복합적이고 중층적으로 진행되기 때문에, 논의의 초점을 경제적 측면에만 두는 것으로는 충분한 역사적 이해에 도달하기 어렵다. 따라서 이 책은 경제적 변화에 주목하면서도 동시에 다른 부문과의 관련성에도 주의를 기울였다.

이 책을 준비하면서 많은 수의 책과 논문을 참조하였다. 참고 문헌에 수록한 수많은 연구자들의 지식과 혜안에 이 책은 큰 빚을 지고 있다. 또한 내용과 관련된 많은 그림과 사진 자료를 이 책에 수록하였는데, 이를 제공해 주신 분들께 고마움을 전하고 싶다. 특히, 개별적으로 사진을 구해 주신 김호연 교수님과 현대자동차의 김상태 부장님께 각별한 감사를 드린다. 또한 다수의 사진은 크리에이티브 커먼즈(Creative Commons), 즉 저작권에 구애받지 않고 사진을 활용할 수 있게 허락해 준 세계 각국의 많은 분들의 너그러움 덕택에 이 책에 오를 수 있었다. 플리커(Flickr)와 위키미디어(Wikimedia)가 특히 큰 도움이 되었다. 이런 면에서 이 책은 '따뜻한' 세계화의 은혜를 받았다. 이에 감사하면서, 그리고 그 대의에 공감하면서, 필자도 스스로 촬영하여 이 책에 실은 사진들을 공유하기로 하였다.

이 책을 준비하는 동안 많은 분들의 도움이 있었다. 이 책은 연구년을 맞아 밴쿠버의 깊은 숲과 맑은 공기 속에서 준비를 하였는데, 확실히 자판을 두드리는 손목과 어깨가 가벼웠다. 브리티시컬럼비아대

학교(UBC)로 초청을 해 준 케빈 송(Kevin Song) 교수에게 깊이 감사한다. 도서출판 해남에서는 손이 많이 가는 여러 작업을 신속하면서도 꼼꼼하게 마무리해 주었다. 노현철 사장님과 편집진에게 마음 깊은 고마움을 전한다.

책을 마무리할 때면 가족 생각을 하지 않을 수 없다. 연구년을 맞아 지구 저편의 한적한 동네에 나와 있으면서도 노트북을 붙들고 앉아 있는 나로서는 미안한 마음을 금할 길이 없다. 아내의 포용력과 딸 내미의 인내력에 뜨거운 찬사를 보낸다.

2013년 5월 1일
밴쿠버 UBC 달리아 하우스에서
송병건

차례

제8장 독점과 제국주의: 1873-1914년

제9장 고난의 시절: 양차 세계 대전과 대공황

제10장 세계 경제의 황금기: 1945-1973년

제11장 2차 세계화: 1973년-현재

제12장 도전, 좌절과 기회: 세계화 속의 한국

제13장 21세기의 세계화

기록 목록

표 목록

그림 목록

세계경제사 들어서기

제1장

세계화의 개념과 시기 구분

1. 세계화란 무엇인가?
2. 세계화는 얼마나 오래된 현상인가?
3. 세계화는 지속적인 역사 과정인가?

1. 세계화란 무엇인가?

넓어지고, 또 좁아지는 세계

우리가 사는 세상은 넓어지고 있으며, 동시에 좁아지고 있다. 우리가 발을 딛고 사는 지구는 100년 전이나 지금이나 큰 차이가 없지만, 우리의 생활 범위는 과거와 비교하기 어렵게 넓어져 있다. 국내적으로도 이동성이 커졌을 뿐만 아니라 여행, 출장, 유학을 통해 해외에 나가는 기회도 훨씬 많아졌다. 직접 몸이 움직이는 것 이외에 우리가 구입하는 상품과 서비스, 그리고 우리가 접하는 뉴스, 지식, 정보, 기술의 획득 범위가 과거와는 비교가 안 될 정도로 넓다.

이처럼 우리의 세상이 넓어지고 있다는 사실은 우리가 알고 있는 세계가 좁아지고 있다는 의미이기도 하다. 다른 나라, 다른 문화권에

여행을 통한 세계화 해외 여행의 기회가 많아지면서 다른 문화권의 사회와 역사에 대한 이해의 폭도 크게 증가하고 있다.
자료: Byung Khun Song (CC BY 2.0).

기록 1-1

세계화된 먹거리

28일 저녁 8시 서울 가양동 한 대형 마트. 주부 임 모 씨(38)는 각종 해산물이 한꺼번에 들어 있어 물만 붓고 끓이도록 만든 '포장 해물탕'을 집어 들었다. 1만 2,800원짜리 해물탕의 원산지는 말 그대로 '다국적'이었다. 중국산 꽃게, 페루산 오징어, 베트남산 주꾸미, 뉴질랜드산 홍합, 캐나다산 새우에 생선 내장은 러시아산이었다.

먹거리가 세계화하면서 식품의 원산지도 전 세계로 넓어졌다. 여러 나라 식재료가 한데 섞인 '다국산'이거나 '중국산', '수입산'이 대부분이다. 식품의약품안전청에 따르면 우리나라의 수입 식품 의존도는 전체 열량의 65%, 가공식품으로만 따지면 80%가 넘는다. 2006년 한 해 동안 1,122만 7,512톤의 식품이 국내로 수입되었다.

이곳 마트에 진열된 식품은 언뜻 둘러봐도 '다국적'이었다. 노르웨이산 연어, 중국산 낙지, 인도네시아산 주꾸미와 페루산 조미 오징어가 나란히 놓여 있었다. 과일이나 야채는 국산이 많았지만 손질해 진공 포장한 죽순, 무순 등은 '중국산'이었다. 참깨, 참기름, 포도씨유는 '수입산'으로만 표기돼 있었다.

임 씨가 1시간 동안 산 식품은 4만 40원어치. 13개 가운데 '국산' 식품은 모과차, 우엉, 우유, 두부 4가지뿐이었다. 오렌지 주스는 브라질 · 이스라엘 오렌지 과즙이 절반씩 함유되었고, 캔 커피에는 과테말라, 브라질, 콜롬비아산 원두 커피 추출액에 일본산 우유가 섞여 있었다.

자료: 〈경향신문〉, 2008년 9월 29일자.

서 유지되는 제도, 발생하는 사고, 변화되는 환경에 대해 과거 어느 때보다 우리는 쉽고 빠르게 파악을 할 수 있다. '세계화'라는 용어가 어느새 지극히 자연스러운 생활의 일부가 되었다. [기록 1-1]은 우리나라의 한 일간지에 게재된 먹거리에 대한 기사인데, 이로부터 우리가 얼마나 세계화된 세상에 살고 있는가를 쉽게 확인할 수 있다.

시야를 동시대적 관점으로부터 돌려 시간적 변화를 보면, 우리는 세계화에 대해 더욱 깊은 이해를 하게 된다. 개별 사물이 만들어진 원재료 또는 해당 사물을 구성하는 부품들의 소재를 확인하고, 그 물건의 개발이 애초에 고안된 시기와 지역을 따져 보고, 더 나아가 그 물건의 기원이 어떤 인간 집단의 노력과 결부되어 있었나를 곰곰이 유추

기록 1-2

100퍼센트 미국인

새벽에 잠자리에서 일어난 이 미국인(미국주의를 신봉하고 미국의 전통을 보존하려는 애국자)은 자기가 파자마를 입고 잔 것을 발견하였는데, 파자마는 원래 동부 인도에서 기원하였으며, 잠을 잔 침대는 페르시아나 소아시아에서 유래된 것이다. 만일 비가 올 것 같으면 고무로 된 덧신을 신는데, 덧신의 원료인 고무는 고대 멕시코인들이 발견한 것이다. 또 우산을 들고 나서려고 하는데, 우산은 원래 인도에서 발명된 것이다. 기차를 타려고 기차역으로 가는데 기차는 영국인의 발명품이다. 기차역에서 동전을 사용하여 신문을 사려고 잠시 멈추는데, 동전은 고대 리디아(Lydia) 인이 발명한 것이다. 기차를 타고 좌석에 기댄 채 담배 한 대를 피우려고 하는데, 담배는 원래 멕시코에서 발명된 것이며, 시가(cigar)는 브라질에서 발명된 것이다. 그가 산 신문의 글자는 셈 족(Semites) 사람들이 발명한 것이고, 금속 활자는 독일인이 발명한 것이며, 신문의 재료인 종이는 원래 중국인이 발명한 것이다. 외국 사상을 수용함으로써 생기는 결과를 지적하는 신문 사설을 읽을 때, 그는 인도·유럽 어로 히브리 신에게 그가 '100퍼센트 미국인'임을 감사하는 것을 잊지 않을 것이다. 이때 '100퍼센트'에 쓰이는 십진법은 그리스 사람들의 발명품이며, '아메리카'라는 말은 이탈리아의 지리학자인 아메리고 베스푸치(Amerigo Vespucci)의 이름에서 온 것이다.

자료: 유네스코 아시아 · 태평양 국제이해교육원(2004), 14쪽.

해 보자. 그러면 실제로 우리의 일상이 시기와 지역을 달리하는 수많은 사람들의 생각과 행동에 의해 얼마나 크게 영향을 받는지 새삼 느끼게 된다. 1930년대에 한 미국인이 쓴 [기록 1-2]의 글을 참고해 보자. 저자는 자신이 속한 나라의 국민들이 보여 주는 자국 중심주의가 얼마나 편협한 사고의 소산인가를 잘 지적하고 있다.

1930년대에 비해 오늘날 우리의 기술 수준과 지역 간의 물적, 인적인 교류의 수준은 비교하기 곤란할 정도로 증대되어 왔다. 우리를 에워싸고 있는 유형 · 무형의 온갖 상품, 패션, 교통과 통신 수단, 사회

금속 활자: 이 글이 쓰인 시기에는 금속 활자가 독일에서 1450년대 구텐베르크에 의해 발명되었다고 알려져 있었다. 그보다 2세기 앞서 한국에서 개발되었다는 사실을 아는 사람은 극소수였다.

제도, 과학 기술, 지식, 가치관 등은 과거 어느 때보다도 '타인', 즉 서로 다른 지역에서 살아왔고 또 현재 그렇게 살고 있는 사람들에 의해서 고안되고, 제작되고, 전파된 것들이다. 오늘날 우리가 전례 없는 수준의 세계화를 경험하고 있다는 데 이의를 달기 어렵다. 또한 정보 통신 산업 및 그와 연관성이 높은 산업들이 최근 보여 주고 있는 비약적인 기술 발전 추세는 앞으로 세계화의 속도가 더욱 빨라질 것이란 예측을 가능케 해준다.

세계화가 가져오는 변화

이런 변화들은 정보 습득의 편이성과 속도를 개선하는 데 그치지 않고, 정보를 축적하고 전파하는 방법 및 이런 행위의 주체 자체를 바꾸기도 한다. 예를 들어, [기록 1-3]에 묘사된 미국의 대기업 구글(Google)의 사업 계획은 지식의 생산과 분배의 중심축이 학교, 도서관, 공공기관으로부터 초국적 성격을 강하게 띤 민간 기업으로 이동할 수

기록 1-3 구글, 가상 도서관 구축 중

세계적인 정보 검색 서비스 업체인 구글이 유명 도서관에 소장돼 있는 희귀본을 온라인상에서 볼 수 있는 서비스를 구축하기로 해 관심을 모으고 있다.

뉴욕 타임스는 지난 15일 검색 엔진인 구글이 옥스퍼드대, 하버드대, 스탠포드대, 미시건대 등의 대학 도서관과 뉴욕 공립 도서관에 소장돼 있는 희귀본을 스캔하고, 전 세계 어느 곳에서나 열람할 수 있는 서비스를 준비 중이라고 밝혔다.

기업의 도움을 받아 모든 장서를 디지털화하고 싶어하는 도서관 측과 온라인에서 도서관의 자료를 제공하면서 광고를 얻고 싶어하는 정보 검색 서비스 업체의 이해 관계가 맞아 떨어진 결과로 풀이되고 있다. 작업에 관계하고 있는 도서관 사서들은 약 1,500만 권의 도서들을 디지털화하는 데 약 10년 정도 걸릴 것이라고 내다봤다.

자료: 〈교수신문〉, 2004년 12월 17일자.

스마트 기기의 혁신 현재의 세계화를 이끄는 주요 동력 가운데 하나가 정보 통신 산업의 기술 진보다. 최근 이동 통신이 가능한 스마트 기기가 발달하면서 정보 교환의 편의성과 속도는 더욱 증가하였다.
자료: Byung Khun Song (CC BY 2.0).

있다는 점을 잘 말해 준다.

이렇듯 세계화가 우리의 일상에 미치는 영향은 다양하며 또한 깊다. 우리의 관심사를 경제 분야로 좁혀 보면, 세계화의 힘은 더욱 강력하게 느껴진다. 세계적 차원에서 전략을 짜고 그에 부합하는 조직을 갖추어 행동하는 기업만이 현대 사회의 피 말리는 경쟁에서 도태되지 않고 번영을 도모할 수 있다. 세계 굴지의 기업이 어떻게 움직이고 있는가를 한 세계적 규모의 자동차 회사에서 진행된 신차 개발 업무를 통해 살펴볼 수 있다([기록 1-4]).

경제 분야에 종사하는 사람들, 특히 세계 시장에서 외국 기업과 치열한 경쟁을 벌이고 있는 기업의 인력은 세계화의 개념을 염두에 두지 않고서 일하는 것이 불가능할 것이다. 그렇다면 국내의 소규모 자영업자는 어떨까? 곰곰이 생각해 보면 이 경우에도 사정은 크게 다르지 않다. 떡볶이 가게의 주인은 당장 외국 브랜드의 피자 체인점과 경쟁 관계에 있으며, 떡볶이의 재료인 쌀을 외국으로부터 값싸게 수입할 수 있는지가 수익률에 큰 영향을 끼친다. 더 나아가 경쟁 관계인 패스트푸드가 인체에 유해한가에 관한 해외 의학 전문지의 논쟁에 의해서도 매출의 변화를 경험하게 된다.

세계화는 경제 분야에서 자신의 모습을 가장 적나라하게 드러내지만 우리가 의식을 하건 하지 못하건 간에 다양한 경로로 우리의 사

기록 1-4 포드(Ford) 사의 신차 개발 시스템

미국 미시간 주의 디어본에서는 세계에서 두 번째로 큰 자동차 회사 포드의 기술자들이 수많은 컴퓨터 모니터 빛 속에서 일을 하고 있다. 이들은 인간과 기계의 공생을 매우 용이하게 보여 주고 있다. 차체 디자이너는 책상 위의 전자 그림판에서 전자 펜을 움직인다. 여길 누르고 저길 긋고, 그래서 아마도 곧 포드의 새로운 모델로 전 세계 구매자들한테 선보일지도 모를 신형 차의 윤곽이 그의 컴퓨터 영상에 비쳐진다. 갑자기 모니터 옆의 스피커에서 목소리가 들려온다. "이건 아주 마음에 드는데." 목소리는 계속된다. "근데 우리, 이걸 이렇게 만들면 어떨까?" 그리고 마치 유령의 손에 의해 조종되는 것처럼 영상 위의 차체 스케치가 변하면서 지붕 부분은 좀 더 둥글게, 그리고 측면 각은 보다 뚜렷해진다.

이 스케치를 한 유령은 독일 쾰른의 포드 사 유럽 본부에 앉아 있다. 동시에, 혹은 교대로 이 독일의 디자이너는 디어본에 있는 그의 동료와 같은 프로젝트에서 일한다. 그들은 이렇게 유럽적인, 미국적인 그리고 일본적인 상상과 사고를 한데 모은다. 컴퓨터 그래픽은 어디에나 있고 5개 대륙에서 통제되는 개발 연구소들은 하나의 전 세계적 스튜디오를 형성한다. 여기에서 각각의 모델을 위한 중요한 충돌 실험과 기계 역학적 실험들이 공동의 실험 순서에 따라 실시된다.

이처럼 시간과 공간의 경계를 뛰어넘어 비디오와 컴퓨터를 통해 진행되는 디자인은 포드 그룹이 지금까지 과감하게 진행시킨 재조직화, 경영 혁신의 한 부분이다. 얼마 전까지만 해도 힘들게 보였던 이 세계 통합적 기업 체제의 문을 현대적 정보 기술이 열어젖혔다. 개발, 구매, 판매 등 포드는 전체 라인을 세계 기준으로 개선하고 변두리 공정에 이르는 모든 지점에서 중복 작업을 제거하였다. 이 결과가 '글로벌카'이다.

자료: 마르틴 · 슈만(2003), 190쪽.

고 체계와 생활 방식에 영향을 끼친다. 세계화의 영향은 경제 부문에 머물지 않고 사회 조직의 변화, 정치 질서의 변화, 문화 생활의 변화, 그리고 가족 제도를 둘러싼 가치관의 변화까지도 유발한다. 정치 선진국의 정치 풍토가 개발 도상국에게 널리 알려지면서 민주화 운동을 자극하기도 하고, 인터넷의 보급이 확대되면서 영어가 국제적 공용어로서 더 힘을 받는 한편 다른 언어들은 쇠퇴해 가고 있다. 외국에서 유행하는 패션은 거의 동시적으로 국내 소비자의 눈길을 사로잡으며, 국내 전통 운동보다 해외 리그가 활성화되어 있는 스포츠들이 더 인기를 끈다. 이런 변화들이 모두 세계화에 의해 영향을 받아 발생한다.

세계화란

세계화를 한마디로 정의하기는 어렵고 논자들 사이에 의견이 통일되어 있다고 보기도 어렵다. 그러나 세계화는 이러이러한 의미를 담아야 한다고 하는 대체적인 합의는 이룰 수 있다. 세계화란 용어가 사용되기 시작한 1960년대 이래 다양한 개념화 작업이 진행되었다. 그간의 주장들을 요약해 보면 세계화는 논자에 따라 다음과 같은 속성을 지닌 것으로 이해된다.

첫째, 세계화는 사회적 네트워크와 활동이 기존의 지역적 한계를 넘어 확장되는 상황을 말한다. 둘째, 상호 의존성이 지리적으로 확장될 뿐 아니라 강도도 심화된다. 셋째, 상호 의존성은 경제뿐 아니라 정치, 사회, 문화의 다양한 측면에서 나타난다. 넷째, 상호 의존성이 증대된다는 사실에 대해 행위의 주체인 사람들이 뚜렷하게 자각을 하게 된다. 다섯째, 세계화는 변화의 결과가 아니라 과정에 초점을 맞춘다.

초국적 브랜드의 확산 전 세계를 대상으로 하는 초국적 패스트푸드 체인은 각 지역의 특색을 고려하여 맞춤형 전략을 구사한다. 사진은 오스트리아 비엔나 거리의 맥도널드 가게로, 유럽풍의 장식물로 손님을 끈다.
자료: Byung Khun Song (CC BY 2.0).

이를 종합하면, 세계화는 기존의 경계를 넘어서 경제적 · 정치적 · 사회적 · 문화적 상호 연계성을 지향하는 사회적 과정이다. 즉, 세계화란 인간과 기술과 정보, 재화와 서비스, 그리고 이들이 사람들과 상호 작용을 하는 양태의 총체로서의 문화가 국경을 넘어 상호 침투함으로써 지역 간, 국가 간, 민족 간의 상호 의존성이 심화되는 과정이다.

2. 세계화는 얼마나 오래된 현상인가?

근현대의 분기점들

세계화가 세상을 움직이는 동력으로 본격적으로 인식되기 시작한 것은 1990년대 들어서라고 말할 수 있다. 우선 이 시기는 20세기 세계사를 특징짓는 큰 틀인 이념적 분단 체제가 소멸되고 자본주의가 유일한 경제 체제로서 자리매김을 한 시기였다. 1980년대 말 소련이 해체되고 동유럽과 중앙아시아의 여러 국가들이 자본주의 진영으로 들어오면서, 냉전 체제 특유의 지역 구분선이 현실적 의미를 상실하였다. 둘째, 신자유주의적 사조의 세계적 확산을 중요시하는 견

스포츠의 세계화 세계화의 움직임은 스포츠에도 영행을 미친다. 세계적으로 중계되는 프로 리그의 스포츠 경기가 전 세계 TV를 통해 방영되고, 이와 관련된 상품들이 전 세계 시장에서 판매된다. 사진은 마카오의 한 매장에 전시된 맨체스터 유나이티드 축구팀의 모습.
자료: Byung Khun Song (CC BY 2.0).

시공을 초월하는 세계화 먼 나라의 문화가 시공을 초월해 새로운 모습으로 우리 곁에 서 있는 경험을 쉽게 할 수 있다. 사진은 캐나다 밴쿠버 거리의 조각상으로, 진나라 병마용을 현대화한 조형물이다.
자료: Byung Khun Song (CC BY 2.0).

해도 있다. 정부의 개입을 줄이고 시장의 역할을 강조하는 새 사조가 확산됨으로써, 생산물과 생산 요소의 국제적 이동이 자유로워졌고 기업 활동이 국경을 넘기 용이해졌다. 셋째로, 정보 통신 기술의 비약적인 발달에 초점을 맞추는 주장도 있다. 인터넷과 유무선 통신 기술의 급속한 발전이 세계의 각 지역을 촘촘한 네트워크로 묶는 역할을 하였고, 이는 특히 정보의 흐름, 자본 이동 등에 있어 국민 국가라는 기존의 제도적 장벽에 크고 작은 구멍을 내는 결과를 초래하였다는 것이다. 또한 현실적으로 대다수의 사람들이 세상의 움직임을 이해하는 개념틀로서 세계화를 인식하기 시작한 것도 이 시기부터라고 볼 수 있다.

상호 의존적인 네트워크의 전 세계적 확산이 1990년대에 빠르게 진행된 것은 사실이지만, 그런 현상 자체가 1990년대에 처음 발생한 것은 아니었다. 현재의 세계 경제가 서구에 의해 주도되고 있는데, 이러한 서구의 우위는 19세기 이래 진행된 공업화(Industrialization)에서 비롯된 것이라고 일군의 학자들은 주장한다. 즉, 19세기 중반부터 제1차 세계 대전에 이르는 시기에 구미의 국가들이 앞다투어 공업화를 추진하였고 대외 무역의 규모를 빠르게 확대하였다는 사실을 강조한다. 공업화는 경기 변동이라는 현상을 불가피하게 동반하였는데, 이 시기에는 각국의 경기 변동이 동조화(synchronize)하는 경향이 최초로 발생

경기 변동: 생산, 소비와 같은 경제 활동이 활발한 호경기와 그러한 경제 활동이 침체하는 불경기가 번갈아 발생하는 현상. 자본주의 경제의 특징 가운데 하나로 여겨지며, 경기 순환이라고도 한다.
동조화: 한 국가 또는 한 지역의 경제가 다른 국가나 지역의 경제적 흐름과 유사한 양상이 시간 변화에 따라 발생하는 현상을 말한다.

신바람 난 세계화 유튜브(YouTube)를 통해 세계적 인기를 얻은 싸이의 사례는 오늘날의 연예 산업이 정보 통신 기술의 발달에 힘입어 얼마나 세계화되어 있는지를 여실히 보여 준다.
자료: Bajia Noticias, Flickr (CC BY 2.0).

하였다. 또한 1870년대부터는 각국이 거대 기업의 등장과 경제 구조의 독점화를 경험하는 가운데, 제국주의적 팽창 정책을 경쟁적으로 채택하여 지구상의 거의 전 지역을 식민지 경영의 대상으로 삼았다. 따라서 공업화 경쟁의 격화 속에서 지구상의 전 영역이 서구 열강 중심의 경제권에 포섭되었고, 한 나라의 경제 상황은 다른 나라의 경기에 직접적으로 영향을 끼치는 시기가 되었다는 점에서, 이 시기를 세계화의 발흥 기점으로 삼는다. 학계에서는 19세기 중반–20세기 초반의 세계화를 '1차 세계화', 20세기 말에 진전된 세계화를 '2차 세계화'라고 구분하여 부르기도 한다.

공업화가 현대의 세계화 추세를 이끈 힘이라는 면에 주목하여 어떤 학자들은 공업화의 시작을 세계화의 기원으로 보아야 한다고 주장한다. 이 주장에 따르면, 18세기 후반에서 19세기 전반에 이르는 시기에 영국에서 진행된 '산업 혁명'(Industrial Revolution)이야말로 근대 사회를 형성시킨 주역이며, 근대 사회는 본질적으로 세계화로 향하는 경향성을 지닌다. 과거에도 국제적 무역이 이루어지기는 하였지만 세계 시장의 통합도는 높지 않아 지역 간 가격 차이가 크게 존재하였다. 또한 경제사학자들은 공업화가 진행된 이후에야 사치재 대신 대량 생산품이 무역의 주종으로 등장하였다는 점을 강조한다.

중세와 고대의 이정표들

역사의 한 시대를 여는 기점으로서 세계적 규모의 시장 형성을 중요시하는 견해도 있다. 유럽 국가들이 앞을 다투어 추진한 신항로의 개척을 추진하고 그 결과 신대륙과 다른 대륙들이 하나의 무역망으로 포섭된 15-16세기에 강조점을 두는 입장이다. 일찍이 애덤 스미스(Adam Smith)가 콜럼버스의 아메리카 도착과 바스코 다 가마의 인도 항로 개척이 지니는 역사적 의미를 높이 평가한 이래 많은 학자들이 그의 의견에 동의해 왔다. 대표적으로 브로델(Fernand Braudel)은 유라

대륙을 연결하는 통신망 1차 세계화 시대에 지구는 과거보다 훨씬 촘촘한 네트워크로 연결되었다. 그림에 묘사된 대형 증기선 '그레이트 이스턴'(Great Easter) 호는 대서양에 전신을 가설하는 과업을 수행하였다.

애덤 스미스(1723-1790): 근대 경제학을 창시한 영국의 학자. 1776년 발간한 『국부론』을 통해 중상주의 체제를 비판하고 시장 경제 체제의 장점을 설파하였으며, 맬서스, 리카도, 밀 등으로 연결되는 고전파 경제학의 기초를 이루었다.
브로델(1902-1985): 프랑스의 역사학자. 실증주의 역사학의 한계를 비판하고, 장기 지속적인 지리적 층위, 완만하고 주기적인 사회 경제적 층위, 표면적인 정치적 층위를 총체적으로 파악하는 연구 방법을 주창하여, 프랑스 아날 학파

시아와 아프리카의 사하라 이남 지역 대부분이 국제적 무역망에 포함되었다고 강조하였다. 그의 역사 인식을 발전시킨 이른바 '세계 체제론' 진영의 학자들, 예를 들어 프랭크(A. G. Frank)는 16세기 이래 세계적 분업과 다각 무역(Multilateral Trade)이 작동하는 단일한 세계 경제가 있었다고 주장하였다.

이 진영의 학자들뿐 아니라 다른 많은 역사가들도 이 시기가 세계 경제의 최대 중심지였던 중국을 물리치고 이후 유럽이 세계 경제의 주도권을 쥐게 되는 전환의 시발점이라는 데 의견의 일치를 보인다. 이 사건은 단순히 중국에서 유럽으로 경제적, 정치적 우위가 이전되었음을 의미하는 것이 아니라, 외부 세계와 조공 관계로 연결된 단일한 내향적 제국 체제가 경쟁적으로 팽창 정책을 추진하는 다수의 국가들에게 주도권을 빼앗겼음을 의미한다.

세계 경제의 형성 시기를 더 앞당겨 보는 견해도 있다. 아부-루고드(J. Abu-Lughod)는 이미 12세기 말이면 몽골의 주도하에 유럽

구세계와 신세계의 조우 콜럼버스의 항해에서 시작된 신구 세계의 접촉은 세계 경제를 혁명적으로 변화시켰다. 원주민이 들고 있는 귀금속과 스페인 선원들이 육지로 내리고 있는 십자가가 항해의 목적을 보여 준다.

의 중심 인물이 되었다. 저서에 『지중해』, 『물질 문명과 자본주의』 등이 있다.

세계 체제론: 1970년대 월러스틴(Immanuel Wallerstein)이 내세운 세계 자본주의의 구조와 운행 원리에 관한 이론. 세계사를 중심부와 주변부 간의 비대칭적 관계가 진화해 온 과정으로 이해하였다.

다각 무역: 두 나라 사이에만 무역이 행해지면 수출입의 균형을 취하기 어렵지만, 세 나라 이상의 국가 간에서 무역이 행하여지면 전체로서 채권과 채무의 상계(相計)가 가능하게 된다. 이렇게 3국 이상이 무역을 통해 국제 경제의 불균형을 시정하려고 한 행위를 말한다.

조공 관계: 중국 주변의 국가들이 중국에게 정기적으로 공물을 바치는 행위에 기초한 대외 관계. 조공의 대가로 책봉을 함으로써 중국은 주변국을 정치적으로 통제하였으며, 경제적으로는 전근대적 방식의 국가 관리형 무역이라고도 볼 수 있다.

【표 1-1】 세계사의 시기 구분과 세계화적 특징

시기	역사적 사건	세계화적 특징
20세기 말	2차 세계화	냉전 체제의 종식, 신자유주의의 발흥, 정보 통신 기술의 발달
19세기 중반-20세기 초반	1차 세계화	경쟁적 공업화와 경기 변동의 동조화, 제국주의 식민지 정책
18세기 중반-19세기 중반	산업 혁명	공업화의 시발점, 대량 생산품의 무역
15-16세기	대항해 시대	구세계와 신세계의 지리적 통합, 전 지구적 경제권의 형성
13-14세기	팍스 몽골리카	구세계 역사상 최대의 무역망
고대	문명과 제국	문명의 발달, 실크로드 무역, 로마 제국, 한나라 등 대제국의 운영
선사 시대	인류의 이동	인류의 등장과 대륙 간 이동

쿠빌라이 칸을 알현하는 마르코 폴로 팍스 몽골리카 시대에 번성하였던 장거리 무역을 상징하는 인물은 베네치아 출신의 마르코 폴로였다. 그가 먼 여행 끝에 황제 쿠빌라이 칸을 만나는 장면.

과 아시아를 연결하는 무역망이 활발히 작동하였다고 주장한다. 그는 이후 13-14세기의 이른바 '팍스 몽골리카'(Pax Mongolica) 시기에 유라시아 대륙에 걸친 네 핵심 지역을 잇는 여덟 개의 무역 회로(circuits of trade)가 작동하는 세계 체제가 형성되어 있었으며, 이 세계 체제는 14세기 초

팍스 몽골리카: 몽골 지배 하의 평화라는 의미. 몽골이 대제국을 건설함으로써 국지적 불안 요소가 해소되어 장기간에 걸쳐 군사적, 정치적, 경제적 안정이 유지된 시기를 말한다.

에 절정기에 도달하였다고 말한다. 한 걸음 더 나아가 로마와 한(漢) 제국의 운영, 유라시아의 실크로드, 메소포타미아의 대외 무역 등을 지적하는 역사가도 있다. 어찌 보면 이러한 국제 관계는 사실상 인류의 역사 자체만큼이나 오래된 것이라 할 수 있다. 인류가 아프리카 남동부에 처음으로 등장하여 시간이 경과함에 따라 서아시아를 거쳐 유럽과 동아시아, 아메리카로 이동해 간 경험이 세계화의 시초라는 것이다.

3. 세계화는 지속적인 역사 과정인가?

세계화를 측정하는 척도들

세계화는 우리가 기점으로 삼는 어느 한 시기부터 지금까지 지속적이고 점진적으로 진행되어 왔는가? 판단을 위해서는 어떤 척도로 세계화의 수준을 측량할 것인가라는 문제가 발생한다. 헬드(D. Held)는 세계화의 계측 기준으로서 외연(extensity), 집약도(intensity), 속도(velocity), 충격도(impact)의 네 척도를 제시한다. 특정 시점에 특정 지점에서 발생한 사건이 얼마나 멀리 영향을 끼치는지, 얼마나 집약적인 내적 강도를 갖는지, 얼마나 빨리 영향을 전파시키는지, 그리고 얼마나 강력한 충격을 낳는지를 보면 된다. 경제사에 국한해 본다면, 전문가들이 주로 고려하는 척도들은 아래와 같다.

(1) 경제 활동의 규모와 무역의 지리적 범위
(2) 시장 통합의 수준(가격 균등화, 교역량)
(3) 시장 통합의 속도

【표 1-2】 수출액이 GDP에서 차지하는 비중: 1870-1988년

(단위: %)

국가	1870년	1913년	1920년	1950년	1973년	1998년
네덜란드	17.4	17.3	17.2	12.2	40.7	61.2
독일	9.5	16.1	12.8	6.2	23.8	38.9
프랑스	4.9	7.8	8.6	7.6	15.2	28.7
영국	12.2	17.5	13.3	11.3	14.0	25.0
스페인	3.8	8.1	5.0	3.0	5.0	23.5
일본	0.2	2.4	3.5	2.2	7.7	13.4
멕시코	3.9	9.1	12.5	3.0	1.9	10.7
미국	2.5	3.7	3.6	3.0	4.9	10.1
브라질	12.2	9.8	6.9	3.9	2.5	5.4
중국	0.7	1.7	1.8	2.6	1.5	4.9
인도	2.6	4.6	3.7	2.9	2.0	2.4
한국	0.0	1.2	4.5	0.7	8.2	36.3
세계 평균	4.6	7.9	9.0	5.5	10.5	17.2

주: GDP로 가중 평균한 수치.
자료: Moddison(2001), 363쪽.

(4) 경제적 사건의 충격 강도
(5) 경제 제도의 상호 의존성

이 책의 내용을 통해 앞으로 밝혀지겠지만, 이 척도들 간에는 대체로 높은 수준의 상관관계가 존재한다. 따라서 이들 가운데 한 가지를 지표로 삼아도 세계화의 시기적 추이를 짐작할 수 있다. [표 1-2]는 이상의 지표들과 높은 상관관계를 가지면서 데이터의 수집이 가장 용이한 세계화의 또 다른 척도를 보여 준다. 이 표는 소득이 상대적으로 높은 국가와 낮은 국가를 포함하여 총 11개국을 대상으로 하여, 각국에서 수출이 국내 총생산(GDP)에서 차지하는 비중을 나타내고 있다.

국내 총생산(Gross Domestic Product): 한 국가 내에서 가계, 기업, 정부 등 모든 경제 주체가 1년간 생산 활동에 참여하여 창출한 최종 생산물을 시장 가격으로 평가한 합계. 국가의 경제 규모를 말해 주는 척도로 가장 널리 사용된다.

이 비율은 해당 국가의 경제가 얼마나 해외 시장에 의존하고 있는가를 보여 주는 지표라고 볼 수 있다. 1870년부터 1998년까지의 기간 중에서 6개의 시점을 잡아 측정하였고, 국가들은 1998년에 수출의 비중이 높았던 순서대로 나열하였다. 가장 아래 줄에는 세계 평균치를 제시하였다.

이 표로부터 몇 가지 특징적인 양상을 관찰할 수 있다. 첫째, 20세기 말을 기준으로 볼 때 수출이 GDP에서 차지하는 비중이 국가별로 차이가 컸다. 둘째, 1870년과 1998년에 수출의 비중에는 커다란 격차가 있었다. 세계 평균을 보면 1870년에 4.6%에 불과하였던 수출의 비중이 1998년에는 17.2%로 세 배 이상 증가하였다. 세계 경제는 GDP의 증가를 훨씬 능가하는 무역의 증가를 경험하였던 것이다. 셋째, 1998년의 순위는 1929년의 순위와 상당한 차이를 보였고, 1870년의 순위와는 더 큰 차이를 보였다. 시간이 흐름에 따라 각국 경제의 해외 의존도가 서로 상이한 폭으로 변동해 왔음을 확인할 수 있다.

교류를 통한 세계화 1870년대에 제작된 그림에 유람선을 탄 부르주아 선객들이 묘사되어 있다. 천정에 걸려 있는 만국기가 국제적 분위기를 자아내고 있다.

마지막으로, 이런 국가별 차이에도 불구하고 거의 모든 국가에서 수출의 비중이 일률적인 증가 추세가 아니라 시기적 변동 추세를 보였다. 우리의 논의와 관련해서 가장 중요한 점은 시간의 흐름과 세계화의 수준이 꼭 비례적 관계에 있는 것이 아니라는 사실이다. 거의 모든 국가에서 수출의 비율이 1870년에 비해 1913년, 즉 제1차 세계 대전 직전이 더 높았다. 그러나 제2차 세계 대전이 끝난 지 얼마 되지 않은 1950년에는 거의 모든 국가에서 1913년보다 낮은 수치를 기록하였다. 이 추세는 다시 역전되어 오일 쇼크(Oil Shock) 직전인 1973년에는 모든 국가에서 1950년보다 수출의 비율이 높아진 것을 볼 수 있으며, 이와 같은 상승세는 계속 이어져 1998년에는 모든 국가에서 이 수치가 25년 전보다 현저히 높아졌다. 종합하자면, 세계화는 인류의 근대 경제사에서 단선적인 진전 추세를 보인 것이 아니며, 시기적으로 진전과 후퇴를 거듭하면서 변천해 왔다.

이 책에서 우리는 각 시기에 세계화에 영향을 주는 요인들이 무엇이었으며, 이들이 어떻게 작용하였는지를 살펴보게 될 것이다. 그리고 시간이 진행됨에 따라 세계화의 추이가 어떻게 변화되었는지를 세심하게 들여다볼 것이다. 한국의 사회와 경제가 세계화의 역사적 추세에 어떤 영향을 받고 어떤 성과를 보였는지에 대해서는 제12장에서 보다 자세히 다룰 것이다.

오일 쇼크: 석유 수출국 기구(OPEC)의 원유 생산 제한과 유가 인상이 야기한 세계 각국의 경제적 혼란. 1973-1974년의 1차 오일 쇼크와 1979년의 2차 오일 쇼크로 구분된다.

제2장

초기 사회의 형성과 고대 문명의 건설

1. 인류의 초기 역사는 어떻게 전개되었나?
2. 신석기 혁명은 인류의 생활을 어떻게 바꾸었나?
3. 문명은 어떻게 형성되었나?
4. 고대 제국은 어떻게 운영되었나?

1. 인류의 초기 역사는 어떻게 전개되었나?

인류의 출발

지구상에 생물이 등장한 것은 약 35억 년 전이었다고 추정된다. 이에 비해 인류가 지구상에 출현한 것은 한참 후의 일이었다. 초기 인류의 기원은 유골과 화석이 새로 발견됨에 따라서 점차 먼 과거로 계속 올라갔는데, 현재까지 발견된 유골 중에서는 지금으로부터 600만-700만 년 전에 아프리카의 사하라 사막 이남 지역에서 발견된 것들이 인류의 첫 조상에 가장 가깝다고 여겨지고 있다. 이 시기에 인류는 침팬지 등 유인원과 확실히 구별되는 특징을 갖추기 시작하였는데, 이들 초기 인류를 호미니드(hominid)라고 통칭한다.

지금으로부터 300만 년 전 이후에 출현한 호미니드들은 거의 전적으로 두 발로 활동하였다. 약 250만 년 전부터 지구상에서는 빙하기와 해빙기가 주기적으로 반복되었는데, 이는 인간이 살아가야 하는 생태계가 주기적으로 격변을 겪었음을 의미하였다. 호미니드는 뛰어난 적응력을 보이면서 이런 생존의 위험들을 극복해 갔다.

그중에서 호모 에렉투스(*Homo erectus*)는 걷고 뛰기에 적합한 신체적 조건을 갖추었으며 현대인에 버금가는 신장을 가졌던 것으로 보인다. 이들은 이르면 170만 년 전, 늦어도 100만 년 전에 원래의 거주지였던 열대 아프리카를 벗어나 아시아와 유럽 지역으로 이동해 갔다. 뛰어난 사냥 능력을 바탕으로 이 호미니드는 장거리 이동을 성공적으로 수행하였다. 호모 에렉투스가 빙하 시대의 추위와 식량 부족 문제를 극복하면서 생존할 수 있었던 데에는 불의 사용이 큰 도움이 되었다.

호미니드: 초기 인류를 지칭하며, 직립 보행, 도구의 사용 등을 특징으로 한다.
호모 에렉투스: 직립 인간이란 의미를 가지며, 자바 원인, 베이징 원인, 하이델베르크인 등이 이에 속한다.

불을 다루는 방법을 터득함으로써 맹수를 물리치고, 어둠과 추위를 극복하고, 음식을 안전하게 익혀 먹고, 가무와 결합하여 집단의 연대와 협력을 강화하는 효과를 거둘 수 있었다. 도구, 불과 함께 언어의 사용도 이들의 생존 능력을 향상시키는 데 결정적인 역할을 하였다.

구석기 시대의 도구 인류는 생존에 유용한 도구를 지속적으로 개량해 갔다. 사진은 에티오피아에서 발굴된 구석기인들의 돌도끼.
자료: Didier Descouens, Wikimedia (CC BY-SA 3.0).

인류 최초의 세계화

현생 인류인 호모 사피엔스(*Homo sapiens*)의 최초 화석은 에티오피아에서 발견되었는데, 지금으로부터 15만 년 내지 18만 년 전에 출현한 것으로 여겨진다. 이들은 10만 년 전에 아프리카 대륙을 벗어나 서남아시아로 활동 영역을 확대하였으며, 4만-5만 년 전에는 동남아시아와 유럽까지 이동해 가는 데 성공하였다. 동남아시아에서 이들은 뗏목이나 카누에 몸을 싣고 조류와 바람을 타고 태평양 연안과 오세아니아 지역으로 옮겨 갔으며, 동아시아로 이동하였던 집단 중 일부는 빙하 시대 말기인 1만 5,000년 전 무렵에 당시 육지로 연결되어 있던 아메리카 대륙으로 건너가 약 3,000년에 걸친 남하를 시작하였다.

생존을 위한 기술이 어느 수준 확보되면 종족의 보존과 재생산을 위해서는 한 지역에 정착하는 것이 도움이 되었을 것이다. 특히, 사냥 무기의 개량, 채집 도구의 향상, 음식 저장 기술의 발달, 주거 시설의 확충 등은 한 지역에 자리를 잡은 인구 집단이 확대될 수 있는 조건을

호모 사피엔스: 생각하는 사람이라는 뜻으로, 네안데르탈인과 현생 인류를 포함한다.

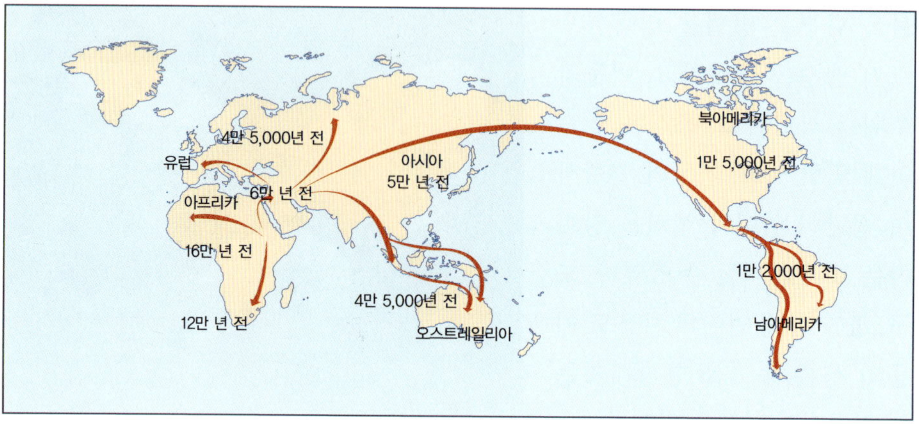

현생 인류의 이동 경로 현생 인류는 아프리카를 출발하여 세계 각지로 장기간에 걸쳐 이동하였다.
자료: O'Brien(2010), 16쪽.

마련해 주었다. 이러한 변화는 또한 인간의 여가 시간을 늘렸고, 그에 따라 각종 의례를 발전시키고 애니미즘과 같은 원시적 종교 활동을 증가시키기에 유리한 여건을 조성하였다.

그렇지만 장기적으로 보면, 인구 증가나 환경 변화로 인한 압력이 발생하는 상황에 대응하여 다른 지역으로 이동하는 능력을 확보하는 것이 생존과 번식에 더 유리한 경우가 많았다. 낯선 곳으로의 이동은 한편으로는 새로운 질병, 자연재해 및 약탈자와 조우함으로써 생존에 위협이 되기도 하였지만, 다른 한편으로는 낯선 자연환경에 대한 적응력을 키우고 생존에 도움이 되는 새로운 지식과 도구와 기술을 습득하는 기회를 제공하기도 하였다.

이렇듯 인류의 초기 역사는 공간적 이동의 역사이며 낯선 물리적 · 인위적 환경과의 접촉의 역사였다. 이 과정은 이미 먼 옛날부터 좁게는 인접한 종족 간에 발생하였고, 넓게는 대륙을 넘어서는 수준에서 발생하였다. 인류가 발전해 온 과정은 세계화를 다양한 차원에서 경험하는 과정이라고도 볼 수 있다. 이후 대항해 시대가 열리는 15

세기까지 세계는 아시아–유럽–아프리카 지역, 오스트레일리아–태평양 지역, 그리고 아메리카 지역 등으로 나뉜 채 내부적인 상호 연계성을 강화하면서 독자적인 역사를 만들어 가게 되었다.

2. 신석기 혁명은 인류의 생활을 어떻게 바꾸었나?

구석기에서 신석기로

구석기 시대에 인류의 경제 활동은 주로 자연에서 야생의 과일, 근채류, 풀뿌리, 나무뿌리 등을 채취하고 들짐승, 날짐승, 물고기, 조개류, 애벌레 등을 잡아 섭취하는 것이었다. 구석기인들은 원시적인 도구를 이용하여 수렵 · 채집 능력을 키워 갔다. 이 시기에 가장 특징적인 뗀석기뿐만 아니라 점차 칼이나 송곳 등을 개발함으로써, 그리고 불과 언어의 사용 능력을 배양함으로써 의식주 문제를 해결하는 능력을 키워 갔다. 시간이 흐르면서 자연에 대한 인간의 이해력이 증대되어 갔고, 그에 따라 채집과 사냥의 대상이 되는 자연물의 지역적 · 계절적 변동에 대한 예측력도 향상되었다.

이러한 변화에 기초하여 인간은 수렵과 채집을 위주로 한 불안정한 이동식 삶에서 서서히 벗어나, 한 곳에서 정착 생활을 하는 방식을 점차 받아들이게 되었다. 정착과 더불어 수렵 · 채집인들은 이미 알고 있었던 식물 활용법의 범위를 넓힐 필요성을 느꼈다. 그들은 이제 땅을 일구고 씨를 뿌리고 수확을 하고 저장을 하는 방식을 도입함으로써 인류의 역사에 새로운 장을 열게 되었다. 농경과 더불어 목축도 시작이 되었다. 야생 동물을 길들여 가축으로 사육하는 방법, 즉 인간이 가축에게 먹이를 주고 포식자로부터 보호를 해주는 대신에 가축은 인

정착 생활과 저장 기술의 발달 인류가 정착 생활을 시작한 후 식량의 저장 기술도 지속적으로 발달하였다. 신석기 시대와 청동기 시대를 거치면서 사진과 같은 다양한 도기가 제작되었다. 네덜란드 국립 고대 박물관 소장. 자료: Hans Splinter, Flickr (CC BY-ND 2.0).

간에게 복종하는 관계를 발전시켰다. 목축이 시작되는 과정은 이렇듯 인간과 동물이 상호 적응해 가는 과정이었다.

인류가 농경과 목축, 그리고 이를 수반한 정착 생활을 정확히 언제 어디서 시작하였는지는 불분명하다. 지금까지의 연구로는 아마도 기원전 9,000-10,000년경 메소포타미아의 비옥한 초승달(Fertile Crescent) 부근이 아니었을까 추측된다. 양, 염소, 돼지, 소 등의 가축은 인간에게 고기와 젖, 털 등 유용한 식량 자원 및 직물 원료를 공급해 주었고, 짐을 나르거나 쟁기를 끄는 에너지도 제공해 주었다. 한편, 야생 식물이 재배의 대상이 되면서 밀, 보리 등이 점차 널리 경작되었다.

이 혁신적 기술은 점차 다른 지역으로 전파되었다. 약 8,000년 전에는 동쪽으로 인더스 강 유역으로부터 서쪽으로 지중해 동부와 흑해 연안에 이르는 넓은 지역으로 농경과 목축에 기초를 둔 정착 농업이 확산되었다. 이집트 하류 지역과 아라비아 반도 일부에도 농경이 전파되었다. 서아시아에서 유럽으로 농경이 전파된 것은 8,000년 전부터였다.

동아시아에서는 지금으로부터 9,000-10,000년 전에 중국 남부의 양쯔 강 유역과 북부의 황하 유역에서 각각 벼와 기장을 중심으로 자생적으로 경작이 이루어졌다. 남부에서는 논농사가, 그리고 북부에서

비옥한 초승달: 고대 문명의 최초 발상지인 서아시아의 티그리스 강과 유프라테스 강 유역을 칭하는 용어.

는 밭농사가 발달하였고, 호미 경작이 확산되면서 곡물의 생산량이 증가되었다. 벼를 키우는 데에는 많은 노동력이 필요하였지만, 서남아시아의 작물들에 비해 단위 토지당 생산량이 많다는 장점을 지녔다. 돼지, 소, 양, 닭, 물소를 키우는 농가도 증가하였다. 동남아시아와 인도의 갠지스 강 유역에서도 토란, 얌 등 뿌리를 먹을 수 있는 작물이 재배되었다. 아프리카의 사하라 사막 이남 지역에서는 5,000년 전에 수수, 기장, 벼의 경작이 확대되었고, 소의 사육도 사바나 초원 지대를 배경으로 널리 확산되었다.

농업 기술의 발달 물을 긷는 데 드는 힘을 줄이기 위해 지렛대의 원리를 이용한 두레박으로 물을 퍼 올리는 농부의 모습. 이런 기술은 다른 지역으로 손쉽게 전파되었다.

아메리카에서도 자생적으로 농경과 목축이 발생하였다. 6,000-7,000년 전에 중앙아메리카를 중심으로 옥수수 재배가 시작되었고, 점차 남아메리카의 안데스 산맥과 북아메리카 남부 지역으로 전파되어 갔다. 5,000년 전에 안데스 산맥의 고원 지대에서는 감자, 카사바, 고구마 등도 재배되기 시작하였다. 라마와 알파카를 사육하는 사람도 늘어났다. 북아메리카에서도 4,000년 전에는 호박의 일종인 스쿼시와 해바라기가 재배되었다. 이렇듯 지구 곳곳에서 여러 식물과 동물이 재배와 사육의 대상이 되고 점차 농업의 지리적 범위가 확대되면서, 각 지역의 기후와 토양에 맞도록 품종도 개량을 거듭하였다.

신석기 혁명과 인구 변화

구석기 시대의 수렵 · 채집 경제에서 신석기 시대의 농경 · 목축과 정착 생활로의 전환을 '신석기 혁명'이라고 부른다. 이 전환이 인류에게 혁명적인 변화를 가져다주었기 때문이다. 무엇보다도 신석기 시대가 도래하면서 인구의 증가가 발생하였다. 신석기 시대에 이르기 전까지는 지구상의 인구 증가가 매우 느린 속도로 진행되었다. 그러나 정착과 농경이 시작된 기원전 1만 년 전에 약 500만 명에 도달한 인구는 그 후 증가 속도가 빨라졌다. 기원후 1년에 2억 5,000만 명에 이르렀고, 1650년에 6억 명, 1850년에 12억 명, 그리고 2000년에는 62억 명을 기록하게 되었다.

신석기 혁명이 인구 증가를 가져온 것은 분명하지만, 인구 증가를 초래한 구체적 메커니즘에 대해서는 상이한 견해들이 존재한다. 전통적인 견해에 따르면, 정착 농업이 식량 공급의 안정성을 높여 주었고, 기후의 불안정성과 계절 변동에 기인한 영양 부족 문제를 해결하는 길을 열어 주었다. 밀, 보리, 쌀, 옥수수 등 저장하기 쉽고 영양가 높은 곡물이 널리 재배되면서 가용 식량이 크게 증가하였고, 이에 따라 사람들의 영양 상태가 개선되었고 곤궁기를 넘어 생존

농경 도구의 발달 신석기 시대를 거치면서 경작 기구가 점차 향상되었고, 그에 따라 생산성이 증가하였다.
자료: PHGCOM, Wikimedia (CC BY-SA 3.0).

【표 2-1】 세계 인구의 변화: 100만 년 전-2000년

(단위: 100만 명)

시기	인구
100만 년 전	0.125
기원전 10만 년	1
기원전 1만 년	5
1	250
1000	250
1340	440
1650	600
1750	770
1850	1,240
1950	2,500
2000	6,236

자료: Malanima(2009), 2쪽.

할 가능성이 증가하였다는 것이다. 이에 따르면 출생률 증가와 사망률 감소가 동시에 발생하면서 인구가 지속적으로 증가하게 되었다.

이와 달리, 정착 농업이 출생률을 증가시킨 것은 맞지만, 사망률은 감소하지 않고 오히려 증가하였다는 견해가 근래에 주목을 받고 있다. 수렵과 채집에 종사하던 구석기인은 다양한 동식물로부터 영양을 섭취할 수 있었는 데 반해, 농업을 시작한 신석기인은 단조로운 식단에 의존하게 됨에 따라 여러 질병에 시달리게 되었다. 좁은 지역에 많은 인구가 정착해 살게 되면서 전염병과 기생충이 퍼질 위험성도 증가하였다. 건강의 악화는 사망률의 증가로 이어졌을 것이다. 그렇다면 어떻게 신석기 시대의 인구 증가를 설명할 수 있을까? 수렵과 채집 활동에 종사하는 구석기인에게 아이를 낳고 양육하는 비용이 높았던 반면에, 다수가 모여 정착 생활을 하는 신석기인에게는 출산과 양육의 비용이 현저히 낮았다는 점이 작용하였을 것이다. 즉, 신석기 혁

명에 따른 인구 증가는 사망률의 증가와 이를 뛰어넘는 출생률의 증가가 결합된 결과라고 말할 수 있다.

기술의 진보, 사회의 분화

신석기 시대를 거치면서 괭이와 낫과 같은 새로운 생산 도구가 개발되었으며 석기와 목기도 더욱 정교하게 제작되었다. 동식물성 섬유를 이용하여 의복이 만들어졌고 방적 및 방직 도구도 발달하였다. 이러한 생산 수단의 발달에 힘입어 신석기 사회의 생산 능력은 지속적으로 증대되었다. 초기에는 토지에 불을 놓아 지력을 확보하고 괭이와 같은 농기구를 사용하여 한 토지를 경작하다가 지력이 고갈되면 다른 토지로 경작 대상을 변경하는 화전(火田) 방식이 지배적이었지만, 기원전 3,000년경부터 소와 말의 힘을 활용할 수 있게 되면서 쟁기 경작으로 발전해 갔다. 이에 따라 동일한 토지를 지속적으로 경작하는 것이 가능해졌다. 분업과 생산의 특화도 진전되었는데, 이는 다시 기술 진보를 자극하는 선순환을 이루었다.

기술의 진보와 분업의 진전은 생산량을 늘려 이전에는 생각할 수 없었던 규모의 잉여(surplus)를 낳았다. 이에 따라 생산에 직접적으로 종사하지 않는 계층이 사회에서 유력한 지위를 획득하게 되었고, 그 구성원들 사이에서 다양한 분업과 위계질서의 분화가 진전되었다. 경제력의 증대와 이를 기반으로 한 사회 조직의 발달은 과거 혈연이나 지역에 기초하였던 소규모의 정치 · 경제 단위를 넘어서 확장되었다. 이러한 변화를 통해 인류는 생존을 위한 경제 행위를 뛰어넘어 이전의 사회에서는 볼 수 없었던 조직화된 사회를 형성하였고, 종교와 예

화전: 비경작지나 휴한지의 잡목과 풀을 제거하고 불을 놓아 지력을 얻는 방식의 농경법.
잉여: 생산물 가운데 생산에 종사한 자들이 소비하는 분량을 초과하는 부분. 잉여의 존재는 비생산적 사회 계층이 탄생할 수 있는 물질적 배경을 이룬다.

술 등 다양한 측면에서 우리가 지금 '문명'이라고 부르는 역사적 현상을 만들어 냈다. 신석기 혁명의 최종적 귀결점은 문명 사회와 제국의 형성이었다.

3. 문명은 어떻게 형성되었나?

문명의 특징

문명(civilization)은 인류가 성취한 정신적·물질적 발전 상태를 말하는데, 역사적으로는 도시의 발달, 문자의 사용, 사회 계층의 분화, 기술의 발달 등을 특징으로 하였다. 지구상의 여러 곳에서 문명은 시기를 달리하여 자생적으로 성립하기도 하였고, 일부 문명은 주위로 전파되어 변용 과정을 거치면서 다른 문명으로 거듭나기도 하였다. 문명을 특징짓는 각 요소들의 발전 시기도 문명에 따라 차이가 크다.

고대 도시 예리코 인류 최초의 도시로 알려진 예리코의 성벽 모습이 모자이크에 묘사되어 있다.

문명의 첫 번째 특징인 도시의 발달은 농업을 넘어선 교역의 진전과 관련이 깊다. 지금의 이스라엘에 위치한 예리코(Jericho)는 기원전 8,000년 내지 7,000년에 성곽으로 주위를 둘러싼 도시를 건설하였다. 현재까지 알려진 가장 오래된 도시인 예리코는 소금 교역의 중심지로서 성장을 이룩하였다. 다른 고대 도시들의 발달도 희소한 천연자원의 교역과 관련이 깊었다. 예를 들어, 터키의 아나톨리아에 소재한 카탈휘윅(Catal Hüyük)은 기원전 7000년경에 발달한 도시였는데, 날카로운 도구의 재료로 유용한 흑요석의 산지로 이름이 높았다. 도시의 발달은 사람들의 접촉 범위를 대폭적으로 확대시켰다. 도시민들은 주변 농촌 배후지 사람들과 교류를 하였을 뿐만 아니라, 다른 도시의 거주민들과도 교류를 하였다. 따라서 이런 연쇄적 도시 네트워크를 통해 멀리 떨어진 지역과도 사람과 물자와 정보의 이동이 이루어졌으며, 때로는 문명권과 문명권이 상호 연결되는 현상도 발생하였다.

문명의 두 번째 특징인 문자의 사용은 인간의 정보 처리 능력을 획기적으로 향상시키는 역할을 하였다. 메소포타미아와 이집트에서 기원전 6000년경에 처음으로 초기 문자 형태가 등장하기 시작되었고, 점차 쐐기 문자와 상형 문자의 형태로 발전하였다. 중국에서는 갑골 문자와 청동기에 새겨진 상형 문자가 점차 한자로 진화하였다. 문자의 발전은 기록 보존의 능력을 크게 향상시킨 것은 물론이고, 점차 문학의 발달과 과학의 진보에 괄목할 만한 기여를 하였다. 각 문명은 특유의 방식으로 지식을 창출 · 축적 · 전파하였다. 이 시기 지식은 주로 산술, 기하학, 천문학 등 자연의 변화를 이해하고 수자원을 통제하고 농지를 관리하는 데 유용한 부문을 중심으로 발전하였다. 이 밖에 행정, 기록 보존, 물자 관리에 도움이 되는 실용적 성격의 학문에서 진전이 두드러졌다.

문명의 세 번째 특징인 사회 계층의 분화는 수직적으로는 정치 ·

흑요석: 규산이 많이 함유된 유리질 화산암으로, 가벼운 충격으로도 예리한 날을 만들 수 있어서 고대부터 도구의 재료로 인기가 높았다.

쐐기 문자: 수메르 인들이 젖은 점토판에 뾰족한 도구로 눌러 표시한 초기 문자.

상형 문자: 사물의 모양이나 사물과 관련된 관념을 나타낸 문자. 고대 문명들은 대부분 이런 문자를 가졌으나, 특히 이집트에서 널리 발달하였다.

갑골 문자: 거북의 등갑이나 동물의 뼈에 새겨진 상(商) 왕조기의 초기 한자. 점을 치는 목적으로 기록하였다.

경제 · 종교적 영향력을 기반으로 한 위계질서의 등장이라는 모습을 띠었고, 수평적으로는 직업의 기능적 분화의 형태로 나타났다. 전사, 성직자, 전업적인 수공업자 등의 구분이 점차 강화되었고, 사회적 지위에 따라 계급으로서 고착화되는 경향을 보였다.

쐐기 문자로 기록된 메소포타미아의 경제 점토판에 새겨진 이 초기의 쐐기 문자는 보리와 관련된 내용인 것으로 해독되었다.
자료: Byung Khun Song (CC BY 2.0).

문명의 마지막 특징으로, 생산 도구 및 전쟁 도구의 발달과 같은 기술의 진보가 중요하였다. 쟁기를 사용하는 경작법의 확산은 농업 생산력을 크게 증대시켰고 관개 지대의 한계를 넘어 문명을 정착시키는 데 결정적인 기여를 하였다. 석기를 대체하는 금속기의 발달도 중요하였다. 초기에는 청동기를 제작할 수 있는 야금 능력이 결정적인 중요성을 가졌다. 청동기는 섭씨 1,100도에 도달할 수 있는 용광로를 필요로 하였으므로, 이 기술을 개발한 소수의 지역에서만 제작될 수 있었다. 청동기의 원료인 구리와 주석을 확보하기 위한 경쟁이 치열하게 전개된 것은 당연하였다. 더 높은 수준의 야금 기술이 필요한 철기의 제작은 기원전 1200년 무렵에 키프로스 또는 아나톨리아에서 처음 시작되어 점차 다른 지역으로 전파되었다.

최초의 문명 메소포타미아

세계 최초로 문명이 형성된 곳은 메소포타미아였다. 메소포타미아의 정주지는 초기에는 혈연적 집단의 거주지로서의 성격이 강하게 남아 있었지만 점차 교역 중심지로서의 역할이 증대되었다. 인구가 점차 증가하면서 기원전 3500년경부터 10여 개의 도시가 티그리스 강과 유프라테스 강 어귀에서 형성되었다. 수메르 인들에 의해 건설된 대표적 도시인 우루크(Uruk)는 기원전 4000년경부터 성장하기 시작하였는데, 주변 농촌 지역과 산물을 교류하는 것은 물론 점차 장거리 교역까지 담당하게 되었다. 특히, 남부 농업 지대에서 생산된 농산물과 북부의 고지대에서 나오는 금속, 목재 등을 교환하였으며, 때로는 교역로 확보를 위해 멀리 떨어진 지역을 식민지화하기도 하였다. 이집트 문명과 인도 문명은 육로 및 해로를 통해 메소포타미아 문명의 영향을 받았다. 따라서 이 세 문명은 하나의 거대한 문명체의 부분집합이라고도 볼 수 있다.

상상 속의 공중 정원 메소포타미아의 바빌로니아 제국에서는 기원전 6세기에 뛰어난 관개 기술을 이용하여 공중 정원을 건설하였다고 전해진다. 그림은 19세기 화가의 상상력으로 그려진 공중 정원의 모습.

도시가 성장하면서 사회 구조도 점차 위계적으로 구성되었다. 정치 지도자와 신관이 사회적 신분 사다리의 최상위를 차지하였고, 그 아래에 소수의 가문과 상층 관리가 자리하였으며, 이들 아래로 군인, 하급 관리, 장인 등의 중간층과 농민, 그리고 최하위에 예속민이 있었다. 신관은 신전을 들고나는 물류의 관리를 효과적으로 하기 위해 점토판에 출납 내용을 간단한 기호로 적어 넣기 시작하였는데, 이 기호가 진화하여 쐐기 문자가 되었다. 쐐기 문자로 기록된 함무라비 법전(Code of Hammurabi)은 여러 사회 관계, 특히 경제 행위와 관련된 규범을

기록 2-1 함무라비 법전의 일부 조항

- 도적질을 하다가 붙잡힌 자는 사형에 처한다.
- 도적이 잡히지 않으면, 물건을 빼앗긴 사람은 신 앞에서 손실액을 선언하며, 도적질이 발생한 지역의 도시와 통치자는 그 손실액을 보상해야 한다.
- 홍수로 인해… 채무자의 농지가 물에 잠기거나 채무자의 농산물이 떠내려가면, 또는 물이 고갈되어 농지에서 아무것도 자라지 못하게 되면, 채무자는 그 해에 곡식을 채권자에게 갚지 않아도 되며, 계약서를 수정하며, 해당 해의 이자를 지불하지 않아도 된다.
- 태만하여 자신의 둑을 다지지 않음으로써 둑이 무너져 경지를 떠내려가게 한 자는 피해를 입은 곡식을 보상해야 한다.
- 곡식을 보상할 수 없는 자와 그의 재산은 매각하여 피해를 입은 이들이 나누어 갖는다.
- 은, 금, 기타 물품을 다른 이에게 보관시키는 자는 보관품을 증인에게 보여 주고 계약서를 작성하여 잘 보관해야 한다.
- 증인이나 계약서 없이 보관을 맡긴 자는 보관 장소에서 분쟁이 발생하면 위약금을 받지 못한다.
- 증인 앞에서 은, 금, 기타 물품을 다른 이에게 보관시킨 경우, 보관인이 물건 주인과 분쟁을 일으키거나 보관을 부인하면, 보관인을 불러 설명하게 하고 해당 금액의 두 배를 배상하게 한다.

자료: http://avalon.law.yale.edu/.

정리한 것으로, 지역적 가치 체계와 관습을 뛰어넘어 제국의 넓은 영역 내에서 공동으로 관철되는 규칙을 확립하려는 노력의 소산이었다 ([기록 2-1] 참조).

메소포타미아에서는 이후 바빌로니아, 히타이트, 아시리아 등의 왕국들이 차례로 번영하면서 문명의 확산을 이끌었다. 이 왕국들의 무역망과 외교망은 지리적으로 매우 넓어서, 북으로는 흑해와 카스피

함무라비 법전: 기원전 1750년경에 제작된 바빌로니아의 성문법. '눈에는 눈, 이에는 이'라는 이른바 탈리오의 법칙을 따르고 있으며, 농업, 상업, 운송업 등 다양한 경제 활동에 대해 상세한 규정을 두고 있다.

해 연안, 동으로는 인더스 강과 현재의 아프가니스탄 지역, 남으로는 페르시아 만, 그리고 서로는 이집트에까지 뻗어 있었다.

이집트 문명과 인도 문영

이집트 문명은 나일 강의 주기적 범람을 통해 비옥해진 지역에서 발흥하였다. 정치와 종교의 수장인 파라오는 방대하면서도 치밀하게 조직화된 관료 집단을 통해 드넓은 영토를 통제하였다. 이집트 인들은 나일 강 유역에서 경지를 확대하고 수량을 조절하여 농업을 영위하였고, 이를 뒷받침하기 위해서 대규모의 관개 시설을 구축하였다. 강물의 적절한 통제는 농업의 번영은 물론 안정적인 교통 수단의 확보라는 측면에서도 중요하였다. 아프리카 내륙 깊숙한 지역까지 연결된 나일 강을 효과적으로 통제함으로써 이집트는 막대한 물량의 조세를 수취할 수 있었고, 각 지역에서 생산된 물자를 필요한 곳으로 원활하게 이동시킬 수 있었기 때문에, 이집트는 간헐적인 혼란기를 제외하고는 정치적 통일을 장기간 유지할 수 있었다. 드넓은 사막은 외부의 군사적 위협으로부터 방어를 하는 데 유리한 조건으로 작용하였다.

이집트의 농업 나일 강 유역의 비옥한 경지는 이집트 경제의 소중한 자산이었다. 이집트는 관개와 토지 정리 및 조세 징수에 도움이 되는 측량 기술을 발달시켰다.

이집트는 피라미드로 대표되는 거대한 석조 건축물들을 남겼다. 피라미드 건설을 위해 거대한 석회암 덩어리들을 멀리서 운반하고 다듬고 쌓아 올리는 힘든 작업이 필요하였다. 이를 위해 2만 명 이상으로 추정되는 장인들이 일을 하였고, 이보다 훨씬 많은 인력이 일정 기간 부역을 제공해야만 하였다. 노예 노동력도 대규모로 동원되었다. 때로는 원자재를 확보하기 위하여 수단, 시리아, 레바논 등의 지역과 장거리 교역을 하였다. 석조 건축물과 더불어 현재까지 남아 있는 수많은 조각상과 상형 문자, 도기 등이 찬란하였던 이집트 문명의 면모를 보여 준다.

한편, 아랍인들이 낙타를 길들이기 시작한 기원전 12세기 이래 아라비아 반도 및 인근 지역에 걸쳐 사막을 관통하는 무역망이 점차 자리를 잡아 갔다. 특히, 유향을 전하는 이른바 '유향길'(Incense Route)이 아라비아 반도와 이집트의 여러 무역 거점들을 연결하였다. 나일 강 상류의 누비아에서는 금과 상아의 생산과 교역이 활발히 이루어졌다. 아프리카 북동부와 아라비아 반도를 묶는 교역로는 이렇게 완성되었다.

인도 문명은 기원전 2600년-1900년에 인더스 강 유역에서 발흥하여, 오늘날의 인도 북서부 지방과 파키스탄 및 아프가니스탄 지역에 그 영향력을 미쳤다. 인도 문명의 번영은 인더스 강 유역에 기반을 둔 농업에도 의존하였지만, 메소포타미아, 이란 등지와의 무역으로부터도 많은 도움을 받았다. 세계에서 가장 오래된 계획 도시라고 볼 수 있는 모헨조다로(Mohenjo-Daro)와 하라파(Harappa)를 중심으로 체계적인 도로망을 갖추었다. 인도 문명은 여러 측면에서 메소포타미아 문명의 영향을 받았지만, 독자적인 면모도 많이 나타냈다.

유향: 아라비아와 소말리아가 원산인 열대산 나무로서, 상처를 내면 수지가 젖처럼 떨어진다고 하여 이런 이름이 붙었다. 방향제와 약재로서 귀하게 인식되었으며, 동방 박사가 아기 예수에게 준 세 가지 선물 중 하나로 유명하다.

중국 · 그리스 · 아메리카 문명

중국에서는 청동기에 기초한 문명이 기원전 1900년까지 거슬러 올라가는 하(夏) 왕조에서 시작되었다. 뒤를 이은 상(商) 왕조(기원전 1600-기원전 1100)는 서남아시아에서 유래한 전차와 말, 그리고 청동제 무기를 군사적 기반으로 삼아 화북 지역의 넓은 영토를 통치하였다. 주(周) 왕조(기원전 1046-기원전 256)는 공신들에게 영지를 하사하고 반대로 곡물과 부역을 제공받는 봉건제적 정치 체제를 구축하였다.

주 왕조기에 중국 문명은 여러 측면에서 비약적인 발전을 이루었다. 소가 끄는 쟁기를 사용하는 농법이 널리 전파되었으며, 대규모의 관개 시설과 수리 시설도 설치되어 농업 생산이 크게 증가하였다. 상업의 발달과 더불어 도시화도 진전되었고, 교통망도 확충되었으며, 화폐의 주조도 크게 늘어났다. 철기의 도입과 확산이 이 시기에 기술적 · 경제적 변화를 자극하였다. 대외 무역도 점차 확대되었다. 특히, 중앙아시아와 서남아시아에서 생산되는 옥과 청금석에 대한 중국 측의 수요가 증가하면서 동서를 잇는 육상 교역로가 형성되었다. 유라시아를 잇는 통상 네트워크는 이 시기에 서서히 구축되어 갔다. 한자도 초기적 형태를 벗어나 점차 체계적인 구성을 갖추게 되었고, 이를 바탕으로 학문의 발전이 이루어졌다. 특히, 유가(儒家), 법가(法家), 도가(道家) 등 중국 철학사의 근간을 이루는 사상들이 등장하였다. 주 왕조 후반 전국 시대를 거치면서 소수의 강대한 제후국들이 약소 제후국들을 병합하여 갔고, 결국 가장 강력한 제후국이었던 진(秦)의 시황제(始皇帝)가 나머지 제후국들을 정복하고 중국 역사 최초의 통일 제국을 건설하였다.

시황제(기원전 259-기원전 210): 중국 최초로 중앙 집권적인 통일 제국을 건설한 전제 군주로, 부국강병책을 강력히 추진하였고, 법령 제정, 군현제 실시, 도량형 정비 등의 정책을 실시하였다. 만리장성 등 대규모의 토목 공사도 벌였다.

그리스 문명은 지중해 동부 지역을 중심으로 형성되었다. 지중해 동부에 위치한 섬 크레타를 중심으로 한 미노아 문명은 기원전 2000년-기원전 1400년에 번영을 구가하였다. 미노아 인들은 선박을 제작하는 능력이 뛰어났으며 항해에 능하였다. 그들은 공예품과 올리브를 이집트, 레바논, 키프로스 등으로 수출하였으며, 특히 구리와 주석을 확보하기 위해 멀리 시나이 반도와 서아시아까지 장거리 무역망을 확립하였다.

계획 도시의 면모 인도 문명을 상징하는 도시 모헨조다로는 도로, 건물, 공공시설이 체계적으로 갖추어진 밀집 거주지였다.
자료: Comrogues, Flickr (CC BY 2.0).

기원전 1200년에서 기원전 600년 사이에는 페니키아(Phoenicia)가 지중해의 유력한 세력으로 부상하였다. 기원전 1200년경 이집트와 히타이트의 지배권에서 벗어난 페니키아는 뛰어난 항해술을 바탕으로 북아프리카의 해안 지대, 아라비아 반도, 시칠리아, 사르디니아 및 스페인 해안을 잇는 폭넓은 무역망을 형성하였다. 전업적인 상업 민족이라 불릴 만한 페니키아 인들은 지중해 교역권을 둘러싸고 그리스와 치열한 각축전을 벌였다.

멕시코 지역을 중심으로 한 중앙아메리카에서는 기원전 2000년경부터 옥수수 경작을 경제적 기반으로 하여 정착 생활이 시작되었고, 수세기에 걸쳐 중앙아메리카 곳곳으로 농업이 확대되어 나갔다. 옥수수 이외에도 콩, 고추, 호박 등 다양한 작물이 기후와 토질이 적합

페니키아: 지중해 동안, 즉 오늘날의 시리아와 레바논 해안 지대를 지칭하는 지명으로, 가나안이라는 이름으로 알려지기도 하였다.

한 곳을 찾아 재배지를 확대해 갔다. 이 지역은 점차 높은 수준의 문화를 향유하는 문명으로 성장하였다. 기원전 800년경에는 멕시코 만 연안에서 올멕(Olmec) 문명이 등장하였고, 기원전 500년경에는 마야(Maya) 문명이 형성되었다. 마야에서는 주위 400km까지 흑요석이 교역되었다는 증거가 남아 있다. 현재까지 남아 있는 대규모의 신전과 성곽, 그리고 저수지와 수로, 계단식 경작지는 중앙아메리카 문명의 높은 기술 수준을 잘 보여 준다.

미노아 인들의 생활 기원전 16세기에 미노아 인들의 모습이 크노소스 궁전의 벽화에 묘사되어 있다. 두 여성이 도기를 바치는 행렬에 들어 있다.

남아메리카의 안데스 고원 지대도 문명의 발자취를 전하고 있다. 옥수수는 기원전 2000년경부터 이 지역에서도 재배된 것으로 보이며, 특히 인공 경작지가 조성되어 농경이 이루어진 것은 멕시코로부터 농경 기술이 전파되었을 것이라는 추정을 가능하게 한다.

4. 고대 제국은 어떻게 운영되었나?

그리스와 지중해 네트워크

유럽에서는 지중해를 둘러싸고 세력 간의 패권 경쟁이 치열하게

올멕: 멕시코 남중부 지방에서 번영하였던 문명. 원뿔형 피라미드, 대형 석조 두상 등을 남겼고, 무역 활동에 적극적이었다.

마야: 멕시코와 과테말라 지역에서 번성한 문명으로 기원전 300년경에 전성기를 맞았다. 거대한 피라미드 신전과 석조물, 역법, 신성 문자 등을 남겼다.

전개되었다. 특히, 페니키아에 맞서 그리스가 성장해 갔다. 에게 해의 수많은 섬을 배경으로 일찍부터 지중해 연안에서 상업적 능력을 보였던 그리스 인은 기원전 7세기부터 높은 수준의 문명을 본격적으로 건설하기 시작하였다.

그리스의 도시 국가인 **폴리스(polis)**는 각자 독특한 정치 체제와 사회 구조를 지녔는데, 전형적으로는 중심의 시가지와 주변의 농경부로 구성되며, 시가지에는 아고라(agora)라는 시장과 신전, 공공 건물 등이 자리하였다. 아테네는 특히 기원전 5-6세기를 지나면서 민회(民會)를 중심으로 한 민주정 체제를 확립함으로써 현대 민주주의의 원형을 이루었다. 그러나 민주주의 정치를 향유할 권리는 성인 남성 시민권자만으로 제한되고 있었다. 사회를 부양하는 데 필요한 경제 활동은 다른 계층이 담당하였다. 노예가 농업을 포함한 여러 분야에서 생산을 담당하였고, 상공업은 주로 **재류외인(在留外人)**과 해방 노예가 맡았다.

그리스 인들은 북동쪽으로는 흑해, 남쪽으로는 아프리카 북단, 그리고 서쪽으로는 이탈리아를 거쳐 프랑스 남부에 이르는 광활한 지역에 자신들의 도시 국가를 모방한 식민 도시들을 건설하였다. 식민 도시는 본국의 과잉 인구에게 출구를 제공한 것은 물론 곡물과 원료를 대규모로 공급하는 생산 기지의 역할도 수행하였다. 즉, 지중해의 고대 문명과 상업

아테네의 주화 아테네의 상징인 부엉이가 새겨져 있는 4드라크마(tetradrachm) 은화. 이러한 주화는 기원전 5세기부터 아테네에서 주조되었다. 아테네는 은광을 국유로 운영하였다.
자료: Xuan Che, Flickr (CC BY 2.0).

폴리스: 고대 그리스의 도시 국가를 지칭하며, 때로는 도시 국가의 공동체적 특징을 지칭하는 용어로도 쓰인다.
재류외인: 노예와는 달리 자유민으로서 생명과 재산에 대한 권리가 법률로 부장되어 있으나, 시민과는 달리 정치적 권리는 갖지 못한 집단이다. 주로 상공업과 문화 분야에서 활동하였으며 각종 납세의 의무를 졌다.

영웅적 전투 왼편에 말을 타고 있는 알렉산드로스가 오른편에 있는 페르시아의 다리우스 3세에게 일격을 가하는 모습. 이수스 전투는 알렉산드로스가 승리를 거둔 가장 중요한 전투 가운데 하나였다.

의 발달은 무역 네트워크가 외연적 분업 체계를 갖추는 과정이었다. 그리고 이 무역 네트워크를 통해 주화의 사용도 확산되었다. 기원전 700년경에 **리디아**(Lydia)에서 최초로 사용된 주화는 무역 네트워크를 따라 널리 전파되었고, 여러 지역에서 환전업의 발달을 가져왔다. 그리스는 도시 국가 간의 분열과 전쟁 속에서 힘을 잃어 갔고, 마침내 기원전 4세기에 알렉산드로스 대왕의 정복에 의해 소멸되었다.

알렉산드로스 대왕은 그리스의 마케도니아에서 출발하여 이집트, 메소포타미아, 페르시아를 거쳐 인도 북부 지방에 이르는 드넓은 제국을 건설하였다. 그는 기존의 도시 국가와는 다른 영토적 전제 군주 국가였고, 따라서 그리스적 지역주의 대신 광대한 영역에 적용이 가능한 **보편주의**(Cosmopolitanism)를 널리 전파하였다. 또한 알렉산드로스 대왕의 제국을 통해 **헬레니즘**이 중동 및 근동에 전파되었다. 이집

리디아: 소아시아의 서부 지역에 위치한 왕국으로 기원전 7~6세기에 번성하였다.
보편주의: 그리스 어의 세계(kosmos)와 시민(politēs)을 합성하여 만든 용어로, 개별 사회에 특수한 가치와 관습을 부정하고 세계를 단일한 원리로 구성하고자 하는 사상을 말한다.
헬레니즘: 그리스와 오리엔트의 문화가 만나 형성한 새로운 문화. 그리스 도시 국가의 영향력이 약화되면서 스토아 철학이나 에피쿠로스 철학과 같은 개인주의적 사상이 유행하였고, 건축에서는 장식적 요소가 강한 코린트 양식이, 그리고 조각에서는 라오콘 상과 같이 거칠고 육감적인 작품이 탄생하였다.

기록 2-2 **알렉산드로스의 야망**

그리스 · 로마의 역사학자 플루타크(Plutarch)는 영웅들의 전기를 저술한 것으로 유명하다. 그가 기술한 알렉산드로스의 야망은 광활한 세계를 그리스의 문화와 가치로 통일하는 것이었다. 말하자면 그리스풍으로의 세계화였다.

만일 나의 목적이 야만적인 것과 그리스적인 것을 결합하는 게 아니었다면, 모든 대륙을 가로지르고 문명화시키는 게 아니었다면, 가장 멀리 떨어진 땅과 바다를 찾는 게 아니었다면, 마케도니아의 국경을 가장 먼 바다까지 확장하는 게 아니었다면, 그리고 그리스의 정의와 평화라는 축복을 모든 국가에게 뿌려서 적셔 주는 게 아니었다면, 나는 사치스런 안락한 권력에 안주하기보다 디오게네스(Diogenes)의 검소함을 본받았을 것이다. 그러나 현실에서 나는, 디오게네스에게는 미안하지만, 헤라클레스(Heracles)를 모방하고 페르세우스(Perseus)를 따랐으며, 신성한 저술가이자 내 가족의 조상인 디오니소스(Dionysos)의 발자취를 좇았다. 그리고 나는 승리한 그리스 인들이 인도에서 다시 춤을 추고, 카우카소스 산맥 너머의 거친 산악 부족들과 함께 바쿠스 향연의 기억을 되살리기를 희망한다.

자료: http://en.wikiquote.org/wiki/Alexander_the_Great.

트의 알렉산드리아와 시리아의 안티오크를 중심으로 전개된 지중해 무역망은 교역의 규모나 교역물의 종류에 있어서 크게 증가하였다. 이로써 유럽과 아시아의 경제적 연계가 강화되었다.

팍스 로마나

유럽의 고대 문명은 로마 제국으로 이어졌고, 1-2세기에 경제적 전성기를 맞았다. 광대한 영토에 걸쳐 포장 도로가 건설되었고 통일

디오게네스(기원전 400?-기원전 323): 그리스의 철학자로 자족적 생활을 하였다. 알렉산드로스가 방문하여 소원을 묻자 햇빛을 가리지 말고 비켜달라고 말한 것으로 유명하다.

디오니소스: 그리스 신화에 나오는 술의 신. 로마 신화에서는 바쿠스라고 한다. 제우스의 아들로 태어나 이집트와 아시아 전역을 떠돌며 포도 재배를 통해 문명을 전파하였다고 전해진다.

로마 무역항의 시설 대제국 로마는 지중해 무역을 주도하였다. 당시에 제작된 모자이크에 항구의 접안 시설과 선박이 묘사되어 있다.

적인 화폐 제도가 마련되었다. 표준화된 도량형이 도입되었고 로마법이 사회의 질서를 규율하였다. **팍스 로마나**(Pax Romana)로 불리는 이 시기에 로마는 지중해의 넓은 영역에 대한 지배권을 확립함으로써 안정적인 질서를 유지하였고, 그러한 가운데 상업 활동이 활발히 전개되었다. 특히, 북아프리카는 카르타고가 포에니 전쟁에서 로마에 패한 후 로마의 지배를 받게 되었는데, 로마 제국이 수요한 곡물의 60% 이상과 금, 노예 등을 공급하였다.

로마의 경제는 노예제에 기초하여 운영되었다. 정확한 노예의 수는 파악하기 어렵지만, 전쟁 포로나 인질이 많았던 제국 확장기에 늘어났고 이후 제정 말기의 정체 상황에서는 감소하였음이 분명하다. 대제국의 관료 체제와 군대는 노예를 포함한 직접 생산자들이 창출한 잉여와 해외로부터 들어온 경제적 이익에 의해 유지될 수 있었다. 그러나 제국의 확장이 한계에 부딪히고 점차 수세에 몰리게 되자, 제국이 지불해야 하는 재정 부담은 늘어난 반면 수입원은 크게 감소하였고 따라서 조세 부담이 가중되었다. 또한 예속적 지위에 있는 생산자는 혁신의 유인을 갖지 못하였기 때문에 생산성의 향상을 기대하기

팍스 로마나: 아우구스투스가 제정을 수립한 기원전 1세기 말부터 약 200년에 걸친 시기를 지칭하는 용어. 로마 제국의 지배력이 강력하여 반란이나 전쟁이 발생하기 어려운 시기였으므로 경제적 활동이 활성화되기에 용이하였다.

도 어려웠다.

로마 제국에서는 장거리 무역이 발달하였다. 이미 기원전 1세기에는 로마 상인들이 인도양의 계절풍 특성을 이용하여 인도 서해안까지 무역망을 넓힐 수 있었다. 이들은 자신들이 운송해 간 유리 제품, 구리, 납, 향유, 포도주, 주화 등을 판매하고, 인도에서 후추, 유향, 염료, 상아, 계피 등 지역 특산품 및 중국으로부터 들어온 견직물, 면직물, 모피 등을 구매하였다. 유럽은 육로를 통해서도 아시아의 내륙 지역과 연결이 되었다. 인도 서부 지역을 통해 중국 제품을 구매한 것은 물론이고, 오아시스 길을 거쳐 릴레이 방식으로 거래된 중국 제품을 아랍과 페르시아 지역에서 사서 로마로 가져갔다. 특히, 중국산 비단은 로마 인들 사이에서 큰 인기를 끌었다. 로마 인들이 비단의 생산지라는 의미로 중국을 세리카(Serica)라고 부르기도 하였다는 점은 이 교역의 중요성을 말해 준다.

제국의 종말

유럽 인의 지구에 대한 지식 2세기에 발간된 것으로 보이는 프톨레마이오스 지도에는 동쪽으로는 인도 및 중국의 서부 지역까지, 그리고 남쪽으로는 유럽에 아프리카의 중부까지가 그려져 있다. 그 너머의 세계에 대해서는 유럽에 알려진 것이 거의 없었다.

2세기부터 로마 제국은 전염병의 창궐, 내란의 발발, 게르만 족의 압박 등 내우외환의 상황에 처하면서 위기를 맞게 되었다. 특히, 2세기 후반에 발생한 전염병은 로마 제국의 인구를 1/4 가량 감소시켰다. 사회적 혼란이 가중되면서 교역이 축소되었고, 화폐에 대한 신뢰가 추락하여 물물 교환의 경향이 커졌다. 중앙 정부의 통제력은 갈수록 약화되었고, 도시에 거주하는 상공업자들은

세리카: 기원전 1세기경부터 그리스와 로마의 사람들이 중국을 지칭하는 데 사용한 이름.

세금 압력을 피해 도시를 탈출하였다. 농촌에서는 소토지 소유자들이 불안한 치안 상황을 맞아 자신의 토지를 지역의 유력자에게 양도하고 대신에 사용권을 인정받는 방식을 선택하였다. 이 모든 과정을 통해 로마 제국의 중산층과 자유농이 몰락하였다. 중국, 인도, 아라비아 반도와의 교역에서 발생한 대규모의 무역 적자도 로마의 쇠퇴에 일조를 하였다.

로마 제국이 분열을 맞은 데에는 기독교라는 이질적 문화 요소의 전파도 영향을 미쳤다. 기독교는 로마의 빈곤한 피억압 계층에게 새로운 신앙적 공동체를 제공해 주었고, 그 교세는 시간이 흐르면서 제국의 국경을 넘어서 남아시아와 인도까지 확대되었다. 콘스탄티누스 대제는 이미 제국 곳곳에서 뿌리를 내리고 있던 기독교를 313년에 공인하였다. 그는 또한 330년 지금의 이스탄불에 콘스탄티노플을 건설하고 제국의 새 수도로 삼아 천도를 단행하였다. 곧이어 훈 족의 서진(西進)에 밀려 흑해 주변으로부터 게르만 족이 대규모로 로마 국경을 넘어 이동해 오면서 로마 인들은 게르만 족과 혼재하는 상황을 맞이하였고, 로마 제국은 마침내 395년 동로마와 서로마로 분할되었다. 서로마는 476년에 멸망하였고, 동로마는1453년에 오스만 제국에 의해 붕괴될 때까지 오랜 기간 비잔틴 제국이라는 이름으로 번영을 유지하였다.

서아시아와 남아시아

서아시아에서는 알렉산드로스가 사망한 후 여러 왕조들이 페르

콘스탄티누스 대제(274-337): 고대 로마의 황제로 밀라노 칙령을 통해 기독교를 공인하였고 이스탄불로 천도하였다.
훈 족: 투르크계의 유목 민족. 동아시아 역사에 등장하는 흉노족(匈奴族) 중 한나라에게 밀려 서쪽으로 이동한 일파를 지칭한다고 보나 이견도 존재한다.
비잔틴 제국(330-1453): 동로마 제국을 칭하는 말로서, 수도인 콘스탄티노플의 옛 지명에서 유래하였다.

시아 지방을 중심으로 흥망을 거듭하였다. 기원전 3세기에 권력을 잡은 파르티아는 서쪽으로는 로마, 북쪽으로는 스텝의 유목 민족들과 국경을 접하면서도 뛰어난 군사력을 바탕으로 안정된 지배 체제를 구축하였다. 파르티아 인들은 육상 교역로를 통해 중국의 한나라와 간접적으로 교류하였다. 인도에서 발흥한 불교가 동쪽으로 전파된 것도 이 교역로를 따라서였다.

3세기 초 파르티아를 무너뜨리고 건립한 사산 왕조는 4세기 이상 이 지역을 통치하였다. 사산 왕조는 중앙 집권적 체제를 구축하고 지방관을 파견하여 지역 통치를 담당하게 하였다. 페르시아 인들의 효율적인 우편 제도는 지방 통치에 큰 도움이 되었다. 사산 왕조는 농업과 무역에 힘을 기울였다. 대형 품종의 말 – 중국에서 '한혈마'(汗血馬)라고 불렀다 – 이 외국에까지 알려졌다. 부족한 물을 공급하기 위해서 카나트(Qanat)라고 불리는 관개 수로를 건설하여 산기슭 지하의 대수층에서 취수한 물을 마을과 경지로 끌어들였다. 이러한 기술 진보가 농업 생산성의 증대를 낳았고, 제국의 재정적 기반을 강화시켰다. 또한 인도와 동남아시아로부터 면화와 사탕수수가 도입되었다.

사산 왕조는 조로아스터교를 공식 종교로 채택하였지만, 유대교와 기독교 등 다른 종교에 대해서 관용적인 입장을 보였다. 이런 태도는 동서양을 잇는 육상 교역로가 활성화되는 데 도움이 되었다. 육상 운송이 발달하게 된 데에는 낙타가 대상의 무역품을 운반하는 수단으로 널리 도입된 것이 중요한 역할을 하였다. 2세기경에 낙타에게 적합한 안장이 개발되어 무게를 적절히 분산할 수 있게 되면서 낙타의 활용도가 커졌다. 낙타는 말과 노새에 비해 많은 양의 짐을 나를 수 있었

사산 왕조(226–651): 조로아스터교에 기반을 둔 신정 국가로, 전성기에 영토가 터키 동부에서 인도 북부까지 이르렀다.

한혈마: 하루에 천 리(약 400km)를 달린다고 알려진 서역의 명마. 땀이 피처럼 붉은 색이라고 해서 이런 이름으로 불렸고, 한 무제는 천마(天馬)라고 불렀다.

카나트: 이런 관개 수로에 대한 호칭은 지역에 따라 상이하다. 카나트라는 명칭은 주로 이란 지방에서 사용되었고, 아프가니스탄에서는 카레즈(Karez), 북아프리카에서는 포가라(Foggara)로 불리었다.

인도의 대표적 수출품 인도는 일찍부터 향신료의 생산과 수출로 유명하였다. 그림은 검은 후추와 계피.

고, 사막에서도 오래 견딜 수 있었기 때문에 장거리 무역에 적합하였다. 광대한 사막을 통과하는 일은 육체적으로 대상에게 결코 쉽지 않았지만, 강이나 밀림 지대가 없고 맹수의 공격을 받을 염려가 없으며, 건조한 기후 탓에 병원균이 적어 병에 걸리거나 상품이 변질될 위험도 적었다. 이런 장점 때문에 일찍부터 상인들은 육체적 고단함을 무릅쓰고 사막을 관통하는 교역로를 이용하였던 것이다.

인도 지역에서는 알렉산드로스의 군대가 철수한 뒤 마우리아 왕조와 쿠샨 왕조가 차례로 세워졌다가, 기원후 4세기 초에 굽타 왕조가 건설되어 인도 문화의 부흥기를 이끌었다. 굽타 왕조의 번영은 농업 발달에 기반을 두고 있었다. 쌀의 증산으로 인한 잉여의 증가는 곧 사회적 분화로 연결되어, 인도 사회에 중요한 변화 요인으로 작용하였다. 남부 해안 지역에서는 후추와 계피가 재배되어 수출용 작물로서 각광을 받았다. 면화의 생산도 활발하였고, 그를 원료로 한 면직물의 생산도 증가하였다. 인도산 면 제품의 국제적 경쟁력은 이 시기에 이미 유명하였다. 인도 상인들은 인도 연안을 통과하는 해상 무역에서도 주도적 역할을 수행하였다. 아라비아 해에서 동남아시아에 이르는

굽타 왕조: 320년에서 550년에 이르는 시기에 인도 고전 문화의 극성기를 이룬 것으로 평가되는 왕조. 경제가 발전하였고, 예술 분야에서는 아잔타 석굴의 벽화 사르나트의 불상과 같은 걸작을 남겼다.

지역에서 이들은 활발하게 무역을 전개하였으며, 특히 벵골 만을 지나는 항해는 대부분 인도인이 주도하였다.

한편, 인도에서 출발한 불교가 아시아 여러 지역에서 인기를 끄는 시기에 인도의 굽타 왕조에서는 새로 등장한 힌두교가 불교를 몰아내고 세력을 확장하는 현상이 벌어졌다. 불교와 힌두교를 포함하여 이른바 **4대 종교**라고 불리는 종교들은 광대한 지역과 수많은 사람에게 영향을 끼쳤다. 이들은 초월적 세계에 대한 인간의 인식 수준을 높이고, 사후 세계와 구원에 대한 성찰의 기회를 제공한다는 종교 본연의 역할을 수행하였을 뿐만 아니라, 기존의 수많은 지역적 종교들을 밀어내고 통일된 지향과 의식을 지닌 소수의 종교로 사회를 통합하는 결과를 가져왔다. 이 종교들은 추상적 교리를 통해서만이 아니라 도덕적 가치, 문화적 양식, 사회 질서, 경제 활동에 대한 가르침과 동질의식을 통해서 사람들에게 막대한 영향을 끼쳤다. 이런 점에서 종교는 역사적으로 세계화를 이끈 중요한 원동력의 하나였다.

진시황의 분서갱유 진시황은 법가를 통해 중국 사회를 지배하고자 하였는데, 그에 따라 유가의 서적이 불타고 유학자들이 수난을 당하기도 하였다.

동아시아의 제국

중국에서는 전국 시대의 혼란을 딛고 기원전 221년에 진(秦)나라가 통일 제국을 건설하는 데 성공하였다. 진시황은 강력한 중앙 집권 체제를 확립하고 군현제를 통해 지방을 통치하였다. 이 체제하에서 군대 유지와 공공사업에 필요한 인력이 대규모로 동원되었

4대 종교: 인류사에 영향을 크게 끼친 불교, 기독교, 힌두교, 이슬람교를 일컫는다.

서역으로 떠나는 장건 한 무제의 명에 따라 장건 일행이 중앙아시아의 대월지로 출발하는 모습을 그린 벽화.

다. 진시황은 광대해진 국토를 효과적으로 연결하기 위해 체계적인 도로망을 구축하였으며, 북방의 흉노족이 침입할 것을 대비해 만리장성을 대대적으로 보수·개축하였다.

진시황의 사후 분열된 중국을 다시 통일한 것은 한(漢)나라였다. 한 왕조는 유교를 통치의 기본 이념으로 삼고 과거제를 통해 인재를 등용하였다. 한자와 유교가 광대한 영토 곳곳에 보급됨으로써 중국은 정치·경제·문화적 통일성을 크게 향상시켰다. 한 무제는 위협적인 공세를 취하고 있던 흉노족을 협공할 동맹 세력을 확보하기 위해 장건(張騫)을 중앙아시아로 파견하였다. 동맹을 맺으려는 이 시도는 실패하였지만, 서역의 지리와 산물에 관한 많은 지식이 중국에 전해지는 결과를 낳았다. 이후 한의 군대는 중앙아시아 지역으로 진출하여 교역로에 대한 통제력을 강화하였다. 이후 실크로드는 외교 사절뿐만 아니라 상인, 선교사 등이 이동을 하면서 문물을 교환하고 사상을 전파하는 세계화의 주요 통로가 되었다.

한 왕조는 소금, 철, 술 등 전략 물자를 국가가 독점하는 경제 정책

도로망: 황족과 귀족이 다니는 길인 치도(馳道)와 직선으로 건설된 직도(直道)가 간선 도로망을 이루었고, 좁은 길이 촘촘히 이들을 연결하게 건설되었다. 또한 도로와 수레의 규격을 법으로 규정하였다.

한 무제(기원전 156-기원전 87): 한의 통치 기반을 닦은 군주. 동중서(董仲舒)를 기용하여 유교를 국교로 삼았고, 고비 사막에서 한반도에 이르는 광대한 영토를 확보하였다.

장건(?-기원전 114): 한 무제의 명령에 따라 대월지에 파견되었고, 귀국길에 흉노족에게 포로로 잡혔다가 돌아왔으며, 나중에 다시 서역에 파견되었다.

실크로드: 아시아 내륙을 횡단하는 고대 통상로. 중국의 비단이 교역되는 길이라는 의미로 지리학자 리히토펜(Richthofen)이 명명하였다.

을 실시함으로써 안정적인 재정 수입을 확보하였다. 곡물을 공급이 많고 가격이 낮은 지역에서 정부가 구입하여 곡물 창고에 저장하거나 곡물이 부족한 지역으로 운송하는 정책도 실시하였다. 그러나 이런 정책들은 상인의 입장에서는 활동 영역의 제한을 의미하는 것이었다. 실제로 한 왕조는 상업을 경시하여 무거운 조세를 부과하였고, 반대로 농민들에게는 세금을 경감해 주는 정책 기조를 취하였다. 중농억상 정책은 상인의 경제력에 비해 대토지 소유자의 경제력이 더 커지는 현상을 낳았다. 한나라 인이 인류에게 남긴 가장 대표적인 발명품은 뽕나무와 대나무를 원료로 하여 만든 종이였다. 이 혁명적 발명품은 이후 동아시아는 물론 이슬람 지역과 유럽으로 전파되어 지식의 축적과 발전에 지대한 영향을 끼치게 된다.

제3장

중세의 사회와 경제

1. 서양의 중세 사회는 어떤 모습이었나?
2. 흑사병은 중세 경제를 어떻게 바꿔 놓았나?
3. 이슬람 세계의 경제는 어떻게 변모하였나?
4. 중국의 중세는 어떤 모습이었나?

1. 서양의 중세 사회는 어떤 모습이었나?

동쪽에서 불어닥친 충격

쇠퇴의 기미가 역력해진 로마 제국의 숨통을 결정적으로 조이는 힘은 멀리 동쪽으로부터 왔다. 유라시아의 광활한 스텝 지역에서 유목 생활을 하던 기마 민족인 훈 족이 4세기경부터 중앙아시아와 동유럽 지역을 압박하기 시작하였다. 게르만 족으로 통칭되는 다양한 부족들은 훈 족의 압박에 처하자 연쇄적으로 이동하여 약화된 로마 제국을 침범하기 시작하였다. 이들은 유럽을 거쳐 이베리아 반도 및 아프리카 북부에 이르는 지역을 차례로 차지하면서 유럽의 인구 구성에 결정적인 변화를 가져왔다. 게르만 족의 대이동은 서로마를 붕괴시키고 게르만 족이 주도하는 새로운 종류의 사회를 만들어 냈다. 이것이 중세 유럽의 시작이었다.

전통적으로 중세 유럽은 문명화된 고대 사회와 중세 후기 르네상스 사이에 낀 암흑기로 인식되어 왔다. 중앙 집권적 제국 체제가 붕괴되면서 발생한 무정부 상태와 교역의 쇠퇴를 배경으로 성립한 유럽의 중세 사회는 매우 소박한 출발을 할 수밖에 없었다. 8세기 초에는 이슬람 세력이 남서부 유럽을 크게 위협하였고, 8세기 말부터는 스칸디나비아의 바이킹이 영국과 프랑스 해안을 정복하였고, 9세기에는 마자르 족이 중부 유럽을 지나 독일과 이탈리아까지 약탈의 범위를 넓혔다. 치안 부재의 상황은 화폐의 사용을 제한하였고 조세의 효과적 징수를 어렵게 하였다. 한편, 등자(stirrup)의 도입으로 마상 창술이 기존의 보병에 비해 군사적 우위를 차지하게 되었다.

등자: 말을 탔을 때 두 발을 디디는 마구로서, 대개 안장에 달아 양 옆으로 늘어뜨렸다. 승마자가 말 위에서 몸을 움직이는 동작을 자유롭게 해준다.

봉건제와 장원 경제

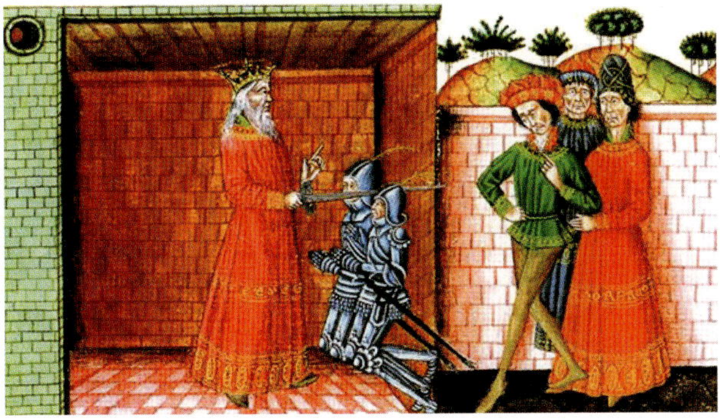

봉건제의 의식 주군이 두 명의 가신을 기사로 임명하면서 충성 서약을 받는 모습을 묘사한 14세기 그림.

유럽 중세 사회의 핵심적 제도인 봉건제(Feudalism)는 이런 상황을 배경으로 탄생하였다. 봉건제는 주군과 가신 간에 형성된 쌍무적인 인적 관계를 의미하였다. 가신이 주군에게 충성 서약을 통해 기사(knight)로서 복종과 군사적 봉사의 의무를 다짐하고, 주군은 가신에게 토지 재산을 봉토로 하사함으로써 부양 의무를 다하는 관계였다. 봉토의 하사는 단순히 토지 소유권만을 양도하는 것이 아니라 주군이 보유하였던 과세권이나 재판권과 같은 공권력도 함께 넘긴다는 의미를 지녔다. 그런데 한 주군은 여러 가신과 개별적으로 주종 관계를 맺을 수 있었고, 가신은 다시 주군으로서 하위에 자신의 가신을 둘 수 있었다. 따라서 사회 전체로 보면, 최상위의 주군, 즉 국왕으로부터 시작하여 크고 작은 영주들을 주군과 가신으로 포함하는 피라미드형 사회 구조를 형성하였다. 그 아래로 신분적으로 자유로운 농민이 존재하였고, 마지막으로 영주들이 보유한 봉토의 직접적인 생산자인 농노(serf)가 자리하였다.

봉건제: 봉(封)의 수수를 매개로 이루어지는 지배 계급 내의 주종 관계를 말한다. 동서양 여러 지역에서 존재하였으나 구체적인 운영 형태에는 다양성이 존재하였다.

봉토: 가신의 봉사 서약에 대한 대가로 주군이 제공하는 토지 및 부속 권리. 처음에는 토지만을 의미하였으나, 후에는 수익을 낳는 모든 권리, 즉 조세 징수권, 시장 개설권, 재판권 등을 포함하였다.

농노: 인신이 절대적으로 예속된 노예보다는 자유롭지만, 자유민과는 달리 신분제에 기반을 둔 각종 의무를 짊어진 중세의 생산자 계층.

중세 유럽의 경제는 자급자족적 성격의 장원(Manor)을 중심으로 영위되었다. 영주는 재판권과 조세 징수권, 장원 시설에 대한 강제 사용권과 같은 영주권을 행사하였으며, 장원에 소속된 생산자의 다수를 이루는 농노는 영주에게 신분적으로 종속되고 장원 토지에 결박된 예속민으로서 영주를 위해 영주의 직영지에서 일정한 시간 노역을 제공해야 하였다. 농노는 대개 1주일에 2-3일을 영주에게 부역하였다. 여기에 농번기나 특별한 경우에 영주의 요구에 따라 추가로 부역을 제공해야 하는 경우가 있었다. 고대의 노예와 비교한다면 중세의 농노는 예속의 강도가 상대적으로 낮았는데, 이는 중세 당시에 노동력이 상대적으로 희소하였다는 인구학적 상황과 자율권을 어느 정도 보장함으로써 영주의 지휘 감독 비용을 줄일 수 있다는 경제적 고려가 작용한 것으로 이해할 수 있다.

인구의 대부분은 농업에 종사하였는데, 토지 생산성이 낮았기 때문에 경지를 둘 또는 셋으로 구분하고 그중 한 경지는 1년 간 휴경을 하는 방식으로 지력을 유지하고자 하였다. 시간이 지나면서 바퀴 달린 쟁기가 널리 보급되었고, 경지를 삼분하여 경작하는 이른바 삼포제(Three-Field System)가 우세해졌다. 삼포제는 경지를 세 부분으로 구획하여, 한 경지에는 봄에 씨앗을 뿌려 가을에 수확하는 곡식을 재배하고, 둘째 경지에는 가을에 파종하여 늦은 봄에 거두어들이는 곡식을 재배하고, 셋째 경지는 휴한지로 놓아 두는 방식을 말한다. 이듬해에는 봄 경지를 휴한지로 바꾸고, 가을 경지를 새로 봄 경지로 사용하고, 휴한지를 새로 가을 경지로 조성하는 방식으로 윤작(Rotation)을 실시하였다. 경지는 개인별 경작이 아니라, 마을 구성원들이 가축과 장비를 함께 이용하면서 공동으로 작업하는 개방 경지(open field)의 형태였다.

장원: 봉건 사회에서 영주의 지배가 미치는 지리적 범위로, 중세 유럽 경제의 기본 단위였다.
삼포제: 경지를 춘경지, 추경지, 휴경지의 셋으로 구분하여 경작하는 중세의 대표적 농경 방식. 이전의 이포제에 비해 생산 능력을 크게 늘리고 생산하는 곡물의 종류를 늘림으로써 기근의 위험을 감소시켰다.

개방 경지의 바깥쪽으로는 **공동지**(common)가 존재하여, 가축을 방목하거나 땔감을 채집하는 등 자원이 주민들 사이에서 공동으로 사용되었다. 공동지에서는 공유 자원의 남용으로 인한 가치 하락, 즉 '**공유지의 비극**'(tragedy of commons) 현상이 발생하지 않도록 역사적으로 진화해 온 관습과 주민들 사이에 합의된 방식에 따라 자원이 세심하게 관리되었다.

바퀴 달린 쟁기 장원에서 농지를 경작하는 데에는 바퀴가 달린 쟁기가 널리 사용되었다. 땅을 깊이 갈면 지력을 유지할 수 있어서 휴한지를 최소화하면서 윤작을 할 수 있었다.

삼포제는 과거 경지를 두 부분으로 나누어 재배하던 이포제와 비교할 때 여러 가지 긍정적인 경제적 효과를 보였다. 우선 경작 면적이 확대되었다. 전체 경지의 1/2만 경작하던 것이 2/3로 증가하였으므로, 매년 경작되는 면적이 과거에 비해 1/3 증가하였다. 둘째, 말이 끄는 무거운 쟁기를 사용하는 지역은 다른 지역보다 높은 생산성을 기록하였다. 쟁기질을 깊게 함으로써 토질의 악화를 방지하거나 지연시킬 수 있었기 때문이다. 셋째, 봄 곡식과 가을 곡식은 재배에 필요한 노동력의 양이 계절적으로 다른 분포를 가졌기 때문에, 단일한 곡식을 심는 이포제에 비해 노동 수요의 계절적 변동 폭이 작아지는 효과가 발생하였다. 이는 동일한 농업 인구를 가지고도 생산을 더 효율적으로

개방 경지: 복수의 농민들이 공동 경작하는 토지로, 개인의 배타적 소유권이 존재하지 않는 형태의 경작지이다. 인클로저가 이루어지기 이전의 대표적인 경지 형태였다.

공동지: 마을 주민들이 함께 사용할 수 있는 토지 및 그에 부속된 자원. 이를 사용할 수 있는 권리를 공동권(common right)이라고 부른다.

공유지의 비극: 미국의 생태학자 하딘(G. Hardin)이 발표한 논문의 제목. 공유 자원이 사적 이익에 맡겨지면 남용되어 공멸에 이르게 된다는 주장을 담았다.

할 수 있게 되었음을 의미하였다. 마지막으로, 경작물의 종류가 증가함에 따라 전면적 흉작의 위험이 감소하여 기근의 빈도가 줄어들었다. 경작물의 다양화는 또한 소비자의 영양 섭취를 개선하는 효과를 가졌으므로 건강의 증진으로 이어졌다. 이는 출생률의 증가 및 사망률의 감소로 연결되어 인구를 증가시키는 요인으로 작용하였다.

인구 압력과 유럽의 확대

생산성의 향상은 인구 부양 능력을 증대시켰는데, 이로 인해 토지를 포함한 가용 자원에 대한 인구 압력이 심해졌다. 1000년경 1,200만 명 내지 1,500만 명이었던 서유럽의 인구는 14세기 초가 되면 4,500만 명 내지 5,000만 명에 육박하였던 것으로 추정된다. 인구 압력에 대한 대응책으로 서유럽 인들은 경지를 외연적으로 확대하는 방안을 강구하였다.

무엇보다도 개간 사업이 곳곳에서 전개되었다. 유럽 여기저기에 아직 농민들이 정주하지 않는 황무지, 늪지, 숲이 존재하였는데, 이를 개간하여 경지로 바꾸는 작업이 여러 지역에서 진행되었다. 저지대가 많은 플랑드르, 질랜드, 홀란드 등의 해안 지역에서는 매립을 통해 경지를 조성하는 작업도 이루어졌다. 대규모 개간 사업이 가장 활발하게 이루어진 곳은 독일 엘베 강 동쪽의 드넓은 지역이었다. 이 지역의 제후들은 서유럽으로부터 노동력을 끌어들여 대규모로 식민 사업을 벌이기 위해 청부업자를 고용하였다. 청부업자는 개간할 토지를 선정한 후, 신분적 자유, 부역의 면제, 보유지 세습권의 인정, 지대의 인하 등의 유인책을 제공하면서 외지인들을 유인하였다. 플랑드르와 홀란드 등 저지대 출신 인력은 배수와 제방 축조의 경험이 많아 습지를 개간하는 지역에서 특별히 선호되었다. 산림의 개간이 필요한 지역에서는 독일 북부 출신자들이 실력을 발휘하였다. 개간을 통해 드넓은 경지와 많은 촌락이 새로 형성되었고, 영주는 대토지 소유자로서 유입 노동력을 투입해 대량의 곡물을 생산하여 먼 시장에 내다 팔았다.

십자군 전쟁 12세기 중반에 전개된 2차 십자군 운동 때의 전투 모습. 왼편의 이슬람 군과 오른편의 기독교 군이 맞붙어 싸우고 있다.

이베리아 반도에서 10세기부터 전개된 기독교도의 재정복 운동(Reconquista)도 증가하는 인구 압력에 대한 반응의 일종으로 볼 여지가 크다. 재정복 운동은 이슬람 세력을 반도로부터 밀어 내고자 하는 기독교도들의 국토 회복 전쟁의 성격을 표면적으로 띠었지만, 정복한 영토에는 북부 지방으로부터 농민들을 대규모로 이주시켰고 그를 통해 장원제가 확산되었다. 재정복 운동이 성공적으로 이루어지면서 13세기까지 이베리아 반도의 90% 가량이 기독교 권역으로 흡수되었다.

11세기 말부터 약 2세기에 걸쳐 이루어진 십자군(Crusades) 운동도 표면적으로는 성지의 탈환이라는 종교적 목적을 내걸었지만, 종교적 외피 안에는 경제적 이해 관계가 깊숙이 자리를 잡고 있었다. 파병에 필요한 병력의 구성은 종교 지도자들의 호소로부터 시작되었지만, 사회의 각 계층은 상이한 세속적 관심을 가지고 원정에 응하였다. 영주

재정복 운동: 711년 이슬람교도가 이베리아 반도에 진출한 후 이들이 최종적으로 축출되는 1492년까지 780년 동안 스페인의 기독교도가 벌인 영토 회복 운동이다.
십자군 운동: 이슬람 세력이 장악한 기독교 성지를 되찾기 위해 서유럽에서 기독교 부대가 조직되어 원정을 떠난 사건.

계층, 특히 하급 영주들은 새로운 토지를 획득하려는 욕망을 가졌고, 상인 계층은 동방으로 연결되는 교역로를 확보하려는 야심을 품었으며, 농민층은 봉건 사회의 신분적 · 경제적 중압에서 벗어나 보겠다는 기대를 안고 있었다. 십자군 전쟁은 이탈리아의 도시 국가들에게 가장 큰 이익을 안겨 주었다. 베네치아, 아말피 등 기존에 동방과 무역 활동을 벌이던 도시 이외에 제노바, 피사 등이 새로이 지중해 무역 경쟁에 뛰어들게 되었다. 이탈리아 도시들은 십자군 원정에 필요한 물자를 공급하는 대가로 베이루트, 트리폴리, 예루살렘, 키프로스, 콘스탄티노플 등에 무역 거점을 마련하였다. 그리하여 동양의 값비싼 산물들을 안정적으로 수입할 여건을 확립하여, 지중해 무역에서 지배적 위치를 차지할 수 있었다.

상업의 부활, 도시의 부활

중세 초기에 방치되다시피 하였던 도시들이 치안이 안정되고 경제가 살아나면서 서서히 활기를 되찾았다. 특히, 대규모 간척 사업을 통한 유럽 경제의 확장과 지중해 상권의 발달은 도시 경제의 발달에 중요한 밑거름이 되었다. 10세기 말에 시작되어 11-12세기에 본격적으로 전개된 무역망의 확장과 무역의 활성화를 상업의 부활(Revival of Trade)이라고 지칭한다. 이

도시의 발달 중세 유럽에서 상업이 발달하면서 도시를 둘러싼 성곽을 증축하는 일이 잦아졌다.

과정을 통해 중세의 도시들은 상공업 중심지로서 위치를 공고히 하게 된다. 도시의 공간은 성곽의 규모에 의해 기본적인 제약을 받았다. 성 내에는 귀족의 거처, 교회, 수도원, 창고, 재판소, 시장 시설 등이 존재하였다. 상공업의 발달 및 인구 증가와 더불어 기존의 공간이 협소해지는 경우도 많았는데, 이런 상황에서 상공업자들은 성곽 밖에 새롭게 거주지를 조성하고 외성을 추가적으로 쌓곤 하였다. 이런 성곽 지구(burg)에 거주하는 사람들을 부르주아(bourgeois)라고 불렀던 데에서 연유하여, 상공업자 계층을 부르주아지(bourgeoise)라고 부르게 되었다.

길드와 도제

도시의 상공업자들은 길드(Guild)라는 동업 조합을 결성하여 사업을 운영하였다. 교통이 발달하지 않은 시대에 여러 가지 위험을 수반하는 교역 활동을 해야 하는 상인들에게 길드는 상호 부조의 조직이자, 유용한 정보를 공유하고 정치 집단이나 거래 대상자에 대해 교섭력을 확보하는 수단이었다. 도시 당국의 입장에서도 개별 상공업자를 일일이 상대하는 것보다 길드와 교섭을 하는 것이 통제에 더 수월하였다. 따라서 길드는 상공업자와 도시 양자의 이익에 모두 부합하는 사회 조직이었다.

길드제 하에서 경제 활동은 광범위한 통제와 규제의 대상이었다. 시장 기구의 작동에 따른 균형 가격을 사회가 수용할 가격 수준으로 보는 근대 사회와는 대조적으로, 중세 사회에서는 사람들의 마음속에

상업의 부활: 중세 초기의 경제적 침체를 벗어나면서 도시가 발달하고 무역이 확대되는 양상이 나타난 것을 말한다.
부르주아지: 중세에는 도시민을 의미하였으나, 근대에 와서는 봉건 세력을 무너뜨리고 새로 정치적, 경제적 권력을 차지한 시민 계급을 일컫는 용어가 되었다.
길드: 중세 유럽에 존재하였던 상공업자들의 동업자 조합. 공동의 안전과 경제적 이익을 위한 단체였다.

공정 가격(just price)의 관념이 강하게 작용하였다. 상인이 이윤을 극대화하는 수준에서 가격을 결정한다는 생각은 중세의 가치관과 맞지 않았다. 사회 구성원의 복리를 위해 적절한 수준에서 가격이 유지되어야 한다는 것이 지배적인 인식이었다. 애당초 유럽의 중세 사회는 상거래에 대해 그다지 호의적이지 않았다. 예를 들어, 토마스 아퀴나스(Thomas Aquinas)는 상행위가 바람직하지는 않으나 불가피하게 사회적 역할을 수행하는 일종의 필요악이라고 여겼다. 이에 따라 상인은 공정 가격에 따라 거래를 할 것, 이자 놀이를 하지 말 것, 그리고 수익은 교회와 빈민에게 되돌려 줄 것을 설파하였다. 종교적 가르침이 세속민의 경제적 욕망을 완전히 억누를 수는 없었지만 강한 사회적 제약을 받았다는 점은 분명하다.

도시 경제와 길드 상공업자들은 길드 제도 하에서 활동하였다. 그림은 프랑스의 한 도시에 개설된 시장의 모습으로, 고가의 다양한 상품들이 거래되는 풍경을 보여 준다.

길드가 경제에 얼마나 유익하였는가에 대해서 학자들은 상이한 견해를 보여 왔다. 길드의 역할을 부정적으로 평가하는 학자들은 길드가 독점적 지위를 보유하고 있었고 실제로 독점적 경제 행위를 수행하였다고 본다. 길드는 가격을 통제하고, 공급을 제한하고, 시장 지배력을 이용해 잠재적인 경쟁자를 배제하였으며, 길드 조합원이 되기 위한 진입 장벽을 높게 유지하여 독점력을 지속시켰다는 것이다. 이런 부정적 견해와 달리 길드의 독점적 영향이 크지 않았다는 주장도 있다. 교통과 통신이 충분히

공정 가격: 시장 가격과 대조를 이루는 개념으로, 시장에서 수요와 공급이 만나서 결정되는 가격이 아니라 공동체 구성원의 역사적 경험 속에서 적정한 수준이라고 인정된 가격을 말한다.

토마스 아퀴나스(1225?-1274): 중세 스콜라 철학을 집대성한 이탈리아의 신학자.

발달하지 않은 환경에서, 특히 많은 시간과 자본이 소요되는 장거리 무역에 있어서 계약을 체결하고, 상품을 공급하고, 금전 거래를 수행하고, 분쟁을 해결하는 과정에는 불확실성이 도처에 상존하였다. 이 문제에 대처하기 위해서는 신뢰(trust)와 같은 사회적 자본(social capital)이 필요하였는데, 이를 길드가 제공하였다고 평가함으로써, 이들은 길드가 경제에 유익한 영향을 끼쳤다고 주장한다.

사회가 필요로 하는 상공업자는 도제 제도(Apprenticeship)를 통해 공급되었다. 도제 제도는 장인, 직인, 도제의 세 계층의 연계로 구성되었다. 자녀가 10대 초반에 다다르면 부모가 길드에 의해 공인된 전문 상공업자인 장인과 도제 계약을 맺고, 자녀에게 일정 기간 특정 기술을 전수하여 숙련 기술자로 독립할 수 있게 하였다. 도제 교육의 구체적 내용은 개별 계약에 의존하였지만, 획득할 기술의 수준이나 한 장인이 받아들일 수 있는 도제의 수, 계약 위반 시의 처벌 및 배상 방법 등은 기본적으로 길드의 규제를 받았다. 도제 훈련을 성실하게 이수한 사람은 직인의 지위를 획득하였다. 직인은 숙련된 노동자로서 수년 간 여러 지역의 장인들을 찾아가서 자유롭게 고용 계약을 맺고 일을 하였다. 이렇게 하여 축적한 소득을 바탕으로 직인은 자신의 작업장을 열고 독립적인 장인으로서의 삶을 시작하였다. 이와 같은 과정을 통해 일정한 숙련도를 갖춘 상공업자가 사회에서 재생산되었다.

유럽의 무역 네트워크

중세 유럽의 무역망은 크게 세 상권으로 구분할 수 있었다. 첫째,

사회적 자본: 사회 구성원 상호간의 이익을 위해 협력과 조정을 수월하게 하는 신뢰, 규범, 네트워크 등을 의미함. 물리적 자본이나 인적 자본과 달리 사회적 자본은 구성원의 집단적 참여를 통해 긍정적인 외부 효과를 가져오는 측면이 강조된다.

도제 제도: 중세 유럽에서 숙련 기술자를 양성하는 제도. 청소년기에 장인의 작업장에서 일정 기간 도제 교육을 받는 방식이다.

거래액이 가장 큰 상권은 지중해의 교역로를 통해 이탈리아와 레반트를 연결하는 남유럽 상권이었다. 베네치아와 제노바를 필두로 해서 이탈리아의 많은 도시들이 동양으로부터 들어오는 진귀한 재화를 구입하여 유럽 전역에 판매함으로써 많은 이윤을 남겼다. 베네치아가 거래한 주요 물품으로는 향신료, 비단, 면직물이 있었고, 제노바는 명반, 비단, 설탕, 포도주 등을 들여왔다. 이와 반대 방향으로 거래된 물품들로는 플랑드르에서 생산된 모직물, 북유럽에서 생산된 모피류, 중부 유럽의 금속 제품, 베네치아의 유리 제품 등이 있었다.

머나먼 여정 마르코 폴로와 같은 상인들은 멀고도 험한 육상 교역로를 따라 동양의 생산지까지 이동하였다. 카탈루냐 지도에 그려진 모습.

베네치아는 뛰어난 선박 건조 능력을 과시하였다. 아르세날레(Arsenale)라고 불리는 조선소에서 생산의 효율성을 극대화하기 위해 선박의 구조 및 부품을 표준화하였고, 어셈블리 형태의 생산 라인을 갖추었다. 갤리선의 크기와 디자인을 표준화하였고, 판자도 호환 가능한 형태로 제작함으로써, 선박 건조에 필요한 시간을 최소화할 수 있었다. 당시 아르세날레는 3,000명의 노동자를 고용하는 유럽 최대의 산업 단지였다. 조선업에서의 우위에 힘입어 베네치아는 이탈리아는 물론 유럽의 어느 지역보다도 빠른 속도로 선박을 대량 건조할 수 있게 되었고, 결국 경쟁 도시들을 물리치고 최강의 무역 도시라는 지

레반트: 이탈리아 동부의 지중해 연안 지역. 이탈리아 상인들은 알렉산드리아, 베이루트, 콘스탄티노플 등에 근거지를 마련하고 동방 상품을 구입하여 유럽 전역에 판매하였다. 15세기 비잔틴 제국의 멸망과 포르투갈의 인도 직항로 개척으로 쇠퇴를 맞았다.

아르세날레: 베네치아 정부가 운영한 조선소 겸 병기창. 대량 생산 체제를 갖춘 선박 건조 시설로 이름을 날렸다.

위를 차지하게 되었다.

이탈리아 상인들은 이슬람 세계로부터 복식 부기를 도입하여 장부 기록에 혁신을 이룩하였으며, 아라비아 숫자를 받아들임으로써 계산 능력을 향상시켰다. 해상 무역에 동반되는 위험에 대처하기 위해서 대규모의 자금을 끌어 모으는 유한 회사를 설립하고 주식회사의 초기적 형태를 띤 회사를 조직한 사례도 있었다.

동방 무역은 12-13세기에 번창하였으며, 이어지는 세기에는 중국에서 몽골 족이 태평양 연안에서 중부 유럽에 이르는 광대한 제국을 건설하면서 다시 한 번 도약의 계기를 맞았다. 몽골 기병의 군사력을 바탕으로 유라시아의 광활한 지역의 치안이 장기적으로 확보되어 교역에 소요되는 거래 비용이 크게 감소하였다. 몽골 통치자들은 대외 교역 및 이민족의 종교에 대해 개방적인 태도를 취하였기 때문에 무역이 크게 활성화될 수 있었다. 동방 교역이 유럽 인의 관심을 끈 데에는 베네치아 출신의 상인 마르코 폴로(Marco Polo)의 중국 체험기도 적지 않은 역할을 하였다. 칭기즈 칸의 5대 계승자인

마르코 폴로의 영향 원나라에서 오랜 기간 지냈던 마르코 폴로의 여행기에 실린 몽골 왕궁의 그림. 그의 책은 서양인들의 호기심을 크게 자극하였다. 이 시기에는 몽골 지도자들의 개방적 정책을 배경으로 하여 구세계에서 무역이 크게 활성화되었다.

마르코 폴로(1254-1324): 이탈리아의 상인으로 동방으로 장거리 여행을 하고 중국에서 17년간 살았다. 세칭 『동방견문록』을 지어 많은 유럽 인들의 호기심을 자극하였다.

기록 3-1 **마르코 폴로의 묘사**

마르코 폴로의 여행기는 유럽에서 큰 인기를 끌었다. 때로는 과장된 표현으로 인해 진실 여부를 놓고 논란의 대상이 되기도 하였지만, 중국에 대해 다른 기록이 보여 주지 못하는 귀중한 자료를 담고 있다. 아래의 글은 원나라의 도시와 궁전에 묘사한 부분이다.

접견실과 방들의 벽은 모두 금과 은으로 색칠해져 있고, 용, 짐승, 새, 기병 등 여러 모습들이 그려져 있다. 천정 역시 금칠과 그림 이외에는 아무것도 보이지 않게 만들어져 있다. 접견실은 어찌나 크고 넓은지 6,000명 이상이 한꺼번에 식사할 수 있으며, 얼마나 많은 방들이 있는지 놀라울 정도이다. 또 얼마나 크고 잘 만들어졌는지 그보다 더 잘 만들 만한 지식을 갖고 있는 사람은 세상 어디에서도 찾아볼 수 없을 것이다. 꼭대기 지붕은 모두 적색, 녹색, 청색, 황색 등 갖가지 색깔의 타일로 덮여 있는데, 어찌나 곱고 교묘하게 잘 만들어졌는지 수정처럼 투명해서 황궁 주변 아주 멀리까지 빛을 내뿜는다.

또한 여러분은 그 천정이 오랜 세월에 견딜 수 있을 만큼 강하고 단단하게 짜맞추어져 있다는 사실을 알아야 할 것이다. 황궁 뒤로는 커다란 집과 방과 접견실들이 있는데, 그곳에는 군주가 사유하는 물건들, 즉 그의 모든 보물과 금은, 귀금속, 진주, 금은 집기들이 있으며 또 그곳에는 그의 정후와 비빈들이 거처하면서 마음 내키는 대로 편안하게 사무를 처리할 수 있다. 다른 사람은 그곳에 들어가지 못한다. (중략)

이제 여러분은 대군주가 케시탄 -군주가 가장 신임하는 측근을 의미한다- 이라고 불리는 1만 2,000명의 신하들을 구별해 놓았음을 알아야 할 것이다. 그는 그들 각각에게 색깔이 서로 다른 옷을 13벌 하사한다. 그것들은 진주와 보석 그리고 여러 값지고 고귀한 것들로 치장되어 있어 가격이 엄청나게 비싸다. 그는 또한 이 1만 2,000명의 신하들 각각에게 매우 아름답고 매우 값비싼 황금 혁대를 하나씩 준다. 또한 각자에게 카무트(camut) 가죽으로 만든 장화를 주는데, 은실로 꿰매지고 매우 정교하게 만들어진 그것은 아름답고 비싸다. 그들은 너무나 고귀하고 아름다운 장식품들을 갖고 있어 그것들을 걸치면 모두 왕처럼 보인다.

자료: 마르코 폴로(2000), 238-258쪽.

쿠빌라이 칸을 만나고 나서 귀국하여 출간한 이 베스트셀러에서 그는

쿠빌라이 칸(1215-1294): 몽골 제국의 제5대 칸으로, 묘호는 세조(世祖)다. 그는 국호를 원(元)으로 고치고 제국의 영토를 확장하고 통치 기반을 공고히 구축하였다.

중국으로 가는 육상 및 해상 교역로와 중국 내 각지의 문물과 풍습에 대해 과장 섞인 묘사를 하였는데, 이를 통해 수많은 잠재적 탐험가의 호기심을 자극하였다.

북유럽의 무역 함부르크에서 제작된 그림에 한자 상인들이 출항을 준비하는 모습이 나타나 있다.

둘째로, 플랑드르와 북부 독일의 도시들을 중심으로 한 북유럽 상권이 있었다. 이 지역은 배후지에서 집약적인 농업이 이루어지고 다수의 상공업 중심지가 포진한 곳이었다. 북유럽 상권은 상인 조합인 한자(Hansa)가 주도하였는데, 전성기 때에 독일의 뤼베크, 함부르크, 브레멘, 쾰른 등 200여 개의 도시가 한자 동맹에 포함되었고 런던에도 상관을 설치하였다. 북유럽 상권에서는 각 지방에서 특화된 물품들, 예를 들어, 플랑드르의 모직물, 보르도의 포도주, 런던의 금속 제품, 함부르크의 맥주, 발트 해의 청어와 대구, 포르투갈의 소금, 발트 해 연안의 목재와 곡물, 러시아의 모피와 꿀 등이 북해와 발트 해를 잇는 해상 교역로를 따라 다른 지역으로 판매되었다.

마지막으로, 남유럽 상권과 북유럽 상권을 연결하는 중부 내륙 상권이 있었다. 주로 프랑스의 샹파뉴 지방이나 독일의 라이프치히, 프랑크푸르트 등에서 개설되는 대시(Fair)가 그것이었다. 대시는 지역의

한자 동맹: 13-15세기에 독일 북부 지방의 무역항들과 발트 해 연안의 무역 도시들이 결성한 도시 연맹. 공동의 안전 보장과 무역로 확장이 핵심적인 목적이었다.

과세로부터 면제가 되는 특권을 누렸고, 국가를 불문하고 자유로운 거래가 보장되었다는 장점을 보유하였다. 대시에서는 이탈리아 도시들을 통해 알프스 산맥을 넘어 남쪽에서 유입된 상품과 한자 상인들이 북쪽에서 가져온 상품이 거래되었고, 이베리아 반도와 비잔틴 제국 등에서 온 상인들도 가세하였다. 대시가 열린 여러 지역 가운데 특히 샹파뉴 지방은 여러 통상로가 잘 연결되어 접근성이 뛰어났고, 지방 영주가 외부 상인들의 고유한 상관습을 존중하고 상업 활동을 위해 각종 편의를 제공하는 장점이 있어서 국제적으로 명성이 높았다.

대시의 번영을 빌며 대시가 열리는 도시에서는 거래의 편의를 돕는 시설들이 설치되었고 주교가 나와 시장의 번영을 기원하는 축성을 해주었다.

대시가 열리는 도시는 금융 중심지로서의 역할도 수행하였다. 대시의 금융업자들은 상이한 지역에서 온 상인들에게 일종의 환어음인 **대시 신용장**을 발급함으로써, 거액의 화폐를 직접 가지고 다니지 않고도 신용을 바탕으로 안정적으로 금융 거래를 할 수 있도록 하였다.

한때 번영을 구가하였던 이 유럽의 어음 교환소는 약 2세기 동안 전성기를 맞은 후 13세기부터 점차 쇠퇴하게 되었다. 이탈리아 도시들의 조선술과 항해술이 발전하면서, 힘든 육로 교역을 대신해서 지

대시: 중세 유럽 내륙 지방에서 정기적으로 개설된 국제적 시장. 주로 프랑스와 독일의 도시들에서 열렸는데, 통과세와 조세 수입을 기대한 영주의 후원이 있었다.
대시 신용장: 대시의 금융 기관이 거래처의 요청으로 신용을 보증하기 위해 발행한 증서.

중해를 통과해 대서양을 북진하여 북해와 발트 해 지역으로 상인들이 직접 상품을 운송하는 방식이 자리를 잡았기 때문이다. 이런 변화 속에서 플랑드르의 브뤼주(Bruges)가 새로운 교역 중심지로 부상하였다. 시간이 흐르면서 점차 안트베르펜(Antwerpen)이 브뤼주를 제치고 이탈리아 운송업자에게 더 큰 인기를 끄는 무역 및 금융 중심지가 되었다. 이 과정에서 이탈리아 주요 도시에 본부를 두고 유럽 각지에 지점을 두는 대규모 무역 및 금융 회사가 성장하였다.

2. 흑사병은 중세 경제를 어떻게 바꿔 놓았나?

흑사병의 경로

성장하던 중세 유럽은 1347년 흑사병(Black Death)이 발병함으로써 대위기를 맞게 되었다. 흑사병이 발생하기까지 유럽 경제는 장기적 성장을 누려 왔다. 성장세에 발맞추어 봉건제와 장원제도 서서히 변화하고 있었다. 시장과 화폐 경제가 발달하면서 노동 지대가 현물 지대로 바뀌었고, 나아가 많은 지역에서 금납화(commutation)가 진전되었다. 이런 추세는 특히 서유럽에서 괄목할 만하게 전개되었는데, 그 결과 농민은 예속적 굴레에서 점차 탈피하여 자유민에 가까운 지위를 획득해 갔다.

흑사병의 최초 출발지는 흑해의 무역항 카파였다고 전해진다. 1347년 동쪽으로부터 진격해 온 몽골 군대와 카파를 수비하고 있는 제노바의 군대가 맞붙는 시점에, 몽골 진영에서 발생한 흑사병 감염

흑사병: 중세에 수많은 희생자를 낸 대역병. 대표적인 증상이 피부가 괴사되어 검게 변하는 것이라서 이렇게 명명되었다고도 하고, 대역병의 암울함을 강조한 표현이라고도 한다.
금납화: 세금이나 지대 등을 화폐로 납부하게 되는 것. 이는 화폐 경제가 발달하였다는 증거라 볼 수 있다.

죽음의 승리 흑사병은 유럽 사회를 대혼란에 빠뜨렸다. 가공할 치사율의 대역병 앞에서 사회적 지위나 경제적 빈부는 별 차이를 내지 못하였다.

자의 시신으로부터 제노바 진영으로 전염이 이루어졌다. 곧이어 제노바인들이 이탈리아 및 지중해 연안에 상륙하면서 흑사병의 본격적인 전파가 시작되었다. 이 역병은 맹렬한 속도로 확산되어 불과 4-5년 만에 유럽 대륙을 관통하고 러시아까지 도달하였다.

흑사병은 유럽 전체 인구의 30% 가량을 사망으로 몰고 갔다. 흑사병의 원인과 치유법을 파악하기에 당시의 의학적 지식은 턱없이 부족하였다. [기록 3-2]는 당시 유럽에서 가장 높은 권위를 지녔던 기관 가운데 하나인 파리 의과 대학이 발표한 흑사병의 원인에 대한 보고서의 일부다.

대역병이 변화시킨 세계

흑사병은 그 후로도 오랫동안 10여 년을 주기로 유럽의 각 지역을 괴롭혔다. 더욱이 이 시기는 영국과 프랑스 간의 100년 전쟁과 겹침으로써 서부 프랑스를 황폐화시켰고, 기후 악화로 유럽 곳곳이 곡물 수확의 감소를 경험하던 시기이기도 하였다. 한편, 흑사병 이후 인구가 부족해진 유럽에서는 임금이 크게 상승하였는데, 이러한 배경 하에 영주들은 강제적으로 임금 상승을 제한하고 노동력을 장원에 묶어 두

100년 전쟁(1338-1453): 중세 후반기에 전쟁과 휴전을 반복하면서 116년 동안 지속된 영국과 프랑스 간의 전쟁.

기록 3-2 파리 의과 대학의 보고서, 1348년

우리는 이 전염병의 원인(遠因) 및 근인(近因)이 천체의 별자리라고 말하겠습니다. 1345년 3월 20일 오후 한 시에 물병자리의 세 행성이 교차하였습니다. 이 교차는 기존에 발생하였던 교차 및 일식들과 더불어 우리를 둘러싼 대기를 치명적으로 오염시켰고, 이것이 사망과 기근 그리고… 다른 문제들을 야기하였습니다.

…

현재의 역병은 공기라는 물질 자체의 오염 때문이지 공기의 속성 때문은 아니라고 우리는 생각합니다. 무슨 말인가 하면 공기는 천성적으로 맑고 순수해서 다른 어떤 것, 달리 말해서 사악한 증기와 섞여야만 부패하고 오염될 수 있다는 것입니다. 실제 발생한 일은, 행성이 교차될 때 오염되었던 많은 증기가 땅과 물에서 빠져나왔고, 이것이 공기와 섞인 후 자주 불어온 강력한 남풍을 타고 널리 퍼졌다는 것입니다. 바람을 탄 이 이질적인 증기 때문에 공기의 물질이 부패하게 된 것이지요. 그리고 이 부패한 공기를 마시면 공기가 심장까지 침투하여 그곳에서 정신을 오염시키고 주변의 습기를 부패시킵니다. 이렇게 해서 발생한 열은 생명력을 파괴하게 되는데, 이것이 지금의 역병을 야기한 즉각적인 원인입니다.

자료: Sanders *et al.*(2006), 1권, 390–392쪽.

려는 시도를 하였다. 1351년에 공표된 영국의 노동자 조례(Statute of Laborers)는 이런 시도의 대표적 사례였다.

통제를 강화하려는 지배층과 이에 저항하는 농민층 간의 충돌은 불가피하였다. 프랑스에서는 자크리(Jacquerie)의 봉기(1358)라는 형태로 농민 세력이 영주와 정부에 대항해 전투를 벌였다. 영국에서는 얼마 후 와트 타일러(Wat Tylar)의 봉기(1381)가 발발하였으며, 독일, 이탈리아, 스페인, 포르투갈 등지에서도 반란이 발생하였다. 14세기 후반의 봉기와 반란은 대부분 초기에 일시적인 성공을 거두었지만, 시간이 경과하면서 영주와 정부에 의해 진압이 되었다. 영주의 지배 체제는

노동자 조례: 영국 최초의 노동 규제 법령으로, 노동력의 확보와 임금의 통제가 주된 내용이었다.
자크리의 봉기: 프랑스 북부 지방을 휩쓸었던 대규모 농민 봉기.
와트 타일러의 봉기: 영국 남동부에서 발생한 농민 봉기로서, 한때 잉글랜드의 절반이 봉기의 영향 하에 놓이기도 하였다.

농민 봉기의 최후 프랑스에서 발생한 자크리의 봉기는 지배층에 의해 처참하게 진압되었다. 그러나 노동 억압적인 체제가 지속될 수는 없었다.

일시적으로 강화되는 것처럼 보였다. 그러나 지배계급의 강압적 안정책에도 불구하고 결국 농민들은 장원의 굴레에서 탈피하여 자유민의 지위를 얻고 보유지에 대한 자유처분권을 획득하게 되었다. 희소한 노동력의 확보가 절실한 영주들 간에 맺어진 노동 억압적 담합 정책이 장기적으로 지속되기는 어려웠다.

서유럽에서 흑사병 이후 농민에 대한 영주의 통제력이 약화되어 간 것과는 달리, 동유럽에서는 영주가 영향력을 오히려 확대하였다. 과거에 대규모 간척 사업으로 대영지가 조성된 엘베 강 동쪽 지역은 간척에 필요한 노동력을 유치하기 위해 서유럽에서보다 나은 사회적 · 경제적 지위를 농민들에게 보장해 주었었다. 그런데 흑사병 이후 경제가 위축되고 노동력이 부족하게 되자, 영주는 자유농민의 지위를 낮추고 예속화하는 정책을 강력하게 추진하였다. 15세기 전반 대규모의 농민 전쟁이 영주 세력의 승리로 종결된 후 진행된 이런 예속화 과정의 결과로, 농민들은 이동의 자유를 제한받고 경제적 지위도 하락하게 되었다. 시장이 발달하고 화폐 경제가 자리를 잡은 서유럽에서는 경제적 및 인구학적 환경 변화에 농민이 적극적으로 대응할 수 있었던 반면에, 지역 경제의 발달이 지연된 가운데 장거리 시장이 발달하고 이를 대영주가 주도하던 동유럽에서는 농민의 대응력이 약하였던 것이다.

도시에서 농촌으로

흑사병 이후 변화의 바람은 도시 경제에도 몰아쳤다. 14세기 중반 이후 장인이 지배력을 강화하는 경향이 커졌다. 과거에는 도제 과정을 마친 직인이 여러 해 경험을 쌓은 후 독립적인 작업장을 여는 것이 장인이 되는 일반적인 경로였는데, 이제 장인의 지위가 자식이나 친인척에게로 세습화되는 경향이 강해졌다. 장인이 연고가 없는 직인의 임금을 낮게 유지함으로써 독립적 장인이 되는 데 필요한 자금의 축적을 어렵게 하는 모습도 많이 목격되었다. 장인 길드가 이렇게 폐쇄화되자, 직인들은 자신의 이익을 담보하고자 독립적인 길드를 형성해 갔다. 직인 길드의 주된 목적은 직인의 노동 여건과 임금에 대해 장인과 교섭하는 능력을 제고하는 데 있었다. 이런 면에서 직인 길드는 근대적 노동조합의 선구적 조직이라고 볼 수 있다.

수공업자의 분화 다양한 도구를 든 수공업자들이 묘사된 그림. 흑사병 이후 장인들이 폐쇄적 경향을 보임에 따라 직인들은 독립적인 길드를 구성하였다.

길드의 폐쇄적 구조와 독점적 운영으로 도시 경제가 활력을 상실해 간 것과 대조적으로, 서유럽의 농촌에서는 영주의 통제력이 약화되면서 오히려 경제 활동이 자유롭게 이루어질 환경이 조성되었다. 장원제가 약화되는 가운데 자유로운 독립 자영농이 성장해 갔고, 일부 농민은 보조적인 소득원으로 공업 생산 활동에 뛰어들었다. 더욱이 농촌에는 도시에 비해 저렴한 노동력이 풍부하게 존재하였으며, 원료의 조달도 용이하다는 장점이 있었다. 공업이 도시라는 범위를 벗어나 농촌 지역으로 확산될 수 있는 여건이 마련된 것이다. 이에 따라 도시의 직인과 소(小)장인들이 대규모로 도시를 떠나는 농촌 대이주(Rural Exodus)가 발생하였다.

농촌으로 공업 기반이 이동하는 이런 변화를 주도한 것은 경제 환경의 변화를 재빨리 포착한 일부 상인들과 장인들이었다. 이들은 농촌 지역의 생산자들을 조직화해 선대제(Putting-Out System)를 확립하였다. 선대제란 상인이 수공업 생산자들에게 생산에 필요한 도구와 원료를 제공하여 생산을 조직화한 후에, 매주 생산된 물품을 인수하여 시장에 내다 판매하는 방식이었다. 개별 가계는 상인이 정기적으로 가져다주는 원료 또는 반제품을 받아 정해진 기간 내에 특정된 공정을 수행한 후 상인에게 전달하게 되는데, 상인은 상이한 공정을 담당하는 다수의 가계를 순차적으로 연결하여 원료 공급에서 완제품 취합 및 시장 판매에 이르는 일련의 과정을 종합적으로 통제하였다.

3. 이슬람 세계의 경제는 어떻게 변모하였나?

이슬람 세계의 탄생과 발전

7세기 초부터 서남아시아에서는 새로운 문화권이 형성되었다. 이슬람교라는 종교적 특징이 이 문화권을 가장 직접적으로 규정하였지

농촌 대이주: 중세 후반기에 수공업자들이 도시를 벗어나 농촌으로 이동하여 생산 기반을 확장한 현상.
선대제: 상인이 개별 수공업 생산자에게 원료나 도구를 제공해서 가공시키는 형태의 생산 방법. 중세적인 길드제와 수공업 제도에서 근대적 공장제로 이행하는 중간 단계에 해당한다.

만, 점차 정치, 사회, 경제, 문화 등 여러 측면에서도 다른 지역과 구분되는 독자적인 성격을 강하게 띠었다. 아라비아 반도를 중심으로 성장한 이슬람교는 빠른 속도로 확산되었다. 수도를 다마스쿠스에 둔 우마이야(Umayya) 왕조 하에서 비잔틴 문화와 페르시아 문화가 융합되면서 발전하였고, 아랍 어가 공용어로서 자리를 잡았다. 8세기에 개국한 아바스(Abbasid) 왕조는 수도를 바그다드로 옮기고 세력을 더욱 확대하였다. 이슬람교의 영향권에 들어온 지역에서는 공통적으로 이슬람 율법과 계약의 관념이 통용되었다. 경전인 코란과 법률서인 샤리아는 가장 중요한 도덕적 · 법적 · 문화적 행동 기준이었다. 이것이 정치적 · 인종적 · 지역적 차이를 넘어서 이슬람 세계가 단일한 속성을 가진 문화권으로 통합되는 데 결정적인 기여를 하였다. 이슬람 세계 내의 국지적 세계화가 깊숙이 진전되었다는 뜻이었다.

이슬람의 확산과 농업 기술의 진보는 다양한 작물이 자생지를 떠나 다른 지역에 보급되는 결과를 낳았다. 쌀, 사탕수수, 면화, 레몬, 수박 등 여러 작물이 이슬람의 확산 경로를 따라 남부 유럽과 아프리카에 전파되었다. 이 이슬람 녹색 혁명(Islamic Green Revoultion)은 이슬람 세계의 경제 성장을 이끌었다. 농업 생산성이 크게 증가하면서 인구가 가파른 속도로 증가하였다.

아바스 시대에 이슬람 세계는 크게 번영하였다. 9세기에 바그다드에 건립된 '지혜의 집'에서 아리스토텔레스를 포함한 많은 그리스

우마이야 왕조(661-750): 이슬람 세계의 최초 왕조로, 아랍 인을 지배자로 놓고 피정복민과 이민족에게 군림하는 체제를 갖추었다.

아바스 왕조(750-1248): 우마이야 왕조를 이어 이슬람 세계를 지배한 왕조. 아랍 인의 우월주의가 사라지고 민족을 초월하여 평등주의적 성격이 강한 이슬람 제국으로 발전하였다.

코란: 이슬람의 경전으로, 창시자 마호메트가 알라에게서 받은 계시를 집대성한 것.

샤리아: 이슬람의 법 체계를 의미한다. 알라의 말을 담은 코란에 기초하며 코란에서 언급하지 않은 내용은 마호메트의 언행이나 율법학자들의 견해에 의존한다.

이슬람 녹색 혁명: 이슬람 세력의 확산과 병행하여 각지로 새 농산물과 재배법이 파급되어 발생한 농업 기술과 생산 면에서의 혁신적 변화.

지혜의 집: 바이트 알히크마(Bayt-al-Hikma)라고 불리는 기관으로, 아바스 칼리프조에 바그다드에 설립되어 연구와 번역 활동을 관장하였다.

이슬람 통상로의 마을 낙타를 탄 여행객이 도착한 마을에 모스크, 첨탑, 시장과 수많은 사람, 가축이 보인다.

학자들의 저작이 아랍어로 번역되고 연구되었다. 9세기 말에 페스에 건립된 고등 교육 기관에서는 이슬람 수학자들이 인도 수학의 도움을 받아 대수학을 발전시켰다. 광학, 화학, 지리학 등에 대한 연구도 크게 진전되었다. 이런 학문적 발전은 유럽에 전해져 크게 영향을 끼쳤다. 의학 분야에서는 11세기에 이븐 시나(Ibn Sina)가 아랍 의학을 집대성한 『의학정전』(*The Canon of Medicine*)이 유럽에 알려져 오랫동안 유럽의 대학에서 핵심적인 교재로 채택되었다.

1000-1500년의 시기는 전반적으로 이슬람의 약진기였다. 비록 이베리아 반도에서는 세력이 축소되었지만, 전체적으로는 이슬람의 영토가 두 배 가까이 확대되었다. 서아시아는 물론, 중앙아시아, 아프리카와 동남아시아로도 이슬람의 확산은 거침이 없었다. 종교적 열정과 정치적 열망과 경제적 욕망이 합쳐져 이와 같은 이슬람권의 확장을 낳았다. 13세기에는 몽골 세력이 서진하면서 아바스 왕조가 멸망하는 등 큰 타격을 입기도 하였다. 그러나 곧 몽골 족이 중앙아시아와 서아시아에 걸쳐 세운 국가들이 이슬람교를 받아들이면서 이슬람 세력은 다시 강화되었다.

가장 오랜 기간 가장 광대한 영토를 통치한 이슬람 국가는 오

이븐 시나(980-1037): 페르시아 출신의 학자. 철학과 의학에 뛰어났으며, 유럽에 크게 학문적 영향을 끼쳤다. 유럽식 이름은 아비센나(Avicenna)이다.

스만 제국이었다. 13세기 말에 흥기하여 이후 아시아, 유럽, 아프리카의 세 대륙에 걸친 광대한 지역을 장기간 통치한 오스만 제국의 기틀 내에서 투르크의 문화와 페르시아적인 요소가 결합되어 융합적인 이슬람 문화를 이루었다.

이슬람의 과학과 기술 이슬람 천문학자가 관측 기구인 아스트롤라베를 들고 설명을 하고 있다. 이슬람의 과학 기술은 유럽에 많은 영향을 끼쳤다.

이슬람권 아시아의 번영

이슬람의 영향권에 들어온 곳에서는 많은 경제 발전이 이루어졌다. 다른 여러 종교와 마찬가지로 이슬람교에서는 이자와 대부업에 대해서 부정적인 태도를 취하였다. 중세 유럽의 기독교 사회가 대부 행위를 비생산적 활동이라고 여겨 금기시하였던 것과 유사하게 이슬람 사회도 대부업을 허용하지 않았다. 그러나 상업 전반에 대해서는 이슬람 사회가 더 호의적 입장을 보였다. 이슬람 통치자들이 유대 인이나 기독교인에 대해서 관용적인 태도를 취한 것도 상업 발달에 도움을 주었다. 이슬람교도가 아닌 사람이 국가가 정한 인두세를 납부하는 한 경제 활동에 제한을 받지 않도록 하였던 것이다.

오스만 제국(1299-1922): 투르크 족이 주축이 되어 형성한 이슬람 제국. 16-17세기에 전성기를 누렸으나 그 이후 점차 쇠퇴하였고 최종적으로 제1차 세계 대전에서 패전한 것을 계기로 소멸되었다.

해상 교역의 주인공 이슬람 상인들을 가득 태운 배가 바다를 항해하고 있다. 인도양의 넓은 지역에서 이슬람 상인들은 무역의 주도권을 장악하였다.

이슬람 상인들은 구세계에서 장거리 교역을 담당한 핵심 주체였다. 장거리 통상로는 크게 세 줄기로 이루어져 있었다. 북방로는 콘스탄티노플에서 중앙아시아로 이어지는 오아시스 길이었다. 이 통상로는 오래 전부터 아시아와 유럽을 잇는 대표적인 육상 교역로였다. 중앙로는 바그다드에서 바스라를 거쳐 페르시아만에 이르고 여기에서 해상으로 인도양까지 이어지는 교역로였다. 마지막으로 남방로는 알렉산드리아에서 카이로를 거쳐 홍해를 통해 인도양에 이르는 교역로였다. 이들 세 통상로를 통해 아시아와 유럽, 아프리카에 물자와 인력이 오고 갔으며, 그에 수반하여 다양한 지식과 기술과 정보가 전파되었다.

멀리 해외로 진출한 이슬람 상인들은 자신들 고유의 문화와 제도와 시설을 갖춘 거류지를 형성하였다. 그들은 아라비아 반도, 인도, 동남아시아 및 아프리카 동부 지역 등 인도양 곳곳에 디아스포라(diaspora)를 건설하였다. 관공서와 모스크 등의 공동체적 기관들, 화물 창고 및 바자르(bazaar)와 같은 경제 시설들을 설립함으로써 상인들은

디아스포라: '이산'(離散)을 의미하는 그리스 어로, 타지에 진출한 외지인들이 자신들의 생활 습관이나 종교 규범을 유지하면서 살아가는 거주지를 의미한다. 과거에는 팔레스타인 밖에서 거주하는 유대 인들의 공동체를 의미하였으나, 점차 대상의 범위가 확대되었다.

바자르: 이슬람의 전통적 시장. 동종의 상점들이 모여 하나의 바자르를 이루기도 하고, 다양한 업종을 포괄하는 것도 있다.

이곳을 장거리 무역의 전초 기지로, 그리고 상인들의 사회 관계를 지탱하는 기반으로 삼았다.

인도도 이슬람 지역으로 변모하였다. 7세기부터 이슬람의 영향력이 증대되면서 힌두교 세력을 약화시켰다. 이슬람교도들은 마침내 13세기 초에 델리에 이슬람 왕조를 건설하였고, 이후 인도에는 여러 이슬람 왕조들이 흥망을 거듭하였다. 1526년에 건설된 무굴 제국도 이슬람교에 기반을 둔 것이었다.

아프리카의 이슬람화

아프리카도 이슬람의 영향을 크게 받았다. 북아프리카의 지도자들은 10세기경부터 이슬람교로 개종을 하면서 이슬람 문화권이라는 더 넓은 세계와 연결되었다. 종교적 통일성이 확립되고 경제적 교류가 확대된 것은 물론이고, 사회 조직, 지식과 문화 등 선진 문물과 규범이 도입되었다. 이는 다시 사하라 횡단 교역을 통해 사막 이남 지역으로까지 영향을 끼쳤다. 그리하여 아프리카의 광대한 지역이 이슬람 경제권의 일부로 재편되었다.

특히, 대륙 북서부에서 북중부에 이르는 니제르 강은 이 지역을 관통하는 중요한 교역로였다. 이 지역에 위치한 가나 제국은 7세기부터 12세기에 이르기까지 북아프리카에서 경제가 가장 번영한 국가로 이름을 날렸다. 가나 제국은 이슬람으로부터 중개 무역의 노하우를 익혀 사하라 횡단 무역을 주도하였다. 금, 상아, 소금 등 사하라 사막 이남에서 생산되는 산물과 북부 지방 및 서아시아와 유럽에서 들어오

무굴 제국(1526-1857): 인도의 광대한 지역을 3세기 이상 통치한 이슬람 국가. 타지마할 등 위대한 유산을 남겼으나, 18세기부터 쇠퇴하였고 결국 19세기에 영국에 정복당하였다.
가나 제국: 7세기 이래 약 5세기 동안 서아프리카에서 번영하였던 국가로, 아프리카 최초의 토착 왕국이라고 전해진다. 중개 무역에 능하여 이슬람 경제권의 중요한 일부가 되었다.

는 직물, 무기, 말, 서적 등을 거래하였다. 13-15세기에는 말리 제국이 새로운 경제 강국으로 등장하였다. 말리 제국은 인도 등지로부터 직물, 말, 거울, 보석, 소금 등을 수입하였고, 자국에서 생산되는 금을 해외로 수출하였다. 14세기에 말리는 세계 최대의 금 생산국으로 명성이 높았다. 뒤를 이어 15세기에는 송가이 제국이 번영하였다. 이 국가에서는 금과 노예를 주고 사하라 사막의 소금을 구입하였다.

아프리카 제국들은 일정한 수준의 번영을 누렸지만, 수면병을 일으키는 체체파리 때문에 운송용 가축을 사용할 수 없었고, 배가 운항할 수 있는 강도 거의 없었기 때문에 다른 대륙에 비해서 여건이 불리하였다. 또한 재정 확충을 위해 주위에서 노예사냥을 하여 외부로 송출하였기 때문에 안정적인 농업 발달을 기대할 수 없었고 인구도 증가하기 어려웠다. 아프리카 서부의 경제적 번영은 16세기 이후 포르투갈 인들이 새로운 교역로를 개발함에 따라 서서히 약화된다.

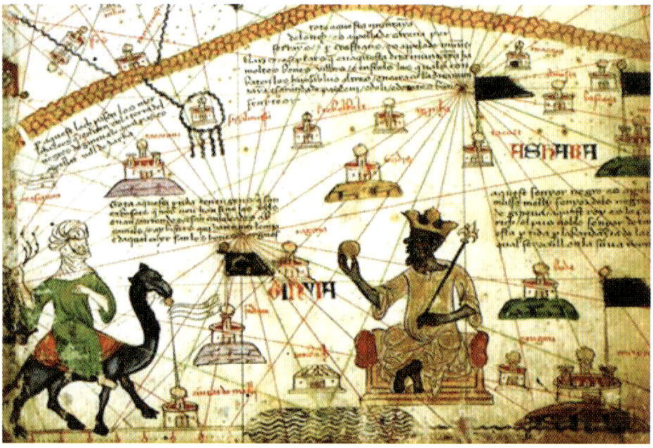

소비왕 만사무사 말리의 경제력은 금의 생산에 기초해 유지되었다. 만사무사는 메카로 가는 순례길에 카이로에서 엄청난 상품을 사들여 물가를 폭등시킨 것으로 알려졌다. 말리의 번성은 이슬람 세계가 보인 금 획득 노력의 소산이었다.

말리 제국: 주요 도시 팀북투를 중심으로 13세기에 부상하여 17세기까지 존속한 이슬람 국가. 금의 대량 생산으로 유명하였다.

송가이 제국: 말리 제국이 15세기에 쇠퇴한 후 등장한 이슬람 국가. 무역의 지리적 범위를 확대하고 종교와 학문의 지역적 중심지 역할도 하였다.

4. 중국의 중세는 어떤 모습이었나?

수 · 당의 사회와 경제

중국에서는 5-8세기에 세계적 제국의 면모를 갖춘 체제가 확립되었다. 한 왕조가 붕괴한 후 중국은 위진 남북조 시대의 혼란기를 맞았다가 수(隋) 왕조와 당(唐) 왕조에 의한 통일 왕국 시대가 열렸다. 먼저 이 시기의 정치적 기반을 살펴보면, 수 왕조는 제국의 통치에 필요한 인재를 등용하는 방법으로서 과거제를 도입하였고, 당 왕조는 이를 더욱 확대하였다. 과거제는 유가적 소양과 지식을 갖춘 인물을 출신과 상관없이 선발하여 관리로 등용하는 제도로, 중국 각지의 엘리트들 간의 차이를 극복하고 표준화하는 효과를 낳았다.

대운하의 정비 수양제가 화려하게 장식된 선박에 올라타고 새로 건설된 대운하를 통해 제국 곳곳을 순시하고 있다.

대내적으로 농업의 발달로 경제 발전의 기반이 다져졌다. 특히, 화북 지방에서 발생한 기술 진보의 덕택으로 2년 3모작이 가능하게 됨으로써, 농산물의 산출이 크게 증가하였다. 양쯔 강 유역에 산재한 습지가 개간되면서 경지 면적이 크게 늘어나게 된 점도 농업 생산의 증대에 크게 기여하였다. 남부 지방이 원산지인 차가 전국적인 인기를 끌며 주요 무역품으로 등장함으로써 이후 중국의 핵심적 수출품이

농업 생산의 증대 농부들이 용골(龍骨)이라는 기구를 써서 물을 끌어올리고 있다. 그림은 원대의 작품.

될 기틀을 마련한 것도 이 시기의 일이었다. 이미 오래 전부터 중국 서남부의 윈난성과 쓰촨성에서 티베트를 넘어 인도 북부까지 물자를 운송한 육상 교역로였던 차마고도(茶馬古道)도 당대에 크게 활성화되었다. 이 시기에는 상업이 발달하면서 화폐 유통이 활발해졌으며, 어음의 사용도 증가하였다. 상업 활동은 상인들의 동업 조합인 행(行)의 주도로 이루어졌다.

대외적으로 당은 국제 무역을 주도하는 중추적 역할을 충실하게 수행하였다. 수도 장안(長安)을 기점으로 하여 오아시스 길을 통한 무역이 활발하게 전개되었다. 제국의 보호를 받아 둔황을 비롯한 여러 오아시스 도시들이 무역 거점으로 번창하였다. 이 교역로를 통해 수많은 물자와 다양한 문화가 서방으로 수출되었고, 반대 방향으로 유입된 문물도 많았다. 당시에 비잔틴 제국의 콘스탄티노플과 당의 장안이 오아시스 길에 위치한 국제 무역의 양대 축이었고, 중간에 위치한 아바스 왕조의 바그다드도 중요한 무역 도시였다. 그러나 당은 751

차마고도: 가장 오래된 무역로 가운데 하나로 중국 서남부의 차와 티베트의 말이 대표적인 교역 상품이라고 해서 이런 이름으로 불린다. 길이가 5,000km에 달하고 평균 고도가 해발 4,000m를 넘는 험준한 길이다. 교역을 담당한 상인 조직은 마방(馬幇)이라고 불렸다.

행: 서양의 길드 조직에 대응되는 중국의 상인 동업 조합. 당대와 송대에 기반이 다져졌다. 수공업자의 동업 조합은 '작'(作)이라고 불렸다.

둔황: 중국과 중앙아시아를 잇는 교역로의 관문 도시로, 4세기부터 13세기에 이르는 시기에 수많은 불교 석굴 사원이 건설되었다. 이곳에서 발굴된 고문헌과 그림은 동양학 연구의 귀중한 자료이다.

년 아바스 왕조의 이슬람 군대와 벌인 **탈라스(Talas) 전투**에서 패함에 따라 오아시스 길에 대한 통제력에 큰 손상을 입었다. 이후 당의 무역 활동은 육로보다는 해로를 통하는 방식으로 초점이 바뀌었다. 해상무역이 번창하면서 당의 광저우, 취안저우, 밍저우 등 여러 무역항을 통해 각국에서 들어온 다양한 상품들이 거래되었다. 선박 관리와 통관 및 관세 수취 업무를 효과적으로 관리하기 위해 당 정부는 시박사(市舶司)라는 관청을 설치하였다.

송의 경제 기적

당이 멸망한 후 오대십국(五代十國) 시대의 분열을 거친 다음 중국은 송(宋) 왕조(960-1279)에 의해 다시 통일 제국을 이루었다. 송대에는 사상적 측면에서 중요한 변화가 발생하였다. 유교와 불교와 도교가 서로 영향을 주고받으면서 결합되었고, 그 과정에서 학문적 · 철학적 지평이 넓어졌다. 특히, 유교 사상은 불교와 도교로부터 영향을 강하게 받아 11-12세기에 형이상학적 우주론과 도덕관을 가진 성리학으로 재탄생하였다. 이 새로운 사상 체계는 이후 통치 이념으로 확립되어 중국은 물론 동아시아 전역에서 장기간 지대한 영향을 미치게 되었다.

수입품 차의 인기 거란 족과 같은 북방 민족은 송나라로부터 들여온 차를 즐겨 마셨다. 차마고도 이래 차는 매우 인기가 높은 교역 품목이었다.

탈라스 전투: 지금의 우즈베키스탄 지역인 소그디니아가 당의 지배에 반발하여 이슬람 세력에 지원을 요청하자 당은 고구려 유민 출신인 안서절도사 고선지(高仙芝)를 파견하여 전투를 벌였다. 이 전투에서 포로로 잡힌 당의 기술자를 통해 아랍에 제지법(製紙法)이 전해졌다.

광대한 영역의 제국이 건설되고 평화가 도래하자, 상품의 유통과 생산 요소의 이동에 지리적 제약이 없어지고 관세 장벽이 사라짐으로써 시장이 크게 확대되었다. 또한 수운이 발달하여 물자의 운송이 원활해졌다. 송대에 정비된 운하망을 통해 전 국토의 3/4 지역이 연결되었다. 수도인 카이펑(開封)은 이 운하망을 통해 전국의 물류를 총괄할 수 있었던 데 힘입어 당시 세계 최대인 100만 명의 인구를 유지할 수 있었다. 선박의 건조 능력도 향상되어, 국내는 물론 일본에서 인도 연안에 이르는 광대한 지역의 해운에서 중국의 지배력을 확대시켰다. 송 왕조의 경제적 번영은 일부 학자들이 '경제 기적'이라고 부를 만큼 인상적이었다.

농업이 저습지의 개간, 쌀 품종의 개량, 이모작의 확대, 차와 면화 재배의 증가 등에 힘입어 발달하였다. 공업도 발달하였는데, 특히 연료로 석탄을 사용하는 사례의 증가가 두드러졌다. 석탄의 사용은 철과 동의 제련 기술을 발달시킴으로써 생산의 증가로 이어졌다. 철 생산 능력의 향상은 농기구의 대량 생산을 가져와 농업 생산성을 증대시켰고, 화약의 개발과 결합되면서 무기의 발달에 결정적인 기여를 하였다. 주철을 생산하는 데 용광로를 사용하였고, 목탄만이 아니라 석탄의 순도를 높인 코크스(cokes)를 쓰는 등의 기술 진보가 나타났다. 철의 생산량은 매우 많아서, 한 추계에 따르면 1070년대 중국의 철 생산량이 12만 톤을 넘어섰는데, 이는 그로부터 700년이 지난 후 영국이 생산한 철의 양을 능가하는 수준이었다.

대외 무역도 활발히 이루어졌다. 육상 교역로를 통해서는 서역의 위구르 인이 뛰어난 상업적 능력을 발휘하였으며, 남중국해와 인도양에서는 아랍 인이, 그리고 동아시아에서는 한국인과 일본인이 활발히 교역하였다. 송이 수출한 주요 품목으로는 직물, 칠기, 철기류, 서적 등이 있었고, 특히 도자기는 당대에도 이미 수출이 되었지만, 14세기를 전후해서 국가의 정책적 지원을 받아 더욱 번성하였다. 이러한 수출 활동에 힘입어, 12세기 초에 무역을 통해 수취한 조세가 정부 수입의 20%나 되었다. 금융업의 발전도 뒤따라 나타났다. 약속 어음의 사용이 확산되었고, 동전의 유통이 전국적으로 이루어졌으며, 세계 최초의 지폐인 교자(交子)가 발행·유통되었다. 화폐의 사용이 증가하면서, 국가의 조세 수취도 화폐의 형태로 이루어지는 경우가 늘어났다. 11세기 후반에는 국가 재정 수입의 절반이 화폐의 형태로 들어왔다.

화약의 발명 화약 무기를 보여 주는 최초의 그림으로 알려진 탱화의 일부. 10세기에 제작된 그림이다.

세계사를 크게 바꾸게 될 화약은 당 왕조기에 제작 기술이 처음 알려졌는데, 전투에서 사용할 수 있는 수준으로 성능이 개선된 것은 송 왕조에 이르러서였다. 나침반도 세계사적인 중요성을 지닌 발명품이었다. 자석을 갈아 바늘 모양으로 만들어 나침반을 제작하는 방식은 송대에 개발되었고, 적어도 12세기에는 실제로 항해에 사용되었다. 12세기 말에는 나침반이 이슬람 세계를 거쳐 유럽으로 전파되었다.

교자: 중국 쓰촨(四川) 지방에서 발행되었던 가장 오래된 지폐. 1023년 정부의 승인을 얻었고 유통도 널리 되었으나 이후 재정난 타개를 위해 남발됨으로써 가치가 폭락하였다.

팍스 몽골리카

몽골의 수많은 부족을 통합하여 광대한 제국을 수립한 칭기즈 칸(成吉思汗, Chingiz Kahn)은 세계사에 중요한 발자취를 남겼다. 1211년에 몽골의 부족들을 통합하는 데 성공한 칭기즈 칸과 그의 후예들은 대대적인 정복을 통해 영토를 확장해 갔다. 몽골인들은 마침내 원(元) 왕조(1271-1368)를 건립하고, 한반도에서 서쪽으로 중부 유럽에 이르는 광활한 지역을 차지하였다.

지폐의 사용 중국은 가장 먼저 지폐를 통용시킨 제국이었다. 사진은 13세기 후반에 발행된 지폐인 '지원통행보초'라는 지폐로, 원 왕조에서 오랫동안 통용되었다.

몽골의 통치자들은 제국의 원활한 운영을 위해 교통망을 확충하는 것이 필수적임을 알았다. 쿠빌라이 칸이 수도로 정한 대도(大都, 지금의 베이징)로부터 전국의 주요 도시들을 잇는 방사형의 간선 도로가 정비되었고, 10리 간격으로 잠치(站赤, Jamchi)라고 하는 역참이 설치되어 여행하는 관리와 군대 및 사신에게 마필과 숙박이 제공되었다. 역참제는 원래 군사적 필요성에 의해 마련된 것이었지만, 제국이 안정되면서 육상 통상로를 오가는 무역상들에게도 큰 도움이 되었다.

쿠빌라이 칸 시대의 세계사적 중요성은 개방적 정책을 실시한 점에 있다. 그는 송 왕조의 통치 체제를 많이 참조하였고, 한족(漢族)을 포함한 다양한 출신자들에게 군대의 지

칭기즈 칸(1162-12247): 몽골의 유목 민족들을 통일하고 광대한 제국을 건설한 통치자.
잠치: 몽골 제국의 역참. 본래 잠치는 몽골 어로 역참의 역장을 의미하였다.

휘를 맡겼으며, 서역의 다양한 종족 출신들에게 관료직을 맡기기도 하였다. 몽골은 서역에서 들어온 문화를 중시하였고, 티베트로부터는 라마교를 수용하였으며, 서양인에 대해서도 관대한 정책을 폈다. 이런 정책에 힘입어 원 제국은 광대한 영토 내에 존재하는 수많은 이질적 요소들을 포용하는 다문화 체제를 이루었다.

원 왕조는 국제적 교역과 교류를 활발히 전개하였다. 개방적인 국가 정책 덕택에 마르코 폴로와 같은 방문객이 오래 머물면서 활동을 할 수 있었고, 결국 그의 저서를 통해 많은 유럽 인들이 중국에 관한 지식을 얻고 호기심을 키울 수 있게 되었다.

정성스러운 말의 사육 말은 군사용으로 중요하였을 뿐만 아니라 역참 제도를 운영하는 데에도 필수적이었다. 중국은 좋은 말을 확보하기 위해 많은 노력을 기울였다.

이렇듯 13세기 중반 이래 약 1세기 동안 원의 지배 하에 유라시아의 드넓은 지역이 단일한 질서 아래에 놓이게 되었고, 그에 따라 장거리 교역의 전성기를 맞게 되었다. 실제로 상인, 학자, 종교인 할 것 없이 여행자는 누구든 정부가 발급하는 증명서만 보유하면 제국 내 어디든 방문을 할 수 있었다. 흑해 연안에서 동아시아까지 교역과 교류의 흐름이 끊임없이 이어진 이른바 '팍스 몽골리카'(Pax mongolica) 시대였다. 14세기 중반 원 제국이 여러 칸들의 영토로 분할되어 무역과 교류의 범위가 좁아질 때까지 팍스 몽골리카 시대는 동서양 교역의 전성기라는 명성을 얻었다. 모로코의 이븐 바투타(Ibn Batutah)가 역사적인 여행기

이븐 바투타(1304-1368): 모로코 출신의 여행자. 1325년 출발하여 30년 동안 이집트, 시리아를 거쳐 메카로 성지 순례를 하고, 이어서 이라크, 페르시아, 중앙아시아, 인도를 거쳐 중국의 베이징에 이른 후, 다시 바그다드, 이집트 등을 거쳐 귀환하였다. 총 12만km를 여행한 경험을 담아 유명한 여행기를 남겼다.

기록 3-3　이븐 바투타의 여행기

이븐 바투타는 중세에 지구상에서 가장 먼 거리를 여행한 인물 가운데 한 명이다. 그는 중국에서 역참 제도가 운영되는 모습을 보고 깊은 인상을 받았다.

여행가에게 중국은 지구상의 모든 나라 중에 가장 좋은 나라임에 분명하다. 이 나라에서는 보물을 잔뜩 지니고도 혼자서 도보로 아홉 달 동안을 아무런 걱정 없이 다닐 수가 있다. 그 이유는 각 숙박지마다 그 지역에 배치되어 있는 기병대와 보병대의 지휘관이 감시해 주는 여행객 숙소가 있기 때문이다.

해가 진 후나 이슥한 밤이면, 그 지역 지휘관은 부관을 대동하고 여행객 숙소에 들러 그곳에서 밤을 보내는 여행객들의 이름을 적어 명단을 봉한 다음 여행객들의 외출을 금지시킨다. 다음날 아침 부관과 함께 다시 나타난 그는 명단에 적힌 모든 사람의 이름을 확인하고 그들의 신상에 관해 상세히 기록한다. 그런 후, 다음 숙박지까지 여행객들을 안내해 주고 부하 한 사람을 그곳의 지휘관에게서 모든 여행객이 무사히 도착하였음을 확인하는 편지를 받아 오는 임무를 맡겨 여행객들에게 딸려 보낸다. 만약 여행객들의 신상에 이상이 발생하면, 전숙박지의 부대장이 책임진다. 바로 그러한 제도가 신아신에서 수도 칸발리크에 이르기까지 이 나라의 모든 여행자 휴게소에서 실행되고 있다.

자료: 드레주(1995), 131–132쪽.

에서 중국에 대해 기록을 남긴 것도 이 시기의 일이었다.

달갑지 않은 세계화의 부산물

한편, 유례가 없이 활성화된 교역과 교류는 새로운 질병의 창궐이라는 예기치 않은 부산물을 낳았다. 앞에서 우리는 유럽의 흑사병을 살펴본 바 있다. 흑사병이 몽골 군대로부터 시작되었다는 사실은 흑사병의 애초 기원지에 대한 의문을 낳는다. 근래의 연구에 따르면 흑사병은 중앙아시아 지역에 오랜 기간 존재해 온 국지적 풍토병이었는데, 유라시아를 잇는 통상로를 이용하는 대상의 수가 많아지고 이동의 빈도가 높아짐에 따라 넓은 지역으로 전파된 것이라고 한다. 즉, 무역이 신장되어 사람의 이동이 증가하고 설치류의 서식처가 확대되면서 흑사병이 퍼질 생태적 환경이 조성된 것이다. 질병의 세계화는 무역의 세계화가 낳은 달갑지 않은 부산물이었다.

육상 교역로의 성쇠 유목 민족으로 출발한 몽골 족은 세계 최대의 제국을 건설하고 무역망을 활성화시켰으나, 세계화의 예기치 못한 부작용인 흑사병으로 인해 큰 타격을 입기도 하였다. 그림은 몽골 귀족이 음식을 받는 모습.

흑사병은 유럽에서만 창궐한 것일까? 통상로의 활성화가 토착 질병의 장거리 전파를 초래하였다면, 이 역병이 서쪽으로만 영향을 미치지는 않았을 것이다. 실제로 최근의 연구들은 14세기 전반기에 아시아의 여러 곳에서 흑사병이 크게 유행하였다는 사실을 보여 주고 있다. 중국에서는 1330년대 초에 허베이 지방을 포함한 여러 곳에서 대규모로 흑사병이 퍼져 엄청난 수의 희생자를 냈고, 다시 1353-1354년에 흑사병이 창궐해 2,000만 명 이상의 사망자가 발생하였다.

전염병의 창궐은 원 제국의 사회적 기반을 크게 약화시켰고, 결국 중앙 정부의 권력 투쟁과 맞물리면서 제국의 쇠퇴로 이어지게 되었다. 애초에 원의 경제 정책은 상업 발달에 초점을 맞추고 있었으므로 여기에서 소외된 농민층은 불만이 컸다. 또한 남송인(南宋人)을 차별하는 정책에 따른 반발도 사회 불안의 요소로 작용하였다. 결국 지방으로부터 시작된 저항의 움직임이 점차 전국으로 파급되면서 원 왕조는 돌이킬 수 없는 쇠락의 소용돌이에 빠져들었다. 1351년 대규모 치

수 사업을 위해 동원된 농민 세력이 일으킨 홍건적의 난은 제국에 최후의 일격을 가하였다. 14세기 중반에 전개된 이러한 역사적 변화의 결과로 팍스 몽골리카의 세계화는 종언을 맞게 되었다.

한국의 경제와 문화

삼국 시대에 한반도의 국가들은 주변국과 외교와 무역을 펼쳤다. 삼국 모두 중국으로부터 법률, 정치, 한자, 유교 등을 도입하여 국가 운영의 기초로 삼았고, 천문학, 복식, 음악, 의학 등을 받아들여 국내 사정에 맞게 변용하여 발전시켰다. 또한 서역으로부터 로만글라스(Roman glass), 장식 보검, 옥을 박아 넣은 팔찌, 상감 유리구슬 목걸이 등이 들어왔다.

4세기에 중국을 통해 불교를 받아들임으로써 한반도는 국제적인 사상적 조류에 동참하게 되었다. 불교는 철학적 인식 수준을 높여 주었을 뿐만 아니라, 왕권을 강화하고 사회를 통합하는 이념으로서도 역할을 하였다. 또한 미술, 음악, 건축, 공예 등 문화와 예술의 전 분야에 걸쳐 불교적 색채가 강하게 표현되었다. 신라의 구법승들이 당나라로부터 들여온 다도(茶道)와 선종(禪宗)이 신라 사회에 유행한 사례에서 볼 수 있듯이, 종교적 교류는 선진 문물을 도입하는 경로로도 작용하였다.

통일신라 시대에도 국제적 교류가 계속되었다. 특히, 9세기에 장보고(張保皐)가 해적 세력을 소탕하고 제해권을 확립한 시기에는 당과의 교류가 빈번하게 이루어졌다. 장보고는 무역 사절인 견당매물사(遣唐買物使)를 당에 파견해 무역선을 인솔하도록 하는 등 이 지역의

로만글라스: 로마와 비잔틴 제국 및 시리아 등지에서 생산된 소다글라스의 총칭. 실크로드를 통해 동양으로 전해졌다.
장보고(?–846): 신라의 무장으로 청해진을 설치하고 한반도 인근의 해양 무역을 주도하였다.

무역을 주도하였다. 그는 청해진(지금의 완도)과 밍저우를 거점으로 아시아 무역상들을 대상으로 중개 무역을 펼쳤다. 당시에 많은 신라인이 산둥 반도와 남중국해 연안에서 신라방(新羅坊), 신라촌(新羅村)이라 불린 거주지를 이루어 생활하였다. 발해도 당과 일본의 중요한 무역 대상국이었다. 약재, 모피 등이 주요 수출품이었고, 비단, 서적을 당으로부터, 그리고 황금, 수은은 일본으로부터 수입하였다.

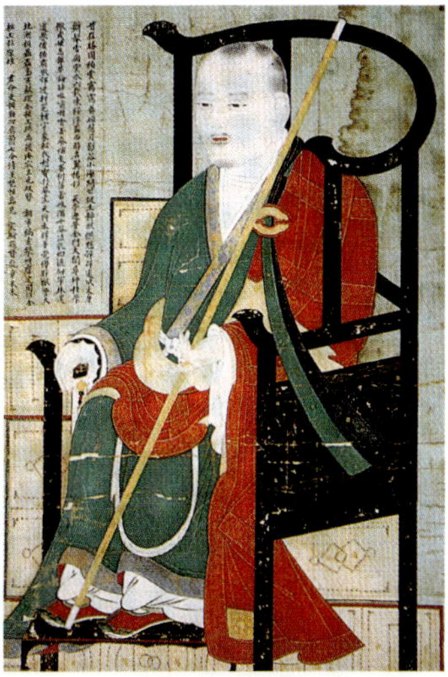

의천(義天)의 건의 화폐 사용의 장점에 대한 대각국사 의천의 주장과 건의에 따라 주전도감이 설치되고 다양한 주화가 제작되었다.

고려 시대에는 화폐의 주조가 처음으로 이루어졌다. 아직 쌀과 베 등의 물품이 화폐로 널리 사용되고 있었지만, 철전, 동전, 고액 화폐인 은병 등 다양한 종류의 화폐가 주조되었다. 996년에 주조된 건원중보(乾元重寶)는 중국 주화를 모방하여 제작되었다. 고려에서는 조운 제도가 확립되어 수도 개성을 전국 각지와 연결하는 교통망이 완비되었다.

대외적으로는 대형 무역선을 운항하여 송나라와 활발하게 교역을 벌였다. 고려에서 중국으로 수출한 무역품은 금, 은, 인삼, 화문석, 종이, 청자, 나전칠기 등이었고, 중국으로부터의 수입품은 차, 도자기, 동전, 서적, 약재, 비단, 향료, 물소 뿔, 악기 등이었다. 한편, 일본에 대해서는 인삼, 호피, 면포, 마포, 서적, 대장경 등을 수출하였고, 유황, 금, 은, 향로, 침향 등을 수입하였다. 서역과의 교류도 활발히 이루어졌다. 아라비아의 상인들이 고려의 무역항에 자주 드나들었다. 아라비아 상인들이 가져온 물품은 수은, 점성향, 몰약, 대소목 등 주로 약재와 염료가 많았다.

주변국과의 관계가 늘 우호적인 것은 아니었다. 무신 정권(1170-

1270년)이 무너진 후 고려는 80여 년에 걸쳐 원의 부마국(駙馬國) 신세가 되었다. 해마다 다수의 공녀는 물론, 막대한 양의 귀금속, 옷감, 매, 인삼 등의 특산품을 원에 보내야 하였다. 한편, 원과의 교류를 통해 성리학, 면화, 화약 제조 기술, 수시력 등이 들어왔다.

1392년 수립된 조선 왕조는 성리학 이념을 내세우고 중앙 집권적 관료제를 갖추었다. 모든 사람을 양인과 천민으로 구분하는 신분제가 확립되어 있어서, 양인은 납세와 국역의 의무를 지고 과거에 응시할 권리를 보유하였으며, 천민은 국가나 개인에 소속되어 천역을 부담하였다. 이것이 점차 분화되어 양반, 중인, 상민, 천민으로 이루어지는 위계 체제로 자리를 잡았다.

조선의 황금기 세종 대왕은 한글을 창제하고 경제 발전과 기술 진보에 탁월한 성과를 만들어 냄으로써 황금기를 이끌었다.

조선의 통치자들은 농업을 중시하는 정책을 폈다. 중앙 정부는 토지 개간을 장려하고 토지 사용 실태를 파악하는 작업을 벌여 경지 면적을 크게 늘리는 성과를 거두었다. 역법 시행, 측량 기구 발명, 농서 발간, 수리 시설 확충, 중국 농업 기술의 전파 등을 통해 농업 생산이 크게 증대되었다. 논농사의 이앙법과 밭농사의 윤작법이 농업 생산성을 높이는 데 기여하였고, 면화의 보급으로 면직물의 생산이 크게 증가하였다. 그렇지만 1592년 임진왜란이 발발하여 국토가 황폐해지고 토지 대장이 소실됨에 따라 국가의 토지 및 농업 조정 능력은 심각하게 쇠퇴하게 되었다. 전후 경제가 회복되는 데에는 많은 시간이 소요되었다.

수공업도 어느 정도 발달하였다. 15세기까지는 관영 수공업이 주를 이루었으나 16세기부터는 민영 수공업의 비중이 눈에 띄게 높아졌다. 관영 수공업은 정부가 숙련된 장인들을 관아에 소속시켜 일정 기간 관수품을 생산하도록 부역을 부과하는 방식으로 이루어졌다. 민영 수공업자도 정부에게 부역을 제공해야 하기는 하였지만, 이들은 부역을 하지 않는 동안에 생산한 물품을 판매하고 수익의 일부를 세금으로 정부에 납부하였다. 농촌에서는 부업으로 농민들이 면직, 견직 등의 가내 수공업에 종사하였다. 이렇게 생산된 면포는 화폐의 기능도 담당하였으며, 일본으로 수출이 되기도 하였다.

정부가 적극적으로 지원하지는 않았지만 상업 활동도 점차 활기를 띠었다. 수도인 한양에 개설된 시전(市廛)에서는 상인들이 정부가 요구하는 물자를 공급하는 대신에 특정 물품을 독점 거래할 수 있는 특권을 누렸다. 지방에서는 15세기 말과 16세기를 거치면서 장시(場市)의 설립이 증가하였다. 그러나 화폐의 유통은 제한적이었고 쌀과 면포가 교환의 매개 역할을 담당하는 경우가 많았다.

조선 사신단 명나라를 방문하고 돌아가는 조선 사신단의 모습. 오른쪽에 자금성(紫禁城)이 묘사되어 있다. 송조천객귀국시장(送朝天客歸國詩章)이라는 작품에 담긴 모습이다.

조선의 대외 정책은 명과 친선 관계를 맺고 안전을 보장받는 사대(事大) 정책과 주변 민족들과 평화적 관계를 유지하는 교린(交隣) 정책으로 요약된다. 사대 정책은 새로 즉위한 조선의 왕이 명 황제의 승인을 받고 명의 달력을 쓰는 책봉(冊封)과 사절을 통해 조공

시전: 관용 물품을 조달하고 민간에서는 독점적 판매권을 누리는 어용 상점. 정부는 관리를 파견하여 시전 제품의 품질과 도량형을 감독하였다.
장시: 민간을 대상으로 상품을 판매하던 전통적 정기 시장.

품과 답례품을 교환하는 조공(朝貢)의 형태로 이루어졌다. 조선의 정부는 명으로 사신이 왕래할 때에 공무역(公貿易)과 사무역(私貿易)이 이루어질 수 있도록 허락하였다. 공무역은 조선 사신이 가져가는 의례적인 예물과 그 보답으로 명이 사여하는 답례품의 교환을 의미하였고, 사무역은 역관들에게 허용된 거래를 의미하였다. 이를 제외한 무역에 대해서는 정부가 통제와 단속을 강력하게 실시하였다. 교린책으로는, 여진족과의 국경 부근에 무역소를 설치하여 교역을 제한적으로 허용하였다. 일본에 대해서는 왜구(倭寇)의 활동에 대해 무력으로 정벌을 단행하면서도 항구를 개방하여 무역을 허용하는 강온 양면책을 썼다.

일본의 변화

일본은 중국과 한반도와 밀접한 관련을 맺으면서 발전하였다. 특히, 백제로부터 4세기 후반에 한자와 유교가 일본에 전래되었고, 다시 6세기 중엽에는 불교가 전해져 아스카 문화를 꽃피웠다. 그 밖에도 유학, 미술, 음악, 건축술 등이 한반도로부터 전해졌다. 일본은 또한 630년부터 약 20년에 한 번씩 중국으로 견당사(遣唐使)를 파견하는 등 선진 문물 수입을 위해 다양한 노력을 기울였다.

7세기에는 천황 중심의 중앙 집권적인 율령 국가가 확립되었다. 그러나 지방 호족에 대한 국가의 통제력에는 한계가 있었다. 중앙 집권적 체제가 존속하기는 했지만, 10세기 이후 지방에서는 무장 세력이 토지를 찬탈하면서 공적 치안이 부재한 상황이 발생하였다. 이 시기에 무예에 능한 세력이 중앙 정부나 지방에서 권력에 접근하게 되

아스카 문화: 6세기 말부터 8세기 초에 걸쳐 아스카에 도시와 궁전이 세워진 시기를 의미한다. 불교 예술과 문화가 번성한 시기였다.

는데, 이들이 무사(武士) 계급의 기원이 되었다. 또한 11세기 중반부터는 지방의 호족과 귀족들이 스스로 개간한 농지를 사유화하고 자체 무장을 하게 되었는데, 이에 따라 지방 영주로서의 무사가 등장하였다. 이들이 토지를 상위의 권력자에게 바치는 사례가 늘어나고, 이것이 사회 전체적으로 피라미드형 구조를 만들면서 일본의 장원제가 발달하게 되었다.

무사 계급의 성장 1150년대 무사 가문 간의 전투 장면을 묘사한 그림. 무사 계급은 당시 일본의 중추적 지배 세력이었다.

가마쿠라 막부(鎌倉幕府) 시대에 영주의 장원 체제는 더욱 발전하였다. 영주는 직영지를 영지 내의 농민과 예속 농민에게 경작시켰고, 경지를 개발하고 경영하는 역할을 수행하였다. 이 시기에 벼 품종이 개량되고, 시비법이 향상되고, 축력이 사용되면서 농업 생산력이 증대되었다. 농촌 수공업도 발달하여, 생사, 마포, 종이 등의 생산과 판매가 증가하였다. 대도시에서는 상설 시장이, 그리고 지방 교통의 요지에서는 정기시가 개설되었다. 상공업자들은 동업조합인 자(座)를 결성함으로써 사업의 안정성을 증대시킬 수 있었다. 자는 중앙 권력에게 영업세를 납부하고 대신에 독점적인 생산 및 판매 권한을 부여받았다. 전문적 금융업자가 성장하였고, 이들이 장거리 대금 결제의 수단으로 어음을 사용하는 일도 잦아졌다.

송나라로부터 다량의 동전이 들어와 한때 정부가 유통을 금지하기까지 한 사실은 양국 간에 교역이 대규모로 이루어졌음을 보여 주

가마쿠라 막부(1192-1333): 일본 최초의 무사 정권. 교토 근교의 가마쿠라에 기반을 두었으며, 교토에는 조정을 감시하는 기구를 설치하였다. 교토의 귀족 문화와 가마쿠라의 사무라이 문화가 구분되어 발전하였다.
자: 일본 상공업자들이 상호 부조와 공동 사업을 위해 구성한 동업 조합.

었다. 일본 서부 지역에 송나라 상인의 거류지가 형성된 사실도 대외 교역이 활발하게 진행되었음을 말해 준다. 가마쿠라 막부는 두 차례에 걸친 몽골의 침략 -1272년과 1281년- 을 물리치는 등 원나라와 군사적으로 대치하였다. 그러나 전후에는 원의 개방적 통상 정책과 맞물려 무역을 재개하였다. 고려의 신안 앞바다에서 침몰한 원의 무역선은 일본과 중국의 활발한 무역 관계를 보여 주는 사례이다.

14세기 중반 중앙 권력이 약화되고 남북조로 분열하자 왜구(倭寇)가 크게 발호하였다. 이 '전기(前期) 왜구'는 무로마치 막부(室町幕府) 시대 초기의 혼란기를 거치면서 한국과 중국 연안에 빈번하게 출몰하였다. 1368년 명나라가 건국하자 일본과 중국 간에는 조공 무역이 다시 시작되었고, 이후 정기적으로 무역이 이루어졌다. 그러나 전국 시대(戰國時代)에 들어서 무로마치 막부의 힘이 약화되자, 지방은 막부의 영향력에서 벗어났다. 이런 배경에서 16세기에 '후기(後期) 왜구'가 다시 세력을 확대하였다. 이들은 일본 서부 지역에 기반을 두고 조선과 일본의 해안 지대에서 준동하였다. 후기 왜구는 일본인만이 아니라 중국인과 같은 외국인도 다수 포함한 강력한 다국적 해상 세력이었다.

무로마치 시대에 일본에서는 양수기의 도입, 시비법의 개량, 이앙법의 확산 등으로 벼의 생산이 증대되었고, 조선에서 수입된 면화의 재배도 널리 확산되었다. 상공업도 발달하여 품목별 소비재 전문 시장이 들어섰고, 상인 조합인 자(座) 조직도 전국으로 확산되었다. 교통망의 개선과 도시의 발달도 두드러졌다. 육운과 수운이 발달하면서 운송업과 숙박업이 자극을 받아 성장하였고, 전국 다이묘(大名)의 성과 항구를 중심으로 도시가 발달하였다.

무로마치 막부(1336-1573): 교토 지방의 무로마치에 근거를 둔 무인 정권. 정치적으로는 혼란하였으나, 문화적으로는 번영을 누렸다.

전국 시대(1467-1573): 1460년대에 중앙 정부의 통치력이 약화되면서 시작된 군웅할거의 시대. 각 지방의 세력들이 지역 국가를 세워 무력으로 우열을 겨루었다. 1590년 도요토미 히데요시의 전국 통일로 종말을 맞았다.

다이묘: 대영지를 보유한 일본의 봉건 영주.

제4장

대항해 시대와 세계 경제 체제의 성립

1. 신항로 개척은 왜 이루어졌나?
2. 중국은 왜 신세계를 발견하지 못하였나?
3. 신구 세계의 접촉은 세계를 어떻게 변화시켰나?
4. 대항해 시대의 세계사적 의의는 무엇인가?

1. 신항로 개척은 왜 이루어졌나?

변화의 신호들

흑사병이 휩쓸고 지나간 유럽에서 발생한 일련의 역사적 사건들은 중세의 사회 질서와 경제 체제가 더 이상 유지될 수 없음을 보여 주었다. 새로운 변화의 신호는 다양한 부문에서 다양한 형태로 나타났는데, 이는 새로 등장한 역사적 개념들을 통해 확인할 수 있다.

첫째, 유럽의 문화적 조류에 큰 변화가 발생하였다. **르네상스**(Renaissance)라고 일컬어지는 새 사조는 용어가 의미하듯이 새로운 탄생을 의미하였다. 전통적인 서양사 해석에 따르면, 그리스 · 로마 시대의 찬란하였던 학문과 예술이 중세 '암흑기'를 거치면서 쇠퇴하였는데, 근대 초기에 이를 새롭게 부흥시킨다는 의미로서 르네상스라는 용어가 만들어졌다. 둘째, **지리 혁명**(Geographic Revolution)도 새롭게 전개된 역사적 변화를 묘사하는 용어다. 유럽을 출발해 아프리카 남단을 돌아 인도양을 관통하는 인도 항로가 열리고, 대서양을 건너 아메리카 대륙으로 진출을 하면서, 지구에 대한 서양인의 지식은 혁명적으로 변화하였다. 새로운 항로의 개척, 새로운 지도의 제작, 새로운 측량 도구의 사용, 지구 각지의 정확한 위치에 대한 지식의 축적 등을 포괄하는 개념으로 '지리 혁명' 또는 '지리상의 대발견'이라는 용어가 사용된다. 이 시기를 '대항해 시대'라고 부른다.

셋째, 중세의 전형적인 정치 체제는 봉건제에 기초한 분권적인 통치 질서였고, 주군이 다스리는 영토의 크기가 대체로 작았다. 이에 비

르네상스: 14-16세기에 서유럽에서 진행된 문화적 변화. 고전 학문과 예술의 부흥을 통해 중세를 극복하고 문명의 새로운 번영을 맞을 수 있다는 생각에 기초하였다.
지리 혁명: 기존에 알려지지 않았던 지구상의 지역을 탐사하여 지리적 지식의 범위를 넓히고 교류를 확대한 사건을 일컫는다.

해 새롭게 등장한 절대 왕정(Absolute Monarchy) 체제는 강력한 권력을 가진 군왕이 대규모 영토를 통치하는 형태였다. 기사를 대신해서 상비군이 군사력의 주축이 되었고, 관료제가 확충되어 국민 국가(Nation State)를 통치하는 새로운 방식이 자리를 잡게 되었다.

넷째, 종교 개혁(Reformation)은 유럽의 종교 지도를 근본적으로 바꾸어 놓았다. 중세에 막강한 영향력을 행사하였던 구교에 맞서 신교가 대두하면서 기독교 세계는 대분열을 맞이하였다. 이 변화는 세속 권력의 이해관계와 밀접하게 관련되어 있었고, 따라서 종교 개혁은 종교를 넘어 사회와 경제 전반에 엄청난 변화를 가져왔다.

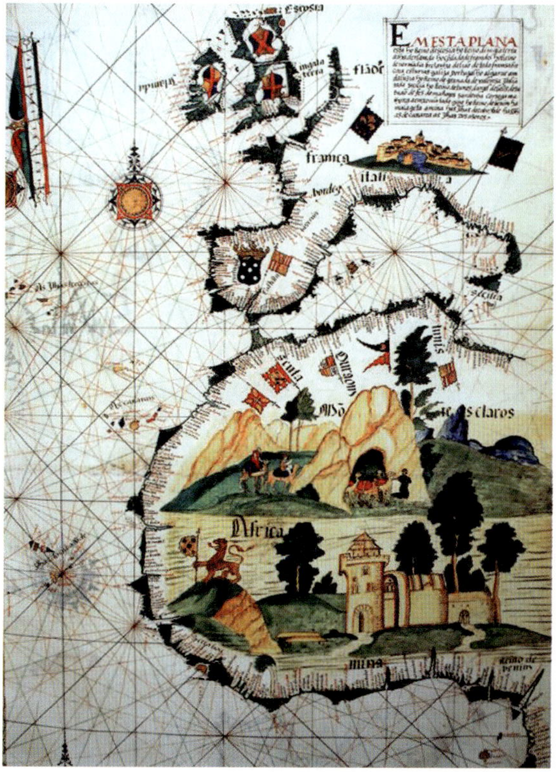

지리적 지식의 확대 16세기 중반에 제작된 포르투갈 지도에 묘사된 아프리카 북서부 지역. 지도 제작술이 과거에 비해 크게 향상되었음을 확인할 수 있다.

다섯째 개념은 과학 혁명(Scientific Revolution)이다. 중세의 신학적 우주관이 설득력을 잃고 새로이 합리적 추론과 실험을 통한 지식 체계가 지배적 담론으로 등장하게 된 역사적 변화를 의미하는 용어가 바

절대 왕정: 절대주의적 이념에 근거하여 권력을 행사한 군주 중심의 통치 제도.
국민 국가: 일정한 영토와 주민을 통일된 법과 제도에 기초하여 단일 국가로서 통치하는 국가.
종교 개혁: 16세기 구교의 세속화와 타락에 대한 반발로 시작하여, 신교가 독립적으로 등장하여 구교와 대립 구도를 형성하게 된 역사적 과정.
과학 혁명: 17세기 유럽 과학에서 발생한 획기적 변화로, 기독교적 세계관을 이성적, 합리적 세계관으로 바꾸었다.

로 과학 혁명이다. 중세에는 신의 뜻에 따라 창조된 진리를 파악하는 것이 지식 추구의 목표였다면, 과학 혁명의 시대에는 인간이 자연의 주인으로서 적극적으로 인류의 복리에 기여하는 길을 찾는 것으로 목표가 전환되었다. 방법론상으로도 상식과 직감 대신 이성에 기초하여 탐구하는 방식이 주도하게 되었고, 연역적 및 귀납적 방법을 발달시켜 근대적인 학문 체제의 초석이 되었다. 구체적으로는 코페르니쿠스, 갈릴레이, 데카르트, 뉴턴 등의 연구를 들 수 있다.

재판을 받는 새 지식 1633년 갈릴레오는 로마 교황청에 의해 신문을 받고 자신의 신념을 부정하라는 압력을 받았다. 이런 압력은 일시적으로는 성공하였지만 결국 새로운 과학 혁명의 흐름을 막지는 못하였다.

여섯째, 중상주의(Mercantilism)는 절대주의 국가들이 추구한 부국강병 정책과 이를 뒷받침한 사상 체계를 의미한다. 국제 무역과 전쟁을 통해 귀금속을 최대한 확보하는 것이 국부 증진의 왕도라는 관념은 새로운 식민지의 개척과 같은 시대적 변화상을 반영한 것이었다.

마지막으로, 시민 혁명(Civil Revolution)은 정치 권력이 군주로부터 시민 계급으로 이전되는 것을 의미한다. 절대 군주가 통치력을 상실하고 의회를 중심으로 한 상공업자 계층이 권력의 실질적인 보유자가 되는 변화는 법에 의한 통치, 국가 권력의 자의적 행사 제한, 경제 활

중상주의: 대내적으로는 부국강병책을 쓰고 대외적으로는 보호 무역을 통한 국제 수지 흑자 확대에 중점을 둔 경제 정책.

시민 혁명: 부르주아 시민 계급이 봉건제와 절대 왕정 체제를 거부하고 자유와 평등을 가치로 하는 근대 국가를 지향한 변혁 운동.

동의 자유 보장 등 본격적인 근대 사회의 핵심적인 요소들을 포함하고 있다.

종합하자면, 르네상스, 지리 혁명, 절대 왕정, 종교 개혁, 과학 혁명, 중상주의, 시민 혁명은 중세의 전통적 질서의 종언을 알리는 조종이자 새로운 시대의 서막을 알리는 신호탄이었다. 앞으로 자세히 살펴보게 될 이 역사적 과정들을 통해 중세의 신학적 세계관은 자연 과학적 세계관에 자리를 내주었고, 봉건제에 기반을 둔 분권적 사회 체제는 절대주의 국가 체제로 재편되었고, 중세적 경제 질서는 중상주의적 질서로 전환되었으며, 마침내 정치 권력이 시민 계급에게 이양되면서 근대 사회의 기본 틀이 완성되었다. 유럽으로서는 약 1,000년 동안 이슬람 사회 및 동아시아 사회에 비해 왜소하였던 지식 기반과 경제력을 점차 정비함으로써 세계에 대한 주도권을 강화할 기회를 마련한 시기였다.

중상주의적 야망 영국의 엘리자베스 1세가 오른손을 지구본 위에 올려놓고 있다. 뒤로는 스페인 무적함대를 무찌른 영국 함대의 그림이 걸려 있다.

신항로 개척의 필요성

유럽 인들의 장거리 탐험에 나서게 된 데에는 여러 가지 이유가 있었다. 무엇보다도 흑사병 이후 인구가 회복세를 보였다. 15세기에는 사망률의 감소 추세가 뚜렷하게 나타났고, 실질 소득이 높이 유지되는 가운데 출생률이 상승하였다. 이에 따라 인구가 증가하였고, 경

콘스탄티노플의 함락 비잔틴 제국의 수도 콘스탄티노플이 오스만 제국의 메메트 2세가 이끄는 군대에 의해 포위되어 전투를 앞둔 모습.

제 활동의 대외적 확장에 대한 욕구도 증대되어 갔다. 특히, 장거리 무역망을 확대하고 교역량을 증가시키고자 하는 욕망이 점차 커져 갔다.

유럽이 탐험에 나서게 된 더욱 직접적인 계기는 1453년 오스만 제국에 의해 비잔틴 제국의 수도 콘스탄티노플이 함락된 사건에서 찾을 수 있다. 이 사건은 유럽 인들에게 엄청난 충격을 주었다. 정신적으로는 중요한 기독교 성지가 이교도의 손에 넘어갔다는 소식이 놀라움을 주었으며, 경제적으로는 비잔틴 제국의 멸망으로 인해 아시아로부터 들어오는 향신료와 직물 등 수입품의 가격이 폭등할 것이라는 우려가 유럽 전역에 퍼졌다. 특히, 동방 무역에서 큰 이익을 남겨 온 이탈리아 상인들에게는 무역망을 상실하고 말 것이라는 공포가 엄습하였다. 유럽인들이 동양으로 향한 데에는 전설 속의 성인 프레스터 요한(Prester John)을 찾을 수 있을지 모른다는 기대도 작용하였다. 기독교 세력의 협력 체제를 구축함으로써 이슬람 세력의 공격을 물리칠 수 있으리라는 희망이 장거리 탐험을 부추겼다.

새로운 움직임을 주도한 것은 대서양에 접한 이베리아 반도의 국

프레스터 요한: 동방에 그리스 왕국을 건설하였다고 알려진 중세의 상상 속 인물. 유럽 인들은 거란과 몽골 국가에 있었던 기독교의 일파인 네스토리우스파(派), 또는 몽골과 인도의 특정 지도자와 연관을 짓곤 하였다.

가들이었다. 포르투갈과 스페인의 왕실은 새로운 항로 개척을 위한 탐험에 지원을 아끼지 않았다. 포르투갈의 **엔히크 왕자**(Henrique O Navegador)와 주앙 2세, 그리고 스페인 카스티야 왕국의 이사벨라 여왕과 같은 절대 군주들은 적극적으로 탐험을 후원하였다. 특히, 항해왕(航海王)이라고 불렸던 엔히크 왕자는 국내의 지리학자, 천문학자, 지도 제작자 등이 함께 모여 탐험에 필요한 지식을 축적하고 공유하도록 연구소를 설립하여 후원하였다. 이를 통해 이슬람의 수학과 천문학이 유대 인의 과학 전통과 결합하여 개선되었고, 이것이 다시 항해사들의 실제 경험과 통합됨으로써 실용성의 높은 항해술로 재탄생하였다.

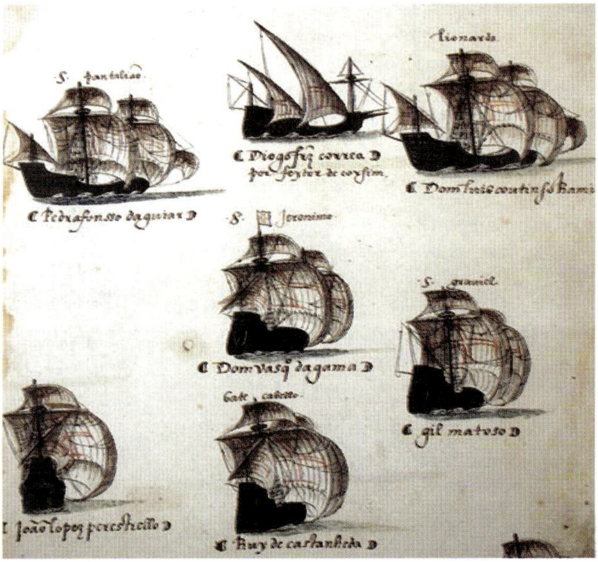

조선 기술의 발달 대항해 시대의 개막에는 선박 건조 기술의 개량이 큰 기여를 하였다. 중앙의 선박은 다 가마가 항해에 사용한 배.

장거리 항해에 필요한 기술이 진보한 것도 탐험 계획에 큰 힘이 되었다. 대표적인 기술적 개량으로 조선 및 항해술의 발달을 꼽을 수 있다. 노와 보조 돛대를 이용하는 갤리선이 중세를 거치면서 점차 3-5개의 돛대를 장착하고 선미에 방향키를 단 **캐럭**(carrack)으로 대체되었다. 이슬람 세계로부터 들어온 나침반이 개량되

엔히크 왕자(1394-1460): 포르투갈의 왕자로 북서 아프리카를 장악한 데 이어 아프리카 대륙의 서단을 따라 남하하는 항해를 후원하였다.

캐럭: 주 돛대가 3개 내지 그 이상인 대형 범선으로, 15-16세기에 원양 항해에 가장 널리 사용되었다. 캐럭보다 작은 카라벨(caravel)도 탐험과 무역에서 능력을 발휘하였다.

부의 원천인 향신료 산지 유럽에서 큰 인기를 끈 향신료와 같은 동방의 산지와 무역을 하고자 유럽인들은 신항로 개척에 나섰다. 인도의 후추 생산지에 서양 상인이 묘사되어 있다.

었고, 다른 측량 기구들도 개량되었으며, 지도 제작 기술도 발달하였다. 또한 선박에 여러 문의 대포를 장착함으로써 전투 능력도 크게 향상되었다.

탐험가들의 전략

포르투갈은 아프리카의 남단을 돌아 인도에 도착하는 항로를 개척하는 데 전력을 기울였다. 디아스(Bartholomew Diaz)가 아프리카 서안을 따라 항해를 이어 나갔고, 마침내 1488년 최남단 희망봉에 도달하였다. 이 성과는 다 가마(Vasco da Gama)의 탐험으로 이어졌다. 그가 이끄는 선단은 대서양을 서쪽으로 크게 도는 혁신적 항로를 타고 희망봉을 돌아 아프리카 동안에 이르렀고, 거기서 이슬람 안내인의 도움을 받아 인도양을 횡단하여 1499년 인도 서해안의 캘리컷에 도착하였다. 그 후 포르투갈은 함대를 이끌고 인도로 가서 코친, 카나놀 등 여러 곳에 상관을 설치하고 유럽의 인도 무역을 독점할 기반을 구축하였다. 이후 포르투갈은 인도양에서 이슬람 상인 세력을 축출하고 모잠비크, 페르시아 만, 몰루카 제도를 연결하는 무역 기지 네트워크를 건설하였다. 16세기 중엽에는 마카오를 거점으로 삼고 중국 교역권을 획득하였으며, 비슷한 시기에 일본과도 외교 관계를 맺고 교역을 시작하였다.

제노바 출신의 콜럼버스(Christopher Columbus)는 지구의 반대편으로

디아스(1450?–1500): 희망봉에 도달한 포르투갈의 탐험가.
다 가마(1469–1524): 포르투갈의 탐험가로 인도 항로 개척을 완성하였다. 힌두와 이슬람 연합 함대의 공격을 물리치고 상관을 설립함으로써 포르투갈이 동방 무역을 독점하는 길을 열었다.

돌아 향료 생산지로 가는 항로를 개척한다는 계획으로 여러 국가에서 후원자를 물색하였으나 여의치 않았다. 때마침 스페인의 군주 페르디난트와 이사벨라는 1492년 그라나다의 무어 왕국을 굴복시킴으로써 재정복 운동을 완성한 것을 기념하여 콜럼버스의 항해를 지원하기로 결정하였다. 2개월여에 걸친 항해 끝에 콜럼버스는 카리브 해의 서인도 제도(West Indies)에 도착하였고, 그곳이 인도라고 믿으며 직항로의 발견을 자축하였다. 포르투갈과 스페인은 새로 개척되는 지역을 놓고 교황에게 분쟁 가능성을 제거해 줄 것을 요청하였고, 1494년 토르데시아스(Tordesillas) 조약에 따라 분할선이 설정되었다. 콜럼버스가 도달한 곳이 신대륙이라는 사실은 1499년 이탈리아 탐험가 베스푸치(Amerigo Vespucci)에 의해 밝혀졌고, 후에 그의 이름을 따서 아메리카라고 명명되었다.

콜럼버스의 탐험 새 항로를 찾아 나선 콜럼버스는 예상하지 않았던 땅에 도착하여 예상하지 않았던 시대를 개막하였다.

1521년 마젤란(Ferdinand Magellan)은 향료 주산지가 분할선의 스페인 쪽 영역에 위치하고 있을 것이라고 스페인 왕을 설득하여 항해를 떠

콜럼버스(1451-1506): 이탈리아 출신의 탐험가. 스페인의 후원을 받아 유럽에서 서쪽으로 인도 항로를 개척하기 위해 출항하여 신대륙에 도달하였다.

토르데시야스 조약: 스페인과 포르투갈 사이에 영토 분쟁을 회피하고자 체결된 조약. 당사국들의 조정 과정 끝에 서경 43도 37분으로 정해졌다. 이에 따라 브라질은 포르투갈에, 그리고 아메리카의 나머지 영토는 스페인에 귀속되었다.

베스푸치(1451-1512): 콜럼버스 이후 신대륙 항해에 동참하였고, 신대륙이 인도가 아니라는 것을 파악하고 신대륙을 탐험한 여행기를 출판하였다.

마젤란(1480-1521): 포르투갈의 인도 항로에서 근무한 경험을 바탕으로 스페인 국왕을 설득하여 세비야-리우데자네이루-남아메리카 남단-괌-필리핀으로 이어지는 항해를 하였으며, 그의 선원들은 인도양을 거쳐 세비야로 귀환하였다.

났다. 그와 상당수의 대원들은 필리핀 원주민과의 싸움과 질병으로 사망하였지만, 잔여 대원들은 3년 만에 인도양을 거쳐 스페인에 귀환함으로써 의도하지 않게 최초의 세계일주자가 되었다.

유럽의 다른 나라들도 탐험 대열에 속속 합류하였다. 1497년 이탈리아 선원 카보토(Giovanni Caboto)는 영국 국왕의 허락을 받고 출항하여, 북아메리카의 뉴펀들랜드를 발견하고 북아메리카 해안을 탐사하였다. 1534년 프랑스 인 카르티에(Jacques Cartier)는 세인트로렌스 강을 탐사하고 몬트리올에 이르러, 훗날 프랑스가 캐나다를 통치하게 되는 토대를 닦았다. 그 밖에도 수많은 탐험대가 지구 곳곳을 항해하면서 지리 지식을 확대하고 항해의 기술을 개선해 갔다.

영락제의 명령 명대 초기 영락제는 새 제국의 위용을 과시하고 통치 기반을 강화하기 위해 정화를 제독으로 임명하고 장거리 항해를 명령하였다.

2. 중국은 왜 신세계를 발견하지 못하였나?

원정대의 목적

유럽 국가들이 앞을 다투어 신항로의 개척과 식민 사업에 힘을 기울인 결과, 오랫동안 아시아에 비해 수세에 몰려 있었던 지위를 역전시킬 전기를 마련할 수 있었다. 그렇다면 왜 아시아 국가들은 이와 유사한 기회를 잡는 데 실패를 한 것일까? 특히, 명

카보토(1450–1498): 제노바 출신으로 영국으로 이주한 후 항해를 떠나 북아메리카 해안을 탐사하였다. 영국식 이름은 존 캐벗(John Cabot)이다.

카르티에(1491–1557): 몬트리올 부근을 탐사하고 이 지역을 프랑스령이라고 선언함으로써 프랑스가 캐나다를 통치하는 기초를 닦았다.

대 초기의 중국은 운송 체계의 발달, 농법의 향상과 정치적 안정을 배경으로 15세기 중엽에 인구 1억 명 이상을 부양하는 경제력을 보유하였다. 거대한 땅덩어리, 엄청난 경제력, 그리고 높은 수준의 기술을 자랑하던 중국은 무엇을 하고 있었던 것일까?

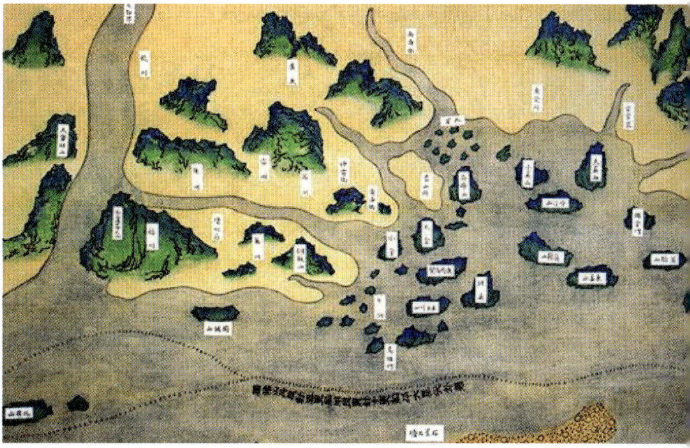

정화의 항해도 황제의 명에 따라 인도양을 탐험한 정화 함대의 항해 경로를 보여 주는 지도. 1430년 정화의 마지막 항해 때에 사용된 지도이다.

유럽의 탐험대만큼 널리 알려져 있지는 않지만, 중국에서도 장거리 원정대가 존재하였다. 유럽보다 반 세기 이상 앞선 15세기 초반, 1405년에서 1433년에 이르는 기간에 영락제의 명령에 따라 중국의 대양 원정대가 총 일곱 차례에 걸쳐 항해를 하였다. 명대 초기 중국은 새 제국의 통치 기반을 견고하게 다지던 시기였다.

장거리 항해의 목적은 복합적이었다. 중국의 국제적 위상을 과시하고 조공 체제를 확고히 하는 것, 항해술을 개선하고 지리적 이해의 폭을 넓히는 것, 항로에 위치한 국가들의 정세를 파악하는 것 등이었다. 대양 원정대를 지휘한 총사령관은 중국 서부의 이슬람 출신 환관인 정화(鄭和)였다. 기록에 의하면, 함대는 60여 척의 대형 함선을 포함한 총 300여 척의 선박과 2만여 명의 승무원으로 구성되었으며, 가장 큰 선박의 경우 길이가 130m에 이르렀고 아홉 개의 돛대를 달았다. 선박의 정확한 규모에 대해서는 논란의 여지가 있지만, 콜럼버스의 탐

정화(1371–1433): 환관이며 항해가. 1405년부터 1433년까지 7차에 걸쳐 중국–동남아시아–인도–서아시아–아프리카에 이르는 대원정을 지휘하였다.

험대가 길이 20m 이하의 선박 3척과 88명의 승무원으로 구성되었던 사실에 견주어 보면 정화 함대의 규모를 상상해 볼 수 있다. 1588년 당시 유럽 최대 규모였던 스페인의 무적함대가 132척의 선박으로 구성되었다는 사실과도 비교가 된다. 또한 선박 바닥에 격실을 설치하여 선박이 좌초되거나 공격을 당하더라도 한 부분에서 발생한 피해가 전면적 침몰로 이어지지 않게 하는 등 기술적 측면에서도 뛰어났다.

정화의 함대는 지금의 베트남, 말레이시아, 스리랑카, 인도, 사우디아라비아를 거쳐 동아프리카의 케냐까지 30여 개 국가를 방문하였다. 정화는 이 국가들과 조공 관계를 확립하여 외교 사절단과 진귀한 산물들이 중국으로 들어오도록 바다의 실크로드를 닦았다. 다양한 종교에 대해 관용적이었던 그는 실론에 불교 건축물을 세웠고, 말레이 반도에 위치한 말라카 등지에는 중국의 무슬림 집단을 이주시키는 정책을 실시하기도 하였다. 그의 원정은 동남아시아 각지에서 화교(華僑) 사회를 형성하는 결과를 낳았다. 화교들은 15세기부터 이 지역의 무역에서 두드러진 활약을 보이게 된다. 특히, 말라카와 바타비아(지금의 자카르타) 등의 무역항에서 이들은 주도적 역할을 수행하게 된다.

중국이 태도를 바꾼 이유

대양 항해는 1433년을 끝으로 막을 내렸다. 영락제의 뒤를 이은 황제들은 대양 항해를 금지하고 운항 선박을 파괴하였으며, 정화의 원정 기록까지 파기하려고 하였다. 중국이 이렇게 해금(海禁) 정책으로 전환하게 된 이유는 무엇일까?

가장 널리 알려진 설명은 중국이 대양 항해를 통해 변방의 '오랑

화교: 중국인의 해외 이주는 당 말에도 활발하였으나, 정화의 원정을 계기로 동남아시아를 비롯한 여러 지역에 정착한 중국 이민자가 크게 증가하였다. 이후 청대에는 네덜란드와 영국의 동남아시아 개발과 맞물려 이 지역으로 대규모 이주가 발생하였다.

캐'에 대한 중국의 우위를 확인하였을 뿐, 실질적으로 얻는 이익이 없었기 때문이라고 말한다. 그러나 화이 사상만으로 쇄국 정책의 급속한 채택을 설명하기는 어렵다. 중앙 정부가 국가적 통치 이념으로서 유교적 도덕 이데올로기를 강화하고자 한 탓이라는 주장도 있지만, 이 설명도 충분하지 않다. 그보다는 베이징에 권력 기반을 둔 문인 관료(만다린) 집단이 해안에 근거지를 두고 있던 상인들 및 그들과 긴밀하게 연결되어 있는 조정의 환관 세력을 약화시키기 위해 유교 이데올로기를 내세우고 해금 정책을 폈다는 주장이 설득력이 더 있다. 당시 명이 재정적 어려움을 겪었다는 사실도 주목된다. 장기적으로는 흑사병의 창궐 이후 유라시아를 연결하는 육상 교역로가 쇠퇴한 것이 중국의 재정에 타격을 주었다. 단기적으로는 몽골과의 무력 충돌이 지속되면서 군비 지출 부담이 가중되었으며, 농민들의 반란도 곳곳에서 일어나 정부를 괴롭혔다. 이런 상황에서 비용이 많이 드는 원양 항해를 계속하는 것이 바람직하지 않다고 명의 조정은 판단하였다.

이국적 동물 지금의 케냐 지역인 말린디로부터 정화가 들여온 기린. 중국 전설에 등장하는 영험한 동물과 외양이 비슷하다고 해서 중국 궁정에서 많은 인기를 끌었다.

이와 같은 요인들이 복합적으로 작용함으로써, 중국은 폐쇄적 정책으로 전환하고 내향적 사회 체제와 농업을 중심으로 한 보수적 경제 구조를 지향하게 되었다. 15세기는 향후 세계화의 전개에 중대한 전기를 이루게 되는 신세계 개척이라는 세계사적 사건을 놓고 중국과 유럽의 선택이 엇갈린 시기였다.

3. 신구 세계의 접촉은 세계를 어떻게 변화시켰나?

아즈텍, 잉카, 정복자

15세기 말–16세기 초 유럽 인들이 아메리카 대륙에 상륙하였을 때, 이들은 많은 수의 원주민이 구성하고 있는 부족 국가들과 조우하였다. 그 가운데 가장 세력이 큰 두 집단이 중앙아메리카 멕시코 지역의 아즈텍(Aztec)과 남아메리카 안데스 산지의 잉카(Inca)였다.

아즈텍의 중심 도시 아즈텍의 수도는 테노치티틀란이라는 도시로, 호수로 둘러싸여 외부와 교량으로 연결되었다. 그림에 도시 내부의 신전들과 주변에서 경제 활동을 하는 주민들이 묘사되어 있다.

아즈텍은 주변 지역을 무력으로 점령하면서 세력을 확장하고 있었다. 아즈텍 인들은 강력한 군사 조직을 구축하고 전쟁을 지속하여 정복지의 포로를 잡아다가 정기적으로 제물로 바쳤다. 정복지로부터 징수하는 조세와 공물이 체제를 유지하는 경제적 기반이었다. 잉카는 안데스 산지의 중앙부, 지금의 페루가 위치한 지역에서 쿠스코를 중심으로 15세기 초에서 16세기 초에 이르는 시기에 번성하였다. 잉카 제국은 전성기에 북쪽의 에콰도르에서 남쪽의 칠레 중부에 이르는 넓은 영역을 통치하였다. 아즈텍과 잉카 제국은 각각 1519년과 1531년 침략을 시작한 스페인 정복자(Conquistador)들에 의해 종말을 맞았다.

정복자들의 뒤를 이어 많은 수의 스페인 인들이 아메리카로 이주해 왔다. 그들은 정복지를 확대하였고, 스페인 왕실의 구상에 따라 강

기록 4-1 정복자들의 전략

스페인 정복자들은 아메리카 원주민들로부터 귀금속을 빼앗기 위해 지극히 강압적이고 폭력적인 전략을 취하였다. 도미니카회의 수사였던 바르톨로메 데 카사스(Bartolome de Casas)는 1542년에 출간한 『서인도 제도의 파괴에 대한 간략한 보고서』에서 정복자들의 행동을 아래와 같이 묘사하였다.

스페인 인들은 장기적으로 마지막 한 줌의 황금까지 모조리 빼앗겠다는 일념으로 으레 그래 왔듯이 도시와 그곳에 거주하는 원주민을 나눠 갖는 전략을 폈다. 또늘 그렇듯이 원주민을 하찮은 노예로 취급하였다. 원정대를 이끄는 수장은 왕을 사로잡아 예닐곱 달 동안 인질로 삼고 터무니없이 많은 황금과 에메랄드를 요구하였다. 보고타의 왕은 겁에 질린 나머지 고문하는 이들의 손아귀에서 벗어나야 한다는 일념으로 집 한 채를 온통 황금으로 채워 넘기라는 요구도 들어주었다. 그러기 위해 왕은 황금을 찾아오라고 원주민을 파견하였고, 이들은 각자 손에 얼마간의 보석을 쥐고 돌아왔다. 하지만 집 한 채를 가득 채우기에는 역부족이었고 스페인 원정대는 결국 왕이 약조를 어겼다며 죽이겠다고 엄포를 놓았다.

원정대의 수장은 법을 대변하는 자로서 자신이 사건을 심판하겠다고 하였고, 원정대가 실제로 왕의 혐의를 공식적으로 제기하자 약조를 이행하지 않은 벌로 왕을 고문형에 처하였다. 원정대는 왕의 손을 뒤로 묶어 공중에 매달기도 하고, 복부에 끓는 기름을 붓는가 하면, 양발과 머리를 형틀에 묶고 두 사람을 시켜 손을 붙잡게 한 뒤 발바닥을 지지기도 하였다. 이따금 원정대 수장이 고문 현장을 들여다보고 황금을 더 내놓지 않으면 서서히 고문을 해 죽이겠다고 협박하였다. 실제로 그런 결과가 빚어졌다. 왕은 결국 원정대의 모진 고문에 못 이겨 죽어 갔다.

자료: 애쓰모글루 · 로빈슨(2012), 37쪽.

제 동원 체제가 구축되었다. 이에 따라 인디오 인구는 정복자들에게 할당되어 황금 채굴, 가축 사육, 농장 노동, 개인적 봉사 등에 종사하도록 강요당하였다. 인디오를 다른 호전적 부족으로부터 보호하고 기독교와 스페인어라는 '혜택'을 누릴 수 있도록 허용한다는 명분을 내세웠다. 현실에서 인디오가 처한 여건은 비참하기 이를 데 없었다. 인디오들은 정복자들의 명령에 따라 가족으로부터 격리되어 한 지역에

아즈텍 제국의 붕괴 스페인의 코르테스가 이끄는 부대가 피라미드 신전 꼭대기에서 아즈텍 군대를 공격하고 있다.

서 다른 지역으로, 한 주인에게서 다른 주인에게로 강제로 이주를 당하였다. 전통적인 생활 방식과 공동체적 안전망이 붕괴되었고, 귀금속 채굴을 위해서 징집된 인력은 1년 중 8달 내지 10달 동안 가혹한 노역에 종사해야 하였다. 과중한 노동, 식량 부족, 광산 지역의 낯선 기후, 주인의 폭력과 학대 등으로 인해 인디오 노동력은 빠른 속도로 고갈되었다. 여기에 유럽 인으로부터 전해진 전염병들이 결정적인 타격을 입혔다. 특히, 천연두, 홍역, 발진티푸스 등은 면역력을 갖지 못한 인디오들에게 가공할 치사율을 보였다.

콜럼버스의 교환

구세계와 신세계의 접촉은 점차 많은 수의 사람과 가축, 많은 양의 재화가 상호 이동하는 것을 의미하였고, 이는 두 지역이 경제적으로 긴밀하게 연결되는 결과를 낳았다. 그 중에서도 여러 동식물의 이동은 인류에게 장기적으로 엄청난 영향을 끼쳤다. 많은 생물이 의식적 노력 또는 우연적 과정을 통해 대륙을 넘어 옮겨졌다. 대표적으로 설탕, 담배, 인디고, 감자, 호박, 토마토, 고추, 옥수수 등이 신세계에서 구세계로 전파되었다. 초콜릿, 바닐라, 카사바, 땅콩, 파인애플, 피망, 칠면조 등도 같은 방향으로 이동해 갔다. 반대로 밀, 보리, 귀리 등의 곡물류와 소, 말, 돼지, 양, 당나귀, 염소 등은 구세계에서 신세계로 유입되었다. 이어서 아시아 원산의 바나나, 쌀, 감귤도 신세계로 들어갔다. 이들은 시간이 흐르면서 성장과 번식에 적합한 기후와 토질, 노동력과 수요처를 찾아 지구 곳곳으로 퍼져 나갔다.

이 '콜럼버스의 교환'은 본질적으로 유전자의 세계적 혼합과 확산을 의미하였으며, 이는 지구의 생태계에 혁명적인 변화를 초래하였다. 교환된 생물들은 새로운 식량 자원, 새로운 원료, 새로운 운송 수단, 새로운 기호품으로서 앞으로 세계 경제에서 중요한 역할을 수행하게 된다. 특히, 기후와 토질에 대한 적응력이 강한 감자나 옥수수와 같은 작물은 구세계에서 전통적으로 곡물이 재배되지 못하던 지역에 전파됨으로써 지구 전체의 인구 부양 능력을 크게 증대시켰다. 대항해 시대는 질병의 세계화로 인해 아메리카 인구의 급속한 감소를 초래하였지만, 장기적으로는 세계적으로 더 많은 인구를 부양할 수 있는 물질적 기반을 마련하였던 것이다. 인구 부양 능력의 확대와 식단의 다양화와 향후 세계적 전파를 놓고 볼

콜럼버스의 교환 아메리카 원주민들이 재배하는 오른쪽의 밭에 수확 시기가 다른 옥수수들이 재배되고 있다. 옥수수는 구세계로 전파되어 인구 부양 능력을 크게 늘렸다.

콜럼버스의 교환: 구세계와 신세계가 연결되면서 상호 교차하여 흘러들어 간 물적, 인적, 생물학적 요소들과 이것이 초래한 변화를 말한다.

때, 대항해 시대는 농경과 목축을 시작한 이래 인류의 식생활에 가장 중대한 변화가 발생한 시기라고 보아도 과언이 아닐 것이다.

노예 무역의 이익

구세계와 신세계 간의 무역품 가운데 역사가들의 이목을 가장 많이 사로잡은 것은 노예였다. 노예 무역은 일찍부터 아시아, 아프리카, 유럽, 아메리카 등 대부분의 대륙에서 존재해 왔다. 아프리카의 노예들은 대항해 시대 이전에 이미 아프리카의 다른 지역 및 아시아와 유럽 여러 곳으로 판매되고 있었다.

노예 송출 유럽의 노예 상인들은 아프리카에서 흑인을 노예로 구입해 노동력 수요가 많은 신세계로 실어 날랐다.

1500년 이전에 수출된 노예의 약 2/3는 사하라 사막을 횡단하여 북아프리카로 향하였고, 약 1/3은 아시아로 향하였다. 아직 아메리카 대륙으로 송출된 노예는 소수에 불과하였다. 그렇지만 대항해 시대부터 추세가 크게 변화되었다. 1500-1800년에 수출된 전체 노예 가운데 3/4이 아메리카 대륙으로 향하였고, 사하라 이북과 아시아는 각각 20%와 10% 수준에 불과하였다. 대항해 시대에 노예 무역은 구세계를 벗어나 새로운 범위와 방향으로 전개되었고, 그 결과 세계 무역의 향방에 중대한 변화가 발생하게 된 것이다.

대항해 시대부터 19세기 말까지 아프리카에서 대서양을 건너 아메리카로 수송된 노예의 수는 약 1,100만 명에 이르렀던 것으로 추정된다. 아메리카로 떠난 노예의 80% 이상은 대서양의 중간 항로(Middle Passage)를 통해 수송되었다. 항해 도중에 사망한 노예 – 노예 무역선에 승선한 전체 수의 10% 내지 20%로 추정된다 – 가 많았으므로, 아프리카 해안을 떠난 총노예의 수는 이를 훨씬 상회하였다. 아프리카를 떠나기 전에 포획 및 수감 과정에서 사망한 노예의 수도 많았다.

새로운 노예 무역의 배후에는 신세계의 경영을 둘러싼 유럽 인들의 경제적 이해가 자리하고 있었다. 인디오 원주민의 인구가 격감하자, 유럽 인들은 새로운 노동 공급원으로 아프리카 인에 주목한 것이다. 아프리카에서 실려 온 노예들은 식민지 개척의 초기에는 금은 광산의 채굴 노동력으로 투입되었지만, 시간의 흐르면서 점차 사탕, 담배, 면화 등 신작물을 재배하는 노동력으로 이용되었다. 플랜테이션의 경영에 있어서 아프리카로부터 운송된 노예 노동은 필수 불가결한 요소로 받아들여졌다.

노예 노동을 이용한 사탕수수 공장 17세기 후반 그림에 사탕수수를 압착해 정제하여 설탕을 만드는 아메리카의 공장이 묘사되어 있다. 백인 감독관의 지휘에 따라 흑인 노예들이 노동을 하고 있다.

노예가 경제적 가치가 높은 상품으로 부각되면서 유럽 인의 노예에 대한 인식은 노예 무역에 호의적인 방향으로 자리를 잡았다. 이러한 분위기는 노예 무역 폐지 운동이 본격적으로 진행되는 18세기 후

중간 항로: 아프리카에서 아메리카로 이르는 노예 무역 항로. 기후 조건에 따라 1–6개월에 이르는 험한 항해와 열악한 운항 조건으로 악명이 높았다.

기록 4-2 **몽테스키외의 노예관**

유럽 민족은 아메리카 민족을 근절해 버렸으므로, 그 광대한 토지를 개척하기 위해서 아프리카 민족을 노예 상태로 둘 의무가 있었다. 노예들이 설탕을 재배하지 않는다면 그 값이 너무 비쌀 것이다. 문제가 되는 것은 흑인들이다. 그들의 코는 너무 납작해서, 그들을 동정한다는 것은 거의 불가능할 정도이다. 대단히 현명한 존재인 신은 영혼을, 특히 선량한 영혼을 새까만 육체 속에 깃들이게 하였다고는 도저히 생각되지 않는다.

…

흑인에게 지적 능력이 없다는 증거는 그들이 문명국에서 대단히 귀중히 여기는 금 목걸이보다는 유리 목걸이를 중히 여긴다는 점에 있다. 이들을 인간이라고 상상하는 것은 불가능하다. 왜냐하면 우리가 그들을 인간이라고 생각한다면, 우리들은 기독교도가 아니라는 의심이 생기게 될 것이기 때문이다.

자료: 이성형(2003), 194-195쪽.

반 이전까지 계속되었는데, 당대의 저명한 정치가나 학자도 예외가 아니었다. 18세기 전반 프랑스를 대표한 계몽주의 사상가인 몽테스키외(Montesquieu)의 노예관은 좋은 예가 된다.

4. 대항해 시대의 세계사적 의의는 무엇인가?

단일 경제권의 탄생

새 항로의 개척과 유럽 인의 진출을 통해 세계는 단일 경제권으로 재편되었다. 이 시기 인구 및 신작물의 국제적 이동이 지닌 역사적 의

몽테스키외(1689-1755): 계몽주의 시대 법률학자로 많은 학자들과 교류하면서 다수의 서적을 출간하였다. 대표작은 1748년에 발간한 『법의 정신』으로, 삼권 분립과 견제와 균형의 원리를 강조하여 미국의 독립과 19세기 자유주의 사상에 강한 영향을 끼쳤다.

기록 4-3 대항해 시대에 대한 애덤 스미스의 견해

애덤 스미스는 대항해 시대의 개막을 인류사적 대사건으로 평가하였다. 새 시대가 가져온 변화에 대해 그는 비판적 평가를 가하면서도 동시에 희망이 내포된 견해를 제시하였다. 그는 대표작 『국부론』에서 세계화에 대해 장기적인 비전을 다음과 같이 기술하였다.

아메리카의 발견과 희망봉을 경유하는 동인도 항로의 발견은 인류 역사에 기록된 두 가지 가장 위대하고 가장 중요한 사건이다. 그것들의 성과는 이미 너무나 거대한 것이었다. 그러나 그 발견 이래 아직 2-3세기밖에 지나지 않았으므로 그것들의 성과의 모든 크기가 나타나는 것은 불가능하다. 어떤 인간의 지혜도 장차 이 위대한 사건들로부터 인류에게 어떤 이익이나 불행이 생길지를 예견할 수 없다. 세계에서 가장 멀리 떨어져 있는 지역들을 어느 정도 결합시키고, 서로의 부족분을 경감시킬 수 있게 하며, 서로의 즐거움을 증대시킬 수 있게 하고, 서로의 산업을 북돋우게 함으로써 그 발견들의 일반적 경향은 이로운 것 같다. 그러나 동서 인도의 원주민들에게는, 그 발견들로부터 생길 수 있었던 모든 상업적 이익들이 무서운 불행 속에서 상실되었다. 그렇지만 이런 불행은 그 발견들 자체의 속성에 있는 어떤 것으로부터 발생한 것이 아니라 우연히 생긴 것처럼 보인다. 이런 발견들이 이루어졌던 특정 시점에서 우연히 유럽 사람 쪽이 힘이 월등하여 멀리 떨어진 나라들에서 온갖 불의를 저지를 수 있었던 것이다. 앞으로 그 나라들의 주민이 더 강하게 되거나 유럽 주민들이 더 약하게 되어, 세계 모든 지역의 주민들이 용기와 힘의 균등 상태에 도달해서 상호의 공포심을 고무시킴으로써 독립국들이 불의를 저지르지 않고 서로서로의 권리를 존경할 수 있게 될 것이다. 이런 힘의 균등을 확립하는 방법으로서는, (나라들 사이의 광범한 교역이 자연히 또는 필연적으로 가져오게 될) 지식과 각종 개량들의 상호 교류가 가장 확실한 방법인 것 같다.

자료: 스미스(2007), 770-771쪽.

의는 단순히 이주와 교역의 지리적 범위가 확산되었다는 데 머무르지 않았다. 세계의 각 지역이 어떤 산업의 발달, 어떤 작물의 재배에 가장 적합한지에 대한 판단에 따라 전 세계가 생산의 특화를 본격적으로 경험하기 시작하였다는 점이 중요하였다. 한 지역의 생산 활동이 다른 지역의 수요 조건 변화나 기술 변화와 직접적으로 관련되는 현상

단일 경제권으로 대항해 시대가 시작되면서 지구는 빠르게 단일 한 경제권으로 통합되어 갔다. 1570년에 제작된 지도에 구세계는 물론 신세계의 모습도 부분적으로 정확한 윤곽을 보여 주었다.

이 전 세계적 차원에서 발생하게 된 것이다. 대항해 시대는 분명 경제적 상호 작용의 지리적 범위를 전 지구적으로 넓혔다는 점에서 세계화를 진전시켰을 뿐만 아니라, 세계적 분업 체제를 발전시켰다는 점에서도 세계화 역사의 중요한 분기점이었다.

생산의 특화는 무역의 발달과 동시적으로 진행되었다. 대항해 시대가 개막함으로써 무역망이 주요 대륙들을 대부분 포함하는 수준으로 확대되었고, 무역의 규모가 과거에 비해 크게 증가되었다. 과거에도 대륙 간의 무역이 없었던 것은 아니지만, 교역로가 제한적이었고 교역량도 상대적으로 적었다. 대항해 시대에는 교역품의 종류도 다채로워졌다. 전통적인 교역품인 면직물, 비단, 도자기, 차와 같은 아시아의 생산물 이외에 아메리카의 유럽 인 정착지에서 생산된 설탕, 담배, 면화 등이 새로운 무역품으로 등장하였다. 스페인 식민지로부터 나온 수출품 중에는 금과 은이 압도적으로 높은 비율을 차지하였다.

특히, 이 시기에 와서 유럽, 아프리카, 아메리카를 잇는 **삼각 무역 체제**(Triangular Trade System)가 성립된 것은 세계 무역의 역사에 한 획을 긋는 중대한 변화였다. 유럽의 상인들은 총기류, 탄약, 옷감, 철 제품, 알코올, 장신구 등을 서아프리카로 가지고 가서, 인근 부족을 공격해서 노예로 삼는 아프리카 부족들로부터 이런 노예들을 사들였고, 이

삼각 무역 체제: 제조업 물품(유럽→아프리카), 노예(아프리카→아메리카), 신작물(아메리카→유럽)로 묶인 무역 체제로, 대항해 시대에 새로 형성된 국제적 무역망이다.

렇게 구매한 노예들을 서인도와 아메리카 대륙으로 수송하였다. 그곳에서 노예를 판매하여 얻은 대금은 면화, 설탕, 담배, 럼주 등의 구매 자금으로 사용되었고, 이 무역품들은 최종적으로 유럽 시장에서 판매되었다. 이와 더불어 아시아를 포함하는 삼각 무역 체제도 작동하였다. 유럽 상인들이 거래한 서아프리카의 금과 상아는 중국과 인도 및 동남아시아에서 향신료, 차, 면직물 등 유럽으로 가져갈 물품을 구입하는 데 사용되었다.

은의 세계적 흐름

아메리카에 진출한 스페인 인들의 가장 큰 관심사는 귀금속의 확보 가능성이었다. 초기에는 인디오들이 소유한 귀금속 공예품을 탈취하는 데 주력하였지만, 점차 이것이 고갈되자 금과 은의 광맥을 찾는 것으로 노력의 방향을 전환하였다. 그들의 노력은 1545년 볼리비아의 포토시(Potosi)에서 대규모의 은 광산을 발견함으로써 결실을 맺게 되었다. 초기에 스페인 인들은 인디오의 노동력을 사용하여 전통적인 용해 방식으로 채굴을 하였지만, 점차 은 함유량의 높은 광맥이 고갈되자 채산성의 저하를 피할 수 없게 되었다. 그런데 스페인에서 수은을 이용하여 하급 광맥에서

포토시 광산의 내부 은 광산 내부에서 벌거벗은 인디오들이 채굴 작업을 하는 모습이 보인다. 광산 외부에서 채굴된 은을 운반하는 이들도 보인다.

포토시: 볼리비아 고원 지대에 위치한 광산 도시. 1545년 은광이 발견된 후 건설된 도시로, 이곳에서 채굴된 은이 대량으로 스페인으로 운송되었다.

도 저렴하게 은을 추출하는 기술이 개발되고, 이어서 페루에서 수은 광산이 발견되면서 은의 생산은 다시 크게 증가하게 되었다. 은 생산이 증가함에 따라 인디오 노동력의 고갈은 더욱 심해졌고, 이를 대체하기 위해 아프리카에서 많은 노예가 수입되었다.

아메리카로부터 대규모로 유입된 은은 스페인에게 장기적 경제 성장의 기틀을 마련할 절호의 기회를 제공하였다. 그러나 스페인의 경제 성적표는 부진하였다. 지배층은 정치적 야망으로 유럽에서 전쟁 자금으로 막대한 비용을 지불하였다. 신교도와 이슬람교도의 탄압에도 큰 비용이 소요되었다. 스페인에 유입된 은은 왕실의 채무 변제를 위해, 내국인 사치품 수입을 위해, 그리고 아메리카에 수출할 목적으로 유럽 국가들로부터 여러 물품들을 수입하기 위해 하릴없이 지출되었다.

이러한 스페인의 정책 실패를 배경으로 은은 네덜란드, 독일, 이탈리아 등 유럽의 다른 국가들로 유입되어 갔다. 16세기를 거치면서 유럽에서 화폐 공급량은 약 세 배 증가하였던 것으로 추정된다. '가격 혁명'(Price Revolution)이라고 지칭되는 장기적인 인플레이션이 발생한 것이다. 이에 따라 소득의 재분배가 발생하여 상인, 제조업자, 고정 지대의 차지농은 이익을 보았고 연금 수급자, 지주 등은 손해를 보았다.

스페인에 의해 아메리카에서 채굴된 은은 세계적 네트워크를 통해 지구상의 다른 지역으로 이동해 갔다. 국제적 대부, 스페인 선박에 대한 해적의 노략질, 자금의 비공식적 유출 등도 은의 이동에 한몫을 담당하였지만, 가장 중요한 것은 무역을 통한 은의 이동이었다. 아메리카 대륙에서 생산된 은은 대부분 스페인으로 유입된 후 상당한 부분이 서유럽의 여러 국가들에게 흘러들어 갔다. 서유럽은 무역 적자를 보고 있는 여러 지역들, 예를 들어 목재와 곡물을 들여오는 발트 해

가격 혁명: 신대륙으로부터의 은이 대량으로 유입됨으로써 유럽 전체의 물가가 폭등한 현상을 지칭한다.

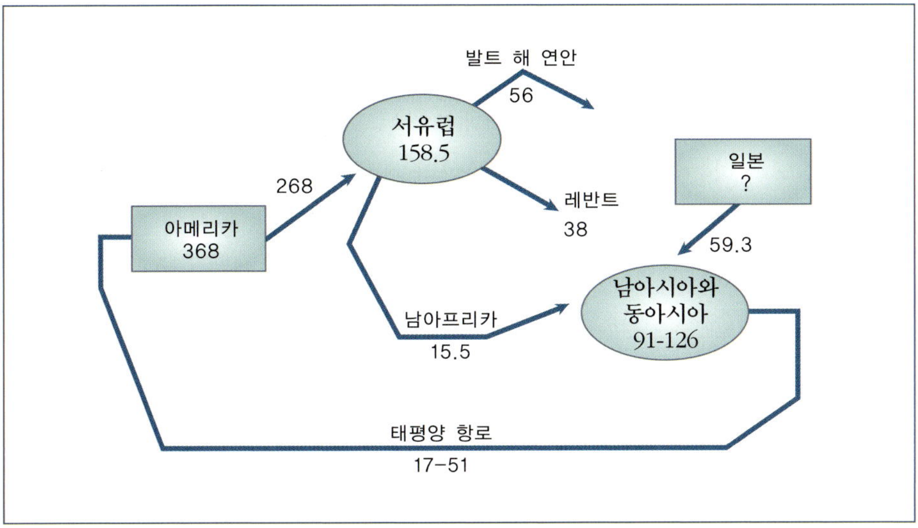

17세기 전반 은의 세계적 흐름 사각형은 은의 생산 지역, 원은 은의 흡인 지역, 숫자는 은의 연간 이동 톤수.
자료: Finlay and O'Rourke(2007), 218쪽.

연안, 오스만 제국으로 이어지는 지중해 동부의 레반트 지역, 그리고 남아프리카를 우회하여 인도양을 거쳐 아시아로 향하는 항로를 통해 인도와 중국으로 은을 유출하였다. 아메리카에서 생산된 은 가운데 일부는 당시 세계 최장 교역로인 태평양을 관통하는 항로를 통해 마닐라의 상관을 거쳐 남아시아와 동아시아로 흘러들어 갔다. 당시 다량의 은을 생산하였던 일본도 아시아 국가들과의 교역을 통해 은을 유출하였다. 이 시기에는 남아프리카를 돌아가는 항로의 기여도가 낮은 편이었는데, 점차 이 항로의 무역 비중이 높아져서 1세기 후에는 발트 해와 레반트로 향하는 무역량을 합한 것보다 많은 양을 담당하게 된다.

신대륙과 일본에서 생산된 은은 무역망을 통해 지구상의 여러 지역을 거쳐 결국 아시아의 중국과 인도로 모였다. 유럽보다는 덜하였지만 중국과 인도에서도 물가가 상승하였고, 그에 따라 상업과 수공업이 발달하기에 유리한 여건이 조성되었다. 또한 국내에 은이 많이 증가하여 화폐 경제가 발달하자, 그에 걸맞게 조세 제도에 변화가 발생하였다. 명 중기인 1560년대부터는 조세를 은화로 통일해서 납부하도록 하는 일조편법(一條鞭法)이라는 세역 제도가 실시되었다. 일조편법은 은의 유입을 바탕으로 성립한 제도이면서, 동시에 은에 대한 수요를 증가시킴으로써 은의 유입을 더욱 촉진한 제도이기도 하였다.

세계 경제 체제의 확립

어떤 학자들은 대항해 시대의 세계사적 의미를 세계 경제 체제(World Economic System)의 형성에서 찾는다. 그들은 세계를 구성하는 지역들이 중심(core)과 주변부(periphery)로 차별화되고, 이들 간에 존재하는 체계적 분업 체계가 세계 경제를 움직이는 기본 틀이라고 본다. 이러한 국제적 분업 질서가 작동하는 시스템을 세계 경제 체제라고 부르며, 이 체제가 지구상의 넓은 지역을 포함하는 형태로 형성된 것이 대항해 시대의 식민지 개척을 통해서라고 한다. 이 경우 어떤 지역이 세계 경제의 범위에 속해 있는지 아닌지는 지리적 위치가 아니라 국제적 분업 체계에 포함되어 있는지, 그렇지 않으면 그 외부에서 단지 부차적인 교역 관계를 맺고 있는지에 달려 있다.

일조편법: 이 제도는 청대에 와서 더욱 간소화되어 1720년대부터 요역에 대한 과세는 실질적으로 사라지고 토지세만이 과세의 대상으로 일원화되었다. 이에 따라 부과된 세액을 은으로 납부하는 제도를 지정은제(地丁銀制)라고 불렀다.
중심과 주변부: 국제 분업과 교역 과정에서 주도적 힘을 행사하는 지역과 그로부터 잉여를 수탈당하는 위치에 있는 지역을 각각 칭한다.

제5장

중상주의 경쟁 체제

1. 절대 왕정과 종교 개혁은 경제 발전과 어떤 관련성이 있는가?
2. 유럽 각국은 어떤 중상주의 정책을 실시하였는가?
3. 경제 제도의 변화는 어떻게 이루어졌는가?
4. 아메리카와 아시아 사회는 어떻게 변화하였나?

1. 절대 왕정과 종교 개혁은 경제 발전과 어떤 관련성이 있는가?

절대 왕정의 국가 운영

유럽 중세의 전형적인 정치 구조는 분권적이었고 통치 영역은 제한적이었다. 그러나 중세 후기에 권력이 집중화되고 통치 범위가 확대되는 새로운 체제가 등장하였다. 이탈리아와 독일은 예외적이었지만, 대부분의 지역에서는 지방 분권적 속성을 지닌 봉건제를 대신해서 15세기 중엽 이래 점차로 중앙 집권적 정치 제도가 자리를 잡았다.

새로 형성된 대규모 영토를 보유한 국민 국가를 통치한 것은 절대 왕정이었다. 절대 왕정은 중앙 집권적 통일 국가였다는 점에서 분권적인 중세의 봉건 국가와 차별화되고, 시민의 권리를 인정하지 않고 신분제적 계층 구조를 유지하였다는 점에서 근대 국가와도 구별이 된다. 훗날 시민 혁명과 산업 혁명을 거치면서 정치 및 경제 권력이 부르주아지에게로 이동하는 근대 국가의 성립기가 올 때까지 절대 왕정은 중세적 질서와 근대적 질서의 과도기적 정치 체제였다.

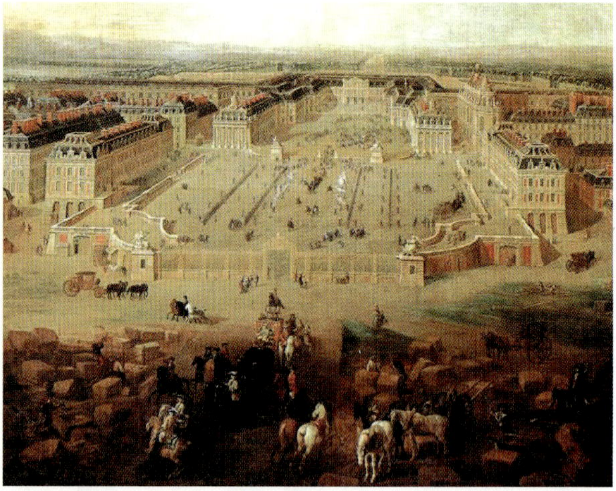

절대주의의 아성 베르사유 궁전은 프랑스 절대주의 권력의 중심지였다. 루이 14세는 유럽의 예술과 학문의 중심지라는 자부심을 이 궁전에서 개최하는 행사들을 통해 두루 과시하였다.

군주가 봉건 귀족으로부터도 그리고 부르주아로부터도 권력의 제약을 받지 않는다는 의미에서 절대 군주의 권력은 '절대적'이었다. 군주의 권력이 신의 뜻에 의해 주어진 것이라는 왕권신수설(Divine Right of Kings)을 통치 이데올로기로 삼았고, 군주를 제외한 어느 누구도 왕권에 대해 도전을 해서는 안 된다는 절대주의 사상이 사회를 지배하였다. 그 속에서 군주는 국가를 효과적으로 통치하기 위해 상비군을 설치하고 직업적 관료제를 정비하였다. 화약 무기의 등장으로 실효성을 상실한 기사와 비상시에 동원되는 농민군을 대신해서, 총포로 무장하고 상시적으로 훈련을 받는 상비군이 국방 체제의 핵심 축으로 등장하였다. 절대 왕정은 행정 능력과 통치에 필요한 지식을 갖춘 다수의 관료들을 배치해서 국가 운영의 전문성과 효율성을 높였다. 상비군과 관료제가 원활하게 작동하기 위해서는 국가 권력이 재정적 기반을 확보하는 것이 필수적이었다.

국부 증진을 위해 절대 왕정은 다양한 정책을 추진하였는데, 이 정책들을 종합해서 중상주의라고 부른다. 중상주의 체제에서 각 경제 주체는 자유롭게 원하는 대로 경제 활동을 할 수 있었던 것이 아니었다. 정부가 지정하는 특권적 상인 집단만이 주어진 업종에서 생산과 유통을 담당하는 것이 일반적이었다. 이런 시장 규제 방식을 통해 얻은 독점적 이익이 왕실 재정의 근간을 이루었다. 절대 왕정은 다른 국가들과의 경쟁에서 이기기 위해 다방면에서 노력을 기울였다. 경제력에서 우위에 서고자 한 것은 물론이고, 학문적 소양이나 예술적 취향 면에서도 앞섰다는 점을 과시하기 위해 저명한 학자와 예술가를 후원하고 과학 기술 발전을 장려하였다. 르네상스와 신항로 개척은 이런 절대 왕정의 후원과 관련되어 있었다.

왕권신수설: 군주의 권위와 권력은 신에 의해 부여된 신성한 것이라는 사상으로, 국민들에게 군주에 대한 절대 복종을 요구하였다.

종교 개혁의 폭풍과 후폭풍

가톨릭 교회의 세속화와 형식화 경향에 반기를 들고 신과 인간의 직접적 소통을 지향하였던 종교 개혁은 유럽의 종교 지형을 영원히 바꾸어 놓았다. 신의 뜻을 신도들에게 전달하는 매개자라는 성직자의 지위는 의심을 받게 되었고, 성서에 직접 의존하여 신의 뜻을 찾으려는 움직임이 확산되었다.

이러한 움직임에 결정적인 힘이 된 것이 금속 활자를 이용한 활판 인쇄술의 보급이었다. 값비싼 양피지에 직접 라틴 어로 필경을 해서 완성하였던 성경은 비싸서 일반인이 구매하기가 실질적으로 불가능하였고, 일반인 중에는 독해가 가능한 사람도 제한적이었다. 그런데 1440년경 구텐베르크(J. Gutenberg)가 금속제 활판 인쇄술을 개발한 덕택에 출판의 대중화가 가능하게 되었다. 이는 종교 개혁의 확산에 크게 기여를 하였고, 더 나아가 학문적 발전과 지식의 보급을 통해 과학 혁명을 이끄는 역할도 하였다. 사용이 편리하고 경제적이었던 그의 인쇄기는 빠르게 전파되어, 1500년에는 독일 지역에서만 최소한 200곳의 인쇄소가 존재하였다. 유럽 전체로 보면 이 시점에 10개 이상의 언

면죄부의 판매 종교 개혁은 기독교의 세속화와 부패에 대한 저항에서 출발하였다. 그림은 교회에서 면죄부를 판매하고 있는 모습.

구텐베르크(1394–1468): 서양 활판 인쇄술의 개발자. 금속 활자를 이용하여 성경을 인쇄하여 서구 사회에 큰 영향을 끼쳤다.

어로 5만 종의 책이 총 2,000만 권 발간되었다. 새 인쇄술은 대단한 생산성을 과시하였다. 과거에 책 한 권을 필사하는 데 약 2개월이 소요되었는데, 새 인쇄술의 도입으로 하루에 70권 이상을 찍어 낼 수 있게 되었다.

인쇄 혁명 금속제 활판 인쇄술의 보급은 수많은 책이 적은 비용으로 생산되어 보급되는 기술적 기초가 되었다. 새 인쇄술은 종교 개혁의 불을 지폈을 뿐만 아니라 지식의 보급에도 큰 기여를 하였다.

유럽 전역에서 구교와 신교의 대립이 격화되면서, 관용적 입장이 불관용적 태도로 변화되었고, 이것이 다시 박해로, 그리고 마침내 내란과 전쟁으로 비화되었다. 이런 격변 속에서 신앙적 분열은 세속적 이해관계와 얽힐 수밖에 없었다. 일부 절대 왕정이 정치적 · 경제적 통치 기반을 강화하는 수단으로 종교적 대립 구도에 뛰어들었다. 영국 헨리 8세의 사례에서 나타난 것처럼, 신교에 대한 지원이 교황의 지배권으로부터 벗어나고 경제적 이득도 취할 수 있는 기회를 제공하였던 것이다.

구교 진영 내부에서도 개혁의 목소리가 커져 갔다. 부패한 성직자에 대한 처벌이 강화되고 성직 제도가 개편되었다. 더 적극적인 변화로는 대외적 개종 사업을 체계적으로 수행하기 위해 예수회(Jesuit)라는 교단이 창설된 점을 들 수 있다. 신학적 지식은 물론 자연 과학과 같은 새로운 학문에도 밝았던 예수회 신부들은 새롭게 접촉하게 된 지구상의 여러 지역에서 적극적으로 선교 활동을 벌였다. 종교 개혁

예수회: 1504년 로욜라(Loyola) 등이 창설한 구교 수도회. 사비에르(Xavier)가 일본에서 포교를 하고 마테오리치(Matteo Ricci)가 중국에서 활약하는 등 해외 선교 사업에 적극적으로 나섰다.

을 통해 신교는 잉글랜드, 스코틀랜드, 북부 독일, 노르웨이, 덴마크, 스웨덴, 스위스 등 유럽의 북서부에 기반을 마련하였고, 구교는 스페인, 프랑스, 이탈리아, 남부 독일, 보헤미아, 폴란드 등 유럽의 남서부를 장악하였다.

종교적 갈등의 종착지는 전쟁이었다. 1618-1648년 독일에서 발생한 30년 전쟁(Thirty Years' War)은 구교와 신교가 벌인 최대 규모의 종교 전쟁이었다. 독일은 물론 프랑스, 스페인, 네덜란드, 덴마크 등 유럽 전역의 국가들이 대거 참가하여 격렬한 전쟁을 벌였다. 전쟁은 1648년에 베스트팔렌 평화 조약(Peace of Westfalen)이 맺어짐으로써 종지부를 찍게 되었다. 이 조약에 따라 종교적 관용 원칙이 확립되어, 신 · 구교 각 종파가 모두 동등한 지위를 확보하게 되었다.

종교적 학살 1572년 파리에서 발생한 '성 바르톨로메오 축일의 학살'을 묘사한 그림. 구교도에 의해 최소한 수천 명의 신교도가 목숨을 잃었다.

베스트팔렌 평화 조약의 역사적 의의는 여기에 머무르지 않는다. 이 조약은 당시 국가 간의 관계에 대한 공인된 기준을 제시하였다. 조약의 기본 정신은 영토 주권, 국가 간의 공식적 평등, 타국에 대한 내정 불간섭, 국제법적 의무의 토대로서 국가의 동의 요구 등으로, 이후 점차 명확한 근대 국제법의 표준이 되었다. 조약이 담고 있는 원칙은

베스트팔렌 평화 조약: 30년 전쟁을 종결시킨 조약으로, 유럽 최초의 국제 회의라고 볼 수 있다. 조약의 결과로 프랑스, 스웨덴, 브란덴부르크, 바이에른, 작센 등의 영토 분할선이 결정되었고, 스위스와 네덜란드는 독립국이 되었다. 독일은 분권적 경향이 더욱 심화되었고, 스웨덴이 엘베 강 하구를 장악함으로써 무역 활동에 제약을 받게 되었다.

기록 5-1 베스트팔렌 평화 조약의 주요 내용

1. 세계는 그보다 상위의 권위를 인정하지 않는 주권 영토 국가로 이루어지고 또 그렇게 구분된다.
2. 입법, 분쟁 해결, 법집행 과정은 주로 개별 국가의 소관이다.
3. 국제법은 공존을 위한 최소한의 규칙 설정을 지향한다. 국가 목적에 부합하는 한도 내에서만 국가들, 인민들 사이의 항구적인 관계를 설정하는 것이 하나의 목표가 된다.
4. 국경 간 불법행위에 대한 책임은 당사국들이 해결해야 할 '사적인 문제'에 불과하다.
5. 모든 국가는 법 앞에서 평등하다고 간주한다. 법규는 국가 간 권력의 비대칭성을 고려하지 않는다.
6. 국가들 사이의 견해 차이는 흔히 무력으로 해결된다. 권력의 '실효성 원칙'은 절대적이다. 무력 사용을 방지할 법적인 구속은 없는 것이나 마찬가지이다. 국제법적 기준은 단지 최소한의 보호를 제공할 뿐이다.
7. 국가 자유를 방해하는 요인을 최소화하는 것이 국가들의 '최우선 과제'이다.

자료: 헬드 · 맥그루 · 골드블라트 · 페라턴(1999), 72-73쪽.

최소한 1945년까지 세계적으로 유효하였고, 그 후에도 상당한 효력을 유지하였다. 즉, 17세기에 유럽에서 종교 전쟁의 처리 과정에서 등장하게 된 국제 질서가 이후 3세기 동안 국제 관계의 표준이 되어 유럽의 세력 균형을 가져오게 된 것이다.

종교 개혁이 야기한 경제적 영향

구교와 신교 간의 갈등과 반목이 야기한 극심한 혼란과 공포 속에서 다수의 신교도들이 프랑스와 벨기에 등 구교 지역을 떠나 네덜란드, 영국, 독일, 스위스 등으로 이주해 갔다. 통상 국제적 이주는 출발지의 저임금이나 목적지의 고용 전망과 같은 경제적 요인에 의해 크

칼뱅파 교회의 설교 신교의 한 종파인 칼뱅파는 프랑스, 네덜란드, 영국 등으로 교세를 넓혔다. 그림은 16세기 프랑스 리옹의 한 칼뱅파 교회의 모습.

게 영향을 받는데, 종교 개혁기의 이주에서는 이와 달리 종교적 요인이 결정적인 역할을 하였다. 이는 경제적 요인에 의한 이주자에 비해 이들이 평균적으로 양호한 사회적·경제적 위치에 있었음을 의미하였다. 실제로 신교도들의 이민에 따라 그들이 보유하였던 자본과 기술과 지식이 국제적으로 이동하는 결과를 낳았다. 도착지 국가의 경제가 자극을 받은 것은 당연하였다. 예를 들어, 1685년에 프랑스에서 쫓겨난 신교도인 위그노(Huguenot)들은 영국, 네덜란드, 스위스 등지에서 새로운 삶의 터전을 마련하게 되었다. 특히, 직물 기술자들은 영국에서, 그리고 시계 기술자들은 스위스에서 환영을 받았다.

종교 개혁이 세계 경제사에 끼친 영향을 가장 포괄적인 맥락에서 강조한 사람은 베버(Max Weber)였다. 그는 『프로테스탄트 윤리와 자본주의 정신』이라는 저서를 통해 금욕적인 프로테스탄트 윤리가 자본주의 정신을 고취시켜 근대 자본주의 발전에 긍정적인 기여를 하였다고 주장하였다. 루터(M. Luther)는 직업 관념을 강조하고 세속적 의무의 수행을 신에게서 부여받은 사명이라고 해석하였는데, 이를 계승하고

위그노: 종교 개혁에서 프랑스 혁명에 이르는 기간에 프랑스의 칼뱅파 신도들을 지칭하는 용어. 칼뱅파는 프랑스 출신의 종교 개혁가인 칼뱅(1509-1564)을 따르는 종파.

베버(1864-1920): 독일의 사회 과학자로 과학과 가치 판단의 명확한 구분을 강조하는 방법론을 발전시켰다. 그의 사회 과학 인식론은 독일 역사학파에 대한 비판이기도 하였지만 마르크스주의에 대한 비판이기도 하였다. 즉, 역사 발전에 있어서 경제적 요인의 규정성을 축소하고 종교와 정치 영역에서의 동기를 강조하였다.

루터(1483-1546): 가톨릭 교회의 면죄부 판매에 대한 비판으로 종교 개혁의 단초를 이룬 독일 출신의 신학자. 그러나 종교 개혁에서 파생된 과격파나 농민 전쟁에 대해서는 분명한 선을 그었다. 신약 성서를 독일어로 번역하면서 독일어 통일에도 기여하였다.

수정하여 칼뱅(Jean Calvin)은 구원을 받을 자가 미리 결정되어 있다는 예정설(豫定說)을 주장하고, 자신의 구제 여부를 확신하는 수단으로 부단한 금욕적 노동을 강조하였다. 베버에 따르면 이러한 믿음의 확산으로 세속 생활의 합리화가 신의 영광을 추구하는 신앙 체계와 상통하게 되었다. 종교 개혁과 자본주의 발전의 관계에 대한 베버의 주장은 이후 오랜 논쟁의 대상이 되었다. 그 가운데에는 베버의 주장이 종교적 변화와 경제적 변화 간의 인과성을 지나치게 단순하게 이해하였다고 비판하는 견해도 있다.

2. 유럽 각국은 어떤 중상주의 정책을 실시하였는가?

중상주의란

절대 왕정이 국민 국가를 통치하면서 시행한 정책과 이를 뒷받침한 사상 및 이론을 총칭하여 중상주의라고 한다. 이 개념의 고안자는 애덤 스미스였다. 그는 1776년 발간한 『국부론』에서 당시 영국에 자리를 잡아가고 있는 시장 중심적 경제 체제와 대조되는 개념으로서 전통적인 경제 체제를 중상주의라고 정의하였다. 스미스에게 중상주의는 화폐가 곧 국부라는 인식에 기초한 보호 무역 정책이자, 광범위한 규제에 기초한 경제 정책을 의미하는 것이었다. 그는 중상주의가 점차 현실적 동력을 상실해 가고 있는 상황을 목격하면서 중상주의를 신랄하게 비판하였고, 새로 대두하는 시장 경제 체제와 자유 무역주의를 적극적으로 옹호하는 이론을 폈다.

칼뱅(1509~1564): 프랑스 출신의 종교 개혁가. 박해를 피해 스위스로 피신하여 프로테스탄티즘을 옹호하였고, 제네바를 중심으로 엄격한 신앙 생활을 요구하며 신권 정치적인 종교 개혁 노선을 발전시켰다.

한편, 독일의 역사학파 학자들은 중상주의 체제를 국가 경제력을 증강시키고 국민 국가의 기반을 공고히 하고자 하는 제반 정책과 이념으로 이해하였다. 근대화에 뒤처져 있었던 독일의 현실을 놓고 보았을 때, 중상주의는 폐기되어야 할 구시대적 유물이 아니라 오히려 독일을 강성한 국가로 키우는 데 유용한 사상 체계라고 파악하였다.

시기적으로 중상주의는 전기인 16세기와 후기인 17-18세기로 구분할 수 있다. 16세기에는 대항해 시대를 개막하였던 포르투갈과 스페인의 활약이 두드러졌다. 반면에 17세기부터는 후발 강국들이 등장하여 포르투갈과 스페인의 지위를 잠식하고 새로운 중상주의 정책을 펼쳤다. 네덜란드, 영국, 프랑스 세 국가가 치열한 각축전을 전개하였다. 18세기에는 독일, 러시아 등이 중상주의 경쟁의 대열에 발을 들여놓았다.

포르투갈의 중상주의

포르투갈은 다 가마의 인도 도착 이후 신속하게 무역망을 확대하고 식민지를 건설하였다. 16세기 초 포르투갈 인들은 아프리카 동부의 모잠비크 해안에 요새를 건설한 데 이어 페르시아 만 입구의 호르무즈를 점령하였다. 그들은 인도양을 건너 말라카에 전진 기지를 구축하였는데, 이곳은 향료 생산지로 유명한 몰루카 제도(일명 향료 제도)로 통하는 교통의 요지였다. 인도 남서부 해안의 고아는 포르투갈의 인도양 경영에서 중심적 위치를 점유한 도시로 성장하였다. 포르투갈 인들은 16세기 초에 중국의 광둥에 입항하였고, 이어서 중엽에 마카오에 거주지를 마련하였다. 표류를 통해 처음으로 일본과 접촉하게 된 포르투갈 인들은 일본과의 교류를 늘려 갔고, 1570년에는 나가사키 항을 통해 일본과 무역을 할 수 있는 권리를 획득하였다.

포르투갈의 해상 활동은 무력에 의존하였다. 포르투갈 인들은 위력적인 대포로 무장한 함선을 앞세워 아시아의 해안 지역을 점령한 후, 요새를 쌓고 거주지를 조성하여 무역 전진 기지로 삼았다. 아시아에서 그들이 관심을 가장 크게 기울인 것은 향신료 무역이었다. 그들은 과거 이슬람 상인들이 주도하였던 인도양 무역 활동을 잠식하면서 유럽에 가져갈 향신료의 거래에 대한 지배력을 키워 갔다. 특히, 인도와 실론에서 생산되는 후추와 계피, 몰루카 제도에서 생산되는 정향과 육두구가 유럽에서 특히 큰 인기를 끌었다. 이 향신료들은 유럽에서 음식 맛을 돋우거나 질병을 치료하는 약품으로서 수요가 높았다.

포르투갈의 무역선 세 개의 돛대를 갖춘 포르투갈의 캐럭선. 중상주의 초기 국제 무역을 주도한 선박 중 하나이다.

포르투갈은 16세기 내내 남아프리카 남단을 도는 항로에 대해 독점적 지배를 하였다. 과거 이탈리아 상인들이 독점적 지위를 누렸던 향신료 무역의 주도권을 장악함으로써 포르투갈은 막대한 이익을 향유하였고, 리스본은 새로운 부가 축적되는 도시로 명성을 떨쳤다. 포르투갈 인들은 현지인과의 무역에서만 이익을 얻은 것이 아니라 약탈도 하였으며, 나아가 현지인들에게 특정 항로에 대한 안전한 통행의 대가로 보호세를 편취하였다.

스페인의 중상주의

새 항로를 찾아 아메리카 대륙으로 향하였던 스페인은 초기에는

귀금속의 확보 스페인은 아메리카 대륙에서 금과 은을 확보하는 데 많은 공을 들였다. 금은의 보유량이 곧 국부의 크기라는 중상주의적 인식이 이런 노력에 불을 지폈다.

포르투갈에 비해 경제적 전망이 밝지 않았지만, 시간이 흐르면서 점차 큰 부의 원천을 확보하게 되었다. 특히, 포토시 광산을 포함한 아메리카의 은광 개발은 스페인 경제를 번영으로 이끈 견인차였다. 중상주의 국가들의 국부(國富) 관념은 금·은 형태의 화폐를 가급적 많이 획득하고 가급적 적게 유출하는 것이었는데, 은을 대규모로 채굴할 수 있었던 스페인은 가장 직접적이고 손쉬운 방법으로 국부의 증진을 이룰 수 있었다. 은광의 개발과 스페인 인이 경영하는 농토의 경작에 필요한 노동력은 인디오 원주민과 아프리카에서 데려온 노예에 의존하였다.

한편, 스페인과는 달리 화폐 보유량을 직접적으로 증가시킬 수단을 보유하지 못한 국가들은 수출을 증대시키고 수입을 억제하여 무역수지 흑자를 늘리거나, 해운업과 금융업의 육성을 통해 국내로 유입되는 금·은의 양을 늘리고자 하였다. 특히, 포르투갈과 스페인의 뒤를 이어 중상주의 경쟁에 가세한 네덜란드, 프랑스, 영국은 17세기부터 국제 무역의 패권을 놓고 본격적인 쟁탈전에 돌입하였다.

네덜란드의 중상주의

네덜란드는 서유럽에서 농업이 가장 발달한 지역이었지만, 농업과는 달리 공업에서는 성과가 변변치 않았다. 공업 원료는 대부분 수입에 의존하였고 자립적 기반도 견고하지 못하였다. 따라서 반제품을 외국에서 수입한 후 이를 가공해서 완제품으로 만들어 수출하는 가공 공업 방식이 일반적이었다. 이러한 한계를 바탕으로 네덜란드의 중상주의가 초점을 맞춘 곳은 해양이었다. 14세기에 이미 북해에서 청어잡이와 저장 기술에서 다른 국가들보다 앞섰던 네덜란드는 북해는 물론 남유럽과 발트 해 지역에서 수산물 무역으로 무역과 해운 능력을 키워 갔고, 곡물, 목재, 철, 구리, 항해 용품 등으로 거래 품목도 확대해 갔다. 이러한 과정을 통해 네덜란드 상인들은 점차 대양 무역으로 활동 영역을 확장하였다.

네덜란드 중상주의의 특징적 성격이 형성된 시기는 17세기였다. 네덜란드를 지배하였던 스페인에 저항하여 네덜란드의 북부 7개 주가 독립을 위한 전쟁을 치렀으며, 마침내 베스트팔렌 평화 조약에 의해 독립을 인정받게 되었다. 이 과정을 통해 형성된 네덜란드 공화국은 상인 세력이 정치 권력을 분점하는 체제를 갖추었다. 유럽 최초로 부르주아지 세력이 주권을 행사하는 위치에 오른 영토 국가로서, 네덜란드는 상업 활동에 도움이 되는 정책들을 실시하기에 유리한 정치 지형을 갖게 되었다.

뛰어난 조선 기술의 확보는 해운업에서 우위를 지키는 데 필수적인 요소였다. 네덜란드의 조선 기술자들은 건조 비용을 최소화하기 위해서 선박의 부품을 표준화하여 대량 생산이 가능하도록 하였다. 이와

항해에 나서는 연합 동인도 회사 선박 네덜란드의 무역 활동은 연합 동인도 회사를 주축으로 하여 이루어졌다. 이 회사는 해운업에서 높은 국제적 경쟁력을 보유하였다.

연합 동인도 회사의 번영 인도의 벵골 지방에 위치한 연합 동인도 회사의 모습을 보여 주는 1660년대의 그림.

같은 노력에 힘입어 네덜란드는 유럽 최대의 해운 국가로 자리를 잡았으며, 17세기 중반을 기준으로 볼 때 연간 250-350척의 선박을 건조할 수 있었다. 이 수치는 2위 해운국인 영국보다 3배나 큰 규모였다.

네덜란드가 세계 무역을 주도할 수 있었던 데에는 새로운 기업 조직인 **연합 동인도 회사**(Vereenigde Oostindische Compagnie, VOC)의 역할이 중요하였다. 1602년에 설립된 연합 동인도 회사는 장거리 항해를 통해 아시아의 여러 지역으로부터 향신료, 직물, 차 등을 수입하여 유럽 전역에 판매하는 독점적 권한을 국가로부터 획득한 기업이었다. 이전에도 장거리 무역을 위해 복수의 투자가가 자금을 대는 경우가 있었지만 항해가 종료하면 곧 해체하는 일회성이었다. 이와 달리 연합 동인도 회사는 사업 후에 해체되지 않고 연속성을 유지하는 조직이었다. 또한 기존 기업들과는 달리 다수의 투자가가 **유한 책임**(limited liability)만을 지는 **주식회사**(Joint-Stock Company) 형태로 운영되었다. 연합 동인도 회사는 운영에 대한 실권을 이사들에게 부여하여 전문적 경영이 가능하도록 하였다. 소유와 경영의 분리라는 근대적 기업의 특징을 이미 갖추었던 것이다.

연합 동인도 회사는 무역과 관련된 각종 규제 권한을 보유하였을 뿐만 아니라, 동인도 지역에 대한 선전 포고권과 조약 체결권 등 영토

연합 동인도 회사: 아시아 무역을 위해 설립된 여러 회사를 통합해서 설립한 회사. 무역 독점권뿐만 아니라 정치적 지배권도 함께 보유하였으며, 여러 지역에 무역 기지를 건설하고 장거리 무역을 주도하였다.
유한 책임: 회사의 구성원이 출자액에 대해서만 책임을 지고 이 이상에 대해서는 책임을 지지 않는 것.
주식회사: 주주로 구성된 유한 책임 회사. 다수의 소액 투자자를 모집할 수 있다는 장점을 가졌다.

적 지배권도 행사하였다. 이에 기초해서 연합 동인도 회사는 해외에 요새를 건설하고 병력을 징집하고 행정 관료를 임명하는 등의 활동을 하였다. 말하자면 네덜란드 정부는 국가 고유의 권한을 이 회사에게 일부 이양하면서 대신에 회사의 대주주가 되는 길을 택하였던 것이다.

연합 동인도 회사는 아시아에서 포르투갈 세력을 몰아내면서 빠른 속도로 지배권을 확장해 갔다. 포르투갈이 성채를 건설하고 약탈 및 현지인과의 무역에 만족한 반면에, 네덜란드는 향신료 생산지를 물리적으로 지배하는 방식을 선호하였다. 이런 면에서 네덜란드는 유럽의 초기 제국주의를 이끈 선도 국가였다. 네덜란드는 동남아시아에서 수마트라, 자바, 몰루카 제도, 말레이 반도, 실론 등에서 차례로 무역 기반을 마련하였고, 이어서 타이완, 중국의 광둥, 일본의 나가사키 등 동아시아로 활동 범위를 넓혔다. 바타비아에는 네덜란드의 아시아 무역을 총지휘하는 본부가 설립되었다.

국제 금융의 중심지 암스테르담 중상주의 경제의 번영을 바탕으로 암스테르담의 증권 거래소는 국제적인 금융 산업의 메카로 명성을 떨쳤다.

암스테르담은 네덜란드의 중개 무역 중심지로서, 그리고 안트베르펜을 대체한 금융 중심지로서 번영을 구가하였다. 1609년에 설립된 암스테르담 은행은 각종 주화, 지금, 환어음 등을 예치하고 그에 상응하는 자체 은행권을 발행함으로써 결제상의 편의를 제공하였다. 풍부한 자금 덕택에 낮은 이자율을 유지할 수 있었으므로, 상인뿐 아니라 정부도 대부를 원하곤 하였다. 주식 시장도 크게 성장하였다. 네덜란드의 주식 시장에서는 자국 회사뿐 아니라 잉글랜드 은행(Bank of England)이나 영국 동인도 회사와 같은 외국 회사의 주식, 그리고 국내외 공채도 거래되어 성황을 이루었다.

영국의 중상주의

중상주의 영국은 공업의 육성과 공업 제품의 수출에 힘을 기울였다. 양모 등 원료의 수출을 억제하고, 해외로부터 원료의 수입은 낮은 관세를 통해 장려하였다. 반대로 완제품의 수출에 대해서는 보조금을 지원하였으며, 해외 완제품의 수입은 억제하였다. 기술적 우위를 확보하기 위해서 숙련공의 해외 이민을 금지하였고, 반대로 외국의 숙련공을 국내로 유치하는 데 힘을 쏟았다.

규제 위주의 경제 정책은 무역 부문에서 특히 두드러졌다. 모직물 수출 상인 조합인 머천트 어드벤처러스(Merchant Adventurers)에게 유럽 대륙 시장에 대한 독점적인 무역 특권을 보장한 것이 대표적 사례였다. 영국 경제에서 모직 공업이 차지하는 비중은 점차 증가하였다. 1700년에 영국 전체 수출액의 50%가 모직물 수출에서 이루어졌다. 견직물 생산도 증가하였는데, 17세기 후반 신교도들이 프랑스로부터 이주해 오면서 성장의 전기를 맞았다.

식민지 경영도 중상주의 정책의 중요한 일부였다. 1607년에 버지니아의 제임스타운에 최초의 영주 식민지를 건설한 이래, 17세기 전

잉글랜드 은행: 명예 혁명 이후 두 차례의 전쟁을 겪으면서 재정이 부족해진 영국 왕실에 돈을 빌려 주기 위해 설립되었다. 출자금을 모으고 그만큼의 은행권을 발행하였다. 이후 영국의 중앙은행으로 기능하였다.

머천트 어드벤처러스: 중세 후반부터 활동한 영국의 모직물 수출업자의 동업 조합. 1407년 특허장을 얻어 독점적인 상인 조합으로서의 세력을 확장해 갔다. 1808년 해산될 때까지 영국 수출 산업의 주축으로 활약하였다.

반을 거치면서 버지니아, 뉴잉글랜드, 메릴랜드 등지에 다수의 정착지를 건설하였다. 그리고 영국은 물론 해외 여러 지역으로부터 노동력을 유입하여 신작물 재배에 투입하였다. 유럽에서는 계약 노동자(indentured laborer)를 대규모로 들여왔다. 이렇게 유입된 노동자들은 계약에 따라 일정 기간 강도 높은 노동에 종사한 후 자유로운 노동자가 될 수 있었다. 그러나 영국 식민지에서도 점차 아프리카로부터 유입된 흑인 노예의 비율이 증가하였다. 식민지의 자체적 수요가 증가함에 따라 공업을 발달시킬 필요성이 커졌지만, 본국과 잠재적으로 경쟁 가능성이 있는 부문의 공업은 식민지에서 발달시키지 못하도록 통제가 가해졌다. 직물 공업, 제철 공업 등이 대표적이었다.

근대 초의 런던 16세기 말 내지 17세기 초 템스 강이 지나는 런던의 중심지 모습.

17세기 중반부터 의회에서 다양한 법률이 제정되면서 영국 중상주의를 상징하는 제도들이 확립되어 갔다. 1670년에 새 틀을 갖춘 곡물법(Corn Law)은 영국산 곡물의 수출에 대해 보조금과 같은 장려 정책을 폈고, 해외의 곡물이 낮은 가격으로 수입되는 것에 대해서는 높은 관세를 부과하여 수입을 막는 정책을 폈다. 곡물법은 국내 지주의 경제적 이익을 보장하는 보호주의 정책이었다. 항해법

계약 노동자: 해외로 이주할 때에 이주 비용을 먼저 지급받고, 계약서에 확약한 대로 4~7년 동안 주어진 일터에서 노동에 종사할 것을 계약한 노동자. 계약 기간 이후 자유 노동자가 될 수 있었다.

곡물법: 국내 곡물가가 올라도 해외로부터 수입을 제한하여 지주의 이익을 보장하도록 한 법률. 1846년에 자유 무역주의적인 분위기 속에서 폐지되었다.

무역으로 번화한 도시 무역의 발달은 영국과 다른 중상주의 국가들의 많은 도시에게 번영을 안겨 주었다. 그림은 잘 정돈된 브리스톨 항구의 모습.

(Navigation Act)도 의회가 마련한 대표적인 중상주의 법률이었다. 1650-1660년대에 핵심적 내용이 확립된 항해법은 네덜란드와의 해운업 경쟁에서 고전하고 있었던 영국 상인들에게 유리한 조항을 담았다. 영국 식민지의 수출입 물품은 반드시 영국 국적의 선박으로 영국 선원에 의해 운송되어야 하며, 영국 식민지에서 생산된 담배, 설탕, 면화, 인디고, 코코아, 모피 등 특정한 열거 상품(enumerated commodities)은 반드시 영국 및 영국 식민지에만 수출되어야 한다는 것 등이 주요 내용이었다. 해운업에 비교 우위를 가지고 있었던 네덜란드에 대해 영국은 상대적으로 굳건한 식민지 체제를 이용한 보호주의 무역 정책으로 대응하였던 것이다. 1600년에 설립된 영국의 동인도 회사(East India Company)는 네덜란드 및 프랑스의 경쟁 회사들과 국제 무역의 패권을 놓고 치열하게 경쟁해 갔다.

뒤늦게 장거리 무역 경쟁에 합류한 영국으로서는 대양 항해 능력의 개선이 절실하였다. 영국 정부는 이 문제에 대해 효과적인 유인 체계(incentive system)를 마련하는 방식으로 대응하였다. 즉, 항해 능력의 향상이라는 과업을 달성한 사람에게 많은 보상이 이루어지도록 정책

항해법: 네덜란드의 해운에 대항하고 자국의 무역 · 해운을 발달시키기 위한 보호 무역주의 법률로 1849년 폐지되었다.
열거 상품: 영국 식민지에서 출항하는 선박이 반드시 영국과 영국 식민지로만 수출하도록 규정한 상품들.
동인도 회사: 장거리 교역을 목적으로 영국에서 설립된 회사. 향신료, 면포, 인디고, 차 등을 무역하였고, 1833년까지 운영되었다.

을 입안하여 기술 혁신에 대한 수요를 증대시킨다는 전략을 짠 것이다. 대표적인 사례를 들어 보자. 1707년 잘못된 경도 계산으로 약 2,000명의 선원이 수장되는 사고가 발생하자, 1714년 의회는 정확한 경도 측정법을 제시하는 사람에게 거액의 포상금을 내걸었다. 뉴턴 등 당대의 최고 과학자들은 천문 관측에서 해답을 구하고자 하였으나 성공하지 못하였고, 시골 출신의 목공 장인인 해리슨(John Harrison)이 각고의 노력 끝에 정교한 시계를 제작함으로써 결국 우승하였다. 목표에 맞추어 신중하게 기획된 유인 체계가 기술 혁신을 얼마나 효과적으로 유도할 수 있는가를 잘 보여 주는 사례였다.

영국 해군 선박의 위용 17세기에 건조된 화려한 장식의 선박. 이런 배를 만들고 유지하는 데에는 막대한 군사비가 소요되었다.

중상주의 경쟁에서 우위를 차지하는 데에 군비 조달은 매우 중요하고 절실한 문제였다. 전쟁이 거듭될수록 요구되는 전비의 규모는 커졌는데, 이에 대해 영국은 국채의 발행을 통해 대처하였다. 시민 혁명을 통해 부르주아지가 주도하는 의회가 정치 권력을 차지한 상황이 전비 조달에 유리한 여건이었다는 것을 시사한다. 이와 같은 정부 정책 하에서 GDP 대비 공공 부채의 비율이 두드러지게 높아졌다. 이 비율은 **명예혁명**(Glorious Revolution) 이전에는 미미한 수준이었으나 그 후 급속하게 증가하여 18세기 중반에는 100%를 넘어섰다. 이 추세는 계속되어 19세기 전반이 되면 200%를 초과하게 되는데, 이 수치는 20세기의 제1차 및 제2차 세계 대전 시기보다도 높은 수준이었다. 무장 수준을 낮추고 해운업의 경쟁력을 강화하는

명예혁명: 1688년 영국에서 일어난 무혈 혁명으로, 구교의 부활을 도모한 제임스 2세를 폐위시키고 의회 정치의 기초를 이루는 계기가 되었다.

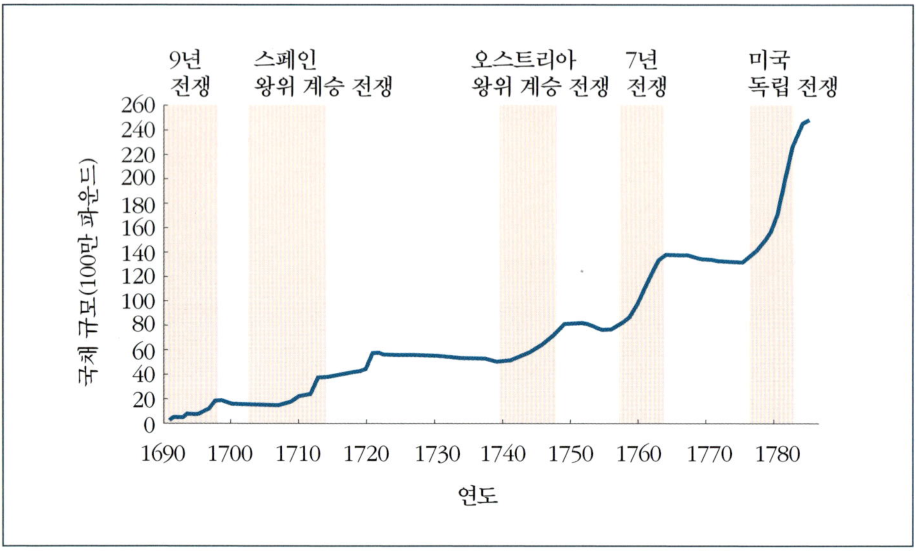

영국 국채의 증가 추세: 1690-1775년
자료: Harris(2004), 217쪽.

방향으로 중상주의 전략을 짰던 네덜란드나 부실한 재정 상황으로 골머리를 앓아오던 프랑스로서는 영국의 해군력 증강 정책을 따라잡을 수 없었다.

프랑스의 중상주의

프랑스의 중상주의를 상징하는 본격적인 정부 정책들은 17세기에 들어와서 수립되고 시행되었다. 루이 14세 시기에 재정총감으로 막대한 영향력을 행사하였던 콜베르(Jean-Baptiste Colbert)의 지휘 하에 전면적인 중상주의 경제 개혁이 이루어졌다. 콜베르는 국부를 증대시키

콜베르(1619-1683): 루이 14세 때인 1664년 재정총감이 되어 재정, 상공업, 농업, 식민지 문제, 해군 업무 등을 두루 담당하였다. 국가적 규제의 원칙을 강력하게 밀어붙였다.

기 위해서는 무역 흑자를 달성하여 금과 은의 보유량을 확대해야 한다고 보았다. 일명 콜베르티슴(Colbertisme)이라 불리는 그의 주장은 외국 제품의 수입 제한과 자국 제품의 수출 촉진을 정책의 기조로 삼았고, 이를 달성하기 위해 무엇보다도 특권 회사를 설립하고 해운업을 육성하며 보호 관세를 적극적으로 운용하였다.

한편, 수출을 증대시키기 위해서는 공업의 발전이 필수적이라고 보고, 이를 위해 다양한 국립, 왕립 및 민간 매뉴팩처(Manufacture)를 건립하고 필요한 인력과 자본을 지원하였다. 콜베르는 공업의 보호와 육성 방안으로 공산품의 규격을 통일하고 길드제를 강화하여 상인과 수공업자들에게 가입을 강제하였으며, 개별 경제 부문에서 필요한 인력을 길드로부터 할당하는 정책을 정부 주도로 펴기도 하였다. 그 결과로 견직물, 레이스, 메리야스 등의 직물 생산과 가구, 거울 등 사치품 생산에서는 괄목할 만한 성장이 나타났다. 그러나 국내외 수요의 부족과 폐쇄적인 독점 체제가 지닌 한계로 인해 공업 발달은 부분적인 성공만을 거두었다.

과학의 장려 루이 14세가 과학 아카데미를 방문하여 과학자들을 격려하는 모습. 왕의 뒤에 검은색 옷을 입고 서 있는 인물이 콜베르다.

정부 주도로 과학 기술을 발전시키기 위한 노력도 경주되었다. 콜베르의 제안에 따라 1666년에 설립된 과학 아카데미는 30년 후 왕립 기관의 지위를 획득하면서 활동이 더욱 강화되었다. 과학 아카데미는 17-18세기에 프랑스의 과학 발달에 큰 기여를 하였고, 그 예를 따라 훗날 프로이센, 스웨덴, 러시아 등지에서

과학 아카데미: 과학 연구 및 보급을 위해 창설된 과학 단체로 정부의 적극적인 후원을 받아 설립되고 운영되었다.

국립 과학 아카데미들이 설립되었다.

한편, 도로와 운하의 건설, 해군력의 증강과 같은 정책에서는 성과를 거두었지만, 도량형의 통일이나 국내 통과세의 철폐와 같은 정책은 실질적 효과를 거두지 못하였다. 농업 발전에도 관심이 없었던 것은 아니지만, 공업과 무역업에 비해서는 우선순위에서 뒤처졌다. 식민지 개척 분야에서도 많은 시도를 하였지만 경쟁국들에 비해 제한적인 효과만을 거두었다.

식민지의 잠재적 가치 프랑스의 북아메리카 식민지인 루이지애나 지역. 미국 전 국토의 1/4에 해당하는 광대한 토지인데, 그 경제적 가치에 대해서는 논란이 많았고, 결국 미시시피 버블의 한 요인을 이루게 된다.

보다 근본적인 측면에서 보면, 프랑스의 중상주의는 영국과 네덜란드의 중상주의와는 달리 시종일관 절대주의 권력의 주도로 전개되었다는 차이점을 보였다. 시민 세력의 정치적 영향력이 한계를 내포한 상황에서, 그리고 국내의 공업 및 상업의 자생적인 발달 수준이 네덜란드와 영국에 비해 낮은 상태에서 진행된 프랑스의 중상주의 정책은 국민적 기반의 경제 발전으로 이어지기에 불리하였다. 또한 프랑스의 절대 군주들은 합스부르크 왕가와의 전쟁 등 유럽 경쟁자들과 수많은 전쟁을 치르면서 재정을 소진하였다. 18세기 내내 프랑스는 부채의 증가로 인한 재정 위기를 반복적으로 맞게 되었다. 1789년 프랑스 혁명의 원인이 된 **삼부회**(Estates-General)의 소집도 이러한 재정 위기를 배경으로 발생한 사건이었다.

삼부회: 14세기에 국왕이 국민 대표에 협력을 요청하는 자문 기구로서 설립되었다. 성직자, 귀족, 제3신분(부르주아와 농민)으로 구성되었으며, 1610년대 이후 170년 동안 한 번도 소집되지 않았다.

독일과 러시아의 중상주의

마지막으로 중상주의 경쟁에 늦게 가세한 독일과 러시아를 살펴보자. 독일이 유럽의 강대국 대열에 이름을 올리게 된 것은 18세기 프리드리히 대왕(Friedrich der Grosse) 시기의 일이었다. 신성 로마 제국에 속하였던 독일에는 많은 수의 영방이 존재하였기 때문에 본격적인 중상주의 정책을 실시하기 어려웠다. 프리드리히 대왕 치하에서 프로이센의 세력이 확대되면서 변화가 시작되었다. 프로이센은 중앙 집권적 통치 체제를 확립하고 농업과 공업 기술을 해외로부터 도입하고 해외 기술자의 이주를 장려하는 등 강력한 중상주의 정책을 실시하였다. 도로와 운하가 새로 건설되고 특권 매뉴팩처가 설립된 것도 이 시기의 일이었다.

프러시아의 군사력 증강 군율을 어긴 병사들에게 가해질 각종 처벌에 대해 묘사한 그림. 프러시아는 규율이 잡힌 강력한 군대를 양성한 것으로 이름이 높았다.

프리드리히 대왕은 계몽주의 학자들의 학문과 예술을 후원하고 과학을 진흥하는 데 적극적이었다. 업적 중에서 가장 두드러진 것은 군사력의 강화였다. 그의 치하에서 프로이센 군대는 엄격한 규율과 체계적인 훈련으로 이름을 날렸다. 인구 대비 군대 규모에 있어서도 인접한 프랑스와 오스트리아의 두 배에 이르렀다. 이런 군사력을 바탕으로 주변국들과 수차례 전쟁을 벌였으며, 그 결과 프러시아의 세력을 확

프리드리히 대왕(1712-1786): 프로이센의 부국강병을 이끈 프리드리히 2세를 일컫는다. 그는 강력한 대외 정책을 추진하여 경제적 가치가 큰 슐레지엔을 병합하여 대대적인 개발 사업을 벌였으며, 폴란드 분할에도 참여하였다.
신성 로마 제국: 종교적으로는 로마 가톨릭, 세속적으로는 독일 황제가 통치하는 체제를 갖추었던 제국. 공식적으로는 962-1806년에 존속하였지만, 실제로 신성 로마 제국이라는 칭호가 사용된 것은 15세기부터였다.

러시아의 모피 16세기에 신성 로마 제국을 방문한 러시아 사절의 모습. 선물로 준비한 각종 모피 제품을 들고 있는 모습에서 모피 산업의 중요성을 느낄 수 있다.

장하는 공적을 올렸다.

러시아는 네덜란드, 영국, 프랑스 등과 견줄 위치에 오르지는 못하였지만 서서히 힘을 비축하고 있다. 러시아는 16세기를 거치면서 중앙 집권적 국가 체제를 확립하고 영토 확장의 길을 열었다. 뒤를 이어 로마노프 왕조(1613-1917)가 개막하면서 러시아의 중상주의 체제가 확립되기 시작하였다. 러시아의 존재가 주목을 받게 된 가장 큰 이유는 영토의 확장 때문이었다. 러시아의 영토 확장은 1580년대에 모피 무역의 이익을 노린 러시아 인들이 시베리아 내륙으로 진출하면서 시작되었다. 이들은 시베리아 서부 지역으로부터 점차 동쪽으로 점령지를 넓혀 갔다. 1649년에 태평양 연안의 오츠크에까지 도달하여 정착지를 건설함으로써 러시아는 세계 최대의 면적을 보유한 대국으로서의 기반을 닦았다. 1730년대에는 태평양을 넘어 알래스카까지 건너가 정착지를 건설하였고 이어 북부 캘리포니아까지 뻗어 갔다. 이곳에서 러시아 인들은 요새와 교역소를 지어 제국의 교두보로 삼았다.

러시아가 본격적으로 유럽의 정치 및 경제 지형에서 두각을 나타낸 것은 계몽 군주 표트르 대제(Pyotr I)의 치세였다. 그는 낙후된 러시아를 발전시키기 위해서는 서유럽의 발달된 제도, 학문 및 기술을 본받아야 한다고 판단하고, 러시아를 서구화시키는 정책을 적극적으로

표트르 대제(1672-1725): 로마노프 가문의 4대 황제. 영토를 확장하고 대대적인 개혁 정책을 펼침으로써 러시아의 절대주의 체제를 확립하였다.

추진하였다. 1703년 새로운 도시 상트페테르부르크를 건설하고 수도로 삼아 러시아의 정치적 및 경제적 중심 도시로 키웠다. 그러나 많은 노력에도 불구하고 러시아는 중상주의 세력으로서는 한계를 지녔다. 낙후된 경제와 사회적 · 기술적 조건으로 인해 국가 경쟁력이 서유럽의 국가들에 비해 뒤처졌으며, 표트르 대제의 정책 중에는 즉흥적으로 기획된 것들도 많았다. 따라서 국제적 상업 활동, 식민지 개척 활동, 국내 공업 진흥 활동 모두에서 발전이 더딘 모습을 보였다.

조선 기술자 표트르 대제 그는 러시아의 서구화에 힘을 기울였는데, 그 노력의 일환으로 네덜란드에서는 목수로 선박 건조 기술을 익혔고, 프로이센에서는 포병으로 대포 조작 기술을 배웠으며, 영국에서는 수학과 기하학을 공부하였다.

중상주의 정책의 한계

종합하자면, 중상주의 정책의 구체적인 내용은 각 국가가 처한 경제적 · 정치적 · 사회적 상황에 크게 좌우되었다. 네덜란드를 제외한 거의 모든 국가에서 보호 무역주의가 지배적인 정책 기조로 채택되었다. 그리고 자유 무역주의가 널리 받아들여진 네덜란드에서조차도 식민지 경영에 관해서는 의도적으로 보호 무역주의적인 요소가 강하게 가미되었다.

절대 왕정의 중상주의 정책 기조는 중세에 비해 생산 능력과 무역 규모를 비약적으로 확대시킨 것이 분명하지만, 시간이 경과하면서 점차 세계적인 차원에서 시장 경제의 발달을 저해하는 측면도 지니고 있었다. 본격적인 근대적 경제 체제의 등장은 자유로운 경제 활동에 대한 신뢰에 바탕을 둔 제도들이 서구의 주요 국가들에서 채택되는 것과 관련이 깊은데, 규제를 주된 정책 수단으로 삼는 중상주의적 사고로는 이러한 변화를 받아들이기 어려웠다.

3. 경제 제도의 변화는 어떻게 이루어졌는가?

인클로저와 농업의 변화

농업 부문의 변화를 상징하는 사건은 영국의 인클로저(enclosure)였다. 인클로저는 과거에 개방 경지 또는 공동지였던 토지를 개별적 구역으로 분할하고, 울타리나 돌담으로 경계선을 표시하는 작업이었다. 인클로저의 역사적 의의는 과거에 공동으로 경작을 하던 체제를 버리고 특정 필지를 개인이 독립적으로 소유하고 이용하는 체제, 즉 토지 재산에 대해 근대적인 사적(私的) 소유권이 확립된 데 있다.

인클로저의 의의가 배타적인 사적 소유권의 확립에만 있는 것이 아니었다. 인클로저가 진행되고 나서 토지 소유의 분포에 변화가 발생하였다. 인클로저에 의해 개인에게 할당되는 토지의 크기는 인클로저 이전에 보유하였고 관습에 의해 인정받았던 여러 권리에 따라 결정되었다. 그런데 기존에 보유하였던 권리가 작아서 소규모의 토지밖에 할당받지 못한 사람들은 토지에만 의존해서는 가족을 부양하기 어렵게 되었다. 이들은 토지를 팔아버릴 수밖에 없는 처지에 놓였고, 이들이 판매한 토지는 부유한 토지 소유자의 손에 들어갔다. 이런 과정

인클로저: 공동 경지에 울타리를 쳐서 사유지임을 명시하는 행위. 근대적인 토지 소유권 제도를 확립하는 계기가 되었고, 많은 농민들이 임금 노동자가 되었다.

을 거쳐 토지 소유의 집중화 현상이 발생하였다.

이 변화는 농민층의 분해로 귀결되었다. 즉, 소토지 소유자는 요먼(Yeoman)이라고 불린 자영농으로서 존재하였지만, 토지를 잃게 된 농민은 자신의 노동력을 제공하는 대가로 임금을 받는 농업 노동자가 되었고, 대토지 소유자는 토지를 임대해 주고 그에 대한 보수로서 지대를 수취하는 지주가 되었다. 한편, 대토지 소유자의 토지를 임차하여 영농을 담당하는 계층으로 차지농이 등장하였다. 이 계층은 핵심적 생산 요소인 토지와 노동을 각각 지주와 농업 노동자로부터 공급받고, 농장 운영의 결과로 얻은 수입으로부터 지대와 임금을 뺀 나머지를 자신의 이윤으로 취하였다. 마치 오늘날의 기업가가 생산 활동의 결과로 얻은 수입에서 자본과 노동을 사용한 대가로 이자와 임금을 지불하고 남은 부분을 이윤으로 얻는 것과 같은 방식이었다. 지주–차지농–농업 노동자가 결합된 이러한 **삼분제(Tripartite System)**는 영국에서만 두드러지게 발달한 근대적 농업 제도였다.

인클로저가 바꿔 놓은 풍경 개방 경지와 공동지를 대신해서 울타리가 둘러쳐진 새로운 풍경이 인클로저의 결과로 등장하였다.

인클로저가 이루어진 경지에서는 단위 면적당 수확량이 평균적으로 증가하는 경향이 있었다. 생산성의 증가는 농사에 필요한 인력이 예전보다 적게 필요하다는 뜻이기도 하였다. 따라서 영국의 농촌에는 잉여 노동력이 존재하는 상태가 되었고, 이 잉여 노동력은 시간이 지나면서 대도시와 신흥 공업 도시의 성장을 배경으로 이농을 하

삼분제: 지주, 차지농, 농업 노동자의 삼자가 결합되어 농업 생산을 하는 체제.

게 되었다.

인클로저가 영국에 고유한 현상은 아니었다. 벨기에, 네덜란드, 프랑스, 프로이센, 이탈리아, 스페인 등에서도 인클로저가 진행되었고, 개방 경지에 비해 평균적으로 높은 수확량을 기록하였다. 그러나 지주–차지농–농업 노동자의 근대적인 분업 구조는 영국 이외의 국가에서는 거의 자리를 잡지 못하였다. 프랑스 등 대부분의 국가에서는 전문적인 농업 경영자 계층이 형성되지 못하였고, 지주와 소작농이 직접 연결되는 방식이 훨씬 지배적인 형태를 이루었다.

선대제 수공업의 확산

농촌 공업은 선대제의 형태로 발달하였다. 선대제는 중세 후반에 길드제의 영향력이 약화되고 도시에 국한되었던 수공업 활동이 영주제적 통제력이 약화된 농촌으로 널리 퍼지는 상황을 배경으로 등장하였다. 모직 공업의 사례를 보자. 개별 생산자는 원모를 공급받아서 씻기, 고르기, 빗기, 실뽑기, 천짜기, 올 배게 하기, 물들이기 등의 공정 가운데 한두 종류의 일을 맡았다. 소비 시장의 수요 상황에 대한 지식은 상인만이 가졌기 때문에, 생산 규모가 확대되고 수요처인 시장의 규모가 커질수록 수공업자의 상인에 대한 의존도는 높아지게 되었다. 일부 수완이 좋은 생산자는 상인의 역할을 담당하는 위치에 오르기도 하였다. 다양한 공업 부문에서 상인이 원료, 도구, 그리고 때때로 운영 자금까지 선대하는 모습이 영국, 프랑스, 독일 등지에서 널리 나타났다.

이렇게 선대제가 광범위하게 확산될 수 있었던 데에는 당시의 생산 기술, 사회적 · 경제적 조건이 선대제의 도입에 적합하였기 때문이다. 생산 과정이 고도의 숙련도를 요구하지 않는 다수의 공정으로 나뉠 수 있었고, 공정에 고가의 생산 장비가 필요하지 않았다. 생산 공정

자체에 대해 엄격한 감독이 필요하지 않고, 다만 각 공정에서 완성된 반제품의 품질을 확인하기만 하면 되었다. 원료가 대체로 비싸지 않은 종류였고, 필요 노동력은 농촌에서 쉽게 구할 수 있었다. 마지막으로 중세적인 독립 수공업 생산으로는 충족시킬 수 없는 규모의 수요가 존재하고 있었으며, 이 수요를 생산과 연결시킬 수 있는 기업가적 상인이 존재하였다. 선대제에 기초한 농촌 공업은 번영을 누렸으나, 훗날 공업화 과정에서 새로운 생산 조직으로 등장한 공장과의 경쟁 속에서 서서히 역사의 뒤안길로 사라지게 된다.

가난한 농가의 수공업 물레를 돌려 실을 잣는 작업이 가난한 농가에서 진행되고 있다.

기업 조직의 진화

도시에서는 기업 조직이 큰 변화를 맞아하였다. 개인 중심의 사업 방식이 지닌 한계를 극복하고자 기업이 지배적인 생산 조직으로 자리를 잡아 갔다. 이 시점까지 지배적인 생산 조직의 형태는 파트너십(partnership)이었다. 파트너십은 각자가 무한 책임(unlimited liability)을 지는 개인들의 결합체인데, 개인 단독으로 사업을 하는 경우에 비해 자본 규모를 어느 정도 늘릴 수 있다는 장점을 지니기는 하였지만 인적 결합이라는 속성 때문에 근본적인 한계를 가질 수밖에 없었다.

무한 책임: 사업이 실패하였을 때 회사의 자산을 초과하는 부채에 대해 회사의 구성원이 모든 변제 의무를 갖는 것을 말한다.

파트너십의 한계를 극복하기 위해서는 본격적인 기업 조직이 필요하였다. 그에 따라 영국의 머천트 어드벤처러스와 같은 **제규 회사**(Regulated Company)가 설립되게 되었다. 제규 회사는 조직에 부여된 특권에 기초하여 특정한 해외 무역을 독점적으로 수행하기 위해 조직된 상인의 단체로서, 여전히 인적 결합이라는 한계를 지니고 있었지만 동원할 수 있는 자본의 규모는 크게 늘릴 수 있었다. 영국의 경우, 16-17세기에 설립된 러시아 회사(Russia Company), 동인도 회사(East India Company), 허드슨 만 회사(Hudson's Bay Company), 남해 회사(South Sea Company) 등이 이에 해당하였다. 주로 해외 무역에 주력하는 이 회사들에게는 중상주의 경제 정책의 일환으로서 법인 고유의 여러 특권뿐만 아니라 특정 지역에 대한 독점적 무역권이 부여되었다. 정부의 입장에서는 지구 전역을 지리적으로 구분하여 개별 무역 회사에게 독점적인 무역 권한을 할당한 셈이었다.

경제학자 코즈(R. Coase)가 설명한 것처럼, 기업은 원료의 획득, 자본의 조달, 제품의 판매 등에 있어서 자연인(自然人)이 가질 수밖에 없는 불확실성을 극복하고 영업의 연속성을 보장할 수 있으며, 사업의 각 단계에서 발생하는 거래 비용을 크게 감소시킬 수 있다. 법적으로 경제 행위를 할 수 있도록 허용된 법인(法人)이 가진 이러한 장점은 기업의 등장과 발달이 역사적인 필연임을 시사한다. 기업 조직 진화의 자연스러운 귀결은 주식회사였다. 주식회사는 이전의 회사와는 달리 법인체의 성격을 지녔기 때문에 기업 활동에 있어서 장기적인 안정성을 확보할 수 있었고, 또한 투자자가 유한 책임만을 진다는 점을 명확히 함으로써, 다수의 소액 투자자를 끌어 모을 수 있다는 장점을 지녔다. 네덜란드의 연합 동인도 회사와 17세기 초에 제규 회사에서 주식회사로 탈바꿈한 영국의 동인도 회사가 근대적 주식회사의 선구적

제규 회사: 상인 단체가 중심이 되어 결성하는 파트너십 방식의 회사 형태.

모델이었다.

그러나 주식회사의 도입과 발전은 순탄하게 이루어지지 않았다. 17세기 말부터 주식회사의 설립이 크게 증가하고 이와 동시에 기업 부실과 투기 과열의 위험이 커졌지만, 이를 제어할 제도적 장치는 마련되어 있지 않았다. 결국 18세기 초반에 영국과 프랑스에서 주식 시장 거품(bubble)이 발생하였다가 대폭락하는 사태가 발생하였고, 주식회사에 대한 여론은 급속히 냉각되었다. 미처 준비가 부족한 상태에서 너무 급속하게 발생한 변화는 엄청난 역풍을 초래하였고, 그에 따라 경제적 유용성 측면에서 매우 우수한 제도가 장기간 현실화되지 못하게 하는 부작용을 낳았다.

주식회사의 의사 결정 기구 네덜란드의 연합 동인도 회사는 대표적인 주식회사였다. 회사의 의사 결정을 위해 임원들이 모여 회의를 하고 있다.

은행업과 보험업의 발달

금융업 부문에서도 중대한 제도적 변화가 발생하였다. 세계적 금융 중심지로서의 암스테르담의 명성은 영국의 런던으로 넘어갔다. 영국은 17세기에 금장(goldsmith)이 개인 은행가의 역할을 수행하여 예금통장과 수표의 사용을 가능하게 하였고, 또한 런던에는 상업 은행가(merchant banker)가 개인 은행을 운영하기도 하였다. 1694년에 설립된 잉글랜드 은행은 중앙은행으로서의 역할을 충실히 수행함으로써, 이후 세계 여러 나라 중앙은행의 모델이 되었다. 증권 시장도 17-18세기를 거치면서 성장하였다. 왕립 거래소(Royal Exchange)를 중심으로 수많은

런던의 커피 하우스 런던 곳곳에서 문을 연 커피 하우스는 금융업자들이 일과 후에 모여 결산을 하고 정보를 교환하는 만남의 공간이었다.

상인과 금융업자들이 모여 주식, 국채, 환어음 등을 거래하였다. 영국 금융 시장의 상징인 이곳에서 해외 무역 및 국내 투자에 필요한 자금의 수요자와 공급자가 연결되었다.

한편, 중상주의 시기 장거리 무역의 증가를 배경으로 하여 해상 보험을 비롯한 다양한 보험이 등장하였다. 17세기 후반 런던 템스 강변에서 운영된 커피 하우스를 중심으로 로이드(Lloyd)가 해상 보험을 크게 발달시켰고, 다른 종류의 보험도 차례로 등장하였다. 영국이 제해권을 장악하고 국제 무역을 주도하는 시기였기에 영국만큼 보험업의 발달에 유리한 위치에 있는 국가는 없었다.

거품의 탄생

중상주의 시기는 수많은 사업 기회를 새로이 창출하였고, 국가들과 그들의 후원에 힘입은 기업들은 큰 부를 축적할 절호의 기회를 맞았다. 새로운 기업 조직이 등장하고 새로운 금융 제도가 만들어지면서 이런 기회를 현실화할 수 있는 가능성도 커졌다. 그러나 새로운 경제 여건은 높은 수익성만큼이나 높은 위험성을 의미하는 것이기도 하였다. 현대인에게 낯익은 공황이 이 시기에 반복적으로 발생한 것은 자연스러운 결과였다.

중상주의 시기 최초의 공황으로 1637년에 발생한 튤립 공황을 들 수 있다. 16세기에 오스만 제국으로부터 유입된 튤립은 네덜란드의 호사가들에게 큰 인기를 얻었다. 품종 개량의 결과로 다양한 줄무늬를 가진 튤립이 재배되면서 튤립의 인기는 절정에 이르렀다. 이렇게 폭발성이 커진 경제 환경에 결정적으로 불을 댕긴 것은 금융 투기를 가능하게 한 새로운 금융 기법의 등장이었다. 17세기에 들어서면서 암스테르담 증권 거래소에서 목재, 향신료 등에 대해 선물 거래를 하기 시작하였다. 이듬해에 수확할 튤립 알뿌리에 대해서도 선물 거래가 등장하면서, 1630년대에 투기 열풍이 전국을 강타하였다. 대상인에서 하녀에 이르기까지 수많은 사람들이 이 튤립광(Tulipomania)에 합류하였고, 튤립의 가격은 천정부지로 솟아올랐다. 투기 과열이 낳은 거품은 언젠가는 터질 수밖에 없었다. 주가 상승은 무한히 계속될 수 없었고, 결국 1637년에 대폭락을 하면서 투자자와 국가 경제에 커다란 피해를 안겼다.

명품의 과시 오스만 제국으로부터 들어온 튤립은 네덜란드에서 투기 과열을 불러일으켰다. 특히, 흰색에 빨간 무늬가 있는 품종이 인기의 중심에 있었다.

17세기 후반 스페인과의 전쟁 등으로 인해 국채가 급속하게 증가하자, 영국 정부는 재정 부담을 회피하고자 1711년 남해 회사(South Sea Company)를 설립하였다. 회사가 국채를 매입하는 대신에 정부는 스페

선물 거래: 미래의 일정 시점에 미리 정한 가격으로 매매하기로 현재의 시점에서 약정하는 거래를 말한다. 선물은 현물 시장에서 운용되는 기초 자산(채권, 주식 등)의 가격 변동에 따라 가격이 결정되는 파생 상품이다. 위험 회피를 목적으로 거래를 할 수 있지만 반대로 위험을 증폭시킬 수도 있다.

튤립광: 1630년대에 네덜란드에 불어닥친 튤립에 대한 투기 열풍.

남해 회사: 영국 정부가 부실한 재정을 해결하기 위해 설립한 회사. 부실 채권을 남해 회사에 넘겨 주고 노예 무역으로 이익을 얻으려 하였으나 실패하여 공황을 초래하였다.

인령 남아메리카 지역에 대한 무역 독점권을 회사에 부여하였다. 1720년 영국은 투기 광풍에 휩싸였고, 주가는 10배 이상 상승하였다. 남해 회사의 사례를 뒤이어 수많은 주식회사들이 난립하였고, 투기 열풍이 경제 전반으로 확산되었다. 위험을 인식한 영국 정부는 1720년 거품법(Bubble Act)을 제정하여 민간 회사가 주식회사 형태로 설립되는 것을 금지하였다. 그러나 이미 거품이 가득한 남해 회사는 주가 폭락을 피할 길이 없었다. 결국 수많은 투자자들이 파산하였고, 영국의 주식 시장은 혼란에 휩싸였다.

남해 회사의 파산을 지켜보면서 기업 경영의 투명성 확보에 대한 사회적 요구가 확산되었고, 그에 따라 회계 감사 제도의 도입이 이루어졌다. 남해 회사 거품이 가져온 더 큰 영향은 주식회사 제도에 대한 국민적 불신과 경계심이 고조된 데 있다. 이 영향은 매우 완강하고도 끈질겼다. 영국 경제는 이후 100년 이상 주식회사를 현실적인 제도로 인정하지 않게 되었던 것이다. 남해 회사 파산의 여파로 영국의 경제 성장과 산업 혁명은 적어도 거품법이 폐지되는 1825년까지 주식회사라는 근대적인 기업 제도를 동반하지 않은 채 전개되어야만 하였다.

프랑스도 공황을 피하지 못하였다. 스코틀랜드 출신의 사업가 존 로(John Law)는 암스테르담의 금융 변화를 목격하고 고안한 본인의 경제 프로그램을 프랑스의 통치자들에게 제안하였다. 금융업을 독점하는 중앙은행을 창설하고, 국가 기업을 세워 이윤을 창출하고, 그 이윤으로 국가 채무를 변제한다는 로의 야심찬 계획을 당시 재정 문제로 골머리를 앓던 프랑스는 받아들였다. 로는 미시시피 회사(Mississippi Company)를 통해 북아메리카의 프랑스 식민지인 광활한 루이지애나

거품법: 남해 회사가 파산한 후 영국 정부가 민간 주식회사의 설립을 금지한 법령. 1825년까지 유지되었다.

존 로: 프랑스에서 경제 정책의 실권을 행사한 사업가. 발권력을 가진 왕립 은행을 동원하여 미시시피 회사의 주식 거품을 일으켰다가 파산하였다.

미시시피 회사: 존 로가 미시시피 회사를 인수해 북미와 프랑스 무역과 미시시피 개발의 독점권을 얻어 냈다. 회사 선전과 화폐 제조가 맞물려 엄청난 투기가 일어났다.

지역에 대한 독점 무역권을 획득하였다. 나아가 로는 왕립 은행인 방크 루아얄(Banque Royale)까지 소유하기에 이르렀다. 그는 루이지애나의 경제적 가치를 과장하여 투자자들을 현혹시켜 주식 시장으로 끌어들였고, 미시시피 회사의 주가를 더욱 상승시키기 위해 왕립 은행의 발권력(發券力)을 이용하기를 주저하지 않았으며, 다시 증자를 반복하여 기업의 외형을 확대해 나갔다. 프랑스 국내뿐만 아니라 영국과 네덜란드 등에서도 투자자들이 줄을 이었다.

미시시피 회사의 환상 미시시피 회사는 투자자들에게 루이지애나가 큰 이익을 가져다줄 것이라는 환상을 주입시켰다.

그러나 식민지의 실제 가치가 보잘 것 없다는 사실이 알려지면서 투기 열풍은 종지부를 찍게 되었다. 결국 1720년 영국에서 남해 회사 문제가 폭발하기에 앞서 미시시피 계획은 파탄을 맞았다. 프랑스 경제는 미시시피 거품 붕괴의 충격으로 인해 심각한 재정 위기에 봉착하게 되었다. 또한 지폐와 대형 은행에 대한 불신이 팽배하게 됨으로써 금융업의 발달이 차질을 빚게 되었다. 그리하여 한동안 프랑스의 은행 업무는 개인 은행가에 의해서 수행될 수밖에 없는 상황을 맞았다. 중상주의 대국 중 하나인 프랑스의 경제를 좌지우지하면서 한 시대를 풍미하였던 로는 한때 금융 혁신을 이끈 최고의 혁신가로 불렸으나, 미시시피 계획의 실패로 인해 프랑스 경제에 장기간 회복하기 힘든 부담을 안겼다.

4. 아메리카와 아시아 사회는 어떻게 변화하였나?

라틴 아메리카의 경제적 변화

대항해 시대와 중상주의 시대를 거치면서 구세계와 신세계가 접촉을 통해 통합됨으로써 전 세계는 명실상부하게 단일한 경제권으로 거듭났다. 신세계와 구세계의 연결은 무역으로만 이루어진 것이 아니었다. 구세계에서 신세계로 대규모의 인구 이동이 있었으며, 동식물의 쌍방 이동도 엄청난 규모로 이루어져 생태계와 경제 활동의 양상에 혁명적인 변화가 발생하였다. 인구의 이동과 동식물의 이동은 아메리카 전역에서 발생하였지만, 지역별로 변화가 발생한 양상에는 큰 차이가 있었다. 이런 차이는 기후, 지형 등 지리적 요인에 의해 생겨나기도 하였지만, 인간이 이 지역의 식민지화를 둘러싸고 어떤 정책을 시행하였느냐에 따라서도 크게 영향을 받았다.

일찍이 멕시코 및 남아메리카에 진출한 스페인은 점령지를 식민지로 만들어 갔다. 1560년대부터 식민지에서 채굴한 은이 대규모로 본국으로 송출되기 시작하였으며, 1580-1620년대에는 은 수출이 절정기를 맞이하였다. 아메리카로 건너온 스페인 인들은 광업 이외에 농경과 목축에도 많이 종사하였다. 이들은 광대한 토지를 소유하고 인디오 노동력을 이용하여 대농장을 운영하였다.

라틴 아메리카의 식민화가 진전되면서 스페인으로부터 이주가 대규모로 진행되었고, 이들과 인디오와의 통혼을 통해 많은 수의 메스티소(mestizo)가 탄생하였다. 이들은 다시 세대를 거듭하면서 스페인 출신의 백인, 인디오, 아프리카에서 온 흑인 등 다양한 인종 집단과 결

메스티소: 아메리카 인디오와 스페인 및 포르투갈계 백인의 혼혈 인종. 라틴 아메리카 대부분의 국가에서 이들의 비중은 현재 60-90%에 달한다.

혼함으로써 남아메리카의 다양한 인종 구성을 만들어 냈다. 16세기 말에 멕시코에는 백인과 다른 인종 간의 혼혈인이 2만 5,000명을 넘었고, 50년 후 그 수는 40만 명으로 늘어났다.

인종적 결합 스페인령 아메리카에서는 여러 인종이 통혼을 거듭함에 따라 다양한 혼혈인이 생겨났다.

라틴 아메리카에서 스페인 이외에 식민지 경영에 본격적으로 참여한 국가는 포르투갈이었다. 1550년경 남아메리카의 대서양 연안에 정착한 포르투갈 인들은 1600년경부터 아프리카에서 많은 수의 노예를 데려와 지금의 브라질 해안 지역에서 대규모 사탕수수 플랜테이션을 조성하여 일을 시켰다. 1690년대부터 브라질 내륙 지역에서 금광이 발견되면서 다시 한 번 유럽 인들이 몰려들었고, 이 지역의 식민지화가 가속화되었다. 스페인 식민지와 마찬가지로 이곳에서도 이주민과 원주민 및 아프리카 출신 간의 인종적 결합이 널리 진행되었다.

북아메리카의 발전

북아메리카의 경우 초기에는 유럽 인의 관심이 제한적이었다. 거친 기후와 척박한 토질로 인해 식민지의 경제성이 낮아 보였기 때문이다. 유럽 국가들의 진출이 본격화된 것은 1600년대부터였다. 프랑스 인들이 1608년 세인트로렌스 강 연안에 퀘벡과 몬트리올을 건설하였고, 네덜란드 인들은 1624년 뉴 암스테르담(New Amsterdam)에 식민지를 조성하였다. 영국인들은 1628년 노바스코샤(Nova Scotia)에 식민지를 건설한 것을 시작으로 뉴펀들랜드(Newfoundland) 지역의 어업권을 차지하였고, 허드슨 만 지역으로 거주와 통상의 범위를 확대해 갔다. 그 후 프랑스는 미시시피 강을 따라 남하하면서 멕시코 만에 이르는 드넓은 지역으로 진출하였고, 네덜란드는 세력이 위축되었으며, 영국은 뉴 암스테르담을 획득한 후 허드슨 만 유역에서 모피 사냥과 무역을 통해 식민지 경제를 확대하였다. 영국은 1750년대에 시작된 7년 전쟁에서 프랑스에 승리함으로써 캐나다에 대한 지배권을 확인받게 되었다.

담배 농장의 일상 북아메리카에서는 백인이 흑인 노예를 두고 플랜테이션을 경영하는 방식이 널리 퍼졌다. 그림은 버지니아의 담배 농장을 보여 준다.

남아메리카에서와는 달리 북아메리카에서 영국인들은 백인 위주의 사회를 형성해 갔다. 인디언들을 살해하거나 폭력적으로 추방하는 정책을 실시한 결과였다. 부족한 노동력은 유럽에서 들어오는 계약 노동자들에 의해 충원되었지만, 시간이 경과하면서 아프리카 흑인 노예가 자리를 대신하였다. 미국 동부의 버지니아와 캐롤라이나를 중심으로 담배 생산이 증가하면서 아프리카 노예가 플랜테이션에서 노동을 하게 되었다. 또한 쌀과 면화의 생산 증가도 아프리카 노예의 수요를 급증시켰다. 이런 과정을 거쳐 북아메리카는 라틴 아메리카와 달리 인종적으로 분리된 특성을 지닌 채 식민지화가 진행되었다. 자영농을 창설하는 방향으로 정책이 이루어진 점도 라틴 아메리카와 대조를 이루었다.

이슬람 경제의 둔화

아시아도 많은 변화를 겪었다. 오스만 제국에서는 술탄이 효율적인 관료 조직을 통해 제국을 다스렸다. 종교적 · 인종적 · 문화적 차이를 지닌 여러 집단들이 공존하는 체제를 조성하고 유지하는 역할을 관료제가 담당하였다. 오스만 제국은 16세기 전반에 전성기를 맞이하였다. 경제적 노른자위였던 이집트를 병합하였고, 메카와 메디나를 제국 내에 포함하게 됨으로써 세속적 및 종교적 차원 모두에서 이슬람 세계의 중심이라고 자부할 수 있는 위치에 올랐다. 특히, 술레이만 대제(Suleiman I)는 절대 군주로서의 위상을 강건히 구축하고 학문, 의학, 문학, 건축 등 다양한 분야를 적극적으로 후원하였으며, 서양의 지리적 발견에 대해서도 큰 관심을 기울였다.

술레이만 대제는 경제 활동을 장려한 군주이기도 하였다. 그는 광대한 제국의 국경 내에서 지역과 인종에 상관없이 공통으로 적용될 수 있는 법령을 정비하고 시행하였다. 이에 따라 제국의 구성원들은 공정하게 재산권을 보장받았다. 그는 또한 유럽 국가들과 상호 조약을 체결하여 제국 내의 유럽 상인들에게 외교적 면책권을 부여하였다. 이러한 제도적 개선에 힘입어 오스만 제국은 경제적 번영의 기틀을 마련하였다.

그러나 17세기부터 오스만 제국은 역동성을 상실하고 경제적 · 사회적으로 쇠퇴하게 되었다. 무엇보다도 17세기 중반 이후 오스만 제국은 줄곧 재정 적자에 직면하였다. 신세계로부터 유입된 은이 야기한 물가 앙등은 이곳에서도 큰 영향을 끼쳤다. 물가가 상승하면서

술레이만 대제(1494-1566): 술레이만 1세를 칭하는 이름. 오스만 제국의 문화적, 예술적 전성기를 이끈 술탄.

이슬람의 천문학 16세기 오스만 제국의 과학자들이 다양한 천문 기구와 지도를 가지고 연구를 하고 있다.

사회 문제가 심화되었는데, 약화되고 있었던 중앙 권력은 이에 대해 효과적인 대응책을 제시하지 못하였다. 종교적 갈등과 사회에 만연한 부패도 상황을 악화시켰다. 결국 오스만 제국은 취약해진 체제를 안은 채, 눈에 띄게 강성해져 가는 유럽에 의해 군사적·경제적으로 변방에 몰리는 상황에 처하게 되었다.

아프리카의 서부와 남부 해안 지방도 대항해 시대가 도래하자 유럽과 아시아를 잇는 항로의 일부로서 유럽이 주도한 국제 무역망에 통합되어 갔다. 아프리카는 유럽 및 신대륙과 삼각 무역 체제로 연결되는 한 축으로 발달하였고, 특히 노예의 주된 수출 지역인 서부 지방을 중심으로 무역망이 유례없이 촘촘해져 갔다. 그러나 이런 지역은 아프리카 대륙의 일부에 불과하였다. 나머지 지역들은 17-18세기에도 여전히 세계적인 교역과 교류의 네트워크에서 소외된 채 남아 있었다.

인도 지역에는 무굴 제국이 자리를 잡고 있었다. 무굴 제국은 중앙아시아에 기반을 둔 투르크 집단에 의해 건설된 이슬람 국가였다. 무굴 제국은 인도 북부 지방을 중심으로 영토를 확장하고 관료제적 통치 기반을 강화하였을 뿐만 아니라, 비이슬람교도에게 부과하던 인두세를 일시적으로 폐지하는 등 포용적이고 개방적 정책을 실시하였다. 그러나 전반적으로 국가 정책에서 폐쇄적 속성이 강하였다. 18세기에 들어서 힌두교 세력이 커지면서 무굴 제국의 황제들은 실권을 잃어 갔으며, 이런 상황에서 유럽 열강의 침투가 가속화되었다. 영국은 1757년 플라시(Placey) 전투에서 승리를 거둠으로써 벵골을 포함한 인도 북동부 지역을 차지하였다.

유럽의 아시아 · 태평양 침투

16세기부터 유럽 상인들이 무력을 앞세워 인도양과 동남아시아 지역에 진입하여 무역과 통행세 징수로 이익을 얻어 갔지만, 무역의 주도권이 유럽으로 넘어갔다고 볼 수는 없었다. 수많은 교역 민족이 다수의 무역항을 이용하여 다양한 방식으로 거래를 하였고 유럽 인의 통제력은 제한적이었기 때문에, 누가 중개 상인으로서의 역할을 더 잘 수행하느냐가 무역의 성패를 결정짓는 요인이 되었다. 아시아 상인이 유럽 상인에 비해 지역 사정에 더 밝은 경우가 많았으므로, 경쟁력에서 우위를 유지한 사례가 많았다.

17 · 18세기에 유럽 국가들의 아시아 진출은 더욱 강화되었다. 스페인은 필리핀에서 18세기 후반부터 사탕수수, 담배, 대마 등 상업용 작물을 경작하였다. 네덜란드는 자바 섬과 몰루카 제도를 중심으로 통치 지역을 더욱 늘려 갔다. 영국은 1786년 말레이시아의 페낭에 전진 기지를 건설하였다. 아시아 상인들의 활동이 소멸한 것은 아니었지만, 점차 유럽의 무역 지배력이 확대되는 추세는 확연해졌다.

뉴질랜드와 오스트레일리아가 본격적으로 유럽의 침투 대상이 된 것은 18세기 말의 일이었다. 1300년경에 정착한 폴리네시아 인의 후예인 마오리 족이 수렵과 원시적 농경 생활을 영위하던 뉴질랜드는 18세기에 영국의 쿡 선장(Captain Cook)이 인근 지역을 탐사한 이후 유럽

플라시 전투: 1757년 영국이 프랑스와 충돌하여 승리한 전투. 이 전투를 통해 영국은 벵골의 지배권을 확립하고 인도를 식민지화하는 기반을 닦았다.

인들의 관심을 받았다. 고래와 바다표범을 잡으려는 선원과 상인, 선교사들이 유입되면서 뉴질랜드에는 마오리 족과 유럽 인의 문화가 혼재된 항구 도시들이 성장하였다.

오스트레일리아에는 1780년대에 50만 명 내지 100만 명의 원주민이 거주하고 있었던 것으로 추정된다. 이 시기부터 1830년대까지 영국은 오스트레일리아 남동부의 뉴사우스웨일스(New South Wales)를 영국에서 송출한 죄수를 수용하는 식민지로 이용하였다. 그러나 지리적 장애에 비해 유럽에 수출할 매력적인 생산품이 부족하였기 때문에 본격적인 식민지화는 지연되었다.

명 · 청 시대 중국 경제

도자기의 생산 중국의 도자기는 국내는 물론이고 수출용으로도 각광을 받았다. 그림은 도자기에 그림을 그려 넣는 작업을 하는 모습.

중국은 명조(1368-1644)와 청조(1636-1912)를 통해 사회적 변화와 경제 발전을 경험하였다. 경작 기구의 발달, 시비 기술의 향상, 품종 개량 등에 힘입어 농업 생산력이 눈에 띄게 증가하였고, 주식인 쌀의 경작 증가와 더불어 해외로부터 들어온 옥수수, 담배, 감자, 고구마 등이 재배지를 넓혀 갔다. 일부 지방은 차, 뽕, 면화 등 환금 작물 생산에 특화된 모습을 보였고, 면직과 견직 등 수공업도 상당

쿡 선장(1728–1779): 영국의 탐험가로 본명은 제임스 쿡이다. 태평양을 세 번 항해하였으며, 타히티, 뉴질랜드, 하와이 등 주요 지역을 탐사하고 해도를 제작하였다.

한 발전을 이루었다. 17세기에 양쯔 강 하류의 삼각주 지역은 면직물과 견직물의 생산이 집중된 지역으로 크게 발달하였다.

농업과 더불어 공업의 발달도 이루어졌다. 관영 수공업도 발달하였지만 점차 민영 수공업의 중요성이 커져 갔다. 징더전(景德鎭)에서 생산된 도자기는 유럽 대륙에서 선풍적인 인기를 끌었고, 쑤저우(蘇州)에서 생산된 견직물도 수출품으로 각광을 받았다.

명 왕조의 대도시 난징 명대에 많은 도시들이 경제적으로 번영하였다. 그림은 난징 시내의 번화한 모습을 보여 준다.

상인들은 동업 조합이나 동행 조합을 결성하여 자신의 이익을 유지하고자 노력하였고, 전국을 활동 범위로 삼는 대상인도 출현하였다. 외국과의 교역에 특화하여 부를 축적한 상인들도 증가하였다. 특히, 남부 지방을 중심으로 상업 도시들이 성장을 거듭하였다. 대운하를 통한 수운의 발달이 도시의 발달에 중요한 자극제가 되었다. 중국 남부의 해안 지역은 동아시아, 동남아시아, 인도 및 아랍 지역과의 무역을 통해 번영하였다. 명대 초기부터 형성된 화교는 아시아 각지에서 중요한 상업 세력으로 성장해 갔다. 그러나 점차 유럽 상인들이 이 지역으로 침투해 들어오면서 경쟁적 상황이 조성되었다. 특히, 네덜란드와 영국의 동인도 회사들이 주축을 이룬 유럽의 공격적인 전략은 중국 상인들의 입지를 자주 위협하였을 뿐만 아니라, 중국 정부에게

광저우의 유럽 상관들 중국이 대외 무역의 관문으로 삼은 광저우의 18세기 중반 모습. 유럽 각국의 상관들이 해안을 따라 배치되어 있다.

도 유럽 인에게 중국을 어느 범위까지 개방할 것인가라는 문제를 제기하였다.

1644년에 명을 대체하고 등장한 청의 초기에는 국내 혼란으로 인해 대외 무역이 금지되었으나, 점차 제국이 안정되면서 사실상 자유 무역을 실시하게 되었다. 그러나 1720년 광저우(廣州)의 상인들은 서양 상인들과의 교역에서 지나친 경쟁을 피하고 공조 체제를 마련하기 위해 공행(公行)이라는 상인 조합을 조직하였다. 이것이 중국 해상 무역의 특징적 형태인 광저우 무역(Canton Trade)이 탄생한 배경이었다. 중국 정부는 1759년부터 광저우 항구에서만 유럽 상인이 무역을 할 수 있도록 제한하고, 관리를 파견하여 입출항 관리 업무를 맡겼다. 서양 선박이 입항할 때마다 중국 정부가 보상(保商)을 지정하여 해당 선박의 관세 업무와 하역 작업을 담당하도록 하였다. 이런 방식을 통해 중국 정부는 유럽 상인의 영향력을 엄격하게 제한하였던 것이다.

서구 문물과 화이사상

16세기 말부터 중국 사회에 예수회 선교사들을 통해 수학, 천문

공행: 청대에 서양 상인과 무역을 하는 권리를 정부로부터 허가받은 광저우의 상인을 말한다.
광저우 무역: 무역항을 광저우로 한정하고 입항하는 외국 선박을 정부 관리의 통제 하에 놓는 무역 방식.

학, 지리학 등 서구의 과학 지식과 총포 제작술과 같은 기술이 점차 소개되었다. 명조 말기에는 이탈리아의 예수회 선교사 마테오 리치(Matteo Ricci)가 『곤여만국전도』(坤輿萬國全圖)를 제작하여 화이사상에 사로잡혀 있던 중국인들을 놀라게 하였다. 예수회는 서구 학문과 과학 지식을 종교 전파의 유용한 수단으로 여겼고, 현지화 전략을 적극적으로 채택하면서 중국 상류 사회에 영향력을 확대해 갔다. 한편, 예수회 선교사들이 유럽에 전파한 중국에 대한 지식은 계몽주의(Enlightenment) 사상가들에게 중요한 영향을 끼쳤다. 그들은 중국의 통치 체제가 국민의 후생을 존중한다고 긍정적으로 평가하면서 유럽의 절대주의 체제를 비판하였다.

중국인 복장의 예수회 신부들 마테오 리치(오른쪽)와 아담 샬이 중국의 지도를 들고 설명하고 있다. 이들이 중국에 전한 서양 지식과 문물은 조선에도 큰 영향을 끼쳤다.

그러나 과학과 학문을 내세워 중국의 지도자들을 개종시킬 수 있으리라는 예수회 선교사들의 기대는 비현실적이었다. 중국의 기술 수준과 생산력, 그리고 그에 기초한 문화적 위세는 여전히 강건하였다. 국가 전체로서 화이사상을 포기하는 데에는 오랜 시간이 흘러야 하였다. 18세기 말 청의 건륭제가 영국의 외교 사절에게 건넨 표현은 그때까지도 중화사상이 얼마나 완강하게 유지되고 있었나를 잘 보여 준다.

마테오 리치(1552~1610): 중국에 최초로 선교한 이탈리아의 예수회 선교사. 포교에 독서인 계층의 신임이 중요하다고 생각하여 서양의 학술을 중국어로 번역하였다. 그가 쓴 『천주실의』(天主實義)는 한국의 천주교 성립에 지대한 영향을 끼쳤다.

계몽주의: 서양의 근대를 이끈 사조로 정치, 사회, 철학 등에 광범위한 영향을 끼쳤다. 기존의 관념과 달리 이성에 기초한 탐구를 통해 세계에 대한 진리에 도달할 수 있다고 여겼다. 권위주의보다 개인의 자유를 지향하였다.

기록 5-2 **건륭제의 칙서**

1792년 청의 건륭제가 영국의 조지 3세에게 보내기 위해 매카트니 경(Lord Macartney)에게 전달한 칙서에는 화이사상이 잘 표현되어 있다.

사해를 다스리는 천조는 오직 국내의 문제를 적절하게 해결하는 것만 신경 쓸 뿐 회귀한 물건에는 관심이 없다. 지금 너희가 충의를 중시하여 멀리서 여러 물건을 바쳤으니, 특별히 아문(衙門)에 명령을 하달하여 이를 접수하도록 하였다. 사실상, 멀리 있는 많은 국가에까지 천조의 은덕과 능력이 미쳤으며, 너희들이 보았듯이, 그들은 이에 대한 보답으로 산해의 수많은 물건을 여기까지 가져왔다. 그럼에도 불구하고 우리는 진귀한 물자에 관심이 없을 뿐 아니라, 우리는 너희 나라의 생산물을 조금도 필요로 하지 않는다. 따라서 일부 사절을 북경에 주재시켜 달라는 너희들의 요구는 천조의 규범에 적합하지 않고 너희에게도 도움이 되지 않는다. 세부 지침을 하달하여 너희 조공단을 안전하게 귀국하도록 해주겠다. 너희는 이런 우리의 뜻에 순응하여 충의를 강화하고 영원한 의무를 맹세함으로써 천조의 은덕을 누리기를 바란다.

자료: 오금성 외(2007), 599-600쪽.

청 왕조의 화이사상 중국의 화이사상은 생명력이 길었다. 1792년 영국 사절이 가져온 물품들에 대해 황제는 아무런 인상도 받지 않은 것으로 묘사되어 있다.

맬서스 트랩에 갇힌 중국

중국은 명·청조 시대에 높은 인구 증가율을 기록하였다. 1600년에 중국의 인구는 약 1억 6,000만 명이었는데, 1820년에는 3억 8,000만 명에 이른 것으로 추정된다. 세계 인구의 약 1/3에 해당하는 규모였다.

인구 증가는 경제 발전을

자극할 수도 있고 경제 발전에 부담을 줄 수도 있다. 인구 증가가 경제 발전에 긍정적이라는 주장에 따르면, 인구 증가는 기술 진보에 유리한 환경을 조성한다. 인구가 많고 인구 밀도가 높은 사회에서는 혁신을 이끌 지식의 개선과 기술의 발달을 이끄는 사람이 더 많이 등장할 수 있다는 것이다. 한편, 인구 증가가 경제 발전을 저해한다는 주장은 영국의 맬서스(T. Malthus)에 의해 정형화되었다. 그는 인구 증가가 1인당 소득의 감소를 유발하고 이것이 다시 출생률의 감소와 사망률의 증가를 통해 인구 증가로 이어지게 된다는 '철의 법칙'을 제시하였다.

역사적으로 인구 증가가 경제 발전을 자극하거나 저해한 사례는 아주 많다. 뒤에서 살펴보겠지만, 영국의 산업혁명은 급속한 인구 증가를 배경으로 전개되었다. 그런데 중국에서는 인구 증가가 경제 발전에 부정적인 압력으로 작용하였다. 경작할 토지가 부족해지자 호반 지역을 개간하는 일이 많아졌는데, 이는 홍수가 났을 경우 피해가 확대되는 사태를 초래하였다. 농촌 인구의 증가는 시장 판매보다는 많은 인구를 부양하기 위한 생계형 소농의 광범위한 확산으로 이어졌다. 농촌을 중심으로 한 가내 공업도 가계 소득을 보충하기 위한 소농형 겸업의 성격을 띠었다. 저렴한 노동력의 존재는 노동 절약형 기술 진보의 필요성을 감소시켰다. 이 모든 현상은 중국의 경제가 근대적 체제로 이행하는 데 불리한 조건이 축적되

제방의 보수와 관리 농업 생산을 높게 유지하기 위해서는 치수 사업이 매우 중요하였다. 그림은 청조에 제방을 쌓는 공사를 하는 모습.

어 갔음을 의미하였다.

결국 18세기 말부터 가뭄과 홍수의 피해가 커지고 전염병이 증가되는 가운데 민란과 같은 사회적 혼란이 가중되면서, 중국 경제는 정체 내지 퇴보 국면에 접어들게 되었다. 정부는 재정상의 한계로 인해 자연재해의 방지나 기근의 구제를 효과적으로 행할 수 없었다. 대항해 시대 이후 발생한 식량 생산 능력의 증대가 수세기에 걸친 인구 증가를 가져올 수 있었지만, 인구 압박이 커지면서 중국은 다시 한 번 맬서스 트랩(Malthusian Trap)에 갇히게 된 것이다.

일본과 조선의 쇄국 정책과 대외 무역

일본도 에도(江戶) 시대에 경제 성장을 기록하였다. 무엇보다도 도시가 발달하였다. 다이묘의 성곽을 거점으로 계획 도시가 조성되었고, 역참이 있는 곳이나 항구가 발달한 곳, 광산이 개발된 곳에는 각각의 특성을 지닌 도시가 형성되었다. 에도, 오사카, 교토는 전국적 시장권을 지닌 일본의 3대 도시였다. 17세기 후반부터는 동(銅)의 생산이 크게 늘어났다. 제조업도 성장하여, 농촌 가내 수공업인 면직업과 견직업이 발달하였고, 도기와 종이의 생산도 증가하였다. 상업도 발달하면서 전국의 시장이 통합되는 양상이 나타났다. 기존의 소량 판매를 벗어나 대량으로 재화를 유통하는 새로운 상인층도 등장하였다.

막부는 중국 및 조선과는 대외 교역을 일정한 수준에서 계속하였지만, 그것도 사회적 · 정치적 상황에 따라 시기적으로 변화를 거듭하였다. 중국으로 향한 일본의 수출품은 18세기 초까지는 은이 대표적

맬서스 트랩: 인구가 증가하면 1인당 소득이 감소하여 출생률과 사망률이 조정을 받게 되어 결국 다시 인구가 원상태로 돌아가게 된다는 것.

에도 시대: 도쿠가와 이에야스가 에도(도쿄)를 중심지로 삼아 막부를 연 1603년부터 왕정복고가 이루어진 1867년까지를 이르는 시기.

이었고, 18세기 중반부터는 동이 은을 대체하였다. 중국으로부터 가져온 수입품은 생사와 견직물이 대표적이었다. 조선으로부터는 면화의 수입이 많았고, 18세기 중반까지는 인삼의 수입량도 많았다. 이들 이외의 지역에 대해서는 일본의 대외 정책이 더욱 폐쇄적이었다. 17세기부터 일본 조정은 서양에 대해 쇄국 정책을 강화하였다. 기독교 사상의 유입이 일본의 봉건제적 질서와 가치관에 부정적인 영향을 줄 것이라고 판단한 정부는 기독교를 탄압하였다. 1641년부터 포르투갈 대신 무역 독점권을 획득한 네덜란드의 상인들이 나가사키 항에서 무역을 영위하였지만, 다른 서양 국가들과의 무역은 전면적으로 금지되었다.

서양 문물의 전파 일본에서 서양 문물의 전파는 주로 나가사키에 조성한 인공 섬 데지마를 통해 이루어졌다. 배타적 무역권을 획득한 네덜란드 인들은 이곳에서 일본인들과 무역과 정보 교환 및 문화 교류의 기회를 가졌다.

비록 제한된 범위에서였지만 일본은 네덜란드 무역선을 통해 서구에 대한 이해의 폭을 넓혀 갔다. 네덜란드 인들로부터 조선술, 제련술, 지도 제작법 등을 도입하였을 뿐만 아니라, 서양 국가들의 정세에 관한 보고서도 받아 국제 정세에 대한 지식도 축적하여 갔다. 이런 경로를 통해 도입된 서양에 대한 지식은 일본 지식인들 사이에 난학(蘭學)이라는 이름으로 전파되었다. 에도 막부도 난학 연구를 지원하여 서양 문명에 대한 일본인의 이해력을 높이는 데 일조하였다. 일본은

난학: 에도 시대에 네덜란드로부터 유입된 유럽의 학문, 기술, 문화 등을 통칭하는 용어.

분명히 이 시기부터 외세에 의해 개항이 강제되는 19세기 중반까지 외부의 세계화 추세와 유리되는 상황에 놓이게 되었지만, 난학의 지원이라는 실리주의적 정책을 통해 변화하는 세계에 대해 일정한 수준의 대응 능력을 쌓아 가고 있었다. 일본의 대표적인 근대 사상가 후쿠자와 유키치(福澤諭吉)가 난학을 연구한 대표적인 인물이었다는 사실이 이를 말해 준다.

한국에서는 성리학을 통치 이념으로 삼고 양반 관료를 정치적 기반으로 한 조선 왕조가 16세기 말부터 발생한 왜란과 호란에 의해 큰 타격을 입었다. 그러나 국외의 사정에 대해서는 적극적인 대처를 하지 못하고 유교적 정치 질서에 입각한 통치가 계속되었다. 경제적으로는 농법의 발달, 신작물의 도입, 상업의 발달 등으로 경제력이 장기적으로는 증대되었으나 주기적인 기근과 전염병의 굴레에서 쉽게 벗어나지는 못하였다.

사회적 변화 속에서 사상적으로도 변화가 발생하였다. 기존의 성리학이 지닌 관념적 속성과 경직적 성향을 비판하고 현실 사회에 부합하는 학문으로 발전시킨다는 목표를 내세운 실학(實學)이 17세기 중반부터 나타났고, 18세기를 거치면서 세력을 확대하였다. 또한 서양의 종교와 사상이 서학(西學)이라는 이름으로 국내에 파급되었다. 그러나 정부가 서학에 대해 탄압 정책을 폈기 때문에 서학이 전파되는 범위는 크게 제한되었고, 따라서 일본에서 난학이 유행하였던 것과 같은 현상이 조선에서는 발생하지 못하였다.

18세기 이후 조선의 토지 생산성은 별로 증가하지 못하였는데, 이는 미흡한 수리 시설, 산림의 황폐화, 퇴비 사용의 부족 등이 원인이었던 것으로 보인다. 상업에서는 17세기 말에 5일장 체제가 확산되어 시

후쿠자와 유키치(1835-1901): 일본 근대화를 이끈 계몽가이자 교육자. 네덜란드 어학교인 난학숙(蘭學塾)을 열었고, 견외사절(遣外使節)로 수차례 해외를 방문하여 신문물을 익혔다. 메이지 유신 이후 부국강병을 주장하며 언론 및 교육 활동에 힘을 기울였다.

장 거래가 활성화되었다. 그러나 거래의 대부분은 농민 상호간의 물자 교환이었고, 시장 판매를 위한 생산과 장거리 교역은 제한적이었다.

19세기에도 조선의 경제 사정은 나아지지 않았다. **삼정(三政)의 문란**으로 사람들의 생활이 어려움을 겪었으며, 사회적으로 부패가 만연하였다. 민란의 발생이 증가하고 정부는 세도 정치의 소용돌이에 빠져 헤어날 계기를 찾지 못하였기 때문에 효과적인 사회 개혁을 기대하기 어려웠다.

제한된 대외 교류 조선 왕조는 대외 교류의 범위를 좁게 유지하였다. 그림은 일본과의 교류가 이루어졌던 왜관의 모습.

삼정의 문란: 전정(田政), 군정(軍政), 환정(還政)의 수취 체제가 제대로 작동하지 않고 부정부패로 얼룩지게 된 현상.

제6장

두 개의 혁명: 시민 혁명과 산업 혁명

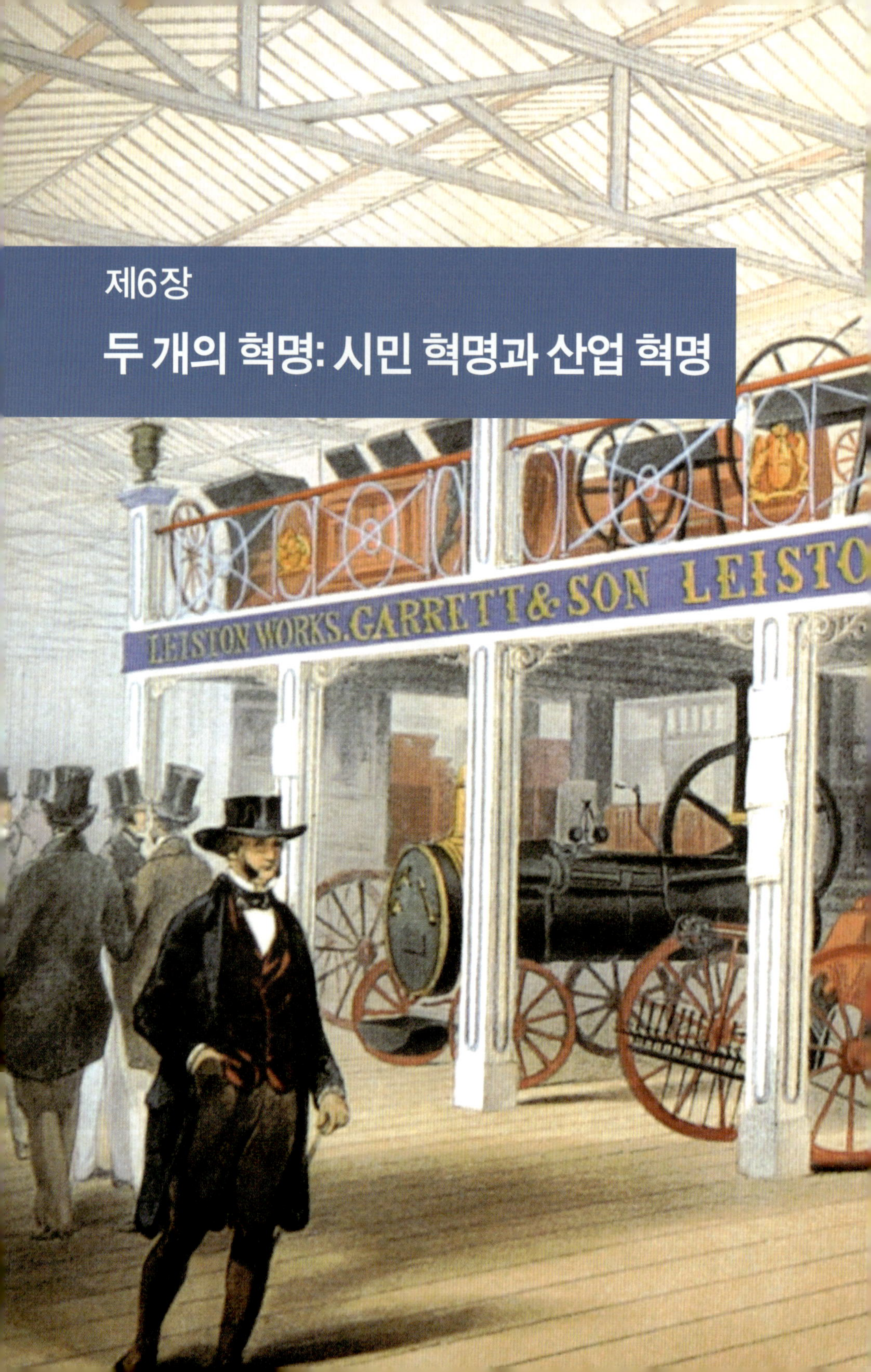

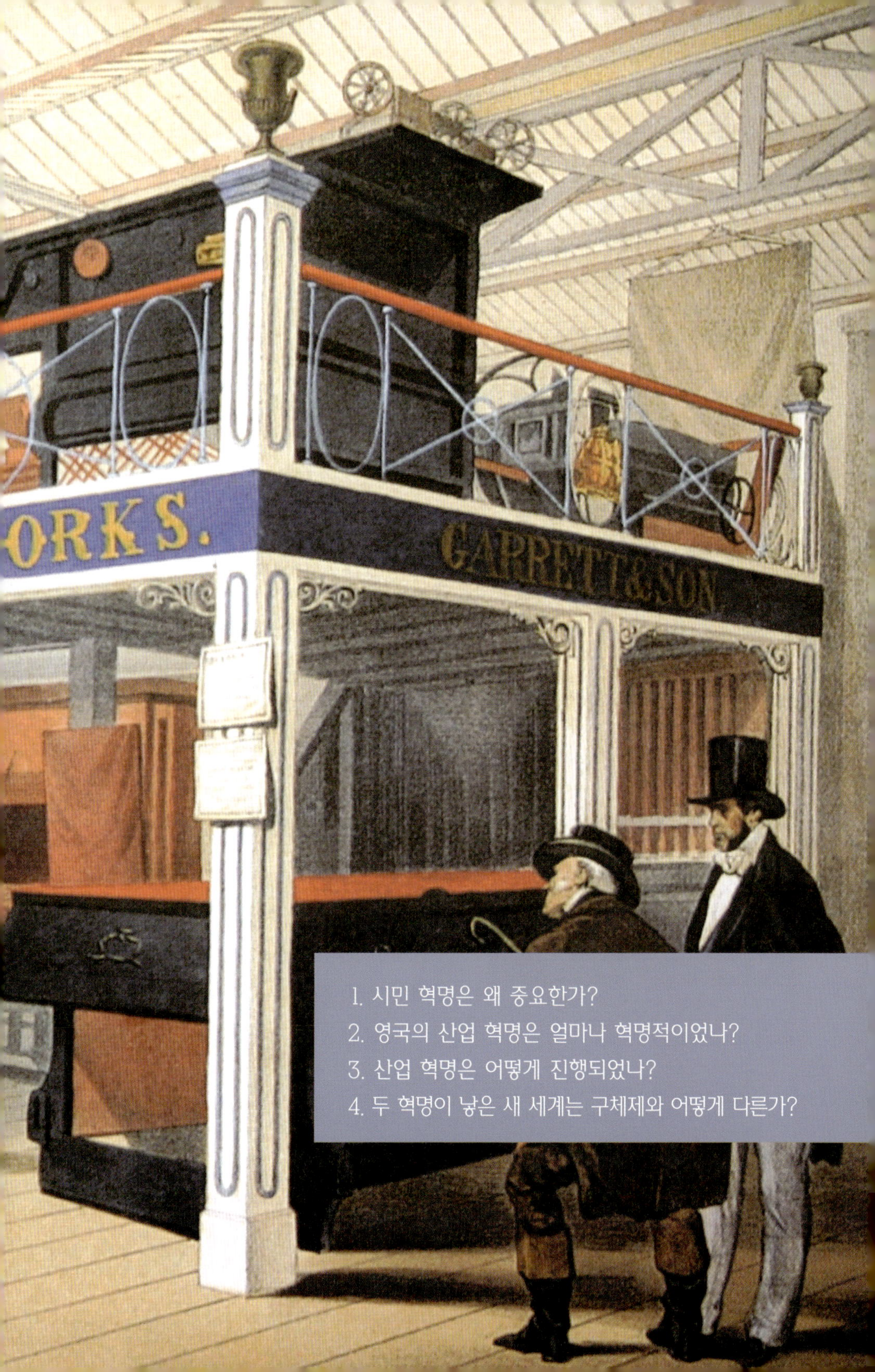

1. 시민 혁명은 왜 중요한가?
2. 영국의 산업 혁명은 얼마나 혁명적이었나?
3. 산업 혁명은 어떻게 진행되었나?
4. 두 혁명이 낳은 새 세계는 구체제와 어떻게 다른가?

1. 시민 혁명은 왜 중요한가?

근대화의 속성

근대화(modernization)란 간단히 말해 "전(前)근대적(혹은 전통적, 봉건적) 상태로부터 근대적 상태로 전환하는 과정"이다. 여기에는 전근대적인 것은 후진적인 것이고 근대적인 것은 선진적인 것이라는 가치 판단이 암묵적으로 깔려 있다. 이와 달리 근대화를 진보, 향상, 개선으로 보는 시각을 비판하고, 근대화를 가치 중립적 관점에서 설명하고자 하는 견해도 있다. 어느 견해를 따르건 간에 근대화는 과거 사회와는 질적으로 다른 사회가 형성되는 과정을 의미한다. 근대화는 다양한 영역에서 전개될 수 있는데, 그 중에서 정치적 측면과 경제적 측면이 특히 주목을 끈다.

근대적 사상의 등장 루소는 『사회 계약론』과 같은 저작을 통해 새로운 사회의 철학적 기초와 구성 원리에 대해 논의를 발전시켰다.

정치적 근대화는 절대주의에서 국민 주권으로의 전환을 의미한다. 절대주의 시대가 군주 및 소수의 귀족이 정치 권력을 독점하고 신분제를 통해 권력이 세습되는 체제였다면, 근대화된 사회에서는 시민 세력이 타고난 신분과 관계없이 정치적 권리를 행사할 수 있다. 물론 근대 초기에는 정치권의 행사가 비교적 소수의 부르주아지 계층으로 제한되어 있었지만, 점차 국민 다수가 정치에 참여하는 사회로 나아가게 된다. 봉건적 신분제가 사라지고 정치 권력이 군주에서 법률상 자유롭고 평등한 시민에게로 넘어오는 역사적 과정이 시민 혁명(Civil Revolution)이다.

경제적 근대화는 농업 중심의 경제가 상공업 중심의 경제로 전환되는 과정에 초점을 둔다. 인구의 대부분이 농업에 종사하던 사회가 상업의 확대 및 공업의 발달을 통해 경제 구조상에 커다란 변화를 맞게 되는 과정으로 근대화를 이해하는 것이다. 앞으로 자세히 다루게 될 산업 혁명(Industrial Revolution)이 이런 변화를 담은 역사적 과정이었다.

시민 혁명은 봉건적 권리의 폐기를 의미하였다. 최상위 주군에서 하급 가신에 이르는 피라미드 형태의 사회적 위계질서가 붕괴되고, 이들에게 예속되어 생산 활동에 종사하였던 농노에게 더 이상 신분적 굴레를 씌울 수 없게 된 것이다. 왕족과 귀족이 행사하던 봉건적 성격의 특권적인 권리가 폐지되는 가운데, 시민 계급은 생래적 신분과 지위에 의존하지 않고서 자유로이 정치적 · 경제적 행위를 하는 새로운 주체로 부상하였다. 동시에 절대주의와 신학적 가르침을 대신하여 계몽주의와 **자연법**(Natural Law) 사상이 지배적인 사조로 등장하였다. 새로운 사상으로 무장한 시민 세력은 의회를 통해 권력을 자신의 이익에 부합하는 방향으로 국가 정책을 입안하고 집행하였다. 이에 따라 특권과 규제를 주요 정책 수단으

계몽주의 지식의 집대성 디드로, 달랑베르 등 저명한 학자들이 힘을 모아 출간한 『백과전서』는 계몽주의적 사상을 결집하여 만든 기념비적 역작이었다.
자료: Byung Khun Song (CC BY 2.0).

자연법: 바람직한 법은 언제 어디서나 유효한 보편적이고 불변적인 자연의 법칙을 따라야 한다는 것을 말한다. 이를 위반하는 인위적인 법은 자연적 질서에 반하기 때문에 원하는 효과를 거둘 수 없다고 본다.

로 삼았던 중상주의가 힘을 잃고, 그 자리에 영업의 자유와 자유로운 경쟁 체제가 들어섰다.

영국의 시민 혁명

영국의 시민 혁명은 17세기를 거치면서 진행되었다. 1640년 찰스 1세가 절대주의 권력을 내세워 의회의 승인을 받지 않고 징세와 통제력 강화를 시도하면서 의회파와 대립을 하게 되었다. 왕당파와 의회파의 대립이 격화되어 결국 내전으로 치닫게 되었는데, 여기에서 의회파가 승리하여 왕이 처형되고 공화정이 수립되었다. 이 청교도 혁명(Puritan Revolution)을 통해 영국은 과거에 없었던 새로운 정치 질서를 도입하는 것처럼 보였다.

참수되는 국왕 의회군에게 붙잡힌 찰스 1세가 형장의 이슬로 사라짐으로써 영국의 절대 왕정은 무너졌다.

그러나 영국인들의 궁극적 선택은 공화정이 아니었다. 의회와 군대의 갈등이 고조되는 상황을 배경으로 1660년에 네덜란드에 망명 중이던 찰스 2세가 귀국하여 다시 왕위에 오르게 된 것이다. 스튜어트 왕조가 부활한 이 역사적 과정이 왕정복고(Restoration)였다. 군주의 절대주의 권력과 시민 세력의 의회 권력 간의 긴장 관계가 최종적인 해결의 실마리

청교도 혁명: 1640년에 시작된 영국 시민 혁명의 핵심적 사건. 내전에서 의회파가 왕당파에게 승리함으로써 이루어졌다.
왕정복고: 영국 의회가 찰스 1세의 아들 찰스 2세에게 왕권을 반환함으로써 1660년에 스튜어트 왕조가 부활하였다.

를 찾은 것은 그로부터 20여 년이 더 흐른 후의 일이었다. 1685년 왕위에 오른 제임스 2세가 독단적으로 구교 부활 정책을 펴자, 의회의 지도자들이 네덜란드의 오렌지 공 윌리엄과 메리 부부를 영국의 새로운 왕으로 추대하고 제임스 2세를 추방하였다. 명예혁명(Glorious Revolution)이라고 불리는 이 무혈 혁명을 통해 왕권과 의회권의 분쟁이 마침내 종료되었고, 의회의 권한 범위가 확인되었다.

의회 정치의 탄생 명예혁명 이후 의회는 국가의 주요 정책을 결정하는 최고 정치 기구로 확립되었다. 그림은 1793년 하원에서 총리 윌리엄 피트가 연설을 하는 모습.

영국의 시민 혁명에 나타난 중요한 특징은 점진적 · 온건적 성격에 있었다. 도시의 부르주아지와 지방의 젠트리가 변혁을 주도하긴 하였지만, 시민 혁명 이후의 정치 체제는 이들이 국왕 및 작위 귀족과 권력을 분점하는 형태였다. 국왕은 비록 절대 권력을 상실하고 의회의 지지에 의존해야 하였지만 존재의 근거를 확인하였고, 의회에서는 신흥 부르주아지의 세력과 더불어 지주 세력도 일정한 비중을 유지하게 되었다.

그러나 이런 특징에도 불구하고 시민 혁명이 중대한 변화를 가져왔다는 사실만은 분명하였다. 법에 의한 통치라는 새 정치 · 사회 질서가 확립되었고, 사적 재산권의 보호가 철저하게 이루어지게 되었다. 국가의 주요 정책은 의회에서 결정되었으며, 그에 필요한 재원은

젠트리: 중간 규모의 토지 소유자 계층. 본래는 지주가 중심을 이루었으나 그 밖의 사람으로서 토지를 매입하여 지주가 된 사람도 포함하였다. 지방 유력자로서의 지위를 점차 강화하여 절대 왕정 시기부터는 치안 판사(magistrate)와 같은 공직을 장악하여 영향력을 확대하여 갔다.

의회의 승인을 통해 조달되고 지불되었다. 영국이 외국과의 전쟁 수행에 막대한 자금을 동원할 수 있는 강력한 국가가 된 데에는 시민 혁명이라는 역사적 변화가 중요하게 작용하였다.

프랑스 혁명의 전개

프랑스에서는 영국과 달리 시민 혁명이 급진적이고 철저한 방식으로 진행되었다. 프랑스는 중상주의 시대에 네덜란드와 영국을 위협한 강력한 경쟁자였고, 루이 14세와 같은 절대 군주는 유럽에서 프랑스의 경제적 · 사회적 · 문화적 지위를 크게 고양시키기도 하였다. 그러나 내부적으로는 재정적 기반이 견고하지 못하다는 고질적인 취약점을 가지고 있었다. 1720년의 미시시피 버블로 국가 재정이 위기 상황에 몰린 이후에도 프랑스는 좀처럼 경제 회복의 전기를 마련하지 못하였다. 미국 독립 전쟁에 대한 지원으로 재정 부담은 더 커졌다. 구체제(Ancien Régime) 하에서 특권 신분층인 성직자와 귀족은 대부분의 직접세를 면제받았고 농민과 수공업자들에게만 세금이 중과되었기 때문에, 정부가 조세 수입을 늘리기는 근본적으로 어려웠다.

제3 신분의 서약 1789년 6월 제3 신분은 이른바 '테니스 코트 서약'을 통해 헌정 질서가 회복될 때까지 조직을 해산하지 않겠다고 선언하였다.

1789년에 루이 16세가 중세적 제도인 삼부회를 다시 소집하게 된

구체제: 프랑스 혁명 이전의 절대주의 체제와 그를 구성하던 여러 제도를 총체적으로 지칭한다.

것도 취약한 재정 문제에 대한 고육지책이었다. 연속된 흉작과 국왕의 미숙한 통치력에 대한 대중의 반감을 고려하지 못한 그릇된 선택이었다. 프랑스의 신분 구조를 보면, 성직자(제1 신분)와 귀족(제2 신분)이 전체 인구의 2% 남짓하였지만, 삼부회에서는 2/3의 의결권을 보유하고 있었다. 나머지 98%의 인구는 제3 신분에 속하였는데, 그 중에는 약 100만 명의 부르주아지와 훨씬 많은 수의 농민, 소작농, 노동자, 그리고 농노가 포함되어 있었다.

혁명의 본격적 시작 정치범들이 수감되어 있을 것이라고 여겨진 바스티유 감옥을 시민군이 공격함으로써 프랑스 혁명의 진정한 막이 올랐다.

중세적 전통을 깨고 삼부회를 구성하던 세 신분 가운데 제3 신분이 독자적인 정치적 권리를 주장하면서 프랑스 혁명의 서막이 올랐다. 정국이 소용돌이치고 여러 차례 국면이 전환되면서, 소(小)부르주아와 소(小)농민 계층의 합류를 계기로 시민군이 승기를 잡았고, 마침내 국왕은 단두대에서 생을 마감하였다. 이런 이유로 인해 프랑스의 시민 혁명은 급진적이고 평등 지향적인 성격을 지니게 되었다. 대표적인 사례가 토지 개혁으로, 혁명에 저항한 대지주의 토지가 무상으로 수용되고 분할되어 소농민에게 무상 지급되었다.

프랑스 혁명은 절대 왕정의 완전한 철폐를 정치적 목표로 하였고, 혁명의 이념은 「인권 선언문」에 구체적으로 표현되었다. 계몽주의에 입각한 이 문서는 모든 인간이 출신 배경과 상관없이 자유롭게 태어

인권 선언문: 1789년 8월 26일 제헌국민회의가 공포한 선언문. 자유, 평등, 저항권, 주권 재민 등 인간으로서 누려야 할 권리를 담았으며, 프랑스 헌법을 비롯하여 세계 여러 나라의 헌법 및 정치에 중대한 영향을 미쳤다.

났으며, 천부의 권리로서 여러 기본권을 누릴 자격이 있음을 천명하였다. 계몽주의 사상가 루소(J. J. Rousseau)는 전제 권력에 대해 날카로운 비판의 날을 세웠으며, 시민의 자유를 강조함으로써 혁명의 사상적 기초를 제공하였다. 「인권 선언문」은 근대적 인간의 가치와 권리에 대한 숭고한 선언의 상징으로서 인류의 역사에 큰 획을 그은 역사적 유산이었다.

프랑스 혁명은 다른 측면에서도 세계사에 영향을 끼쳤다. 혁명의 불길이 국경을 넘어 번져 나갈 것을 우려한 유럽의 왕정들은 연합 세력을 형성하였다. 이 세력과 혁명의 와중에 쿠데타로 권력을 장악한 나폴레옹이 이끄는 프랑스와의 전쟁은 불가피하였다. 1792년에 발발하여 1815년까지 이어진 나폴레옹 전쟁(Napoleonic War)에는 영국, 프로이센, 오스트리아, 러시아 등 유럽 대부분의 열강들이 참가하였다. 1804년 황제로 즉위한 나폴레옹이 승전을 거듭함에 따라 유럽의 많은 지역이 프랑스의 지배 아래에 놓이게 되었다. 나폴레옹 전쟁은 무력을 통해 유럽 통합을 시도한 사례라고 볼 수 있다. 그러나 강제적 통합에는 완강한 저항이 뒤따랐다.

스페인의 저항과 민족 의식 1808년 마드리드 시민들이 일으킨 반나폴레옹 봉기는 가혹한 진압으로 막을 내렸다. 고야의 그림에서 민족적 저항 의식을 엿볼 수 있다.

루소(1712–1778): 프랑스의 계몽주의 사상가. 조화에 기초한 사회 계약론을 주장하였다. 프랑스의 시민 혁명에 중요한 영향을 끼쳤다.

프랑스의 지배에 놓였던 유럽의 여러 지역에서 외세를 물리치자는 애국주의적 저항 의식이 높아졌고, 이런 분위기는 민족 의식으로 발전해 갔다. 동일한 문화 · 언어 · 역사를 공유하며, 무엇보다도 운명 공동체라는 인식을 공유하는 사회적 집단 의식이 대두하였다. 19세기를 거치면서 유럽 국가들의 정치적 통일과 경제적 근대화를 이끄는 중요한 추동력으로 작용하게 될 민족주의(Nationalism)의 싹이 이 시기에 형성되었던 것이다.

도량형의 통일 프랑스는 십진법에 기초한 미터법을 체계적으로 정비함으로써 여러 국가들에게 영향을 주었다.

프랑스 혁명과 나폴레옹 전쟁은 본질적으로 프랑스의 정치 변혁이고 유럽의 열강들이 충돌한 유럽 전쟁이었지만, 이들이 세계적 충격을 가져왔다는 점도 중요하였다. 세계 각지의 유럽 식민지들, 특히 중남미의 많은 지역들이 전쟁 중에 독립의 기회를 맞았다. 이렇듯 프랑스 혁명과 나폴레옹 전쟁은 애초에 의도하지 않았던 탈식민지화의 흐름을 대서양 건너편에서 만들어 냈다.

종전과 더불어 유럽은 평화를 되찾았고, 패전국 프랑스의 위세는 축소되었다. 그러나 프랑스가 이룩한 제도 개혁은 오랫동안 강한 영향력을 미쳤다. 1804년에 편찬된 민법전은 자유와 평등의 원리와 더불어 새로운 시대에 부합하는 경제 질서를 담았다. 도량형의 정비는 시장 통합과 경제 활동의 활성화에 유리한 환경을 이끌었다. 나폴레

민족주의: 문화와 역사를 공유하는 사회 공동체 의식을 사회의 조직과 운영의 기본 단위로 삼는 이데올로기.

옹 치하에서 이루어진 교육과 행정 부문의 개혁도 혁명 이후에 계속 유지되었다. 이런 제도적 변화는 프랑스 통치기에 유럽의 다른 국가들에게 도입되었고 전후에도 지속적으로 영향을 끼쳤다. 민법전과 도량형은 널리 파급되었으며, 스페인, 프러시아, 이탈리아에서 개혁가들은 나폴레옹이 제시하였던 국가 모델을 염두에 두고 정책을 짰다.

미국의 독립 전쟁과 남북 전쟁

미국은 영국의 식민지 상태에 놓여 있었기 때문에 시민 혁명의 성격도 유럽의 국가들과는 달랐다. 군주제와 중상주의를 극복하는 것은 영국의 간섭 배제, 다시 말해 영국으로부터 독립을 통해서만 가능하였다. 영국은 북아메리카 동부의 식민지 13개 주를 통치하는 데 필요한 자금을 미국에서의 과세를 통해 조달하였는데, 이런 결정을 내리는 영국 의회에 식민지 대표자는 참석하지 못한다는 사실이 분쟁의 원인이 되었다.

보스턴 티 파티 식민지 미국에 대한 영국의 과세 정책과 자치권 무시 정책은 미국인의 반발을 낳았다. 보스턴의 급진파 시민들이 인디언 분장을 하고 항구에 정박 중인 동인도 회사 소속 선박에 올라타 차 상자들을 바다에 버리고 있는 모습.

1773년 영국 동인도 회사에서 들어온 차 상자들을 미국인들이 바다에 던져 버리는 이른바 **보스턴 티 파티**

보스턴 티 파티: 영국은 식민지 미국에서 차 무역의 독점권을 동인도 회사에게 부여하는 관세법을 1773년에 제정하였다. 식민지 자치에 대한 영국의 간섭에 격분한 보스턴의 급진파 시민들은 항구에 정박 중인 동인도 회사의 선박을 습격하여 저장된 차를 바다에 버렸다. 영국 정부는 손해 배상을 요구하고 식민지 탄압을 강화하였고 식민지 시민들은 저항의 수위를 높임으로써, 결국 미국 독립 혁명의 직접적 발단이 되었다.

(Boston Tea Party) 사건이 독립 전쟁(War of Independence), 즉 미국 시민 혁명의 도화선이 되었다. 식민지 각 주의 대표들이 강하게 결속하고 영국과 적대적 관계에 있었던 프랑스와 스페인의 지원을 받은 데 힘입어, 영국과의 힘겨운 전쟁을 승리로 이끌었다. 승전으로 미국은 중상주의 식민지가 지녔던 종속적 체제를 극복할 전기를 마련하였다. 1776년 미국 의회가 채택한 「독립 선언서」는 1789년에 제정된 프랑스의 「인권 선언문」과 마찬가지로 계몽주의에 입각하여 인권과 자연법 사상을 천명하였다.

예속을 피해 흑인 노예들이 플랜테이션을 벗어나 자유를 찾아 도망가고 있다.

미국의 독립 전쟁은 왕정을 타파하고 시민의 권리를 확립하였다는 점에서 영국과 프랑스의 시민 혁명과 유사하다. 그러나 미국의 독립 전쟁은 신분제를 철폐하지 못하였다는 점에서는 차이를 보였다. 인권은 아직 백인에게만 적용되는 것이었을 뿐, 아프리카에서 건너온 노예들에게는 신분제의 굴레가 강력하게 존속하였기 때문이었다. 미국의 경제, 특히 남부의 경제가 대규모 플랜테이션을 기반으로 삼고 있었고, 여기에 아프리카에서 데려온 노예의 고용이 필수적이었다. 따라서 미국에서 노예라는 신분제를 철폐하는 데 엄청난 사회적 마찰이 수반되었다. 신분제 철폐라는 미완의 과업은 결국 1860년대 남북 전쟁(American Civil War)이라는 무력 충돌에 의해 정리가 될 운명이었다.

남북 전쟁(1861–1865): 노예 해방 문제 등을 둘러싼 갈등이 비화되어 북부 주들과 남부 주들이 군사적으로 격돌한 전쟁. 북군의 승리로 종결되었다.

남북 전쟁이 진행중인 1863년 링컨 대통령에 의해 노예 해방이 선언되고 북군이 승전을 함으로써 미국의 시민 혁명은 최종적으로 완수되었다. 독립 전쟁을 1차 시민 혁명, 남북 전쟁을 2차 시민 혁명이라고 부르기도 하는데, 그 이유가 바로 여기에 있었다.

프로이센 시민 혁명의 특징

마지막으로 유럽에서 상대적으로 후진국이었던 프로이센의 개혁을 보면, 서유럽에 비해 낙후한 경제 구조와 사회 체제로 인해 시민 혁명의 필요성이 '아래로부터' 제기될 만큼 상황이 무르익지 않았다. 그런 가운데 정치 지도자층이 경제 발전과 사회 발전을 위해 개혁이 필요하다고 판단하여 '위로부터' 변화가 시작되었다. 변화의 결정적 계기는 나폴레옹 전쟁이었다. 프랑스 군대의 점령 하에서 농노제, 길드제와 같은 봉건적 제도들이 폐지되자, 프로이센의 구체제는 심대한 타격을 입었다. 또한 나폴레옹 전쟁에서 패배함에 따라 프로이센은 영토의 절반을 상실하고 거액의 배상금을 프랑스에게 물어 주어야 하였다. 프랑스의 점령과 지배는 프로이센 인들에게 민족주의 의식을 불러일으켰고, 이러한 자각은 비록 제한적이었지만 나름의 시민 혁명이 발생하는 배경이 되었다. 이로 인해 국내 관세가 전면적으로 철폐되고 영업의 자유라는 원칙이 도입되었다. 그러나 공업 발달이 지체된 독일에서 길드의 규제 권한은 상당한 정도 유지되었다. 길드의 영향력이 소멸하게 된 것은 1845년에 이르러서였다.

공통적 영향

이상에서 살펴본 것처럼 서구 각국에서 시민 혁명은 시기와 진행

속도를 달리하면서 진행되었고 성과도 일률적이지 않았다. 이러한 차이에도 불구하고, 시민 혁명은 봉건적 또는 절대주의적 정치 체제와 경제 제도를 철폐하고 시민이 자유롭게 영업을 할 수 있는 환경을 조성하였다는 공통점을 지녔다. 자본주의의 발전은 시민 혁명의 필요성을 부각시켰고, 또한 시민 혁명은 자본주의의 추후 발전에 유리한 기반을 조성하였다.

2. 영국의 산업 혁명은 얼마나 혁명적이었나?

산업 혁명의 중요성

영국은 세계에서 처음으로 산업 혁명이라는 거대한 변혁을 경험하였다. 영국의 산업 혁명은 좁게 정의하자면 18세기 중반에서 19세기 전반에 이르는 시기에 발생한 기술 혁신과 공업 생산 조직의 변화를 말하고, 넓게 정의하면 이러한 경제적 변화와 함께 발생한 인구 증가, 도시화, 경제적 자유의 확대 등을 포함하는 총체적인 사회적 · 경제적 변화를 말한다.

산업 혁명이 인류의 생활에 미친 가장 중요한 변화는 생활 수준의 향상이었다. 과거에도 1인당 소득이 증가한 시기가 없었던 것은 아니지만, 이런 소득 증가는 시간이 흐르면서 인구의 증가에 의해 상쇄되어 버리곤 하였다. 즉, 결국에는 맬서스 트랩을 벗어나지 못하게 됨으로써 1인당 소득은 장기적으로 일정한 수준에 수렴하는 경향이 있었다. 그러나 1800년 전후에 발생한 산업 혁명 이후 이른바 대분기(Great Divergence) 시기에 1인당 국민 소득은 눈부신 증가를 기록하였다.

대분기: 부국과 빈국 사이의 격차가 본격적으로 크게 벌어지는 현상.

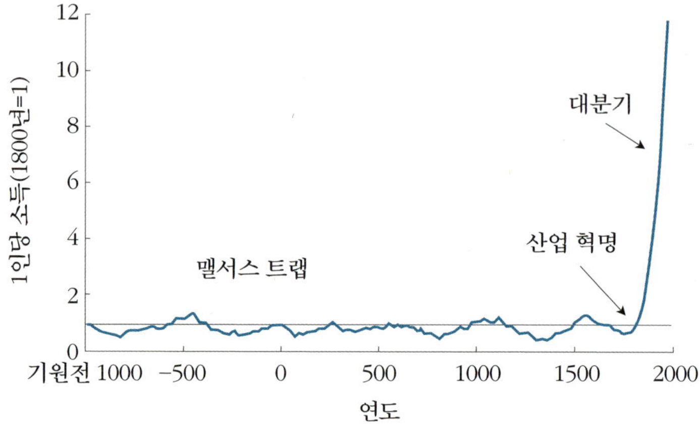

영국 1인당 소득의 장기적 추이
자료: 클라크(2008).

그런데 이 시기는 인구 증가가 빠르게 진행된 시기이기도 하였다. 서유럽 전체에서 18세기 후반의 50년 동안 인구가 17%에 가깝게 증가하였고, 이어서 19세기 전반의 50년 동안에는 인구 증가율이 35%에 육박하였다. 잉글랜드에서는 두 기간의 인구 증가율이 각각 50%와 92%에 이르러, 유럽에서 가장 높은 수치를 기록하였다. 산업 혁명 시기 영국의 1인당 소득 증가가 인구 감소에 의한 것이 아니며, 오히려 인구 증가와 동시적으로 발생하였다는 점은 매우 중요하다. 1인당 소득의 증가와 인구 증가가 동시에 발생하는 현상은 영국 경제가 맬서스 트랩을 탈출하였다는 의미가 된다.

혁명적 격변이었나, 연속적 변화였나

산업 혁명이 낳은 영향이 얼마나 혁명적이었나? 이에 대한 대답은 비교의 기준에 따라 다르다. 우선 현대 경제학에서 널리 사용되는 개념들, 예를 들어 공업 생산이나 GDP를 기준으로 하여 18세기 후반에서 19세기 전반까지의 경제적 변화를 살펴보자.

공업과 광업의 발달 증기 기관이 개발되고 석탄을 사용하면서 동력의 혁신이 발생하자, 광업과 같은 다른 산업에서도 새로운 변화가 발생하였다.

근래에 이루어진 추계 작업은 오랜 기간 통념으로 받아들여졌던 것보다 실제 성장의 속도가 느렸음을 보여 주고 있다. 이제 많은 경제사학자들은 산업 혁명이 공업 부문을 급속히 성장시키거나 GDP를 빠른 속도로 증가시키지 않았다는 데 동의하며, 그들 가운데 일부는 산업 '혁명'이라는 용어의 사용에 부정적인 입장을 나타내기도 한다.

그러나 경제 변화의 내면을 자세히 살펴보면, 이와는 다르게 평가할 근거를 찾을 수 있다. 무엇보다도 산업 구조에 중대한 변화가 발생하였다. 농업의 비중이 줄어들고 그 자리를 공업과 일부 서비스업이 차지하였다. 성인 남성 노동력 중 농업에 종사하는 인구의 비율이 1700년에는 61%나 되었지만, 이 비율이 1760년에는 53%, 1800년에는 41%, 그리고 1841년에는 29%로 뚜렷한 감소 추세를 보였다. 산업 혁명을 거치면서 경제의 중추를 이루는 산업이 농업에서 공업으로 전환하였다는 사실은 큰 의의를 지닌다.

공업 분야 내부의 구조 변화에도 주목할 필요가 있다. [표 6-1]은 산업 혁명 기간에 공업 분야에 속한 각 세부 산업이 얼마나 빠른 성장을 하였는가를 보여 준다. 1841년을 100으로 놓았을 때 1770년과 1815

【표 6-1】 1770-1841년 산업별 생산 지수(1841년=100)

(단위: %)

기간	1770년	1815년	1841년
면	0.8	19	100
모	46	65	100
린넨	47	75	100
실크	28	40	100
의류	20	43	100
피혁	41	61	100
금속	7	29	100
음식	47	69	100
제지 및 인쇄	17	47	100
광업	15	46	100
건축	26	50	100
기타	15-50	40-60	100

자료: Harley(1993), 181쪽.

년에 업종별 생산 수준을 담고 있다. 구(舊)공업이라고 볼 수 있는 모, 린넨 등의 직물 공업과 피혁 공업, 그리고 식품 공업은 1770-1841년 동안에 겨우 두 배를 약간 상회하는 성장을 하였을 뿐이다. 같은 기간에 인구가 많이 증가하였고 1인당 소득도 다소 증가하였다는 점을 놓고 본다면, 이 업종들의 성장률은 부진하였다고 평가할 수 있다. 이와 대조적으로 신(新)공업의 대표격인 면 공업은 같은 기간에 무려 125배의 성장을 기록하였다. 금속 공업(14배), 광업(7배) 등도 눈부신 성장세를 보이면서 산업 혁명을 이끈 성장 동력 산업임을 과시하였다. 이 업종들의 성장세는 혁명적이라 부르기에 부족함이 없다.

산업 혁명이 시작된 시점에서 보면, 영국 경제는 농업 위주의 산업 구조를 가졌고, 공업 부문에서는 전통적 업종이 주종을 이루고 있었다. 그 후 산업 혁명이 새로운 업종 중심으로 진행되면서 경제는 전통 부문과 근대 부문으로 나뉜 이중 구조로 발전하였고, 후자가 전자를 점차 압도하는 추세가 되었다. 다시 말하면, 산업 혁명은 비중이 극히 낮았던 근대 부문이 경제에서 차지하는 비중을 높여 가는 형태로 진행되었다. 산업 혁명 시기에 경제 전체의 성장률이 그다지 높지 않았던 이유는 바로 이런 상황 때문이었다. 근대 부문만을 떼어 놓고 보면, 1770-1815년 동안에 매년 면공업은 7%, 제철 공업은 3%, 석탄 공업은 2.5%의 높은 성장률을 기록하였다.

근대 부문의 획기적 발달 19세기 중반 철 공장의 모습은 근대 부문의 눈부신 성장을 보여 주는 좋은 사례이다.

한 걸음 더 나아가 일부 학자들은 변화의 혁명성을 논하기에 경제적 변화의 양적 계측만으로는 부족하다고 지적한다. 산업 혁명이 직·간접적으로 초래한 사회 경제 체제가 과거와는 질적으로 차별화된다는 것을 이들은 강조한다. 계약에 기초한 경제적 관계가 지배적인 상황이 되었고, 공업 도시가 성장하여 많은 인구가 익명적이고 개인주의적인 도시 환경에 적응하며 살아가야 하였으며, 공장에서 일하는 노동자가 대표적인 생산자층이 되었다는 점 등은 거시 경제적 변수의 계측으로서는 포착하기 어렵지만 세계사적 의미가 막대하다는 것이 이들의 주장이다. 산업 혁명의 혁명성 논의의 초점은 변화의 속도가 빨랐는가가 아니라 변화가 얼마나 근본적이고 구조적이었나에 맞추어져야 한다는 것이다.

결론적으로 말하면, 통상 산업 혁명기라고 일컬어지는 시기의 경제 성장률이나 공업 생산의 증가율은 이전 시기보다는 높았지만 현재의 기준으로 본다면 그리 높다고 보기 어려운 수준이었다. 그러나 산업 혁명 시기를 거치면서 경제와 사회의 구조와 운영 원리가 변화된 모습을 본다면 산업 혁명이 남긴 역사적 영향은 심대한 것이었다고 볼 수 있다.

3. 산업 혁명은 어떻게 진행되었나?

기술 혁신의 집중

산업 혁명 시기에 경제가 질적으로 발전하고 양적으로 성장할 수 있었던 요인은 무엇일까? 설명의 편의를 위해 공급 측면과 수요 측면을 나누어 보기로 하자. 공급 측면은 생산 요소인 노동, 자본, 인적 자본, 천연자원 등의 투입과 이들을 결합하는 기술을 말한다. 산출이 증가하려면, 개별 생산 요소의 투입이 증가하거나 기술이 진보해야 한다. 아래에서 우선 기술 진보가 산업 혁명 시기에 구체적으로 어떻게 이루어졌는가를 살펴보고, 다음으로는 네 생산 요소의 투입과 관련된 변화를 설명할 것이다. 수요 측면에서는 소득과 기호의 변화가 중요한 키워드가 된다.

기술 혁신은 산업 혁명을 성공적으로 이끈 원동력이었다고 널리 인정된다. 기술사학자 모키어(J. Mokyr)의 정의에 따르면 산업 혁명이란 다수의 **거시 발명**(macroinvention)이 짧은 기간에 집중적으로 발생한 현상을 말한다. 그가 거시 발명이라고 부르는 것은 경제의 다른 부문에 미치는 영향이 지대해서 수많은 **미시 개량**(micro-improvement)을 이끌어 낼 수 있는 종류의 기술 혁신을 말한다. 다수의 거시 발명이 상호

거시 발명: 경제 전반에 끼치는 영향력이 크고, 후발 발명과 개량을 낳게 되는 종류의 핵심적 발명.
미시 개량: 거시 발명이 가져온 개선 효과를 더욱 향상시키는 결과를 가져오는 소규모의 기술적 진보.

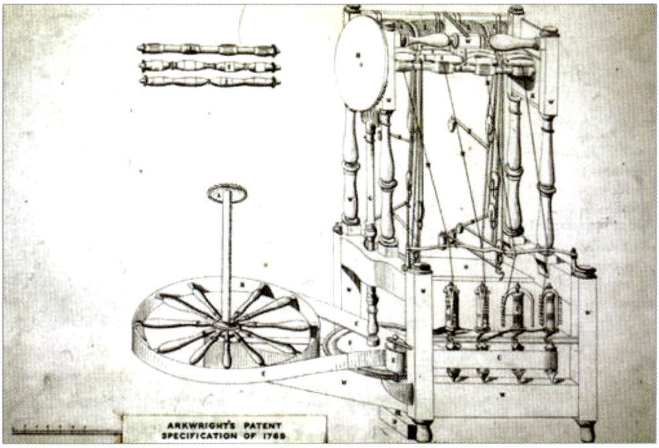

아크라이트의 특허 기술 1769년 특허를 획득한 아크라이트의 방적기. 바퀴는 애초에 말이 돌리게 되어 있었지만, 나중에 수차를 이용하는 것으로 개량되었기 때문에 통상 수력 방적기라고 부른다.

작용을 하면서, 그리고 뒤를 이어 발생하는 다양한 미시 개량을 통해 경제에 광범위한 긍정적 충격을 주는 과정이 산업 혁명이었다는 것이다.

산업 혁명을 이끈 가장 중요한 산업은 면 공업이었다. 면 공업은 국내외 수요의 증가와 원료인 면화의 원활한 공급 확대에 힘입어 크게 발달하였다. 면 공업의 발달 과정은 기술 혁신이 구체적으로 어떤 과정을 통해 이루어지는가를 잘 보여 준다. 어떤 제품의 제조에 있어서 생산성은 궁극적으로 효율이 가장 떨어지는 공정에 의해 좌우된다. 한 공정에서 생산에 애로가 발생하면 그 공정으로 기술 혁신을 이루려는 노력이 집중된다. 그 결과 실제로 기술 혁신이 해당 공정에서 발생할 가능성이 높고, 그러면 다음으로 효율이 떨어지는 공정에서 생산 애로가 발생하도록 만든다. 이에 따라 새로운 기술 개발의 유인이 이 공정에 집중된다. 이런 방식으로 생산의 기술 진보가 발생하는 것이다.

1750년대부터 씨실을 넣은 북이 자동적으로 날실 사이를 건너지르게 하는 비사(fly shuttle)가 널리 보급되어 방직 작업의 속도가 빨라졌다. 이에 따라 직물 제조의 생산성이 3배 이상 증가하여 실이 부족해

비사: 케이(John Kay)가 1733년에 발명한 직기로, 끈을 당기면 북이 자동으로 좌우 운동을 반복하도록 설계되어 있다. 양손으로 북을 조작하던 종전의 방식에 비해 생산성이 크게 향상되었다.

역직기가 설치된 공장 많은 수의 역직기가 설치된 1830년대의 방직 공장. 동력은 벨트를 통해 전달되었는데, 남성의 손에 들려 있는 것처럼 종종 끊어지곤 하였다.

지는 사태가 발생하자, 방적 부문의 기술 혁신이 절실히 요구되었다. 이에 대한 반응으로서 1760년대에 제니 방적기(spinning jenny)와 수력 방적기(water frame)가 발명되었다. 그리고 양자의 장점을 결합하여 가늘면서도 강한 면사를 만들어 낼 수 있는 뮬 방적기(mule spinning frame)가 1770년대에 제작되면서, 인도산 고급 면직물에 견줄 경쟁력을 획득할 수 있게 되었다. 그러자 이제는 방직 작업의 속도가 면사 생산의 속도를 따라가지 못하게 되었는데, 이를 해결한 것이 1785년에 발명된 역직기(power loom)였다. 마지막으로 미국에서 조면기(cotton gin)가 발명되어 면화 수확의 생산성을 크게 향상시킴으로써, 공급의 애로를 방지하는 데 결정적인 기여를 하였다. 이상과 같은 일련의 기술 진보에 힘입어 면 공업은 영국의 주축 산업으로 눈부시게 성장하였다. 영국의 총수출에서 면 제품이 차지하는 비율이 1784-1786년에 6.0%에 불과하였으나, 1830년에는 영국의 총수출 중 절반 이상을 면 제품이 차지하게 되어 명실상부하

제니 방적기: 하그리브스(James Hargreaves)가 발명한 수동 방적기로, 여러 개의 방추(紡錘)를 기계에 장치하여 동시에 조작할 수 있도록 함으로써 방적 작업의 속도를 비약적으로 상승시킨 기계.

수력 방적기: 다수의 방추를 단 방적기를 수차(水車)와 연결하여 수력으로 작동하게 만든 기계. 개발자인 아크라이트(Richard Arkwright)는 이 방적 기계를 설치한 공장도 건설하였다.

뮬 방적기: 크럼프턴(Samuel Crompton)이 개발한 방적기로 가늘면서도 강한 실을 뽑는 성능이 뛰어났다. 제니 방적기와 수력 방적기의 잡종이라는 뜻에서 뮬(나귀)이라고 불리었다.

역직기: 전동기와 같은 동력을 사용하여 운전하는 직기로 카트라이트(Edmund Cartwright)가 발명하였다. 이 기계의 도입으로 수련 수직공들의 대량 실업이 발생하였다.

조면기: 면화에서 끈끈한 면실(棉實)을 분리해 내는 기계. 이 기계의 등장으로 노동자 한 명이 하루에 분리해 내는 면화의 양이 무려 50배나 증가하였다.

게 산업 혁명을 상징하는 산업이 되었다.

금속 공업, 특히 제철 공업은 산업 연관 효과가 커서 기계 공업, 석탄 공업 등 다른 산업의 발달에 크게 기여하는 산업이었다. 제철 기술 발달의 핵심은 전통적 연료인 목탄을 대신하여 석탄을 사용하는 데 있었다. 목탄의 사용은 제철소의 입지를 삼림 지역으로 제한하는 문제를 지녔는데, 18세기 초가 되자 삼림 자원이 고갈되면서 제철용 목탄을 구하기가 어려워졌다. 맬서스 트랩을 연상시키는 이 난점을 해결할 실마리를 제공한 것은 새로운 연료였다. 석탄으로 만든 코크스(cokes)를 연료로 사용하여 선철을 만드는 방법이 개발된 것이었다. 그렇지만 봉철은 여전히 대부분을 스웨덴으로부터 수입해야 하였는데, 교반 및 압연법(puddling and rolling process)이 개발됨으로써 봉철을 대량 생산하는 길이 열렸다. 1830년대부터 제철 공업의 중요성은 더욱 커졌다. 지속된 기술 진보의 결과로 19세기 중반 영국은 세계 선철 생산의 1/2을 차지하였고, 수입하던 봉철도 대량으로 생산하여 수출하게 되었다.

공장과 공해 공장이 밀집한 지역에서는 공기와 물의 오염이 심하였다. 그림은 웨일스 남부의 동 제련 공장의 모습.

광업도 산업 혁명사에서 빼놓을 수 없는 산업이다. 특히, 석탄 공

교반 및 압연법: 교반(攪拌)은 선철을 코크스로 가열하여 녹인 후 쇠막대로 휘저어 탄소를 제거하는 방법이고, 압연(壓延)은 녹인 쇳물을 롤러 사이에 흐르게 하여 함유된 불순물을 제거하는 방법이다. 코트(Henry Cort)가 개발하였다.

증기 기관의 도입 새로운 동력원으로 등장한 증기 기관은 빠르게 생산 현장에 보급되었다.

업은 새로운 에너지 공급을 가능하게 한 기반으로서 매우 중요하였다. 영국은 풍부한 석탄 자원을 보유하였지만, 채굴량이 증가하면서 갱도가 깊어지는 기술적 문제에 봉착하였다. 심각한 배수 문제는 증기 펌프의 사용으로 해결 방안을 찾았고, 폭발성 가스의 문제는 안전등의 발명을 통해 해결하였다. 유럽 각국의 채탄량을 보면, 영국은 19세기 초는 물론이고 1860년에도 독일, 프랑스, 벨기에, 미국의 채탄량을 합한 것보다 거의 두 배나 많은 석탄을 채굴하였다.

공업 각 부문의 기술 진보에 결정적인 기여를 한 것은 증기 기관(steam engine)의 개발이었다. 광산의 통풍 문제 및 배수 문제를 해결하기 위해 뉴커먼(Thomas Newcomen)이 개발한 기압 기관은 18세기 초 영국 전역의 탄광에 널리 도입되었다. 그러나 이 장치는 연료 사용량에 비해 효율이 낮다는 문제점을 지니고 있었다. 와트(James Watt)는 기계의 원리에 대한 과학적 지식과 실용적인 기계를 제작하고자 하는 숙련공으로서의 열정을 결합하여 증기 기관을 개량해 갔다. 그의 기술력에 사업 파트너인 볼튼(Matthew Boulton)의 자본력이 더해짐으로써, 마침내 1775년에 최초의 본격적 증기 기관이 탄생될 수 있었다. 와트의 증기 기관은 뉴커먼의 기압 기관에 별도의 응축기(condenser)를 달아 효율을 비약적으로 증가시킨 것이었다.

기압 기관: 증기력을 이용해 물을 퍼내도록 고안된 동력 장치. 뉴커먼이 개발하여 많은 탄광에서 사용되었는데, 열효율은 낮은 편이었다.

교통 수단의 혁신

교통 수단의 발달은 물자의 이동을 쉽게 함으로써 시장을 확대시키고, 인력의 이동을 촉진함으로써 생산 요소의 공급을 원활하게 한다. 영국의 도로 교통은 전통적으로 지방 자치 단체의 관리 하에 있었는데, 개별 지자체의 재정 상황에 따라 열악한 상황에 놓인 경우가 많았다. 18세기 중엽 이후 민간 유료 도로인 **턴파이크(turnpike)**가 곳곳에 건설되어, 1770년에는 2만 4,000km나 되는 유료 도로가 전국을 연결하였다. 또한 새로운 도로 포장법이 개발되어 무거운 하중을 견디는 양질의 도로가 건설됨으로써 육상 교통이 발전하였다. 도로의 개선은 편안한 여행을 가능하게 하여 역마차의 인기가 급상승하였으며, 우편 마차 제도를 발전시켜 정보의 이동 속도를 획기적으로 향상시키는 효과를 낳았다.

스티븐슨이 개발한 기관차 철도 건설의 전기를 마련한 기관차 '로켓'을 촬영한 1860년대 사진.

중량이 큰 화물은 도로를 통한 운송보다 수운이 더 경제적이었다. 18세기 후반에 발생한 운하 건설 붐은 영국의 하천을 대부분 연결하는 내륙 수로망을 완성시켰다. 운하를 통한 운송은 높은 경제성을 보였다. 예를 들어, 맨체스터와 리버풀을 연결하는 운하의 개통은 두 지점 사이의 운송비를 절반으로 감소시켰

턴파이크: 이용자에게 요금을 징수하는 민자 도로로서, 마차 교통 시대에 유럽에서 교통과 운송의 개선에 기여를 하였다.

다. 또한 운하 건설 자체가 다수의 인력과 거액의 자본, 발달된 토목 기술을 필요로 하였으므로, 경제 전반을 자극하는 역할을 하였다.

교통 수단 발달의 귀착점은 철도였다. 철도는 운송량이 많으면서도 운하가 지닌 지리적·계절적 취약성으로부터 자유로울 수 있었기 때문이다. 철도 발달에 핵심적인 기술적 문제는 충분한 견인력을 갖춘 증기 기관차를 개발하는 것이었다. 트레비식(Richard Trevithick)이 1801년에 최초로 증기 기관차를 개발하면서 문제 해결의 길이 열렸다. 광산 기사인 스티븐슨(George Stevenson)은 1830년 리버풀과 맨체스터 구간에서 기차가 말보다 빠른 운송 수단이 될 것임을 입증하였다. 이후 철도망이 전국적으로 급속히 구축되면서 수송 능력의 획기적 개선과 대규모 고용 창출 등을 통해 영국의 경제 성장에 중요한 역할을 하였다.

여성 노동과 아동 노동 면 공업에서는 기술적 특성상 어린이와 여성이 많이 고용되었다.

노동, 자본, 천연자원, 인적 자본

생산 요소의 증가도 산업 혁명의 중요한 요인이었다. 산업 혁명 시기 공업 부문이 수요하였던 노동은 어디로부터 어떻게 공급되었을까? 노동 공급의 가장 기본적인 원천은 인구 증가였다. 인구의 자연적 증가만이 아니라 지역적 인구 이동도 노동 공급의 중요한 원천이 되었다. 농촌에서 토지 소유의 집중화가 진행되고 농업 생산성이 증가하면서 도시로 빠져 나갈 수 있는 노동력의 규모가 커졌기 때문이다.

노동과 고용의 내용에서도 변화가 발생하였다. 19세기 중엽에 50만 명 이상의 인력을 고용하였던 면 공업에서는 기술적 특성상 남성 노동보다 여성 노동과 아동 노동이 더 요긴하게 쓰였다. 석탄 공업에서도 갱도가 깊어지면서 점차 몸집이 작은 어린이가 고용되었다. 여성과 아동은 임금이 상대적으로 낮고, 규율하기가 용이하였으며, 기계 사이를 민첩하게 오가거나 제한된 공간에서 일하기에 신체적으로 적합하였다. 노동자의 수가 많아지면서 계급 의식이 점차 성장하고

기록 6-1 공장제에 대한 긍정적 시각

유어(Andrew Ure)는 영국 산업 혁명 시기에 공장제의 확산이 가져올 효과를 낙관적으로 이해한 대표적인 저술가였다. 그가 1835년에 쓴 책의 일부를 읽어 보자.

나는 여러 달에 걸친 최근의 여행을 통해 공업 지역들을 돌아보았다. 과거의 작업 양식으로는 밥벌이를 하기 어렵던 수만 명의 허약한 노인, 젊은이, 중년의 남녀가 이제는 충분한 식량과 의복과 숙소 비용을 벌고 있었다. 이들은 땀 한 방울도 흘리지 않고, 한여름의 뙤약볕과 한겨울의 서리로부터 차단된 채로 일하였다. 이들의 건물은 우리 국회 의원들과 멋드러진 귀족들이 모인 대도시의 건물보다도 환기가 잘 되고 건강에 좋았다.

이 넓은 방안에서 자애로운 증기 동력이 중심이 되어 수많은 소소한 기계 부분 각각에게 적절한 작업을 할당한다. 증기 기관의 엄청난 팔에서 나오는 에너지가 근육을 써서 고통스럽게 행하던 노동을 대체한다. 그리고 대신에 작업장에서 통상 발생하는 사소한 불량에 주의를 기울이고 세밀하게 손을 본다. 동력의 움직임은 아주 부드러워서 레이스 기계의 조그만 실패를 아주 정교하고 빠르게 작동시킨다. 극히 숙달된 손동작이나 극히 날카로운 눈으로도 흉내낼 수 없는 수준이다. …아시아나 이집트나 로마의 전제정이 자랑하던 기념물보다도 숫자와 가치와 유용성과 창의성 면에서 앞서는 놀라운 건축물들이 불과 50년이라는 짧은 기간에 우리 왕국에서 건립되었다. 자본과 산업과 과학이 얼마나 국가의 자원을 늘리는지, 그리고 동시에 국민의 여건을 향상시키는지를 여실히 보여 준다.

자료: Ure(1835), 17–18쪽.

단체 교섭과 단체 행동의 움직임도 가시화되었다. 정부는 1799년 결사 금지법(Combination Act)을 제정하여 이와 같은 움직임에 제동을 걸었지만, 노동자 세력의 성장을 원천적으로 막을 수는 없었다. 1824년에는 노동조합의 결성이 합법화되었고, 1840년대부터는 노동자들의 참정권 쟁취 운동 – **차티스트 운동**(Chartist Movement) – 이 전개되었다.

유어(Andrew Ure)와 같은 동시대의 관찰자가 보기에 공장제는 진보와 번영을 약속하는 행운의 열쇠였다. 그러나 현실 세계에서 새로운 작업 환경은 유어의 이상과는 거리가 멀었다. 많은 노동 인구에게 공장과 도시는 이성적 진보보다는 야만적 억압에 가까웠다. 디킨스(Charles Dickens)가 소설 『어려운 시절』(*Hard Times*)에서 묘사하였던 가상의 공업 도시 코크타운(Coketown)의 모습은 당시 사람들이 보기에 실제 상황과 크게 다르지 않았을 것이다.

자본 공급도 산업 혁명의 전개에 중요한 요소였다. 이 시기에 영국의 은행 제도는 크게 세 층위로 구성되어 있었다. **중앙은행**(central bank)인 잉글랜드 은행은 1709년에 독점적인 발권 은행의 지위를 확립하였다. 잉글랜드 은행은 발권 업무 이외에 대정부 금융 등 중앙은행이 통상 담당하는 제반 업무를 수행하였다. 또한 런던의 대상인과 대형 회사를 대상으로 예금, 대부, 환어음 할인 등 상업 은행 업무도 부분적으로 수행하였다. 하지만 이런 활동은 지방의 기업가와는 별다른 직접적 관계를 갖지 않았다.

런던에서는 로스차일드(Rothschilds)와 베어링(Barings)과 같은 금융 가문이 **개인 은행**(private bank)을 운영하였다. 이들은 환어음의 할인, 주식 중개업자에 대한 단기 대부, 정부 공채에 대한 투자 등에 치중하였

차티스트 운동: 1830년대 말부터 노동자 계층이 주체로 하여 전개된 영국 노동자와 참정권 확대 운동. 보유한 재산에 따라 선거권을 차등화하였던 기존 제도의 철폐를 주장하였다.
중앙은행: 해당 국가의 발권 업무 및 최후의 대부자 역할을 담당하는 은행.
개인 은행: 대형 상업 은행으로서 규모가 큰 사업을 위한 대부 및 환어음 처리 등의 업무를 담당하였다.

기록 6-2 찰스 디킨스, 『어려운 시절』

유명 소설가 디킨스는 1854년에 발표한 이 소설에서 산업화 시대의 공리주의적 가치관에 대해 많은 풍자를 하였다. 개인의 생각과 감정은 무시되고 측정이 가능한 효용에만 주목하는 사회적 경향에 대해 그는 비판적 시각을 드러내었다. 코크타운(Coketown)이라는 공업 도시에 대한 묘사를 통해 산업 혁명이 초래한 변화를 상상해 보자.

그것은 붉은 벽돌의 도시, 만약 공장 연기와 재가 허락하였다면 붉은색이었을 벽돌로 이루어진 도시였다. 그러나 사실은 야만인의 물감 칠한 얼굴처럼 부자연스런 붉음과 검정의 도시였다. 그것은 기계와 높은 굴뚝의 도시였는데, 그 높다란 굴뚝으로부터 연기의 뱀이 끊임없이 영원히 기어 나와서 결코 풀어지지 않았다. 도시 안에는 검은 운하가 하나 있고 고약한 악취를 풍기는 염료 때문에 자줏빛으로 흐르는 강이 하나 있었다. 창으로 꽉 찬 거대한 건물더미가 있는데 거기서는 하루종일 덜컹거리고 덜덜 떠는 소리가 들렸고, 우울한 광증에 사로잡힌 코끼리의 머리 같은 증기기관의 피스톤이 단조롭게 상하 운동을 하였다. 서로 똑같이 닮은 큰 길이 몇 개 있었고 한층 더 닮은 작은 거리가 많이 있었다. 그 거리에는 마찬가지로 꼭 닮은 사람들이 같은 시간에 같은 포도에서 같은 소리를 내며 같은 일을 하기 위해 출퇴근하면서 살고 있었다. 그들에게 매일은 어제나 내일과 꼭 같았고 매해는 작년이나 내년과 꼭 같았다.

도시의 모든 공적 안내문은 살벌하게 하얀 바탕에 검은 글자로 똑같이 쓰여 있었다. 감옥이 병원일 수도 병원이 감옥일 수도 있었으며, 시청 역시 둘 중의 하나일 수도 있었고 둘 다일 수도 있었으며 또는 다른 무엇이 되더라도 안 될 만한 무슨 건축상의 장식이란 아무것도 없었다. 도시의 유형적인 면 어디나, 무형적인 면 어디나 사실, 사실, 사실뿐이었다.

자료: 디킨스(1994), 35-37쪽.

으므로, 지방의 기업가들이 수요하는 자금을 직접 공급하지는 않았다. 기업가들에게 직접적으로 요긴하였던 것은 각 지역에서 운영된 지방 은행(country bank)이었다. 보통 지역 유지들이 파트너십 형태로 운영하였던 지방 은행은 중소 사업자들에게 신용을 제공하는 역할을 수

지방 은행: 개별 지역에 밀착하여 영업을 한 소규모 은행.

금융계의 큰 손 베어링(Francis Bearing)은 당시 런던을 중심으로 하여 거대한 금융 자본을 운영한 금융인이었다.

행하였다.

지방 은행은 대개 소규모였기 때문에 상대적으로 많은 양의 지불준비금이 필요하였고, 타 지역 금융 기관과의 연계도 약하였다. 이 단점을 보완하기 위해 지방 은행은 1770년대부터 런던의 대형 개인 은행을 거래 은행으로 삼아서 여러 대리 업무를 관장하게 하였다. 이로써 지방과 런던을 연결하는 은행망이 구축되었다. 한편, 잉글랜드 은행은 개인 은행에 대해 '최후의 대부자'로서 금융 안전망을 제공하였다. 결과적으로, 중앙은행과 개인 은행 각각으로 보면 산업 자본의 공급과 무관하였지만, 중앙은행-개인 은행-지방 은행을 유기적으로 엮는 네트워크가 작동하였기 때문에 전체적으로 보아 영국의 은행 제도는 산업 자본의 공급에 제한적이나마 역할을 하였다.

기업가가 자본을 충당하는 채널 중에는 주식 발행이라는 직접 금융의 방식이 있다. 그런데 영국의 경우 1720년에 제정된 거품법이 존재하였기 때문에, 이 법이 폐지되는 1825년까지 민간 기업을 주식회사 형태로 설립하는 것이 금지되었다. 또한 그 후에도 철도에 대한 투기 열풍이 주식회사에 대한 여론을 악화시켜 1850년대까지 본격적인 주식회사 제도의 활용을 어렵게 만들었다.

은행이 제한적으로 산업 자본을 공급하였고 주식회사 제도는 실질적으로 활용할 수 없었다면, 기업가들은 자본 부족에 직면하지 않았을까? 다행히 산업 혁명 시기에 성장한 많은 업종들은 생산 설비나 기술 개발을 위해 대규모의 자본을 필요로 하는 장치 산업이 아니었다. 소규모 공장으로 시작하는 기업가들이 대부분이었다. 이러한 여건에서 기업을 운영하는 데 소요되는 자본은 주로 기업가 자신이 마련한 자금에 의존하였다. 기업가들은 무한 책임을 지고 홀로 또는 파트너십을 결성하여 기업 운영에 필요한 비용을 조달하였다. 아크라이트의 방적기, 와트의 증기 기관, 웨지우드의 도기 등이 모두 파트너십에 기초하여 사업을 발달시킨 사례였다.

각종 천연자원의 부존량이 많았다는 점도 산업 혁명에 힘이 되었다. 철, 납, 구리, 주석 등이 대체로 풍부하였고, 특히 양질의 석탄이 다량 매장되어 있었다. 다른 나라에 비해 노동자의 임금이 상대적으로 높았던 영국에 값싸고 풍부한 천연자원이 있었다는 점은 기술 진보를 자극하는 요인이었다. 노동 절약적인 방향으로 거시 발명이 발생하고 이로부터 수많은 미시 개량이 유도됨으로써 영국은 '세계의 공장'(Workshop of the World)이라는 지위를 향유하게 되었다.

고된 광산 노동 영국은 각종 천연자원을 다량 보유하고 있어서 산업 혁명을 진행하는 데 유용하였다. 그림은 19세기 초반 잉글랜드 북부의 납 광산에서 일하는 노동자들의 모습.

인적 자본 측면에서는 우선 기업가 집단의 안정적 성장을 경제 발전의 요인으로 지적할 수 있다. 도전적인 기업가 정신으로 충만한 사업가들이 공업화 과정에서 혁신을 주도하였다. 특히, 영국 사회에서 성공회에 속하지 않은 비국교도들, 예를 들어 퀘이커, 감리교도, 장로교도 등은 공직 활동에 제한이 있었다. 유능하고 자신감 넘치는 비국교도들은 이에 대한 탈출구로서 상공업, 금융업 및 과학 교육 분야에 뛰어들었고, 이 분야에서 뛰어난 실력을 발휘하였다.

인적 자본은 숙련 기술자의 공급이라는 측면에서도 중요하다. 도제 제도는 중세의 길드 체제에서 전성기를 누렸고 이후 서서히 중요성이 떨어졌지만, 18세기까지도 숙련공을 배출하는 역할을 수행하고 있었다. 영국은 다른 국가들에 비해 도제 제도가 원활하게 작동하기에 유리한 조건을 갖추고 있었다. 도제 제도가 활발하게 운영되기 위해서는 사회의 사법 및 행정 체제가 잘 갖추어져 있어서 도제 계약을 파기하는 사람에게 불이익이 확실하게 돌아가고 선의의 계약자는 손해를 피할 수 있다는 확신이 있어야 하였다. 국토가 넓고 조직적 통제력이 미약한 미국과 같은 국가에서는 훈련 과정을 마치지 못한 도제가 다른 곳으로 도망을 가서도 고용 기회를 잡을 가능성이 높았다. 이와 달리 영국은 법치주의가 일찍이 자리를 잡았고, 국가와 상공업자 조직의 관리망이 촘촘하게 짜여 있었다는 점에서 장점을 지니고 있었다. 이런 이유로 영국에서는 도제가 되고자 하는 수요가 높았고, 숙련 기술자가 안정적으로 재생산될 수 있었다.

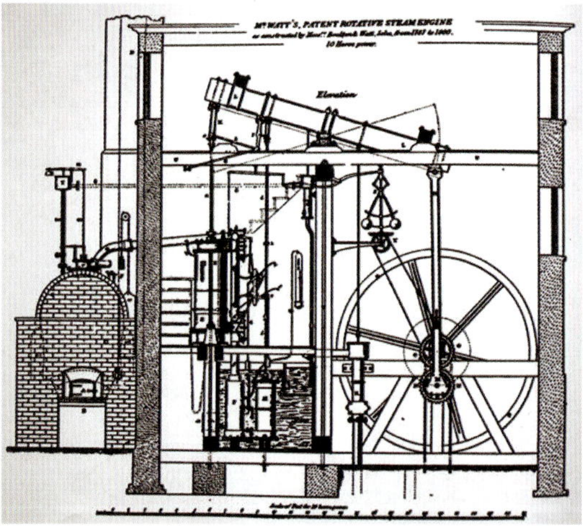

도제 제도의 유산 많은 발명과 혁신이 도제 제도를 통해 장인이 되었던 사람들의 손에 의해 이루어졌다. 그림은 와트의 증기 기관을 보여 주는데, 와트도 대표적인 사례였다.

산업 혁명 시기에 기초 과학의 수준은 영국이 다른 나라보다 높은 수준이라고 할 수 없었다. 특히, 프랑스에서는 절대 왕권의 장려 정책에 힘입어 수준이 높은 기초 과학 연구가 진행되어 왔고, 독일, 이탈리아 등에서도 괄목할 만한 과학 연구의 성과가 있었다. 그러나 산업 혁명기의 대표적인 신기술들이 탄생되는 데에는 고도의 과학적 지식이 필요하기보다는 간단한 과학적 원리를 실생활에 응용할 수 있는 숙련 기술이 더 요구되었다. 원활하게 작동되는 도제 제도를 갖춘 영국은 이런 면에서 다른 국가들보다 유리한 위치를 점하고 있었다.

수요의 변화

이제 수요 측면을 살펴보기로 하자. 영국은 이미 산업 혁명이 시작되는 시점에 다른 나라보다 높은 1인당 소득 수준을 보였는데, 산업 혁명을 거치면서 소득이 더욱 증가하였다. 18세기 말에서 19세기 초반에 이르는 시기에는 1인당 소득이 별로 증가하지 않았지만, 1820년대부터는 소득의 증가 추세가 점차 뚜렷하게 나타났다. 농업 · 공업 · 교통 수단 등 경제 전반에서 차근차근 진행된 기술 진보와 생산의 확대는 공업화 초기의 불안정한 시기를 거친 이후에 많은 인구에게 소득 증대라는 혜택을 가져왔다. 국제 무역의 신장도 소득 증가를 가져온 중요한 요인이었다. 아프리카로부터 아메리카로 향한 노예 무역도 여기에 포함되어 있었다. 한 추계에 따르면 노예 무역은 영국 국민 소득의 약 5%를 차지하였다. 식민지 경영에서 얻는 수입도 적지 않았다. 특히, 인도를 식민지화하면서 징수하게 된 토지세는 영국의 재정에 커다란 도움이 되었다.

소득의 증가는 소비의 증가만을 초래한 것이 아니었다. 소득이 늘어나면서 소비자의 기호도 변화하였다. 과거에 존재하지 않았거나 구매력의 부족으로 소비할 수 없었던 상품에 대한 소유욕이 소비자들의

수입품의 소비 차를 마시는 상류층 가족의 모습. 18세기 영국에서 차를 마시는 행위는 고급 문화의 일부가 되었다.

마음을 흔들었다. 특히, 해외에서 수입되는 물품에 대한 소비 욕구가 눈에 띄게 커져 갔다. 아시아와 아메리카로부터 소개된 차, 커피, 설탕 등 기호품을 찾는 인구가 기하급수적으로 증가하였다. 상류층의 소비 양식과 생활 방식을 중산층이 모방하였고, 다시 소득 수준이 더 낮은 계층에게까지 전파되었다. 이 과정에서 한때 사치품이었던 상품이 수요의 증가에 따라 대중적 소비재로 변모하기도 하였다. 고소득층은 자신만의 유행을 끊임없이 창조해 내면서 다른 사람들과 차별화하고자 하였다.

소비에 대한 열망은 더 많은 돈을 벌기 위해 오랜 시간 힘든 작업을 하는 것을 마다하지 않는 노동자와 전문직 종사자를 양산해 냈다. 또한 높은 소비 수준을 누리기 위해서는 자급자족적인 가내 소비용 생산이 아니라 시장 판매용 생산이 필요하였다. 화폐 소득이 없이는 구매력을 갖기 어려웠기 때문이다. 이에 따라 개인과 가계는 보유한 자원과 노동을 시장 판매를 목적으로 한 생산에 집중적으로 배분하였다. 학자들은 이런 변화를 산업 혁명(Industrial Revolution)과 비교되는 용어로서 '근면 혁명'(Industrious Revolution)이라는 개념을 사용하여 설명한다.

근면 혁명: 구매력을 높이기 위해 개인들이 노동 시간을 늘리고 생산 품목을 시장 판매용으로 전환하는 등의 행동 변화를 하는 현상, 또는 이런 현상이 초래한 사회 경제적 변화를 지칭한다.

맬서스 트랩의 돌파

영국이 세계 최초의 공업화를 이룬 요인을 어떻게 설명할 수 있을까? 영국 경제는 어떻게 앞에서 살펴본 중국처럼 맬서스 트랩에 빠지지 않고 이를 돌파할 수 있었을까? 이에 대해 포머란츠(K. Pomeranz)는 다음과 같은 해석을 제시하였다. 그는 19세기 이전에 유럽의 선진 지역인 영국의 정치적 · 경제적 상황이 다른 지역, 특히 중국의 양쯔 강 델타 지역이나, 일본, 인도 등 아시아의 선진 지역과 별로 다르지 않았다고 보았다. 인구, 기술 수준, 법적 기반 등 여러 측면에서 영국이 산업 혁명에 특별히 유리한 위치에 놓여 있지 않았던 것으로 그는 평가하였다. 18세기에 이 지역들은 공통적으로 인구 압력에 직면하였다. 경지를 확대하는 것이 더 이상 어렵게 되었고, 목재와 여타 천원자원에 대한 수요를 감당할 지속 가능한 방안을 찾지 못하고 있었다. 노동의 한계 생산성이 계속 하락하였기 때문에 더 이상의 경제 성장을 이룩하지 못하게 될 위험이 커 보였다.

국제적 무역망의 확립 영국은 중상주의 시기부터 식민지 건설과 무역 확대를 통해 국제적인 무역망을 보유하였다. 그림은 동인도 회사의 영국인 간부가 인도인 세무사로부터 보고를 받는 모습.

인구 증가가 초래한 자원(혹은 생태계)에 대한 압력은 유럽과 아시아의 여러 국가에서 공통적으로 나타났는데, 영국은 두 가지 강점을 보유한 덕택에 이를 돌파할 수 있었다고 포머란츠는 주장하였다. 첫째는 국제 무역의 주도권을 쥐고 있었고, 해외 식민지도 많았다는 점이다. 인구 부양과 공업화는 식량과 원료 등 많은 자원을 필요로 하는데, 영국은 국제적 무역망을 통해 이런 자원을 해외에서 조달할 수 있었다는 것이다. 대표적으로 대서양 횡단 무역이 번영하면서 감자, 설탕 등 새로운 작물이 공급되었을 뿐만 아니라, 청어, 대구 등의 수입도 크게 증가하였다. 가장 중요한 사례는 산업 혁명 시기 최대 산업이었던 면 공업의 원료가 전량 해외로부터 들어왔다는 사실이었다.

채탄 작업과 아동 노동 석탄은 산업 혁명에 큰 힘이 되었다. 그러나 채굴이 진행될수록 갱도가 깊어졌고, 몸집이 작은 아동이 점점 더 많이 고용되었다. 이들의 열악한 노동 환경은 중대한 사회적 이슈가 되었다.

영국이 지닌 둘째 강점은 석탄을 저렴하게 획득할 수 있었다는 부존 조건이라고 그는 주장하였다. 비교 대상인 다른 지역들이 에너지원의 확보에 어려움을 겪었던 것과 달리, 영국에서는 그 동안 사용되지 않았던 새로운 에너지원인 석탄을 찾았고, 이를 활용하는 효과적인 동력 기술을 개발함으로써 생태학적 압박을 피할 수 있었다는 것이다. 종합하자면 영국이 맬서스 트랩을 벗어나 세계 최초로 근대적 경제 성장을 이룰 수 있었던 것은, 석탄이 영국에 대량 매장되어 있었다는 우연적 요인과 영국이 국제 무역을 주도하게 되었다는 수세기에 걸친 역사적 성과가 결합한 결과였다. 이런 측면에서 보면, 중상주의 시기에 유럽 국가들이 벌인 치열한 중상주의적 경쟁에서 영국이 우위를 차지하였다는 사실 –여기에는 군사적 우위, 보호 무역주의 정책, 의회의 정치력 등 다양한 요인들이 작용하였다– 이 산업 혁명의 성공적 수행에 중요한 역할을 하였다고 말할 수 있다.

4. 두 혁명이 낳은 새 세계는 구체제와 어떻게 다른가?

시장 경제와 자유 무역

시민 혁명과 산업 혁명은 앞에서 살펴본 바와 같이 사회 관계를 변화시켰고, 경제 구조를 전환시켰으며, 더 나아가 사람들의 의식과 가치관을 바꾸어 놓았다. 세계 최초의 산업 혁명은 영국의 경제를 세계의 중심에 위치시켜 놓았다. 영국은 세계적 공업 생산 중심지라는 지위를 공고히 하였고, 이러한 기반 위에 세계적인 분업 체계를 구축하였다. 애덤 스미스가 말한 분업의 이익이나 리카도(David Ricardo)가 주창한 비교 우위론은 모두 시장 경제 체제하의 자유 경쟁과 자유 무역이 인류의 복리를 증진시키는 데 가장 유리하다고 강조하였다. 가장 저렴한 비용으로 생산할 수 있는 재화에 특화하여 생산을 한 후 다른 나라와 교역을 통해 필요한 물건을 들여오는 것이 가장 바람직한 경제 행위라는 사고가 점차 확산되었다. 바야흐로 팍스 브리태니카(Pax Britannica), 즉 영국이 세계의 제도와 사상을 주도하는 시대가 확립이 된 것이다.

영국의 산업 혁명이 보호주의적 중상주의에 도움을 받았다는 사실은 역설적이다. 공업화가 진전되면서 영국은 자국의 주요 생산물들이 국제 시장에서 우월한 경쟁력을 지녔음을 인식하게 되었고, 이는 보호 무역주의와 식민지의 직접적 지배가 국부의 증진에 도움이 된다

팍스 브리태니카: '영국 지배 하의 평화'라는 의미로, 19세기에 영국이 산업 혁명과 제국 건설 등을 통해 국제 질서의 중심이 된 시기가 되었음을 의미한다.

기록 6-3 리카도의 경제 이론

리카도는 비교 우위론을 통해 자유 무역주의의 이론적 기반을 다진 학자였다. 그는 『정치경제학과 과세의 원리』(*Principles of Political Economy and Taxation*)에서 자유 무역이 가져다주는 이익에 대해 다음과 같이 설명하였다.

완전히 자유로운 무역 체제 하에서 각 나라가 자신에게 가장 유리한 그런 부분에 자본과 노동을 돌리는 것은 당연하다. 이러한 개인적 이익의 추구는 훌륭하게도 전체의 보편적 선과 부합된다. 그것은 근면을 진작시키고 창의력에 보수를 주고 자연에 의해 부여받은 독특한 힘들을 유효하게 사용함으로써 노동을 가장 효율적이고 경제적으로 분배한다. 반면, 그것은 생산물의 총량을 증가시킴으로써 일반적 이익을 확산하며, 이해와 거래라는 동일한 공동의 끈에 의해 전 문명 세계에 걸쳐 범세계적인 국가 사회를 묶어 놓는다.

자료: 헌트(1982), 184쪽.

관세 인하의 주역들 가운데가 코브든, 오른쪽이 슈발리에, 그리고 왼쪽은 경제학자 브라이트.

는 중상주의적 사고에 변화를 초래하였다. 그리고 이러한 믿음은 점차 확산되어 마침내 1846년과 1849년에는 중상주의 정책의 두 핵심축인 곡물법과 항해법이 각각 폐지된다. 맬서스로 대표되는 전통적 보호 무역주의와 리카도가 이끄는 자유 무역주의 간의 치열한 설전과 대립이 후자의 승리로 귀결되는 순간이었다.

뒤를 이은 1850-1880년의 기간은 영국의 주도로 세계 경제에 자유 무역주의의 조류가 흘러넘친 시기였다. 관세 인하의 추세가 이를 잘 말해 준다. 영국에서 관세 인하의 움직임은 18세기 말부터 나타나기 시작하였지만, 현실적으로 관세 인하가 이루어질 조건은 1840년대에야 마련되었다. 1842년에 소득세를 도입하는 세제 개편이 이루어졌는데, 이에 따라 관세 인하가 재정 악화를 가져올 것이라는 우려를 떨쳐버릴 수 있었던 것이다. 자유 무역주의적인 관세 개혁은 1860년에 영국과 프랑스 사이에 코브든-슈발리에 조약(Cobden-Chevalier Treaty)이 체결됨으로써 중요한 결실을 보았다. 이 조약은 양국의 관세를 크게 낮추는 결과를 낳았을 뿐만 아니라, 이후 체결되는 국제 관세 협정에 많은 영향을 끼쳤다. 이 조약에는 자유 무역을 촉진하는 이른바 최혜국(most favored nation) 대우 조항이 들어 있었다. 19세기와 20세기에 체결된 여러 조약에 이 조항은 빈번하게 포함되었다.

부정적 측면들

산업 혁명과 시민 혁명은 근대화의 기준을 제시하였다. 이후에 많은 국가들이 이 틀에 맞추어 근대 사회로 나아가게 되었다. 그러나 산업 혁명과 시민 혁명이 유럽과 전 세계를 문명화시켰다고 보는 것은 섣부른 판단이다. 현실적인 이익이 눈앞에 펼쳐져 있는 곳에서 계몽과 이성은 힘을 잃기 일쑤였고, 각 국가와 경제 주체들은 자신의 입장을 어렵지 않게 정당화하였다. 예를 들어, 자유 무역의 확대가 전적으로 '자발성'에 기초한 국제 질서의 확산을 의미한 것은 아니었다. 자유 무역이 평화적 방식으로 확산된 것만도 아니었다.

대표적인 사례를 영국과 중국 간의 무역 분쟁에서 찾을 수 있다.

코브든-슈발리에 조약: 영국산 공업 원료와 프랑스산 포도주 및 수공업 제품에 대한 관세를 서로 30% 이내로 낮추는 것을 핵심적 내용으로 한 상호 조약.

최혜국 대우: 최혜국 대우란 국가 A가 국가 B에게 최혜국의 지위를 인정하면 이후에 국가 A가 국가 C와 통상 조약을 체결하면서 약속하는 관세 등의 혜택을 국가 B가 자동적으로 누릴 수 있게 된다는 것이다. 이 조항은 자유 무역주의적인 조약의 핵심적 부분으로 여겨진다.

군사력의 차이 아편 전쟁 당시 오른편에 보이는 영국의 증기선 전투함이 함포로 중국의 정크선들을 공격하고 있는 모습이다.

중국에 대한 무역 적자가 누적되자 영국은 이를 해소하기 위해 여러 방안을 강구하였는데, 그 가운데 하나가 인도에서 재배한 아편의 중국 수출이었다. 영국이 중국으로 아편을 수출하기 시작한 것은 18세기 초부터였지만, 중국에서 아편 중독자가 폭발적으로 증가한 것은 19세기의 일이었다. 19세기 초반 연 4,000상자였던 중국의 아편 수입량이 1830년에는 10배로 증가하였고, 이에 따라 막대한 양의 은이 영국으로 유출되었다. 1839년 청의 황제가 린쥐시(林則徐)를 파견하여 광둥의 아편 거래를 금지하고 아편을 영국 상인들로부터 몰수하여 소각하자, 영국은 함대를 보내는 것으로 대응하였다. 이렇게 발발한 아편 전쟁(Opium War)은 영국의 승리로 끝났고, 그 결과로 중국은 서구 열강에 문호를 개방하고 자유 무역적인 외양을 지니게 되었다.

또한 영국 내에서도 산업 혁명이 대다수 국민들에게 곧바로 경제적 혜택을 가져오지는 않았다. 영국의 노동 인구가 생활 수준의 향상을 경험하는 데에는 적지 않은 시간이 소요되었으며, 지역이나 업종에 따라서는 열악한 상황이 장기간에 걸쳐 지속되기도 하였다. 특히, 아동 노동이 여러 분야에서 겪어야만 하였던 노동 조건과 산업 재해는 많은 사람들의 공분을 자아내기에 충분하였다.

아편 전쟁: 1839–1842년에 영국과 중국 간에 발발한 전쟁으로, 영국이 자국의 이익 보호를 명분으로 출병하여 승리하였다. 1856–1860년에는 양국 간에 재차 무력 충돌이 있었는데, 이를 2차 아편 전쟁이라고 부른다.

기록 6-4 아동 노동의 참상

영아동 노동의 실상을 고발하고 개혁을 이끈 사회 운동가이자 산업 의학의 선구자였던 태크라(Charles T. Thackrah)는 1831년 린넨 제조 공장에서 일하는 아동들의 모습에 대해 아래와 같이 서술하였다.

나이가 7살 내지 15살인 아이들이 아침 5시 반에 일터로 가서 저녁 7시에 집에 돌아온다. 아니면 6시 반에 출근하여 8시에 돌아온다. 그들은 5-6년 동안 이렇게 하루에 12시간을 린넨 먼지가 가득한 공기 속에서 보낸다. 이런 고용에서라면 어느 나이에서건 심각한 부상이 발생할 수 있다고 우리는 예상할 수 있다. 하지만 특히 성장기에는 더욱 그렇다. 어린 아이에게 어떤 일이든 시키는 것은 나쁘다. 물리적 성장 시기는 물리적 과로의 시기가 되어서는 안 된다. 가볍고 다양한 동작만을 해야 하며, 자신의 의지에 따라 움직여야지 공사 감독의 명령으로 움직여서는 안 된다. 자유로운 정신으로 뛰고 달려야만 한다. 공장 지대의 모습은 이와 얼마나 다른가! 인간애를 가진 사람이라면 수천 명의 아이들이 처한 상황을 고통스러운 마음으로 바라보지 않을 수 없다. 많은 아이들은 나이가 6-7세에 불과한데, 새벽같이 침대에서 빠져나와 서둘러 공장에 가서 밤늦게까지 단 40분의 휴식 시간만을 가진 채 일한다. 그들은 오염된 공기에서 일을 하는데, 이는 도시의 공기와 취약한 환기 때문만이 아니라 유독한 먼지가 가득하기 때문이다. 건강! 청결! 정신적 개선! 이런 것들이 어떻게 취급되고 있나? 여가는 불가능하다. 식사 시간도 부족할 지경이다. 아이들에게 꼭 필요한 수면 시간도 너무 짧은 경우가 많다. 심지어 아이들이 밤에도 일을 하지 않나!

자료: Hunter(1962), 111-112쪽.

제7장

1차 세계화: 1850-1914년

1. 후발 국가들은 어떻게 공업화되었나?
2. 1차 세계화는 어떤 모습을 띠었나?
3. 이 시기 교통과 통신은 세계를 얼마나 좁혔나?
4. 노동과 자본은 언제 어디로 얼마나 이동하였나?

1. 후발 국가들은 어떻게 공업화되었나?

후발 공업화의 윤곽

영국의 산업 혁명을 뒤이어 다른 나라에서도 공업화가 진행되었다. [표 7-1]에 나타난 서구 각국의 공업 생산 비중은 후발 공업화의 양상을 보여 준다. 영국은 1840년도를 기준으로 볼 때 전 세계 공업 생산의 45%를 차지하는 막강한 지위를 누렸으나, 이후 점차 상대적 중요도가 감소하여 20세기가 시작될 무렵에는 20% 이하로 떨어지게 되었다. 1840년에 프랑스는 경쟁국들을 간발의 차로 물리치고 영국에 이어 2위를 기록하였다. 그러나 곧 미국과 독일에 역전을 당하고 이후 상대적 공업 생산 능력의 지속적 하락을 경험하였다. 독일은 19세기 중반부터 공업 생산 능력이 증대되었고 19세기 후반 일시적인 후퇴를 경험하지만 20세기에는 다시 과거의 지위를 되찾았다. 마지막으로 미국은 1860년까지는 세계 공업 생산의 20% 이하를 담당하였지만 비중

【표 7-1】 1840-1913년 서구 각국의 공업 생산 비중

(단위: %)

연도	영국	프랑스	독일	미국
1840	45	13	12	11
1850	39	10	15	15
1860	36	12	16	17
1870	32	10	13	23
1880	28	9	13	28
1890	22	8	14	31
1900	18	7	16	31
1910	14	7	16	35
1913	14	6	16	36

주: 김종현(1989), 180쪽.

을 계속 높여 가서 제1차 세계 대전 직전에는 36%에 이르게 되었다.

이 국가들 이외에도 여러 국가들이 19세기 후반–20세기 전반에 공업화를 경험하였다. 일본은 아시아에서 유일하게 이 시기에 공업화를 성공적으로 진행하였다. 이탈리아는 불리한 조건에도 불구하고 공업 강국의 반열에 오를 수 있었다. 낙후된 사회였던 러시아도 뒤늦게나마 공업화에 시동을 걸었다. 각국은 다양한 특징을 보이면서 공업국으로 전환해 갔다.

프랑스 공업화의 특징

공업화가 본격적으로 진행될 제도적 기반이 프랑스 혁명을 통해 마련되었다. 무엇보다도 봉건적인 사회 질서가 해체되었다. 농민들이 영주권에서 무상으로 풀려나면서 봉건적인 여러 부담으로부터 자유로워졌다. 혁명에 적대적인 귀족 및 교회가 소유하였던 토지가 농민들에게 분배되는 과정을 통해 소농 경영이 지배적인 농업 형태로 자리를 잡는 프랑스적인 특징이 나타났다. 도시에서는 길드제가 철폐되어 개인에게 영업의 자유가 보장되기 시작하였으며, 특권 매뉴팩처가 보유하던 독점적 권리도 폐기되었다. 새로 제정된 민법전은 규제 위주의 경제 질서를 탈피하여 자유로운 경쟁에 기초한 새로운 경제 환경을 규정하였다. 또한 국내의 경제 통합을 저해해 왔던 통과세와 국내 관세의 폐지, 전국적 도로망의 확충, 그리고 도량형의 통일이 추진되었다.

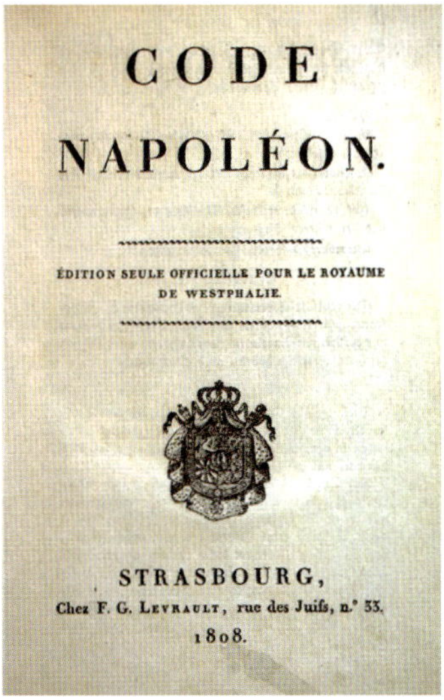

나폴레옹 법전 프랑스 혁명의 여파 속에서 나폴레옹 집권기에 발행한 민법전은 새로운 경제 환경에 부합하는 법 질서를 담았다. 이 법전은 다른 나라들에게도 전파되어 큰 영향을 끼쳤다.

살롱 문화 프랑스의 상류층은 살롱이라고 불리는 모임을 통해 문학과 예술과 학문을 교류하기를 즐겼다. 반면에 공업 생산 활동에 대해서는 낮게 평가를 하였기 때문에 공업 부문에 인재가 유입되기에는 불리하였다.

그러나 프랑스 사회에는 본격적인 공업화의 진행에 장애 요인들도 있었다. 우선 인구 증가율이 낮았고 도시화의 속도도 늦어 경제에 강한 자극제가 되지 못하였다. 또한 소득 분배가 불균등해서 대중의 소비력이 증가하기 어려웠다. 농업 부문에서는 토지 소유의 규모가 작고 소농 경영이 지배적이어서, 자급자족형 생산의 비중이 높고 농업 노동자의 출현이 지체되었다. 농업 생산성이 높지 않았으므로 농촌에서 도시로 인구가 많이 배출될 상황도 아니었다. 또한 프랑스 혁명은 경제 발전에 필요한 제도적 기반을 창출하였지만, 진행 과정에서 발생한 사회적 혼란과 재산권의 침해, 급속한 물가 상승 등이 단기적으로는 경제 발전을 저해하기도 하였다. 상류층의 문화가 반(反)자본주의적 · 반(反)기업적 성격을 보였다는 점도 문제였다. 혁신적 기업가에 대한 사회적 평가가 낮았기 때문에, 유능한 인재가 공업화 과정으로 쉽게 유인되지 못하였다.

프랑스의 공업화는 이러한 상황을 배경으로 진행되었다. 우선 19세기 전반부터 섬유 공업이 발달하였다. 면 공업은 노르망, 알자스, 노르 등지에서 성장하였다. 특히, 알자스에서는 공장제가 전면적으로 등장하였고 생산 규모도 컸다. 면 공업만큼 근대화되지는 않았지만, 모직 공업과 견 공업은 각각 프랑스 북부와 리옹을 중심으로 생산을 늘렸다. 제철 공업은 목탄을 사용하는 전통적 방식이 지속되다가 1840년경부터 코크스를 사용하는 용광로의 수가 급속하게 증가하였

기록 7-1 **프랑스에서 바라본 영국**

프랑스의 정치 지도자 슈발리에(M. Chevalier)는 영국과의 역사적인 관세 협정(코브든-슈발리에 협정)을 이끈 인물이었다. 그가 영국을 방문하고서 지인에게 쓴 서신에는 철도와 같은 첨단 산업을 보유하지 못한 프랑스의 처지에 대한 그의 솔직한 토로가 담겨 있다.

파리에서는 철로에 대해서 이야기하지만 런던에서는 그것을 만든다. 영국은 사업 기질과 그것에 동반하는 덕성, 즉 냉정, 절약, 꼼꼼함, 체계, 인내 등이 빛난다. 프랑스의 몫은 오히려 취향과 예술의 기질이다. …한편으로 이성, 다른 한편으로 상상력, 여기에는 에너지, 저기에는 추종을 불허하는 지력….

우리의 이웃에게는 타산적이고 야심적인 자부심, 권력과 부에 의해서만 보상받을 수 있는 정치가와 상인의 자부심이 있다. …우리에게는 이상적인 소유, 박수갈채에 대한 갈망, 나라를 위한 영광을 소중히 여기는 공허하고 관념적인 자부심, 사람들의 찬탄만 받는다면 프랑스로서는 만족해 하는 자부심만이 있다.…

노동과 생산의 문제에서 우리는 영국으로부터 많은 것을 배워 와야 한다. …경영을 위한 본능… 기반이 탄탄한 신용… 협동 정신이 그런 것들이다.

자료: 킨들버거(2004), 190쪽.

고, 1860년대부터는 베세머 제강법이 도입되면서 철강 생산 능력이 크게 증대되었다. 제철 공업의 발달은 알자스, 로렌, 노르 등을 본격적인 공업 지역으로 변모시켰다. 그러나 석탄 공업과 증기 기관은 프랑스의 공업화 과정에서 두드러진 역할을 하지 못하였다. 경제성 높은 석탄이 많지 않은 점도 원인이었지만, 수력이 풍부하였기 때문에 새로운 동력원을 적극적으로 도입할 유인이 크지 않았다는 점도 작용하였다. 기업의 규모가 전반적으로 크지 않았고 가족 중심의 경영이 주를 이루었다는 점도 프랑스 경제가 지닌 특징의 하나였다.

베세머 제강법: 영국의 베세머(Henry Bessemer)가 개발한 제강법. 쇳물에 공기를 불어넣음으로써 강철을 대량으로 값싸게 생산하는 길을 열었다.

프랑스 경제 각 부문의 변화

다른 국가들에 비해 기초 과학의 수준이 높았던 프랑스는 화학 공업을 발달시키기에 좋은 여건이었다. 1791년 르블랑(N. Leblanc)이 소금에서 탄산나트륨(소다)을 제조하는 방법을 개발하여 무기 화학 공업 발달의 기초를 닦았다. 황산 제조법을 개발한 게이뤼삭(J .L. Gay-Lussac)은 유기 화학 공업 분야에서 많은 기여를 하였다. 프랑스는 19세기 말 독일에게 주도권을 빼앗기기 전까지 화학 공업의 발달을 주도하였다.

프랑스의 면 공장 프랑스의 공업화에서는 영국과 마찬가지로 면 공업이 중요하였다. 그러나 프랑스는 수력이 풍부해서 석탄을 이용한 증기 기관은 일찍 도입되지 않았다.

프랑스는 콜베르의 중상주의 시기와 나폴레옹 통치기를 통해 육로가 정비되고 확장되어 지방의 상공업 발달에 도움이 되었다. 도로교통이 영국에 견줄 만하였던 것에 비해 운하 건설은 부진하였다. 이런 사정에서 공업화를 위해 철도는 각별히 중요하였다. 프랑스 최초의 철도는 1830년대 초에 건설되었지만, 본격적인 건설 붐은 1840년대에 정부가 철도법을 제정하면서 시작되었다. 국가가 부지와 기초 공사비를 부담하고, 민간은 상부 공사비와 운영비를 담당하는 민-관 파트너십이 효과를 발휘하였다. 정부는 철도 회사의 금융 지원뿐만 아니라 철도 회사의 운영, 철도 운임의 결정에도 관여하는 등, 영국에서와는 달리 적극적인 개입 정책을 펼쳤다.

프랑스는 금융 제도에 있어서도 영국과 비교되는 특징을 지녔다. 우선 중앙은행인 프랑스 은행이 영국보다 1세기 이상 늦은 1800년에야 설립되었다. 주된 업무도 대정부 금융과 개인에 대한 어음 할인 등으로 제한되어 있었고, 최종 대부자로서의 역할은 19세기 후반에서야 인정을 받았다. 민간 은행도 공업화에 큰 기여를 하지 못하였다. 18세기 이래 파리에 기반을 둔 개인 은행인 **오트 방크**(Haute Banque)가 국내외 공채 인수와 부유층에 대한 대부 등의 업무를 담당하였다. 세계적 금융가인 로쉴드(Rothschild)는 가장 큰 규모의 오트 방크를 운영하고 있었다. 이 개인 은행들은 영국에서와 마찬가지로 산업 자본의 공급에는 별다른 관심을 갖지 않았다. 프랑스에서 산업 자본의 공급원으로서 은행이 중요하게 된 것은 19세기 중반의 일이었다. **생시몽주의**의 영향을 받아 1852년에 설립된 **크레디 모빌리에**(Crédit Mobilier)는 정부의 지원을 받아 장기 산업 자본을 공급하였다. 이 은행은 로스차일드와의 경쟁이 격화되면서 무리한 투자를 한 끝에 1867년에 파산을 맞았다. 그렇지만 크레디 모빌리에는 기존의 오트 방크에게도 산업 금융을 하도록 압박을 가하였고, 1860년부터 주식회사 조직을 갖춘 예금 은행의 설립을 자극하는 효과를 가져왔다. 더 의미가 큰 것은, 이 은행이 독일을 포함한 후발국들의 경제 발전 과정에서 산업 자본 공급원으로서 은행 제도를 정부가 어떻게 운영할 것인가에 대한 선례를 제공하였다는 점이다.

19세기를 거치면서 프랑스 경제는 이상에서 살펴본 특징을 보이

오트 방크: 프랑스 금융계에 큰 영향을 끼쳤던 대형 개인 은행.

생시몽주의: 프랑스의 초기 사회주의 사상가 생시몽(Saint-Simon)의 영향을 받아 국가 주도의 공업화 관리와 노동자의 협동 사회 구현을 추구한 사상. 산업 금융을 담당한 은행의 설립, 철도의 확장, 수에즈 운하의 건설 등에 사상적 기초가 되었다.

크레디 모빌리에: 1852년 프랑스의 공업 발전을 지원하기 위해 페레르 형제(Jacob and Emile Issac Pereire)가 설립한 은행으로, 장기 산업 금융에 적극적이었다.

프랑스의 소비 패턴 프랑스 인들은 대량 생산된 제품보다 표준화되지 않은 다양한 제품을 선호하였다. 1820년대의 모자 구매 모습을 묘사한 그림.

면서 발전을 해갔다. 1848-1851년의 혁명 운동과 1870-1871년의 보불 전쟁으로 성장이 지체되기도 하였지만, 이 시기를 제외하고는 대체로 성장세가 지속되었다. 종합하자면, 프랑스의 공업화는 경쟁국가들에 비해서 완만한 속도로 진행되었다. 인구 증가율이 낮고 도시화가 지연되고 소득 분배가 불균등해서 수요 증대가 어려웠다. 또한 소농민과 소부르주아가 경제 전반에 자리하고 있어 대규모의 자본 축적이 어려웠고, 광업과 야금업 등 일부 산업을 제외하고는 기업 규모가 영세하였다. 석탄 매장량이 적고 수력이 풍부하였던 탓에 새 동력원으로의 전환이 지연되었고, 이 때문에 대도시로부터 멀리 떨어진 산간 지방이 공장의 입지로 선택되곤 하였다. 여기에 덧붙어 이윤 추구 활동을 높이 평가하지 않는 보수적이고 반(反)자본주의적인 문화 풍토와 대량 생산품보다 소량으로 생산되는 다양한 제품을 찾는 소비자 기호도 빠른 공업화를 막는 요인이었다.

독일: 뒤처진 출발점

독일의 경제는 영국이나 프랑스에 비해 낙후된 상태였다. 독일의 서부 지역에서는 농노제가 존속하였고, 동부 지역에서는 융커(Junker)

보불 전쟁: 1870년에 발발한 프로이센과 프랑스 간의 전쟁. 프로이센을 중심으로 독일 통일을 이루려는 비스마르크의 정책과 이를 저지하려는 나폴레옹 3세의 정책이 충돌하였다. 프로이센이 승리하여 프랑스로부터 50억 프랑의 배상금과 알자스-로렌의 대부분을 취하였다.

가 지배하는 대토지 소유제가 완강하게 봉건제적 영향력을 행사하였다. 그 속에서 민간 경제는 발전의 기반을 일구어 내지 못하고 있었다. 정치적 측면에서는, 다수의 영방이 독자적인 정치적 단위로 존재하여 통일된 국민 국가를 이루지 못하고 있었다는 점이 불리하게 작용하였다. 수많은 영방으로 분리된 독일에서 경제적 근대화를 이루는 데에는 분열된 정치와 분할된 경제권의 통합이라는 문제가 가장 중요한 과제였던 것이다.

독일의 철강 공장 베세머 전로에서 밝은 빛의 불꽃이 쏟아지고 있다. 쇳물 속의 이산화탄소가 불어넣은 공기 속의 산소와 결합하여 발생하는 현상이다.

이 같은 문제를 해결하는 실마리는 분산된 영방들 가운데 프로이센의 영향력이 확대되는 과정을 통해서 마련되었다. 18세기 중반 프리드리히 대왕 시기부터 군사적, 경제적으로 확장을 거듭한 프로이센은 18세기 후반에 이르면 유럽 강국의 대열에 오를 준비를 마쳐 가고 있었다. 그러나 곧이어 발생한 나폴레옹 전쟁은 프로이센에게 큰 충격을 안겨 주었다. 프랑스의 점령에서 벗어나면서 프로이센은 농지 개혁과 농노 해방, 길드제 폐지를 이루었고 경제 활동의 자유를 확대하였다. 그러나 봉건적인 귀족과 지주층의 저항에 밀려 개혁의 효과를 곧바로 기대할 수 없었다. 결국 타협적인 정책이 실시되었고, 정책의 효과가 나타나기까지는 상당한 시간이 소요되어야 하였다.

관세 개혁은 독일의 경제 발전에 중요한 전환점이 되었다. 1818년에 각 영방의 관세 체계를 통합하여 단일 관세 지역을 형성하는 조치가 이루어졌는데, 관세 개혁에서 주도권을 행사하게 된 프로이센은

융커: 프로이센의 지배 계급으로 군림한 보수적인 토지 귀족. 프로이센의 정치는 왕권과 귀족권의 타협을 통해 이루어진 절대 왕정에 기반을 두었는데, 상급 관리와 장교의 지위를 독점한 융커가 귀족 세력의 핵심을 이루었다.

1834년에 본격적으로 **관세 동맹**(Zollverein)을 추진하였다. 관세 동맹에 따라 대내적으로는 통행세와 관세 장벽이 철폐되어 독일이 단일 시장으로 재탄생하였다. 또한 대외적으로는 각 영방이 고유 법제를 유지하는 가운데 공동 관세 체제가 갖추어졌고, 관세 수입은 인구 비례로 각 영방에 분배되었다. 관세 동맹에 참가하는 영방의 수는 계속 증가하여 1850년대에는 대부분의 영방을 포함하게 되었다. 한편, 독일 산업 혁명의 중대한 걸림돌이었던 정치적 분열은 보불 전쟁에서 해결의 단초가 마련되었다. 전쟁에서의 승리를 배경으로 1871년에 전국적 통일을 달성하게 된 것이다.

독일의 본격적 공업화

독일의 공업화 과정을 구체적으로 살펴보면, 우선 1834년에 관세 동맹으로 외형이 짜인 단일 시장의 내실이 철도망의 건설로 인해 다져졌다. 철도 건설은 1830년대에 시작되어 1840년대와 1850년대를 거치면서 빠르게 진행되었다. 프로이센 정부는 철도 산업을 적극적으로 육성하였다. 철도 회사에 자금을 공급하였고, 주식을 매입하기도 하였으며, 일정한 수준의 이윤을 보장해 주기도 하였다. 나아가 국영 철도

독일 최초의 철도 1835년에 개통한 뉘른베르크-프랑크푸르트 노선에서는 기차가 시속 7.5km의 속도로 달렸다.

관세 동맹: 프로이센이 주도하여 형성한 독일 영방들의 공통 관세 협정. 독일 국내 시장을 통합하는 효과를 가져왔다.

를 건설하여 국가 간선망을 완성해 갔다. 철도 건설은 그 자체가 석탄 사용을 늘렸을 뿐 아니라 석탄 수요자에게 저가의 운송비로 석탄이 공급되도록 하였다. 이로써 루르, 자르, 실레지아 등지에서 석탄 공업이 급성장하게 되었다.

제철 공업도 1850년대부터 발달이 가속화되었다. 주식회사 제도를 통해 거액의 자본이 유입되고 이를 바탕으로 근대적인 제철 기술이 도입되면서 철 생산량이 급속하게 증가하였다. 베세머 전로와 지멘스-마르탱 평로가 도입되면서 제강 능력도 빠르게 향상되어 갔다. 철강 공업의 발달은 다시 기계 공업의 발달로 이어졌고, 특히 무기 생산 능력을 크게 향상시켰다.

철강 공업과 더불어 독일의 공업화를 특징적으로 만든 산업은 화학 공업과 전기 공업이었다. 두 산업은 1860년대 이래 급속한 발전을 거두면서 이른바 2차 산업 혁명을 이끌었다. 독일에서는 섬유 산업의 중요성이 선발국에서만큼 크지는 않았다. 19세기 후반을 거치면서 성장 주도 산업이 대규모 장치 산업의 성격을 띤 중화학 공업으로 전환되고 있었던 것이다.

2차 산업 혁명의 산실 독일은 중화학 공업을 중심으로 한 2차 산업 혁명에서 뛰어난 성과를 거두었다. 그림은 1860년대에 설립된 염료 공장.

독일이 2차 산업 혁명을 성공적으로 수행할 수 있었던 데에는 여러 요인들이 작용하였다. 대학에서는 유럽에서 가장 적극적으로 과학

지멘스-마르탱 평로: 1864년에 개발된 새로운 제강 기술의 핵심으로, 질이 좋은 강철을 만드는 데 사용한 평로다.
2차 산업 혁명: 화학 공업, 전기 공업, 철강 공업을 중심으로 한 공업화를 일컫는다. 면 공업, 석탄 공업 등을 중심으로 한 초기 공업화와 구분하기 위한 용어다.

교육에 나섰다. 주식회사는 대형 장치 산업에 투자할 자본을 모집하는 데 효과적이었고, 특히 철도에 대해 대규모 투자를 가능하게 하였다. 은행 제도의 발달도 독일의 공업화에 기여를 하였다. 금융 후진국이었던 독일에서 발권의 권한을 가진 근대적 은행의 시초는 1846년에 설립된 프로이센 은행이었다. 이 은행은 대부분의 주식이 민간의 소유인 주식회사 형태였지만, 그 운영권은 전적으로 정부의 몫이었다. 민간 은행은 1850년대부터 설립이 본격화되어 단기 및 장기 산업 금융을 하였다.

보불 전쟁의 결과 1871년 보불 전쟁에서 승리한 프로이센 군대가 파리 시내에 도열하고 있다. 이 전쟁은 프로이센의 군사력과 경제력이 프랑스에 대해 우위를 보이게 되었음을 보여 주었다.

정부의 역할은 국가 운영에 필요한 제도를 마련하고 공공재를 공급하는 데 그치지 않았다. 정부가 때로는 금융 기관을 설립하고 운영하면서 산업 자본 공급에 직접적으로 관여하였고, 때로는 제철, 탄광, 군수 등 주요 산업에서 기업가로서 활동하였다. 외국으로부터 유망한 기술을 도입하는 데에도 정부의 역할이 지대하였다. 이런 적극적인 산업 정책이 독일의 공업화를 특징짓는 중요한 요소였다.

종합하자면, 독일이 불리한 여건에도 불구하고 비교적 단기간에 빠르게 공업화를 진행할 수 있었던 데에는 여러 요인들이 작용하였다. 정치적 분열의 악조건을 만회하게 한 관세 동맹과 철도 건설의 효과, 대규모 산업 자본 공급을 가능하게 한 은행 제도와 주식회사 제도의 적극적 활용, 체계적인 과학 교육, 정부의 효과적인 지원 정책 등이 이에 포함된다. 이렇듯 후발국으로서 지녔던 약점들을 대체하는 방안을 효과적으로 강구함으로써 독일 경제는 단기간 내에 공업화를 완수할 수 있었다.

미국의 특수성

미국의 경제 발전은 영국 식민지 시기로부터 시작되었다. 북부 식민지에서는 이주민 집단이 식민지 당국으로부터 토지를 분양받아 개발한 후 개별적으로 분할 소유하는 방식에 따라 자작농이 확산되었다. 독립적 자영농민의 성장은 이 지역의 경제 발전 과정이 보여 준 특징적 양상이었다.

한편, 남부 식민지에서는 비옥한 토지와 더운 기후 조건을 배경으로 담배, 인디고, 쌀, 면화 등을 플랜테이션에서 재배하여 수출하는 농업 형태가 지배적이었다. 남부에서 생산된 농산품은 영국으로 수출되었고, 대신 영국에서 제조된 공산품이 수입되었다. 전형적으로 본국 경제에 종속된 형태로 경제가 운영되었던 것이다. 본국 공업과 경합하지 않는 일부 분야, 예를 들어 모피 가공업, 목재 가공업, 아마 공업, 조선업, 나무통 제조업 등에서만 생산 규모가 확대되고 기술 발달이 이루어졌을 뿐이다.

미국 남부 경제의 중심지 뉴올리언스는 남부에서 생산된 농산물들이 수출용으로 선적되는 항구 도시로 번영을 누렸다.

미국의 경제 발전은 영국의 중상주의적 식민지 체제로부터 독립을 획득하는 것에서 출발하였다. 독립 전쟁은 정치적 독립만이 아니라 경제적 독립이라는 측면에서도 미국의 역사에 중요한 분기점이었다. 전쟁에서의 승리로 미국은 광활한 영토를 보유한 독립 국가로 탄생하였다. 시민 혁명의 완성을 위해서는 신분제의 철폐가 필수적인데, 남부의 경제가 노예 노동에 기초하여 운영되는 상황에서 이를 쉽사리 기대하기 어려웠다. 산업화된 북부와 새로 개척되고 있는 서부는 남부의 플랜터(planter)들에게 점증하는 위협으로 다가왔다. 1861년 남북 전쟁이 발발하여 공방이 계속되었고, 결국 북부가 남부의 해상을 봉쇄하여 경제적으로 고립을 시킴으로써 4년에 걸친 전쟁을 승리로 마무리하였다. 이로써 노예제의 폐지, 공업화의 적극적 추진, 보호무역주의의 주창을 특징으로 하는 북부의 정책 기조가 전국적으로 적용되는 계기가 마련되었다.

광활한 대지, 부족한 일손, 아쉬운 자본

미국의 공업화는 광대한 토지와 풍부한 천연자원이라는 유리한 조건 하에서 전개되었다. 특히, 1783년 이후 서부의 광활한 지역이 미국에 귀속되면서 이 지역으로 이주의 움직임이 일어났다. 처음에는 5대호와 미시시피 강 유역으로 영토를 늘렸고, 다음으로는 1803년에 프랑스로부터 루이지애나를 사들여 영토를 2배로 확장하였다. 이후 플로리다를 편입시켰고, 멕시코로부터 남서부 영토를 획득하였다. 서점 운동(Westward Movement)이 본격적으로 진행된 데에는 제도 정비와 정부의 적극적 지원이 큰 역할을 하였다. 특히, 이주민이 점유한 토지

서점 운동: 북아메리카 동부에 제한되어 있던 백인 정주지가 늘어나는 인구의 이주, 금광 개발, 토지 개척 등을 통해 서부로 확대되는 움직임이다.

를 해당 이주민이 정주하기 쉽게 만든 제도가 이주를 자극하였다. 서부의 인구는 1790년에 10만 명을 겨우 상회하는 수준이었으나, 1860년에는 1,200만 명에 이르게 되었다. 특히, 1848-1849년에 캘리포니아에서 금광이 발견되면서 수많은 사람들이 미국 내에서는 물론이고 유럽, 중남미, 중국, 일본 등지에서 몰려들었다. 서점 운동은 개척 정신을 고양하고 사회의 이동성을 확대하는 효과를 지녔다. 한편, 이 과정에서 원주민 인디언들은 삶의 터전을 지키기 위한 투쟁의 과정에서 목숨을 잃거나 고향에서 쫓겨나서 멀리 떨어진 고립된 지역으로 내몰렸다.

서부의 자작농 서점 운동을 통해 미국은 많은 수의 자작농을 탄생시켰다. 그림은 19세기 말 서부의 전형적인 자작농의 모습을 보여 준다.

드넓은 영토는 또한 산업의 지역적 특화를 진행시킴으로써 생산성 증가를 낳았다. 1860년에서 1900년 사이에 4억 에이커에 이르는 광대한 처녀지가 개간되어 경작지로 변하였다. 이런 변화에 힘입어 서부가 가축 사육과 곡물 재배의 중심지로 부상하였고, 통조림 공업, 제분업 등의 발달이 뒤를 따랐다. 북부에서는 운송 수단의 발달, 특히 이리 운하를 필두로 한 5대호 주변의 개발과 대륙 횡단 철도 및 전신망의 부설이 국내 시장의 확대와 생산의 특화에 자극제가 되었다.

미국은 만성적인 노동력 부족에 직면하였다. 지속적인 자연 증가와 해외로부터의 대규모 인구 유입이 있었지만 드넓은 영토를 채우기에는 많은 시간이 필요하였다. 상대적으로 희소한 노동력이 임금 상승 압력으로 작용하였다. 미국의 공업화가 노동 절약형 기술 진보의 방향으로 진행된 것은 바로 이런 배경에서였다. 휘트니의 조면기, 맥

노동 절약형 혁신 1831년에 개발된 맥코믹 수확기는 노동력이 부족한 미국의 사정에 맞게 개발된 농기계였다.

코믹(C. McCormick)의 수확기, 그리고 노스(S. North)의 소총 부품 표준화 등이 대표적인 사례였다.

미국의 금융 제도는 다른 국가들과 큰 차이를 보이며 발달하였다. 가장 두드러진 특징은 중앙은행 출현이 지체되었다는 점이다. 잉글랜드 은행을 모델로 삼아 중앙은행이 설립되기도 하였지만, 개별 주, 특히 남부 주들의 반대로 인해 오래 지속되지 못하였다. 미국에서 중앙은행은 출현은 1913년에 연방 준비은행(Federal Reserve Bank)이 등장할 때까지 기다려야만 하였다. 한편, 영국의 개인 은행들은 미국의 은행가들과 파트너십을 결성하여 미국 연방 정부 및 주 정부의 공채, 회사채 등을 런던 금융 시장에서 거래하였다. 영국의 베어링과 로스차일드가 대표적이었고, 미국에서는 브라운(W. and J. Brown), 피바디(G. Peabody), 모건(J. S. Morgan) 등이 명성을 날렸다. 이들의 활동을 통해 영국의 자본 시장이 미국의 산업 발달로 연결되었다.

보호 무역주의의 보루

미국의 공업화는 보호 무역주의의 테두리 안에서 진행되었다. 초대 재무 장관인 해밀턴(Alexander Hamilton)이 관세 및 비관세 장벽이라는

연방 준비은행: 미국 내 통화 정책의 관장, 금융 기관에 대한 감독과 규제, 금융의 안정성 유지 등을 목적으로 설립되었다. 12개 주에 하나씩의 연방 준비은행을 설립하여 각각 중앙은행으로 기능하게 하고 이들을 연방 준비 제도 이사회(Federal Reserve Board, FRB)가 관리한다.

보호막으로 국내 공업을 육성해야 한다고 주장한 이래, 그의 유치산업 보호론은 미국의 보호 무역주의를 옹호하는 논리적 무기가 되었다. 남북 전쟁은 자유 무역주의적인 남부의 농업 세력과 보호 무역주의적인 북부의 상공업 세력 사이의 갈등이었다. 북군의 승리는 통합된 미국의 정책 기조로 보호 무역주의가 채택됨을 의미하는 것이었다.

대규모 공장 설비 180년대 앨라배마의 철 공장에서 노동자들이 작업을 하는 모습. 공장의 규모가 눈길을 끈다.

19세기 중반 이래 미국은 빠르게 경제 성장을 이룩하였다. 1850-1900년 동안에 농업 생산이 3배 증가하였고 공업 생산은 11배나 증가하였다. 1870년에는 미국이 이미 영국과 대등한 공업 생산력을 보유하게 되었고, 20세기 초가 되면 전 세계 공업 생산의 약 1/3을 차지하는 위치에 이르게 되었다. 기술면에서도 선발 공업국들을 따라잡아 갔고, 특히 표준화, 기계화, 일관 작업 등을 통해 축적된 기술은 전기 기구 공업과 자동차 공업에서 눈부신 발전을 거둘 기반이 마련되었다.

일본의 개항과 식산흥업

일본은 1854년 미국의 압력으로 강제적 개항을 맞으면서 근대화의 길을 본격적으로 모색하게 되었다. 1868년 메이지 유신(明治維新)으

유치산업 보호론: 마치 어린이가 청년기에 이를 때까지 부모의 보호가 필요하듯이, 발달의 초기 단계에 있는 산업은 어느 정도 대외 경쟁력을 지닐 때까지 국가가 보호해 주어야 한다는 주장.

일본의 개항 미국의 '흑선'(blackship)이 1853년 일본에 들어와 개항을 강요함으로써 일본은 국제 무역과 공업화에 본격적으로 눈을 뜨게 되었다.

로 탄생한 새 정부는 개혁을 본격적으로 추진하였다. 사농공상(士農工商)의 전통적 신분 질서를 개편하고 통합 정책을 실시하였고, 영업의 자유와 직업 선택의 자유를 천명하였으며, 영주적 토지 소유제를 대체하는 근대적 토지 소유권 제도를 확립하였다. 일본은 정부를 주축으로 서양의 제도와 기술을 도입하여 근대화와 공업화를 빠르게 이루고자 온 힘을 기울였다. 정부는 사회 간접 자본에 대해 투자를 확대하였고, 대학을 설립하여 서양 학문의 도입을 촉진하였으며, 서구의 전문가들을 초청하여 일본에 적용 가능한 제도와 기술을 탐색하였다. 제1차 세계 대전 때까지 정부 부문의 투자가 민간 부문의 투자보다 많았다는 사실이 말해 주듯이, 일본 경제의 발전을 위해 정부는 적극적인 역할을 수행하였다.

일본 정부는 후진국형 경제를 근대화하기 위해 1870년대부터 식산흥업 정책(殖産興業政策)을 실시하였다. 정책의 주요 내용은 서구로부터 근대적인 생산 기술을 도입하는 것, 공업화에 필요한 자본 공급 방안을 마련하는 것, 기업을 운영할 경영자를 육성하는 것, 규율이 갖추어진 노동자를 양성하는 것 등이었다. 정부는 직접 철도 부설, 광산 개발 등의 사업을 운영하기도 하였고, 관영 기업을 민간 기업에게 불

메이지 유신: 막부가 일방적으로 체결한 서구와의 조약에 대한 반발로 반(反)막부 세력이 일어나 결국 막부를 전복시키고 왕정 체제를 복구하였다. 이후 메이지 정부는 근대 국가 수립을 목표로 위로부터의 개혁을 실시하였다.
식산흥업 정책: 메이지 정부 하에서 정부의 주도로 근대적 산업 발전을 장려한 정책.

기록 7-2

탈아론(脫亞論)

일본의 근대화를 이끈 개혁사상가 후쿠자와 유키치(福澤諭吉)는 일본이 아시아를 벗어나 서구 열강에 합류하는 것이 필수적이라는 견해를 피력하였다. 그의 글에서 중국과 조선에 대한 일본 지식인의 시각을 찾아보자.

우리 일본의 국토는 아시아 동쪽에 있지만 그 국민 정신은 이미 아시아의 고루(固陋)함을 벗어나 서양 문명으로 이동해 가고 있다. 그런데 여기에 불행한 일은 이웃에 있는 나라들이다. 하나는 중국이고 또 하나는 조선이다.

…

이 두 나라를 보면, 지금의 문명이 동쪽으로 밀려들고 있는 때에 독립을 유지할 길이 없다. …수레와 수레바퀴, 입술과 치아 관계인 이웃 나라는 서로 도움이 되는 것이 보통이다. 그렇지만 지금의 중국과 조선은 일본에게 아무런 도움이 되지 않는다. 게다가 서양 문명인의 눈에는 세 나라가 지리적으로 서로 접하고 있어 때로는 동일하게 보고 중국과 조선을 평가하는 데도 일본과 같이한다.

…

그 영향이 사실로 나타나 간접적으로 우리의 외교상 장애를 일으키는 일이 적지 않으니, 일본의 일대 불행이라고 말할 수 있다. 그렇다고 오늘의 꿈을 이루기 위해 이웃 나라가 개명되기를 기다려 함께 아시아를 흥하게 할 시간이 없다. 오히려 그 대열에서 벗어나 서양 문명국과 진퇴를 함께 하고, 중국과 조선을 접하는 방법도 인접국이라는 이유만으로 특별히 다루지 않으며, 반드시 서양인이 접하는 방식에 따라 처분해야만 한다. 나쁜 친구와 친하게 지내는 자는 악명을 피할 수가 없다. 우리가 마음으로부터 아시아 동방의 나쁜 친구를 마음에서 사절하는 이유도 이 때문이다.

자료: 〈지지신보〉(時事新報), 1885년 3월 16일자.

하하는 방식을 취하기도 하였다.

이러한 과정을 통해 일본은 공업화를 빠르게 진행시켰다. 초기에는 제사업과 면직 공업 등의 직물 공업이 가장 눈부신 성과를 보였고, 석탄 공업도 근대적 산업으로 탈바꿈하였다. 일본은 1886년에 소비용 면직물의 2/3를 수입하였으나, 1902년이 되자 국산화를 완성하였고, 제1차 세계 대전 직전에는 세계 수출량의 1/4을 생산하는 성과를 이루

도쿄를 밝힌 전등 일본은 미국의 에디슨 회사(Edison Company)로부터 기술을 받아 1880년대에 거리를 밝히는 전등을 도쿄 시내에 가설하였다.

었다. 이 산업들은 일본의 수출 산업으로 확립되어 기계, 철강 등 중공업을 육성하는 밑거름이 되었다. 19세기 말–20세기 초에 일본은 중화학공업의 발달에 총력을 기울였다. 정부는 다수의 광산, 병기창, 조선소를 직접 소유하였고, 민간 기업에 대해서는 자금 공급, 세금 감면, 보조금 지급 등의 수단을 통해 적극적으로 지원하였다. 그 결과 러일 전쟁을 전후한 시기가 되면 일본은 명실상부하게 서구의 열강들과 경제력과 군사력을 겨룰 수 있는 위치에 오르게 되었다.

이탈리아와 러시아의 분투

이탈리아는 여러 면에서 독일과 닮아 있었다. 경제적으로 낙후된 상황이었다는 점, 1860-1871년에 이루어진 정치적 통일을 기반으로 19세기 말에 공업화가 본격적으로 전개된 점, 그리고 그 과정에서 민족주의 의식이 중요한 추동력이 되었다는 점에서 독일과 유사하였다. 국가가 적극적으로 경제 운영에 개입하는 방식을 취하였다는 점도 공통적이었다. 공업화가 1880년대부터 북부와 중부 지방을 중심으로 진행되었다. 이에 따라 농업 중심인 남부 지방과 큰 경제적, 사회적 격차가 발생하였다. 이 격차는 오랜 기간 해소되지 못하였고, 공업화에서 배제된 북동부 지역과 남부 지역으로 19세기 말부터 신세계로 대규모의 이민이 이루어지는 결과로 이어졌다. 1880년에서 1914년 사이에 고국을 떠난 이민자의 수가 2,000만 명이나 되었다.

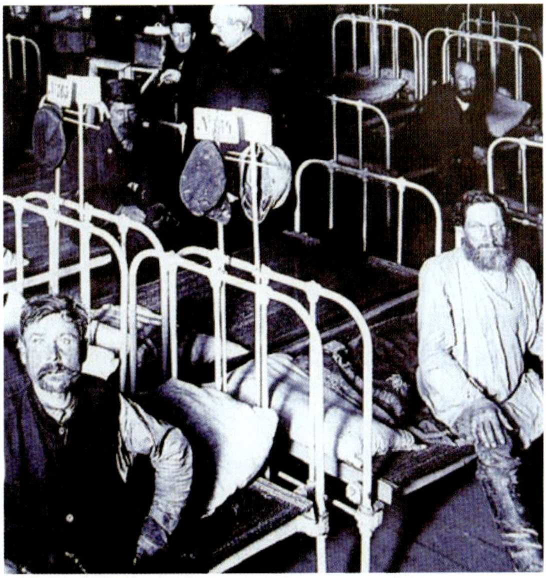
러시아 노동자의 주거 환경 1900년경 모스크바의 열악한 노동자 숙박 시설을 보여 주는 사진. 동시대의 다른 유럽 국가들에 비해 낙후된 여건임을 알 수 있다.

러시아는 유럽에서 경제적으로 낙후된 지역에 속하였다. 봉건제적 사회 질서가 여전히 강한 힘을 발휘하고 있었고, 경제 발전의 전기를 찾지 못하고 있었다. 크림 전쟁에서의 패배는 러시아에게 자국의 후진성을 뼈저리게 인식하게 만든 계기가 되었다. 이런 배경에서 알렉산드르 2세는 1860년대를 통해 '위로부터의' 개혁을 실시하였다. 1861년의 농노 해방이 대표적인 개혁이었다. 1860년대에 무려 2,300만 명에 이르는 사유 농노와 2,700만 명의 국유 농노가 신분제의 굴레를 벗어났다. 자유농이 되기 위해서 농노는 이전 주인에게 9년 동안 무상으로 일을 해주어야 하였고, 농지는 국가로부터 구입해야 하였으므로, 농노 해방의 영향이 현실에서 나타나는 데에는 시간이 소요되었다. 그럼에도 불구하고 러시아는 농노 해방을 포함한 국가 주도적 개혁 정책을 바탕으로 서서히 공업국으로 변모해 갔다. 특히, 1890년대부터 철도 부설을 포함해 본격적인 공업화 정책을 펼쳤다. 철도는 농촌과 전통 도시로부터 신흥 공업 도시로 인력을 이동시키는 데 큰 역할을 하였다. 풍부한 천연자원을 개발하면서 러시아는 공업화에 박차를 가하였다.

2. 1차 세계화는 어떤 모습을 띠었나?

1차 세계화의 물결

19세기 중반부터 제1차 세계 대전에 이르는 시기에 세계 경제는 유래를 찾기 힘든 수준의 무역 증가율을 기록하였다. 노동, 자본과 같은 생산 요소의 국제적 이동도 전례 없는 규모로 이루어졌다. 지식과 정보의 전파도 양과 속도에서 눈부신 진보를 보였고, 문화적으로 상이한 지역 간에 접촉과 교류도 크게 증가하였다. 이른바 '1차 세계화'의 물결이 이 지구를 뒤덮은 시기였다.

우선 총생산 중에서 수출과 수입이 차지하는 비중을 말하는 무역 의존도의 추이를 살펴보자. 이 시기에 무역 의존도는 괄목할 만한 증가세를 보였다. 20세기 초반에 절정에 달한 무역의존도는 제1차 세계 대전을 기점으로 하락세로 돌아섰고, 이 추세는 제2차 세계 대전이 종료된 이후에야 다시 방향을 바꾸어 상승 국면을 맞게 된다. 두 세계 대전과 그 사이에 발생한 대공황은 세계 경제에 타격을 주었음은 물론이고, 무역 의존도를 통해 살펴본 세계화의 추이에도 엄청난 변화를 가져왔음을 알 수 있다.

생산 요소 시장에서도 급격한 변화가 19세기 중반–20세기 초반에 발생하였다. 첫째로, 대륙 간에 대규모의 노동 이동이 발생하였다. 유럽에서 아메리카 대륙으로 대규모의 인구 이동이 이루어진 것은 물론이고, 중국, 인도 등 아시아 국가들, 그리고 아프리카로부터도 많은 수의 국제 이민자가 발생하였다. 특히, 미국은 세계 최대의 이민자 흡수국으로서 해마다 엄청난 수의 외국인을 받아들였다.

자본 이동도 19세기 중후반–20세기 초반에 크게 증가하였다. 이 시기에 도달한 해외 투자의 수준은 양차 대전 기간은 물론이고 제2차 세계 대전이 종료된 이후에도 상당 기간 다시 도달할 수 없을 것이라고 여겨졌다. 이 시기의 국제 투자 수준은 1990년에 가까이 가서야 비로소 다시 도달되었다.

1차 세계화라는 대규모 변화의 출발점은 공업화와 그에 따른 생산력의 증대였다. 영국의 산업 혁명과 뒤를 이은 국가들의 공업화를 통해 세계 경제는 엄청난 변화를 맞이하였다. 무엇보다도 공업 부문을 중심으로 국가들의 생산력이 크게 증가하였다. 앞 절에서 살펴본 프랑스, 독일, 미국, 이탈리아, 그리고 아시아에서는 유일하게 일본이 공업화를 통해 공업 생산 능력을 비약적으로 증대시켰다. 이와 대조적으로 아시아의 공산품 생산 비율은 눈에 띄게 감소하였다. 특히, 중국과 인도의 감소세가 가장 뚜렷하였다. 두 국가의 공산품 생산이 차지하는 비율은 1750년에 전 세계 공산품 생산의 절반을 상회하였지만, 이 비율은 1880년이 되면 약 15% 수준으로 하락하였고 1913년에는 겨우 5%에 이르렀다.

공업화와 경제 성장은 세계의 경제 지도를 혁명적으로 바꾸어 놓았다. 특히, 지역 간의 격차가 과거보다 크게 확대되었다. [표 7-2]는 1820년부터 20세기 말까지 지구상의 여러 지역에서 1인당 GDP가 어떻게 변화하였는가를 보여 준다. 서유럽은 1820년에 세계에서 가장 높은 1인당 소득 수준을 보였고, 이후 지속적인 성장을 이룩하여 20세기 초 제1차 세계 대전 직전에 3,500달러에 육박하였다. 서유럽 파생 지역, 즉 미국, 캐나다, 오스트레일리아, 뉴질랜드 등은 더 빠른 경제 성장을 기록하여, 20세기 초에 5,000달러를 넘어섰다. 동유럽과 구소련 및 남아메리카는 같은 기간에 670달러 수준에서 1,500달러로 증가하여 세계 평균과 유사한 모습을 보였다. 일본도 이 지역에 육박하는 성장세를 기록하였다. 그러나 일본을 제외한 아시아와 아프리카에서는 1인당 소득의 증가가 미미하였다.

【표 7-2】 1차 세계화 이후의 지역별 1인당 GDP

(단위: 1990년 국제 달러)

지역	1820년	1870년	1931년	1950년	1973년	1998년
서유럽	1,232	1,974	3,473	4,594	11,534	17,921
서유럽 파생 지역*	1,201	2,431	5,257	9,288	16,172	26,146
동유럽과 구소련	667	917	1,501	2,601	5,729	4,534
남아메리카	665	698	1,511	2,554	4,531	5,795
일본	669	737	1,387	1,926	11,439	20,413
아시아(일본 제외)	575	543	640	635	1,231	2,936
아프리카	418	444	585	852	1,365	1,368
세계	667	867	1,510	2,114	4,104	5,709
지역 격차	3:1	5:1	9:1	15:1	13:1	19:1

주: *서유럽 파생 지역은 미국, 캐나다, 오스트레일리아, 뉴질랜드.
자료: Maddison(2001), 126쪽 및 기타.

이 표에서 확인할 수 있는 중요한 사실은 시간이 경과함에 따라 최고 소득을 기록한 지역과 최저 소득을 기록한 지역 간의 격차가 확대되었다는 점이다. 1820년 3:1이었던 이 격차는 1870년에 5:1로 확대되었고, 1913년에는 9:1로 더욱 벌어졌다. 이 격차는 20세기에 들어서 더욱 확대된다. 1차 세계화 시대를 거치면서 발생한 경제적 변화를 대분기(Great Divergence)라고 부르는 것은 바로 이 때문이다.

자유 무역 전성 시대

1차 세계화 시대에는 생산의 증가를 훨씬 웃도는 무역의 증가가 발생하였다. 1800-1913년 동안에 전 세계의 1인당 생산은 10년마다 7.3% 증가하였는데, 같은 기간에 1인당 무역은 10년마다 33%나 증가하였다. 그 결과 1913년 1인당 무역액은 1800년보다 25배나 늘어났다. 무역의 성장세가 가장 뚜렷하였던 1840-1870년 동안에는 매 10년마다 무역이 53%씩이나 증가하였다. 괄목할 만한 무역의 확대에는 자유 무역주의 사조의 확산과 그에 기초한 제도 변화가 중요한 역할을 하였다. 1840년대에 곡물법과 항해법이 폐지된 데 이어 1860년에 코브든-슈발리에 조약이 체결된 사실이 이를 말해 준다.

영국에서 시작된 자유 무역주의 사조는 점차 유럽 대륙 및 다른 지역으로 확대되었다. 학자들은 1850년경부터 1870년대까지의 기간을 자유 무역주의의 전성기로 평가한다. 이 기간에 특권적인 통상 블록들이 해체되었고, 무역을 제한하는 각종 제도가 여러 국가에서 종식되었다. 이와 같은 자유 무역주의 기조는 이후 보호 무역주의에 자리를 내주게 된다.

금 본위제, 은 본위제, 복본위제

국제 통화 제도도 이 시기에 변화를 겪었다. 19세기 중반에 이르기까지 세계의 여러 국가들은 다양한 통화 본위 제도를 채택하고 있었다. 어떤 국가는 금과 은 가운데 하나를 기본 통화로 삼는 단본위제(單本位制)를 도입하였고, 어떤 국가는 금과 은을 동시에 기본 통화로 삼는 복본위제(複本位制)를 채택하였다. 본위제 하에서는 은행에 보관된 금은의 가치만큼만 화폐를 발행할 수 있고, 화폐를 소지한 사람은 은행에 대해 언제든지 화폐를 등가의 금은으로 태환(兌換)해 달라고 요구할 수 있다. 본위제를 채택하는 국가들이 모두 이 원칙을 따르기 때문에, 국가 간에는 고정 환율제가 성립하게 된다.

1800년대 초를 기준으로 보면 금 본위제(gold standard)를 채택하고 있는 국가는 영국뿐이었다. 금화는 은화와 비교할 때 거래액에 비해

태환: 화폐를 해당 국가가 본위로 삼고 있는 귀금속과 교환하는 것.
금 본위제: 금으로 만든 정화를 기본 화폐로 삼는 제도. 금의 화폐로서의 가치와 상품으로서의 가치가 기본적으로 동일하게 유지되었고, 태환이 보장되었다.

골드 러시의 풍경 미국에서는 1850년대에 캘리포니아를 중심으로 금의 채굴이 급증하였다. 이에 따라 금의 공급이 증가하여 복본위제 체제에서 금의 중요성이 증가하였다.

무게가 가벼워 사용이 편리하였다. 거래의 규모가 커질수록 금화를 사용하는 것이 유리하였다. 은화보다 금화가 위조하기 더 어렵다는 것도 금화의 장점이었다.

프랑스와 미국은 금과 은을 함께 사용하는 복본위제를 채택하였다. 복본위제는 두 귀금속을 함께 사용하기 때문에 충분한 양의 화폐를 확보할 수 있다는 장점이 있었다. 그러나 두 귀금속의 상대적 가격이 금과 은의 수요와 공급 상황에 따라 가변적이라는 점이 문제였다. 주조 시의 가치 비율이 금은 시장에서의 가치 비율과 괴리가 발생하는 경우, 상대적으로 가치가 낮아진 화폐가 거래에 쓰이고 상대적으로 가치가 높아진 화폐는 퇴장되는 현상이 발생하게 된다. 악화(惡貨)가 양화(良貨)를 구축(驅逐)한다는 이른바 **그레셤의 법칙**(Gresham's Law)이 작동하는 것이다. 19세기 중반까지 프랑스는 줄곧 복본위제를 유지하였는데, 시간이 지나면서 국내에서 가치가 상대적으로 낮아진 금을 집중적으로 사용하는 경향을 보였다. 프랑스와 주변국인 벨기에, 스위스, 이탈리아는 복본위제를 안정적으로 유지하기 위해서 1865년에 **라틴 통화 동맹**(Latin Monetary Union)을 결성하였다. 미국도 복본위제를 채택하고 있었는데, 1830년대까지는 은 본위제에 가까운 모습이었다가 1840년대 말부터 시작된 **골드 러시**(Gold Rush)로 인해 금의 공급이 많아

그레셤의 법칙: 소재의 가치가 상이한 화폐가 같은 액면가로 통용될 경우 소재의 가치가 낮은 화폐만이 유통되는 현상.
라틴 통화 동맹: 금과 은을 함께 사용하는 복본위제에 안정성을 부여하기 위해 1865년 창설된 동맹체. 초기 가입국 외에 스페인, 그리스, 오스트리아-헝가리 제국 등이 뒤이어 구성원이 되었다.

지면서 점차 금 본위제에 가까운 방식으로 운영되었다.

그 밖의 국가들 중에는 은 본위제를 채택한 경우가 많았다. 은의 공급량이 많았던 독일과 네덜란드, 스칸디나비아 국가들이 이에 해당하였다. 동양의 중국과 일본도 은 본위제를 유지하였다.

3. 이 시기 교통과 통신은 세계를 얼마나 좁혔나?

운송 혁명

1차 세계화 시대에 수많은 과학적 진보와 기술적 개량이 발생하여 운송 능력을 혁명적으로 개선시켰다. 우선 민자 도로인 턴파이크가 곳곳에 건설되고 새로운 도로 포장법이 개발됨으로써 육상 교통로의 질이 눈에 띄게 향상되었다. 그러나 육로는 화물의 대량 운송에 사용하기에는 경제성이 부족하였으므로, 운송비를 절반 이하로 절감할 수 있는 수로를 활용하는 것이 바람직하였다. 운하의 건설로 수로의 연결성이 개선되면서 수상 교통의 경제적 가치는 더욱 높아졌다.

대륙 횡단 철도의 부설 미국에서 장거리 철도의 부설은 경제 발전에 중요한 역할을 하였다. 미국은 철도 부설에서 다른 나라들보다 두각을 나타냈다.

본격적인 교통 수단의 혁신은 중

골드 러시: 19세기 중반에 금을 채취하기 위해 사람들이 몰려든 사건. 1848–1849년에 캘리포니아에서 금이 발견되면서 미국 내와 세계 각지에서 10만 명에 이르는 사람들이 유입되었다.

범선의 완강한 경쟁력 증기선의 등장이 곧바로 범선의 퇴출로 이어지지는 않았다. 많은 수의 돛을 단 클리퍼 선이 19세기 후반에도 차와 양모를 싣고 대양을 오갔다.

기를 동력으로 이용하는 방법이 확산되면서 이루어졌다. 철도는 상품 시장을 확대하고, 노동의 이동성을 높이고, 천연자원의 이동과 수출을 촉진하였다. 독일이나 이탈리아와 같이 정치적 통일이 지체된 국가에서는 경제적 통합을 앞당기는 기폭제 역할을 하였다. 또한 미국에서 1869년에 처음 완공된 대륙 횡단 철도는 광대한 영토를 보유한 국가들에게 일종의 표준을 제공하였다. 캐나다에서는 1885년에, 러시아에서는 1903년에 횡단 열차가 개통되었으며, 미국 내에도 추가적인 장거리 노선이 계속 건설됨으로써, 대규모의 시장을 창출하고 인력과 천연자원을 공급하는 데 획기적으로 기여하였다. 오스트레일리아, 브라질, 인도 등에서는 플랜테이션, 광산 등 생산지를 항구와 연결함으로써 농산물과 광산물의 수출 증대를 가져왔다. 지구상의 많은 지역에서 철도 부설이 식민지 지배의 중요한 수단이 되기도 하였다.

해상 운송에서도 중대한 변화가 발생하였다. 19세기를 거치면서 해상 운송비가 큰 폭으로 감소하였다. 1815년부터 1850년까지는 범선 설계의 개선, 화물 선적 방법의 개량, 항만 시설의 확충, 항해 지식의 증가 등이 운송비 감소를 이끌었다. 즉, 증기선이 19세기 전반에 등장하였지만 곧바로 전통적인 범선으로부터 원양 항해의 주도권을 빼앗은 것은 아니었다. 증기선은 항해 거리가 상대적으로 짧았을 뿐만 아니라 속도도 느린 편이었다. 이와 경쟁하는 범선은 과거보다 더 많은 수의 돛을 장착하고 더 많은 양의 화물을 선적하는 방법을 개발함으로써 끈질긴 생명력을 보여 주었다. 증기선이 본격적인 경쟁력을 과시한

기록 7-3 『80일 간의 세계 일주』

쥘 베른(Jules Verne)이 1873년에 출간한 이 소설은 영국 신사 필리어스 포그와 프랑스 하인 파스파르투의 모험을 내용으로 한다. 역사가 홉스봄(Eric Hobsbaum)은 이 소설 속의 여정을 되돌아봄으로써 1차 세계화 시대에 교통 수단이 얼마나 큰 변화를 가져왔는지를 보여 준다.

…독자들은 냉정 침착한 이 여행가의 여정(旅程)을 상기해 봄직하다. 그는 먼저 철도와 해협 증기선을 이용하여 런던에서 브린디시로 유럽을 가로질렀다. 그리고 브린디시에서 배를 타고 새로 개통된 수에즈 운하를 통과하였다(약 7일간). 수에즈에서 뭄바이까지의 기선 여행에는 13일이 걸렸다. 뭄바이에서 캘커타까지의 기차 여행은 철로가 완전히 연결되어 있기만 하였다면 3일밖에 걸리지 않았을 것이었다. 캘커타에서 배편으로 홍콩, 요코하마를 경유하여 태평양을 횡단하고 샌프란시스코에 도달하는 데에는 당시로는 아직도 41일이나 걸렸다. 그러나 1869년까지에는 아메리카 대륙 횡단 철도가 완성되어 있었으므로, 뉴욕까지의 표준 7일 간의 여행의 앞길에 가로놓인 것은 아직은 완전히 사람의 힘의 통제 아래 있지 못한 서부의 위험 –들소의 무리, 인디언 등등– 정도의 것에 그쳤다. 나머지 여정 –리버풀까지의 대서양 횡단과 런던까지의 철도– 에는 소설 구성상 서스펜스가 필요하지 않았던들 아무런 문제도 개재되지 않았을 것이었다. 사실, 진취적인 미국의 한 여행 업무 대행업자는 얼마 지나지 않아 그와 비슷한 세계일주 여행 계획을 세워 희망자들 앞에 내놓았던 것이다.

포그 씨가 만약 이러한 여행을 1848년에 하였더라면 날짜가 얼마나 걸렸을까? 그 여행은 거의 전적으로 해로 여행일 수밖에 없었을 것이다. 왜냐하면 아직 철도는 대륙을 횡단하지 못하고 있었고, 사실상 미국 이외의 세계 어느 곳에서도 대륙 횡단 철도는 존재하지 않았고, 그 미국에서마저 철도는 겨우 200마일 정도 내륙으로 뚫고 들어갔을 뿐이었으니까. 가장 빠른 범선(帆船), 그 유명한 차(茶) 수송용 대형 쾌속 범선(tea clipper)이 그 기술적 성취의 절정에 있던 1870년 무렵에 중국 광둥(廣東)까지 항해하는 데에는 보통의 경우 평균 110일이 걸렸고, 빨라도 90일 이내로 항해해 낸 일은 없었으며, 150일까지 걸린 일이 있었던 것으로 알려졌다. 1848년의 세계 일주 여행이 최선의 행운을 만났다 해도, 항구에서 보내는 시간을 넣지 않고서도 11개월, 즉 필리어스 포그 씨의 여행에 소요되었던 시간의 4배가 걸리지 않고서 해낼 수 있으리라고는 상상할 수가 없다.

자료: 홉스봄(1983), 85-86쪽.

수에즈 운하의 개통 1869년 지중해와 홍해를 잇는 대운하가 개통됨으로써 장거리 해양 운송비는 눈에 띄게 낮아지게 되었다.

것은 19세기 중반 이후의 일이었다.

1차 세계화 시대에 해상 운송비가 감소된 데에는 대규모 사회 간접 자본의 확충, 특히 1869에 개통한 수에즈 운하와 1914년에 개통한 파나마 운하의 역할이 컸다. 수에즈 운하가 지중해와 홍해를 연결하면서 증기선은 역전의 전기를 잡았다. 운하를 통과하여 운항하는 데 증기선이 유리하다는 점이 부각되면서 증기선의 경제성에 대한 재평가가 이루어진 것이다. 수에즈 운하에 비해 파나마 운하는 지형, 기후, 자본과 노동 부족의 악조건으로 인해 건설에 훨씬 큰 어려움이 존재하였다. 그렇지만 미국이 운하 관리권을 확보하고, 새로운 기술과 공법을 사용하고, 서인도와 유럽으로부터 수만 명의 노동력을 들여옴으로써 마침내 운하를 완성할 수 있었다.

통신 혁명과 정보의 유통

통신도 눈부신 발전을 거듭하였다. 전통적인 통신 수단인 우편은 육상 및 해상 교통의 발달에 힘입어 속도가 빨라졌다. 지역 간의 교역과 교류의 증대는 우편을 증가시키는 중요한 요인이었다. 교육의 개선과 관련된 문자 해독률의 향상도 우편의 증가에 일조하였으며, 인구의 증가도 영향을 끼쳤다.

전신과 전화는 근대적 통신 시스템을 가능하게 만든 발명품이었다. 1830년대에 발명된 모스(S. Morse)의 전신은 곧 국제적 부설 사업의

【표 7-3】 런던까지의 정보 전파 속도: 1798-1891년

(단위: km)

사건	연도	거리(km)	시간(일)	속도(km/h)
나일 강 전투	1798	3,320	62	2.2
인도 쿠치 지진	1819	6,590	153	1.8
난징 조약	1842	8,960	84	4.4
세포이의 항쟁	1857	6,680	46	6.1
톈진 조약	1858	8,220	82	4.2
링컨 암살	1865	5,880	13	18.8
멕시코 막스밀리언 대공 암살	1867	8,870	12	30.8
일본 미노-오와리 지진	1891	9,470	1	394.4

자료: 클라크(2009), 표 15-3에서 계산.

대상이 되었다. 1851년에 해저 케이블이 영국의 채널 해협에 놓였고, 1866년에는 대서양 양안이 해저 케이블로 연결되었다. 그러나 이 통신망은 케이블을 부설해야 한다는 기술적 한계를 안고 있었다. 이를 극복하고 무선 통신의 길을 연 것은 마르코니(G. Marconi)가 1890년대에 개발한 무선 전신이었다. 무선 전신은 곧 영국과 프랑스를 연결하였고, 1901년에는 대서양을 건너 영국과 미국을 연결하는 실험에 성공하였다. 전화는 1870년대에 벨(A. G. Bell)에 의해 발명된 후 곧 각국에서 기업이 설립되고 전화망이 부설되었다. 1880년대가 되면 서구의 대부분 국가에서 전화가 사용되었다.

이와 같은 통신 기술의 발달은 정보의 유통 속도를 혁명적으로 바꿔 놓았다. [표 7-3]은 지구상의 여러 곳에서 발생한 사건이 런던에 이르는 데 걸린 날짜를 정리한 것이다. 인도에서 발생한 사건에 대한 뉴스가 영국에 전해진 속도가 1819년에는 시속 1.8km이었지만 1857년에는 시속 6.1km로 증가하였다. 1860년대부터는 속도가 더욱 빨라졌고, 1890년대에는 이전과는 비교가 되지 않는 빠른 속도를 기록하였다.

대륙 간 가격 차이의 축소

교통과 통신의 발달은 지구상의 여러 지역을 단일한 경제권으로 통합하는 효과를 가져왔다. 대항해 시대 이래 세계의 주요 대륙들이 무역망으로 연결되었지만, 한동안은 운송비 부담으로 인해 값이 비싸거나 부피와 무게가 적은 상품으로 무역품이 제한되어 있었다. 철도와 증기선의 개발, 수에즈 운하와 파나마 운하의 건설과 전신 및 전화의 발달은 세계 각지를 촘촘하게 연결하는 네트워크를 형성하였다.

대서양을 잇는 통신선 1857년에 건조된 그레이트 이스턴호는 유럽과 아메리카를 잇는 4,000km에 달하는 통신선을 싣고 항해할 수 있는 유일한 선박이었다.

세계적 시장 통합의 효과는 지역 간 가격 차이의 감소로 나타났다. [표 7-4]는 1870년경부터 1913년경까지 세계의 주요 통상로로 연결된 도시들 사이에서 품목별로 가격 차이가 얼마나 줄어들었는가를 보여 준다. 예를 들어, 1870년에 리버풀의 밀 가격은 시카고에 비해 58% 비쌌으나, 1912년이 되면 그 차이가 16%로 축소되었다. 운송비를 포함한 거래 비용을 고려한다면, 두 도시의 밀 시장은 매우 긴밀하게 통합되었다고 할 수 있다. 통상로와 거래 품목에 따라 다소의 차이가 있지만, 이 시기에 전반적으로 전 지구적 차원에서 시장 통합이 빠르게 진행되었다는 점은 분명하였다.

가격 차이가 축소된 데에는 두 가지 중요한 요인이 작용하였다. 첫째는 운송비의 하락이었고, 둘째는 관세의 인하였다. 한 추계에 따르면, 1820년부터 1914년까지 대륙 간의 상품 가격 차이의 81%가 줄어들었는데, 이 감소분 가운데 72%는 운송비의 절감으로 인해 발생한

【표 7-4】 지역 간 가격 차이의 축소: 1870-1913년

(단위: km)

시기	통상로	품목	가격 변화(9%)
1870-1912	리버풀-시카고	밀	58→16
1870-1913	런던-보스턴	양모	59→28
1870-1913	런던-부에노스아이레스	피혁	28→9
1870-1906	런던-오데사	밀	40→2
1873-1913	리버풀-뭄바이	면화	57→20
1873-1913	런던-랭군	쌀	93→26

자료: O'Rourke and Williamson(1999), 송병건(2012), 454쪽에서 재인용.

것이며, 나머지 28%는 관세의 인하에 의해 발생한 것이었다. 물론 관세 인하는 대부분 1870년대 이전 자유 무역주의 환경 하에서 이루어졌다.

4. 노동과 자본은 언제 어디로 얼마나 이동하였나?

이민의 행렬

1차 세계화 시대에 세계적으로 엄청난 규모의 이민이 이루어졌다. 우선 출발지의 관점에서 보면, 유럽으로부터 이민을 떠난 인구의 크기가 눈길을 끈다. 1851-1880년에 유럽을 떠난 이민자 수가 연간 27만 명이었으며, 1881-1915년에는 그 수가 무려 연간 92만 명에 이르렀다. 국제적 이민은 1900년대부터 제1차 세계 대전 발발에 이르는 시기에 절정을 맞이하였다.

시기적인 특징을 보면, 1880년 이전에는 주로 영국, 독일 등 북유럽과 서유럽 국가들로부터 이민 행렬이 시작되었으며, 1880년 이후에

새로운 기회를 찾아서 유럽을 떠난 이민자들을 태운 선박이 뉴욕 항에 들어서는 모습. 인구가 과밀한 구세계를 떠나 인구가 부족한 신세계로 향한 이민자들에게는 새로운 환경에 적응해야 하는 과제가 놓여 있었다.

는 이탈리아, 스페인, 오스트리아-헝가리 등 남유럽과 동유럽 국가들이 대다수의 이민자를 배출하였다. 1821-1915년의 이민자를 가장 많이 송출한 국가는 영국으로, 전체 유럽 이민자의 36.9%를 차지하였다. 그 다음으로 이탈리아가 18.3%, 그리고 독일이 11.2%의 순서였다.

유럽의 이민자들이 향한 도착지는 주로 토지가 광활하고 노동이 부족한 지역이었다. 1851-1880년에 미국은 전체 유럽 이민자의 68.1%인 773만 명을 받아들였다. 다른 국가들의 비중은 이에 비해 훨씬 작아서, 캐나다 82만 명(7.2%), 오스트레일리아 79만 명(7.0%) 등이 뒤를 이었고, 나머지 국가들의 개별적 비중은 5% 이내였다. 1881-1915년에는 미국이 여전히 1위를 차지하기는 하지만 그 비율은 59.4%로 감소하였다. 그렇지만 이것이 미국이 흡수한 인구의 절대적 숫자가 감소하였음을 의미한 것은 아니었다. 미국 정착자의 인구는 이전 시기의 773만 명에서 이 시기에는 2,176만 명으로 크게 증가하였다. 다만 다른 국가들이 신흥 인구 흡입지로서의 역할을 점점 더 많이 떠맡게 된 것 뿐이다. 예를 들어, 아르헨티나가 426만 명(11.6%), 브라질이 297만 명(8.1%), 오스트레일리아가 277만 명(7.6%), 그리고 캐나다가 259만 명(7.1%)에 이르는 유럽 이민자를 받아들였다.

이민의 행렬이 유럽에서만 출발한 것은 아니었다. 인구가 조밀한 아시아의 여러 국가에서도 큰 규모의 이민이 발생하였다. 인도에서 출발한 이민자들은 서인도, 실론과 말레이 반도 등 동남아시아와 아프리카 등지로 향하였다. 중국인들도 대규모로 이민을 떠났다. 그들은 서인도, 미국의 캘리포니아, 오스트레일리아 등으로 향하는 배에 몸을 실었다. 일본에서도 이민이 발생하였다. 대표적으로 1885년에 하와이에 이민자들이 정착하여 사탕수수 농장 등에서 일을 하였다. 이들 중 일부는 나중에 미국 본토 등으로 다시 이동해 갔다.

아시아에서 출발한 이민자들 가운데 많은 수는 계약 노동자(indentured laborer)의 지위를 보유하고 있었다. 인도 출신의 계약 노동자가 가장 많았는데, 이들은 1850년대에 최고 수준을 기록한 후 다소 감소한 수준에서 20세기 초반까지 유지되었다. 다음으로 중국인들은 1860년대에 가장 큰 규모로 해외로 향하였으며, 그 이후 20세기 말까지 이민 노동자의 수가 줄었다. 이민의 후발 주자인 일본과 아시아 도서 지방의 국가들은 19세기 말–20세기 초에 많은 수의 계약 노동자를 해외로 보냈다.

이민 증가의 요인과 효과

이민의 결정 요인은 매우 다양하지만, 크게 구분하자면 출발 지역의 경제적 궁핍이나 정치적 핍박과 같은 배출 요인과 도착 지역에서의 높은 고용 기회나 고소득의 기대와 같은 흡인 요인이 있다. 실제로 양자는 동시에 작용하는 경우가 많지만 편의상 단순화를 하자면 19세기 중반까지는 배출 요인이, 그리고 이 이후에는 흡인 요인이 상대적으로 더 중요하였다.

이민자가 가득한 거리 미국의 대도시들은 유입된 이민자들로 인해 인구가 조밀해지고 주거 환경이 나빠지는 경우가 많았다. 그림은 뉴욕의 주택가를 메운 거주자들.

유럽에서는 인구의 자연 증가율이 높았고, 공업화가 진행되면서 구조적 실업에 처한 인구가 증가하였다는 사실이 영향을 끼쳤다. 아일랜드, 독일, 스칸디나비아 등에서는 감자가 널리 보급되면서 인구 부양 능력이 커졌다는 점이 중요하였다. 특히, 아일랜드에서는 1845-1847년에 발생한 감자 기근(Potato Famine)의 여파로 대규모의 이민자들이 생계를 위해 해외로 향하였다. 이민이 증가한 데에는 정부와 각종 단체들이 잠재적 이민자들을 원조하는 정책을 다양하게 취하였다는 점도 작용하였다. 대서양을 건너 아메리카에서 유럽으로 수출하는 제품들, 예를 들어 미국의 면화나 캐나다의 목재와 같이 부피가 큰 상품들의 수출이 늘어나면서 반대 방향으로 향하는 항해에는 선상의 공간이 남는 현상이 발생하였는데, 이를 이용하여 선박 회사가 이민자에게 값싼 운임을 제시하는 사례가 증가하였다. 대형 여객 회사가 등장하고 증기선의 보급이 진전되면서, 운항의 신뢰도가 증가하였고 여행 여건이 개선된 점도 영향을 미쳤다.

구조적 실업: 기술 변화나 경제 구조의 변화에 따라 기존의 취업자가 일자리를 잃게 되는 유형의 비자발적인 실업. 예를 들어, 산업 혁명 시기에 역직기가 등장하면서 전통적 직포공들이 일자리를 잃는 경우가 이에 해당한다.

감자 기근: 1845년부터 감자잎마름병이 퍼지면서 아일랜드에 대규모의 기근이 발생하였다. 이로 인해 100만 명 이상이 사망하였고, 이후 10년 동안 매년 평균 20만 명이 해외로 이민을 떠났다.

국제적 자본 이동

대규모 해외 투자 영국은 인도를 포함한 세계 여러 지역에 대규모 투자를 하였다. 그림은 1870년대 뭄바이의 대형 철도역을 보여 준다.

1870년대부터 자본의 해외 투자가 이전 시기에 비해 빠르게 증가하였다. 특히, 1900년 이후에 해외 투자의 규모가 괄목할 만한 수준으로 늘어났다. 1900년까지 해외에 투자된 자본의 총액이 230억 달러였는데, 1914년에는 이 수치가 무려 430억 달러에 이르렀다.

해외 투자를 결정하는 데 있어서 가장 중요한 기준은 경제적 고려였다. 다른 투자와 마찬가지로 예상 수익률과 위험도가 투자자들이 염두에 둔 핵심 요인이었다. 국내에 투자하는 것보다 전망이 밝아야만 해외에서 투자 기회를 얻을 수 있었다. 그러나 때로는 정치적 고려도 작용하였다. 특히, 군사적 동맹의 필요성과 같은 국제 정치적 요인이 작용하기도 하였다.

노동 이동과 마찬가지로 자본 이동에 있어서도 공급국으로서 영국이 가장 앞섰다. 그리고 뒤를 이어 프랑스, 독일, 미국 등 후발 공업국들이 투자 주체로서 두각을 나타내었다. 공업화와 무역의 확대를 통해 소득이 증가하고 저축이 늘어난 국가가 투자국이 되었던 것은 당연하였다. 최대 자본 수출국 영국은 1914년을 기준으로 볼 때 세계 전체 해외 투자액의 43%나 되는 규모를 기록하였다. 1905-1913년에 영국 국민 소득의 7%에 해당하는 자본이 해외로 투자되었고, 특히 1913년에는 이 비율이 9%라는 경이적인 수준까지 도달하였다. 영국 다음으로는 프랑스가 해외 투자 금액의 20%, 그리고 독일이 13%를 차지하였다. 아직 미국의 비율은 7%에 머물고 있었다.

자본의 수요국 중에서는 유럽이 가장 비중이 컸다. 1914년에 27%의 해외 투자가 유럽에서 이루어졌는데, 특히 러시아와 발칸 제국이 높은 순위를 차지하였다. 다음으로 북아메리카가 투자금의 24%를 받았으며, 라틴 아메리카가 19%, 아시아가 16%를 기록하였다.

파나마 운하의 건설 대규모 토목 공사를 위해 국제적 자본 투자가 이루어진 경우가 많았다. 파나마 운하도 공사 비용이 초기 예상보다 많이 소요되는 것으로 드러나면서 자본 압박을 받았다.

공업국에 투자된 자본은 주로 철도를 부설하거나 석탄 공업, 제철 공업과 같은 분야에서 사용되었다. 신세계에 투자된 자본은 주로 천연자원을 개발하고 운송하는 시설을 갖추는 자금으로 소요되었다. 이 목적에 가장 잘 들어맞는 지역은 아메리카와 오세아니아였다. 이 지역들은 적절한 규모의 자금과 기존에 개발된 기술을 활용하여 개발이 가능한 곳이었다. 아시아의 열대 지방과 아프리카가 기후, 질병(황열병, 말라리아, 수면병 등), 지형 등의 약점과 지식의 부족, 제도적 저항 등으로 인해 접근성이 부족하였던 사실과 대조를 이루었다. 이른바 자본 흡수력(absorptive capacity)이 투자처를 결정하는 데 있어서 중요한 요인이 되는 것이다. 여기에는 운송과 통신 시설 등 사회 간접 자본의 수준, 행정

자본 흡수력: 한 사회나 조직이 투자된 자본을 효과적으로 사용하여 가치를 창출할 수 있는 능력.

체제의 효율성, 기업가 정신을 가진 인력의 존재 여부, 숙련도 높은 노동력의 확보 가능성, 지방 시장의 규모 등 수많은 세부 요인이 포함되었다.

제8장

독점과 제국주의: 1873-1914년

1. 금 본위제와 다각 결제망은 어떻게 작동하였나?
2. 대기업은 어떤 과정을 거쳐 등장하였나?
3. 보호 무역주의는 왜 등장하였나?
4. 제국주의적 세계화는 지구를 어떻게 변화시켰나?

1. 금 본위제와 다각 결제망은 어떻게 작동하였나?

강제적 세계화

1차 세계화 시대는 시기적 특성 면에서 두 시기로 구분할 수 있다. 그 분기점은 1870년대로서, 이 기점까지는 자유 무역주의의 확산이 특징적이었음에 반해 이 기점 이후에는 보호 무역주의의 대두가 두드러졌다. 1870년대는 역사상 최초로 근대적인 세계적 공황, 즉 공업화된 국가들 간의 경제적 상호 의존성을 매개로 공황이 국제적으로 파급된 시기였다. 프랑스, 독일, 미국 등이 차례로 후발 공업화를 진행한 결과로 국제적 경쟁이 고조되었고, 기술적으로도 전기, 화학, 기계 등 중공업이 경제를 지탱하는 핵심 산업으로 등장하였다. 그 속에서 각국의 경제 구조는 대규모화 · 독점화의 경향을 보였고, 치열해진 경제 환경과 민족주의적 경쟁심이 결합되면서 대외적으로 제국주의적 식민지 침탈이 전 세계적 차원에서 진행되었다. 이 맥락에서 보자면, 양차 세계 대전은 선발 열강과 후발 공업국들이 국제적 이권의 합당한 배분 비율을 둘러싸고 벌인 갈등이 궁극적으로 폭발한 결과였다. 따라서 1870년대에서 제1차 세계 대전에 이르는 시기는 1차 세계화 시기 중에서도 상대적으로 높은 세계화 진척 수준을 보여 주었지만, 그 방법은 철저히 강제성에 입각한 것이었다고 볼 수 있다.

제국의 범위 영국의 식민지를 아프리카에서 크게 확대시킨 세실 로즈(Cecil Rhodes). 카이로에서 케이프타운을 잇는 통신선의 부설 계획을 세운 시기에 나온 그림이다.

이 장에서는 1870년대 이후에 초점을 맞추어 세계 경제의 변화를 살펴보기로 한다. 먼저 다음 그림은 자본 시장의 추이를 국제 금융 체제

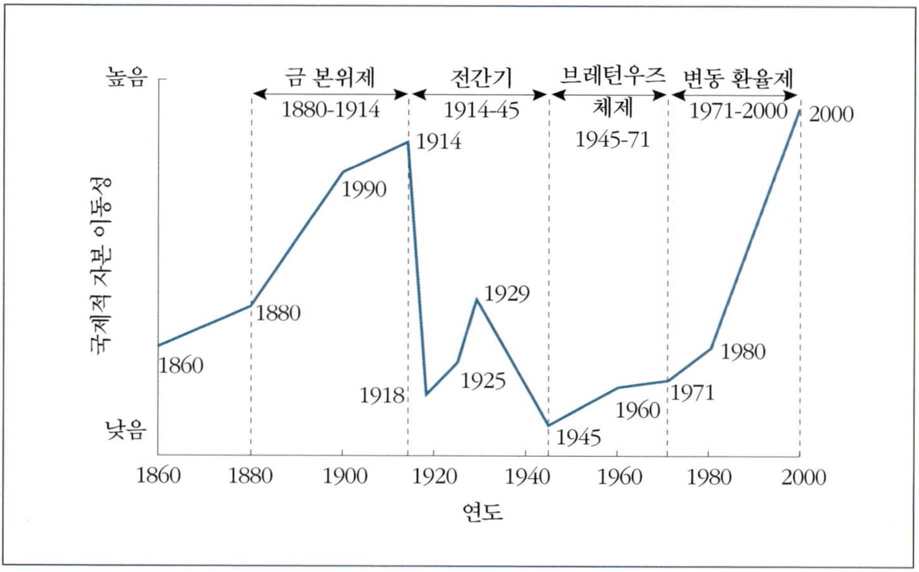

국제 금융 질서와 자본 이동성: 1860-2000년
자료: Obstfeld and Taylor(2004), 28쪽.

의 변화와 연결하여 보여 준다. 이를 통해 장기적 변화 과정의 기본 윤곽을 확인할 수 있다. 19세기 중반에서 제1차 세계 대전 직전까지 세계 경제는 국제적 자본 이동이 급신장하는 모습을 보여 주었다. 여기에는 금 본위제의 확산과 안정적 작동이 중요한 역할을 하였다. 제1차 세계 대전은 이러한 금융의 세계화에 일격을 가하였다. 종전 후 금 본위제로 복귀함으로써 기존의 국제 금융 질서를 복원할 수 있으리라는 희망을 가졌으나, 곧 현실성이 없는 것으로 판명되었다. 1920년대 말에 터진 대공황으로 국제 금융 시장은 다시 한 번 깊은 나락으로 떨어졌고, 열강들은 제각기 경제 블록을 형성함으로써 다자주의적 세계화에 대해 역주행하는 모습을 보여 주었다. 국제 금융 체제의 재정비는 제2차 세계 대전 이후에 이루어졌다. 이른바 **브레턴우즈 체제**(Bretton Woods System) 하에서 미국 달러화를 금으로의 태환이 보장된 기축 통

기록 8-1 『마법사 오즈』(*The Wizard of Oz*)

1900년 미국의 신문업자 바움(L. F. Baum)이 발표한 이 책은 당시 미국의 통화 제도에 대한 현실 풍자를 담고 있는 것으로 해석된다. 마법사의 이름인 오즈(Oz)는 금과 은의 무게를 재는 단위인 온스(ounce)의 약자이다. 주인공 도로시는 전통적인 미국의 가치관을 상징하며, 함께 모험을 떠나는 허수아비는 가난한 농민, 양철나무꾼은 공업 노동자, 겁쟁이 사자는 무력한 정치가를 뜻한다. 험난한 여행길은 금 본위제 채택으로 인해 발생한 경기 후퇴의 고난을 의미한다. 도로시가 신은 은 구두는 모든 소원을 들어 주는데, 이것이 은 본위제를 상징한다. 부족한 금에만 의존하지 말고 은을 통화의 기준으로 삼으면 미국의 전통적인 안정적 경제 상태로 돌아갈 수 있다는 메시지를 이 소설은 전한다.

자료: Rockoff(1990), 739-761쪽.

화로 삼고 다른 통화를 달러화에 연동시키는 고정 환율제가 새로운 국제 금융 질서로 자리를 잡았다. 그러나 1970년대 초 미국의 금 태환 포기를 계기로 고정 환율제를 대신하여 변동 환율제가 등장하게 되는 변화를 맞이한 후에 국제 금융 시장은 현재까지 이어지는 '2차 세계화'를 맞게 된다.

금 본위제의 승리

1870년대 초를 기준으로 볼 때, 국제 통화 제도는 통일된 형태를 갖지 않고 있었다. 금 본위제를 채택하고 있던 국가는 영국뿐이었고, 미국 그리고 라틴 통화 동맹에 속한 프랑스, 이탈리아, 벨기에, 스위스는 금과 은을 함께 사용하는 복본위제를 채택하고 있었으며, 독일, 네덜란드를 비롯해 스칸디나비아 국가들과 중국, 일본과 같은 아시아 국가들은 은 본위제를 유지하고 있었다. 이렇게 다양한 본위제가 혼

브레턴우즈 체제: 미국 달러화를 기축 통화로 삼고 고정 환율제를 실시한 제2차 세계 대전 이후의 국제 금융 질서.

재하던 상황이 1870년대부터 단기간 내에 금 본위제로 단일화가 되는 상황으로 변화되었다.

이 시기에 금 본위제가 확산된 이유는 무엇이었을까? 19세기를 거치면서 유럽의 여러 국가들은 공업화를 성공적으로 진행해 갔다. 공업화는 무역의 증대로 이어졌고, 특히 19세기 중반에는 자유 무역주의 분위기 속에서 무역의 증가율이 매우 높게 나타났다. 은을 이용한 결제 규모도 그에 따라 확대되었다. 일찍부터 금 본위제를 채택하고 있었던 영국은 19세기 중반에 세계 최대의 무역국이 되었다. 이런 상황에서 같은 무게의 은보다 15배 이상의 가치가 있었던 금을 결제에 사용하는 것이 유리하였다. 무역 규모가 확대될수록 은 본위제와 복본위제 국가의 거래 비용은 상대적으로 증가하였다. 해당 국가들은 금 본위제로 체제 전환을 하도록 압박을 받을 수밖에 없었다.

금 본위제의 운영 금 본위제 하에서는 화폐의 태환을 위해 은행이 금을 보유하고 있어야 하였다. 그림은 잉글랜드 은행의 저장고에 보관하기 위해 금괴를 수레에 담아 운반하는 모습을 보여 준다.

하지만 은 본위제나 복본위제를 채택하고 있던 나라들이 금 본위제로 전환하는 데에는 큰 비용이 소요되었기 때문에 갑작스런 충격이 없이는 변화가 쉽게 일어날 수 없었다. 체제 전환의 돌파구는 보불 전쟁의 결과로 1871년 프로이센이 프랑스로부터 거액의 전쟁 배상금을 획득함으로써 마련되었다. 이미 유럽 이외의 지역에 대해서 결제할 때 영국을 통하였던 독일로서는 은 본위제 대신 금 본위제를 채택할

금 본위제의 승리 미국은 1900년의 입법을 통해 모든 지폐는 금 본위제에 기초하여 발행됨을 명시하였다. 이 입법을 묘사한 카툰에 금이 은을 누르고 승리를 만끽하는 모습이 표현되어 있다.

절호의 기회를 맞았던 것이다. 독일의 이행에 뒤이어 다른 국가들도 연쇄 반응을 통해 금 본위제를 채택하게 되었다. 일본은 청일 전쟁 이후 1897년에 금 본위제 대열에 합류하였다. 그리하여 제1차 세계 대전 직전에는 중국을 제외하고 세계의 대부분 국가가 금 본위제를 채택하는 상황이 되었다.

후진국의 경우 **금 환 본위제**(gold exchange standard)를 채택함으로써 세계적인 금 본위제 네트워크에 편입되었다. 금 환 본위제는 금 태환이 가능한 국가의 통화인 파운드화, 프랑화, 마르크화, 엔화 등과 교환이 가능한 통화를 발행하여 유통시키는 제도였다. 열강들이 금 본위제로 속속 이행하는 속에서 주변부 국가들, 특히 금 본위제 국가의 식민지인 인도, 필리핀, 멕시코, 태국 등이 금 환 본위제를 실시하였다. 이로 인하여 금 환 본위제 국가는 환율이 고정되고 통화 가치가 안정되어 환 리스크, 즉 평가 절하에 따른 투자 이익의 감소를 피하게 되었고, 국제 자본 시장에서 낮은 이자율로 자본을 차입할 수 있다는 장점을 누리게 되었다. 그러나 경제 주권을 상실한 식민지 상황에서 외국 자본의 유입이 반드시 유익한 결과로 이어진 것은 아니었다. 한국은 러일 전쟁 후 일본이 재정 고문을 파견하여 화폐 정리 사업을 하는 과정에서 엔화에 연결된 금 환 본위제를 채택하게 되었다.

1870년대–1913년 기간에 금 본위제는 원활하게 작동하였던 것으

금 환 본위제: 직접 금 본위제를 도입할 여력이 부족한 국가가 특정 금 본위제 국가의 통화와 교환이 가능한 통화를 발행하여 유통시키는 제도.

로 평가된다. 무역이 신장되고 자본의 국제적 이동도 순조롭게 확대되었다는 사실이 이를 말해 준다. 이 기간 금 본위제의 성공 요인은 무엇인가? 무엇보다 국제 통화로서의 파운드화의 역할이 컸다. 당시 영국은 세계 최대의 무역국이고 해운 대국이자 세계 최대의 자본 공급국이었다. 당시 영국의 경제 정책은 세계적 통화로서 파운드화의 가치를 높이 유지하는 방향으로 짜였다. 런던이 국제 금융의 중심지 역할을 충실하게 수행하던 시기에 영국이 파운드화의 안정적 힘을 정책의 최우선에 놓았기 때문에 금 본위제는 원활하게 효과를 발휘할 수 있었다. 아래에서 살펴볼 다각 결제 체제의 순조로운 작동으로 금의 국제적 이동 필요성이 최소화되었다는 점도 긍정적으로 작용하였다.

잉글랜드 은행의 업무 1870년 잉글랜드 은행에서 많은 직원들이 화폐를 다루는 업무를 처리하고 있다.

다각 결제 체제의 구조

힐거트(F. Hilgerdt)의 분석에 의하면, 19세기 후반에 이루어진 국제 무역 가운데 70%는 두 국가 간의 쌍무적인 무역이고, 나머지 무역은 삼각 또는 다각적 무역이었다. 3개 이상의 국가 간에 이루어지는 무역 결제 체제를 **다각 결제 체제**(multilateral payment system)라고 하고, 그와 같은 국제적 네트워크를 다각 결제망이라고 부른다.

다각 결제 체제: 셋 이상의 국가가 상호 작용하는 형태로 이루어진 국제적 결제 시스템.

대항해 시대에 이미 영국-아프리카-서인도 제도를 연결하는 고전적인 삼각 무역망이 작동하였고, 중상주의 시기와 공업화 시대를 거치면서 다양한 지역에서 삼각 또는 다각 무역망이 형성된 바 있었다. 그렇지만 1870년대 이후에는 과거에 상호 관련이 없던 삼각 무역망들이 통합되거나 다각 무역망으로 재편되는 현상이 발생하였다는 점에서, 그리고 영국 이외의 지역들이 중요해졌다는 점에서 과거와 구별되었다. 이렇듯 국제적 결제 체제가 이 시기에 양적으로뿐만 아니라 질적으로도 발전되었던 것이다.

다음의 그림은 1910년을 기준으로 지구상의 다각 결제 체제를 보여 준다. 세계의 주요 국가들은 서로 무역을 하는데, 각 무역에서 발생하는 결제의 방향을 화살표로 표시하고 있다. 무역 수지의 규모는 수치로 표시되어 있다. 예를 들어, 캐나다는 영국에 대해서 2,500만 파운드의 무역 흑자를 보았고, 반면에 미국에 대해서는 2,400만 파운드, 유럽 대륙에 대해서는 100만 파운드의 무역 적자를 기록하였다. 다각 결제망이 보여 주는 가장 중요한 특징은 이 시기에 무역 흑자 또는 무역 적자만을 보인 국가는 없었고, 모든 국가가 무역 적자를 보는 국가와 무역 흑자를 보는 국가를 함께 대하고 있었다는 점이다. 즉, 글로벌 불균형(Global Inequality)의 문제가 별로 심각하지 않았다.

가장 주목할 부분은 당시 세계 최대의 무역 규모를 기록하고 있던 영국의 무역 상황이었다. 영국은 캐나다에 대해 2,500만 파운드, 미국에 대해 5,000만 파운드, 그리고 유럽 대륙에 대해 4,500만 파운드의 무역 적자를 기록하였다. 한편, 터키에 대해 1,000만 파운드, 오스트레일리아에 대해 1,300만 파운드, 일본에 대해 1,300만 파운드, 그리고 인도에 대해 무려 6,000만 파운드의 무역 흑자를 보였다. 1차 세계화 시대

글로벌 불균형: 일부 국가들은 국제 수지 흑자를 지속적으로 기록하고 다른 국가들은 만성적인 국제 수지 적자를 기록하는 현상. 국제적 경제 위기의 중요한 요인으로 지목된다.

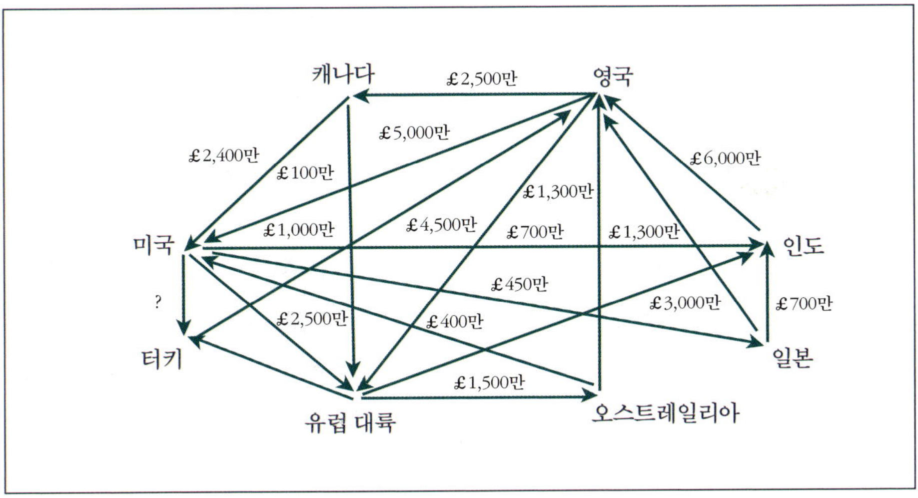

1910년 다각 결제망의 형태
자료: Findlay and O'Rourke(2007), 406쪽.

에 빠르게 공업화와 경제 성장을 추진한 북아메리카와 유럽 대륙의 국가들에게 기록한 무역 적자를 인도와 아시아 및 오세아니아로부터의 무역 흑자로 보전하였던 것이다. 당시에 세계적으로 다각 결제망이 순조롭게 작동할 수 있었던 데에는 글로벌 불균형을 초래하지 않고 무역의 원활한 순환을 가능하게 한 경제 대국 영국의 역할이 컸다. 특히, 식민지였던 인도에서 얻은 이득이 국제 무역 체제의 순탄한 작동에 중요한 기여를 하였다고 평가할 수 있다.

다각 결제망의 순조로운 작동은 여러 가지 긍정적인 효과를 유발하였다. 글로벌 불균형의 문제가 미미하였으므로, 각국은 무역을 통해 소득과 구매력을 증대시키기가 용이하였다. 이는 세계 무역을 지속적으로 신장시키는 결과를 가져왔다. 마지막으로, 다각 결제망의 원활한 흐름은 금의 국제적인 이동을 최소화하여 금 본위제를 중심으로 한 국제 통화 제도가 무리 없이 작동할 수 있도록 해주었다. 하지만

인도의 무역항 1900년경 인도 콜카타 항구에 정박 중인 증기선들. 영국의 인도에 대한 무역 흑자는 다각 결제망의 순조로운 작동을 가능하게 만든 중요한 조건이었다.

당시의 다각 결제망이 취약점을 갖지 않은 것은 아니었다. 가장 중요한 문제는 영국의 흑자 규모가 점차 축소되고 있었다는 점이다. 경제 대국 영국이 다각 결제망의 흐름을 순조롭게 유지하는 역할을 수행하지 못하게 된다면, 세계 경제는 글로벌 불균형이 초래하는 자금 경색 현상에 직면하게 될 수밖에 없는 운명이었다.

2. 대기업은 어떤 과정을 거쳐 등장하였나?

기업 규모의 확대

1870년대를 전후해서 발생한 세계 경제사의 중요한 변화의 하나는 대기업이 본격적으로 출현하였다는 사실이다. 당시에 경제를 주도한 산업이 철강, 전기, 화학, 기계 등 중화학 공업이었기 때문에 창업 자체가 대규모로 이루어진 경우도 많았지만, 기존의 기업들이 다양한 형태로 결합하여 거대한 기업 집단을 형성한 사례가 많았다는 점이 더 특징적이었다. 기업 결합은 규모의 경제(economies of scale)와 범위의

규모의 경제: 기업이나 공장 설비의 확대로부터 얻어지는 이득. 규모를 늘림에 따라 고정 설비를 충분히 활용할 수 있고, 노동의 전문화를 기할 수 있으며, 새로운 종류의 기계를 도입할 수 있게 되는 등의 이익을 기대할 수 있다.
범위의 경제: 관련 제품의 일괄 생산, 생산에서 수송까지의 연계, 금융 비용의 절감, 공정을 단축 또는 생략하는 기술 개발상의 이익 등 상이하지만 상호 연관되어 있는 기업 활동 간의 결합을 통해 얻게 되는 이익을 말한다.

경제(economies of scope)라는 이익을 누리게 해주기도 하였지만, 시장 지배력을 지나치게 강화하는 폐해를 가져오기도 하였다.

기업이 결합하는 방식에는 여러 가지가 있었다. 카르텔(cartel)은 동일한 산업 내의 독립 기업들이 수평적으로 연합한 것이다. 개별 기업들은 경쟁을 지양하기 위해 제품의 가격, 생산량, 판매 방식 등에 대해 담합을 하지만, 경영 자체는 독자적으로 행하는 방식이었다. 신디케이트(syndicate)는 카르텔의 결속력을 강화하여 공동의 판매 기구를 운영하는 기업 결합체였다. 한 걸음 더 나아가 트러스트(trust)는 동일한 산업 내의 독립 기업들을 단일 기업으로 통합한 수평적 기업 결합이다. 콘체른(concern)은 지주 회사(holding company)가 주식을 소유하는 방식을 통해 다수의 기업을 지배하는 형태다. 마지막으로 머저(merger)는 둘 이상의 기업이 합병하여 하나의 기업으로 통합되는 방식을 말한다. 세계의 주요 국가들은 각국의 사정에 맞추어 다양한 기업 결합 형태를 보였다.

록펠러의 시대 스탠더드 오일 트러스트를 세운 록펠러는 정유 산업계와 정치계를 모두 손에 쥔 인물로 인식되었다.

미국 기업의 독점화

대기업의 형성을 주도한 국가는 미국이었다. 미국에서 기업 결합

트러스트의 영향력 미국 의회가 대규모 트러스트들의 영향력을 벗어나지 못한다고 꼬집는 1880년대 카툰. 위쪽 현판에 '독점가의, 독점가에 의한, 독점가를 위한 상원'이라고 적혀 있다. 그러나 결국 의회는 반독점 법률을 제정하게 되었다.

은 주로 트러스트 형태로 이루어졌다. 가장 대표적인 트러스트는 **록펠러**(J. D. Rockefeller)가 주도하여 1879년에 설립한 스탠더드 오일 트러스트(Standard Oil Trust)였다. 이 트러스트를 통해 록펠러는 미국 석유 생산의 90% 가량을 지배하게 되었다. 그의 전례를 따라 여러 산업에서 15개에 달하는 트러스트가 형성되었다. 그러나 트러스트의 독점력이 초래하는 폐해에 대한 비난 여론이 비등하면서 정부가 규제에 나서게 되었다. 1890년에 **셔먼법**(Sherman Act)이 제정되어 트러스트가 금지되었고, 그 결과 스탠더드 오일 트러스트는 20여 개 회사로 분할되는 운명을 맞았다.

트러스트가 금지된 후 미국의 기업 결합은 주로 콘체른 형태로 이루어졌다. 가장 대표적인 사례는 철강 공업에서 나타났다. 결정적인 변화는 1901년 **모건**(J. P. Morgan)의 주도로 이루어진 초대형 통합으로

록펠러(1839-1937): 1860년대에 석유 산업에 입문하여 20년 만에 미국 정유 사업의 대부분을 포함하는 스탠더드 오일 트러스트를 지배하게 된 입지전적 인물. 그의 회사 조직은 셔먼법 위반 판결로 위기에 처하자 지주 회사 형태로 변신하였으나, 다시 1911년 반독점법 위반으로 해체의 길을 걷게 되었다. 경영 일선에서 은퇴한 후 자선 사업에 몰두하여 시카고 대학, 록펠러 재단 등의 설립에 기여하였다.

셔먼법: 스탠더드 오일의 독점력이 논란의 대상이 되는 가운데 트러스트를 제한할 목적으로 제정된 법률로 미국 반독점법의 근간을 이루었다. 그러나 금지 기준과 처벌 기준을 명확히 마련하지 못하였고 때로는 노동조합의 탄압 수단으로만 이용되었다는 평가를 받기도 하였다.

모건(1837-1913): 미국의 대은행가. 아버지 J. S. 모건과 함께 영국의 자본을 동원하여 신흥 미국 시장에 성공적으로 투자하여, 19세기 후반 미국의 제조업과 철도 산업의 자금 조달에 중요한 역할을 하였다. 1895년 회사 이름을 J. P. 모건 회사로 바꾸었다.

발생하였다. 카네기(A. Carnegie)의 철강 회사를 포함한 7개의 대형 철강 회사가 석탄 회사를 통합하는 수직적 결합을 통해 초대형 기업 유에스 스틸(U.S. Steel)로 탄생한 것이다. 1914년에 제정된 클레이턴법(Clayton Act)에 의해 독점적 기업 형성에 대한 규제가 강화되기는 하였지만, 전반적으로는 이 시기부터 계속된 독점화 경향이 제1차 세계 대전 이후까지 계속되었다.

애초부터 기업이 대규모의 생산 체제를 갖춘 경우도 있었다. 대표적인 사례가 자동차 산업으로, 선구적 기업가 포드(H. Ford)는 1903년 부품의 호환성을 높여 대량 생산 체제를 갖추었다. 1908년에 생산이 시작된 T형 모델은 이후 컨베이어 벨트를 이용한 일관 작업 시스템에 의해 생산이 이루어졌다. 이런 기술 혁신에 힘입어 자동차 한 대를 조립하는 데 걸리는 시간이 14시간에서 2시간 이하로 크게 축소되었다.

유럽과 일본 기업의 독점화

다른 국가들에서도 기업 규모의 확대와 독점화 경향이 나타났다. 영국은 자유주의적 전통이 강하였기 때문에 다른 국가들에 비해 이런 변화가 서서히 나타났다. 개인 및 가족 경영 체제가 많이 남아 있었다는 점도 한몫을 하였다. 1900년을 기준으로 볼 때, 영국 100대 기업이 GDP에서 차지하는 비중은 15%에도 미치지 못하였다. 제1차 세계 대전까지 영국에서는 기업 합병을 통해 대기업의 형성만 어느 정도 진행되었을 뿐, 카르텔은 별로 만들어지지 않았다.

카네기(1835-1919): 유에스 스틸의 모태인 카네기 철강 회사를 설립한 기업인. 경영에서 물러난 후에는 교육, 문화, 사회 복지 사업에 몰두하였다.
클레이턴법: 셔먼법이 가졌던 모호한 규정을 고쳐 반독점 정책의 실효성을 높인 법률. 경쟁을 현저히 저해할 기업 결합과 각종 소비자 차별 수단을 불법으로 규정하였다.
포드(1863-1947): 미국 자동차 회사 포드의 설립자. 1910년대에 조립 라인의 설치, 1일 8시간 노동, 일급 5달러 지급 등의 획기적 경영을 통해 포드사를 미국 최대의 자동차 제조업체로 육성하였다. 그러나 1920년대 후반에는 경영 악화로 인해 경쟁사인 GM에 밀리고 말았다.

프랑스도 영국과 마찬가지로 가족적 경영의 전통이 강하였고, 대규모로 표준화되기 어려운 업종의 비중이 높은 편이었기 때문에, 대기업의 형성과 독점화가 느리게 전개되었다. 독점적 경향을 가장 뚜렷하게 보인 산업은 제철 공업이었는데, 1910년대에는 프랑스의 모든 철강 기업을 망라하는 독점체가 형성되기도 하였다.

독일은 세계적으로 독점화의 추세가 가장 일찍 등장한 국가였다. 자유주의적 전통이 약해 독점화에 대한 여론도 부정적이지 않았고, 법률 제도도 독점을 규제하기는커녕 오히려 장려하는 모습을 보였다. 정부가 적극적으로 개입하는 대형 은행들이 기업 결합에 적극적인 역할을 수행한 점도 특징적이었다. 1870년대부터 보호주의적 관세가 설정되고 외국과의 경쟁이 제한되면서 독일 경제의 독점화 경향이 본격화되었다. 독일은 공업 부문이 지역적으로 집중되어 있었기 때문에 독점화에 유리하였다. 루르 지방은 전국 철강 생산의 3/4, 전국 석탄 생산의 절반을 차지하고 있었다. 레버쿠젠과 프랑크푸르트에서는 거대한 화학 공장 단지가 생산을 주도하였다. 독일에서 가장 지배적인 독점체는 카르텔이었다. 석탄, 철강 등에서 두드러졌던 카르텔은 가격 설정과 생산량 조절에 적극적이었다. 화학과 전기 분야에서는 카르텔 조직과 함께 콘체른과 트러스트 조직도 형성되었다. 예를 들어, 전기 공업에서는 20세기 초에 지멘스(Siemens) 콘체른과 아에게(AEG) 트러스트가 양대 세력을 이루었다.

독일의 기업 결합 미국 기차 바퀴 위에 앉아 있는 빛의 여신. 아에게(AEG)가 생산하는 전구를 들고 있다.

일본에서는 1900년대에 들어서면서 본격적으로 기업 규모의 확대가 진행되었다. 특히, 본사가 다수의 계열 회사를 산하에 거느리는 콘체른 형태인 **재벌**(財閥, Zaibatsu)이 성장하였다. 지분과 이사진의 집중적인 관리와 통제를 통해 계열 기업들을 완벽하게 장악하는 지주 회사가 재벌 조직의 핵심을 이루었다. 재벌은 가족 중심의 소유 제도와 실적 위주의 관리 체제를 결합하여 빠르게 성장하였다. 미츠이(三井), 미츠비시(三菱), 스미토모(住友) 등으로 대표되는 재벌은 광업, 은행업, 조선업 등 복수의 산업에 걸쳐 경제력을 집중시켜 갔다.

미츠이 의류점의 진열장 일본의 대표적 재벌인 미츠이가 운영한 의류점의 광고 전단지. 수리 이전 모습(아래)과 이후 모습(위)을 비교하고 있다.

국제적 독점체의 형성도 진전되었다. 화학, 전기, 철강, 해운 등 다수의 분야에서 카르텔 형태로 독점 체제가 구축되었다. 제1차 세계 대전 직전에는 100개를 상회하는 국제 카르텔이 형성되어 있었다. 국제적 트러스트 조직도 탄생하였다. 대표적으로 영국과 독일의 폭약 산업에서는 노벨 다이너마이트 트러스트(Nobel Dynamite Trust)가 형성되었고, 석유 산업에서는 영국과 네덜란드의 석유 회사들이 결합하여 로열 더치 셸(Royal Dutch Shell)을 만들었다.

재벌: 다양한 사업 부문에 계열사를 거느리는 기업 집단으로, 지주 회사 및 기업 간의 상호 자본 소유를 통해 의사 결정권을 지배한다. 혈연 관계를 통해 일원화된 의사 결정 체계를 유지하는 경향도 강하다.

경영 혁명의 시대

기업의 규모만 확대된 것이 아니라, 기업을 운영하는 체제도 혁명적인 변화를 경험하였다. 이 시기에 등장한 대기업들은 소수의 주력 산업 분야를 선택하여 독립적인 경영적 권한을 부여하는 사업부제를 채택하였다. 그리고 소유와 경영의 분리가 점차 진행되는 가운데 전문 경영인이 기업 운영의 중심축으로 떠올랐다. 이런 변화들이 이 시기에 등장한 새로운 추세인 **경영 관리 체제**(Managerialism)의 핵심적 내용이었다. 미국 기업들을 중심으로 발달한 경영 관리 체제가 뛰어난 성과를 거두면서 이러한 기업 운영 방식은 전 세계로 파급되었다. 제1차 세계 대전 이후에는 경영 관리 체제를 도입하지 않고서는 세계적 기업으로 성장하기 어렵다는 인식이 널리 확산되었다.

이와 같은 경영의 혁신은 이른바 '**과학적 관리**'의 대두와 동시적으로 이루어졌다. 과학적 관리란 작업의 능률을 최대화하기 위하여 노동자의 동작과 시간에 대한 연구를 기초로 하여 표준 작업량을 정하는 방식을 말한다. 과학적 관리를 본격적으로 탐구하고 그 중요성을 역설한 사람은 **테일러**(F. W. Taylor)였다. 사용자가 노동자의 직무를 세세하게 구분한 후, 각 세부 직무에 소요되는 시간을 정교하게 추정하여 노동 과정을 설계하고 집행하는 방식이었다. 테일러는 노동자의 태업을 방지하고 노동 생산성을 극대화하는 데에 이러한 과업 제도가 효과적이라고 인식하였다. 또한 노동자의 성취도에 비례하도록 책정되는 차별적 성과급 제도를 통해 노동자와 사용자 모두에게 이익이

경영 관리 체제: 수평 및 수직으로 결합된 대기업에서 조직 혁신, 과학적 관리, 전문 경영 등을 도입하여 효율성 제고를 도모하는 체제.

과학적 관리: 19세기 말 이후 등장한 기업 관리 방식으로, 작업 능률을 극대화하는 형태로 작업 내용을 표준화하고 통제 방식을 조정하는 것을 말한다.

테일러(1865-1915): 생산의 전 과정을 최소 단위로 분해하여 각 요소 동작을 표준화하고 차별적 성과급 제도를 도입하는 등 과학적 관리 체제를 개발하였다.

기록 8-2 **테일러의 과학적 관리**

테일러는 과학적 관리가 인류의 후생을 크게 증진시킬 것이라고 확신하였다. 그의 논리는 아래와 같다.

과학적 관리를 전면적으로 채택함으로써 미래에 산업적인 작업에 종사하는 평균적인 인간의 생산성이 배가될 것이다. 이 나라 전체에 이것이 의미하는 바를 생각하라. 삶에 필요한 생필품이며 사치품이 모두 다 증가하는 것을 생각해 보라. 이들 재화는 이 나라 어디서나 쉽게 얻을 수 있다. 원할 경우 노동 시간 단축이 가능하고, 이 단축이 가져올 교육, 문화, 레크리에이션 기회의 증대를 생각해 보라. 전 세계가 이러한 생산 증대로 혜택을 얻은 반면, 기업가와 노동자는 그들에게 그리고 그들 주위 사람들에게 가까워지는 특별한 고유의 이득에 더 많은 관심을 기울일 것이다. 과학적 관리는 그것을 받아들인 고용주와 노동자 모두에게 -그리고 그것을 앞장서서 채택한 사람들에게 더 특별히- 그들 사이의 분쟁과 불일치를 낳은 거의 모든 요인들의 근절을 의미할 것이다.

자료: Taylor(1914), 10쪽; 이영석(2012), 264-265쪽에서 재인용.

돌아가게 된다고 보았다.

그렇지만 이 노동 관리 방식은 그의 기대와는 달리 현실에서 원만하게 받아들여지지 않았다. 그 이유는 과거에 통합적이었던 기획과 실행 기능을 분리시킨 점에서 찾을 수 있다. 부분적으로 노동자에게 놓여 있던 기획 기능이 이제는 관리자의 배타적인 권한과 재량으로

과학적 관리의 진화 포드의 자동차 공장은 테일러의 아이디어를 부품 표준화와 컨베이어 벨트와 같은 혁신과 결합시킨 생산 형태였다.

전환된 것이다. 노동자는 노동 과정에서 기계화된 역할만을 담당하게 되고 책임감과 자율적 통제권을 상실하게 됨으로써 하나의 부품이나 기구와 같은 처지에 놓이게 되었다.

3. 보호 무역주의는 왜 등장하였나?

대불황의 공습

1873년에 대규모의 불황이 세계 경제를 엄습하였다. 1870년대 말까지 계속된 이 불황은 최초의 국제적인 동시 불황이라는 특징을 보였다. 앞서 진행된 국제 무역의 증가로 인해 각국의 경제가 긴밀하게 서로 엮이게 되었다는 사실이 불황을 국제적인 성격으로 만든 기본적 배경이었다. 한 국가의 경기가 침체 국면으로 접어들면 국제적으로 상호 의존도가 높아진 세계 경제 구조를 거치면서 다른 국가도 경기 침체를 맞게 된 것이다. 이런 경기 변동의 동조화가 1870년대 불황이 과거의 불황과 구별되는 첫 번째 특징이었다.

불황의 풍경 1880년대 초 베를린의 직업소개소에 일자리를 찾는 사람들이 순서를 기다리고 있다.

이 시기 국제적 불황의 두 번째 특징은 농산물의 국제 가격이 폭락하는 현상이었다. 광대한 토지를 보유한 국가들, 특히 신세계의 여러 국가들에서 19세기 중반을 거치면서 대규모의 자본 투자가 이루어짐으로써 생산 기반이 확충되었다는 사실이 가격 폭락의 원인으로 작용하였다. 공업국들에서 축적된 자본이 토지 대국의 농업 개발에 투여된 점이 이런 변화를 이끌었다. 그 결과 농산물이 세계적으로 과잉 생산되는 상황이 발생하였고, 이로 인해 농산물 수출국의 농민들은 소득이 감소하였으며, 농산물 수입국의 농민들은 자신의 농산물을 판매하기 어려워졌다.

자유 무역주의의 귀결 1906년 정치 포스터에 자유 무역주의가 초래할 위험이 묘사되어 있다. 다채로운 수입품을 진열해 놓은 상점과 오른쪽 멀리서 행진해 오는 실업자들의 시위 행렬을 대조시키고 있다.

대규모 불황은 경제 구조와 경제 정책 기조에 중대한 변화를 가져왔다. 첫째, 공업 부문의 불황은 개별 기업의 이윤을 감소시키고 경쟁을 격화시켰다. 이에 따라 다수의 기업들이 합병을 통해 소수의 대기업으로 탈바꿈하였다. 자유 방임주의가 강한 시절에는 독점의 폐해에 대한 우려가 기업 결합에 대한 사회적 반대로 이어졌지만, 국제적 불황이라는 새로운 환경을 맞자 기업 규모를 키우는 데 대한 사회적 반발이 약해졌다. 둘째, 각국이 자유 무역주의를 버리고 보호 무역주의를 도입하였다. 국내 경기가 침체하여 경제 성장이 둔화되고 실업 문제가 첨예화하자, 각국은 관세 및 비관세 장벽을 높이고 국가 간의 상호 의존도를 낮추는 방향으로 경제 정책을 변화시켜 갔다. 셋째, 이 시기부터 열강들은 제국주의적 팽창 정책을 경쟁적으로 펼쳤는데, 이 정책도 불황과 관련이 깊다. 보호주의적 성향을 갖게 된 국가가 자국 경제에 원료와 식량을 안정적으로 제공하고 자국 생산품을 소비할 국가를 찾는 것이 열강들을 식민지 쟁탈전으로 이끈 중요한 요인 중 하나였던 것이다.

보호 무역주의 확산의 이유

1870년대를 거치면서 세계 경제는 보호 무역주의로 돌아섰고, 각국은 관세의 인상은 물론이고, 심하면 관세 전쟁과 같은 극단적인 자국 경제 보호 정책을 실시하였다. 이와 같이 보호 무역주의가 확산된 이유는 무엇일까? 첫째, 서구 공업국들 간의 경쟁 격화를 지적할 수 있다. 19세기 후반에 공업화 각축전이 치열해지는 가운데, 민족주의적 경쟁심이 불타올랐다. 특히, 정치적 통일을 완수한 신흥 공업국인 독일과 이탈리아에서는 민족 의식과 대외 경쟁심이 더욱 높이 치솟았다.

신세계의 공습 1900년경에 촬영된 오스트레일리아의 모습. 엄청난 양의 양모가 수레에 실려 있다. 이런 1차 산품들의 대량 생산은 국제 가격의 하락으로 이어졌다.

후발 공업국들은 자유 무역이 영국과 같은 선발 공업국에 유리하다는 판단 하에 관세 및 비관세 장벽을 높이 쌓아올렸고, 이런 방식으로 주변국을 궁핍화하는 정책이 자국의 경제 발전에 이익이 된다고 판단하였다. 선발 공업국에서도 사정은 크게 다르지 않았다. 후발 공업국이 생산한 제품이 국내로 유입되면서 국내 생산자가 몰락한다는 여론이 정치적 압력으로 작용하였다.

둘째, 1870년대에 해외로부터 유럽 시장으로 저가의 농산물이 대량 유입된 사태를 들 수 있다. 러시아와 미국의 곡물 생산량이 크게 증가하였고, 이어서 캐나다, 우크라이나, 오스트레일리아 등도 대규모 식량 수출국의 명단에 이름을 올렸다. 유럽 각국은 값싼 곡물이 쏟아져 들어오자 대책 마련에 부심하였다. 영국은 1870-1900년 동안에 곡물 경작지가 1/4이나 줄어들었고, 곡물 대신에 낙농업과 채소류의 재배를 늘리는 방식으로 대응하였다. 그렇지만 영국은 결국 농업 부문에서 외국과의 경쟁을 거의 포기하는 상황으로 내몰렸다. 프랑스, 독일, 이탈리아 등은 값싼 수입 농산물의 홍수로부터 국내 생산자를 보호하고자 다양한 정책을 실시하였다. 가장 성공적으로 대응한 국가는 덴마크였다. 덴마크는 축산과 낙농에 특화하면서 베이컨과 버터의 생산에서 경쟁력을 확보하는 데 성공하였다.

셋째, 보호 무역주의의 이익을 강조하는 주장들이 등장한 점도 역할을 하였다. 발달의 초기 과정에 있는 산업을 성장기까지 보호해야 한다는 유치 산업 보호론, 식량 생산을 포함한 이른바 '전략 산업'에 대해 일정한 수준의 자급률을 확보해야 한다는 주장, 보호 무역주의 정책을 통해 국내의 고용 수준을 유지하고 국민의 생활 수준을 보호하는 것이 바람직하다는 주장, 국내 산업의 종류를 다양화하기 위해 보호 무역주의 정책이 필요하다는 주장 등이 제기되었다. 리카도의 비교 우위론으로 대표되는 자유 무역주의 이론에 맞서서 보호 무역주의를 이론적 및 현실적으로 옹호하는 다양한 근거가 제시되어 정책 입안자의 귀를 사로잡았던 것

줄어드는 설득력 자유 무역을 옹호하는 진영에서는 보호 무역주의에 반대하는 목소리를 지속하였다. 그러나 대부분의 국가에서 이런 목소리는 점차 영향력을 잃어 갔다.

이다.

보호 무역주의의 유산

보호 무역주의의 확산은 세계 경제에 중요한 변화를 가져왔다. 우선 보호 무역주의가 국제 무역의 증가율을 둔화시킨 것은 당연하였다. 하지만 이 효과를 과대 평가해서는 곤란하다. 제국주의적 식민지 체제가 새로 구축되면서 기존의 무역 가운데 상당 부분이 제국주의 본국과 식민지 사이의 무역으로 재편되는 현상이 발생하였기 때문이다. 특히, 본국과 식민지 국가들 사이에서는 특권적 무역 블록의 성격을 갖는 자유 무역 지대가 형성되는 사례도 많았다.

보호 무역주의가 초래한 효과로서 해외 직접투자에 대한 관심이 고조되었다는 점도 지적할 수 있다. 높아진 무역 장벽을 회피하는 수단으로서 해당국에 직접 투자를 하는 방안이 적극적으로 고려되었다. 이런 관심은 제1차 세계 대전 이후에 현실화되었다. 대규모의 자본이 해외 직접 투자의 방식으로 무역 장벽 너머로 이동하게 된 것이다.

영국의 세계적 제국 1898년에 발매된 캐나다 우표에 영 제국이 붉은 색으로 표시되어 있다. '해가 지지 않는' 제국이라는 표현을 문자 그대로 받아들일 수 있다.

4. 제국주의적 세계화는 지구를 어떻게 변화시켰나?

제국주의의 본질

제국주의의 본질이 무엇인가에 대해서 다양한 시각과 견해가 존재한다. 홉슨(J. A.

기록 8-3 **홉슨의 『제국주의론』**

홉슨은 제국주의적 팽창 정책의 기저에 경제적 요인이 강하게 작용한다고 주장하였다. 특히, 자본의 이해가 식민지 확보의 핵심적 이유라고 보고, 다음과 같이 기술하였다.

그보다도 훨씬 크고 중요한 점은 해외 투자를 요구하는 자본의 압력이다. 더욱이 제조업자와 무역업자는 외국과의 무역에 충분히 만족하고 있지만, 투자가들은 그들이 보다 투기적인 투자를 하고 있는 여러 나라들을 정치적으로 합병하려는 강력한 경향을 띠고 있다. 이처럼 자본이 압력을 가해 오는 사실에 대해서는 의문이 있을 수 없다. 국내에서는 아무런 유리한 투자 대상도 찾을 수 없는 거액의 저축이 형성되어 있다. 그것은 어딘가 다른 곳에서 사용처를 찾지 않으면 안 된다. 그리고 그 같은 자본은 영국의 무역을 위해서는 시장을 열어 주고 영국의 기업을 위해서는 고용을 제공해 주도록 이용될 수 있는 그런 지역에서 가능한 한 많이 사용되면 될수록 영국에 이익이 되는 것이다.

이러한 제국적 팽창의 과정은 그것이 아무리 값비싸고 위험한 것이라 할지라도 우리 국민의 계속적인 생존과 발전을 위해서는 필요한 것이다. 만약 우리가 이를 포기한다면 우리는 세계의 개발을 다른 나라들에게 맡기는 것에 만족해야 할 것이다. 이 나라들은 모든 곳에서 우리의 무역을 침해할 것이고 심지어는 우리 인구를 부양하는 데 필요한 식량과 원료를 확보하는 수단마저 위태롭게 할 것이다. 그러므로 제국주의는 선택이 아니라 필요불가결한 것으로 보여지는 것이다.

자료: 홉슨(1982), 69쪽.

Hobson)은 제국주의를 경제적 측면에서 파악하였다. 본국이 자국의 생산품을 판매하고 식량과 원료를 공급해 줄 식민지를 확보하는 것이 제국주의 정책의 핵심이라고 그는 이해하였다. 그는 특히 제국주의 정책을 배후에서 지휘하는 것은 궁극적으로 자본가라고 지적하면서, 국내에서 충분한 이윤을 얻지 못하는 잉여 자본이 찾은 탈출구로 식민지를 이해하였다. 힐퍼딩(R. Hilferding)은 20세기 초 기업 집중과 보호무역주의가 팽배하던 독일 경제에서 제국주의의 핵심을 도출하고자 하였다. 그는 금융 자본의 지배가 자본주의적 경제 발전의 귀결이며, 해외에서 금융의 이익을 관철할 수 있도록 제국주의 국가를 필요로 한다고 주장하였다.

제국주의를 경제적 관점에서 바라보는 시선을 더욱 날카롭게 세운 사람은 **레닌**(V. I. Lenin)이었다. 그는 자본주의적 모순이 국내에서 해소될 수 없는 상황에 이르렀을 때 선택하게 되는 정책으로 제국주의를 이해하였다. 자본주의 경제에서는 경쟁이 격화되고 투자액에 비해 소비가 상대적으로 부족해지면서 이윤율이 저하되는 경향이 나타나는데, 이를 해결하기 위한 방안으로 식민지를 확보하는 노력을 기울이게 된다는 것이다. 식민지는 본국이 필요로 하는 원료, 노동 등을 제공하고, 본국이 생산한 공산품을 소비하며, 본국의 잉여 자본의 투자 대상으로 기능하게 된다. 레닌은 이런 인식에 기초하여 제국주의를 '자본주의 최후의 단계'라고 규정하였다.

심리적 지배 영국 왕세자(훗날의 에드워드 7세)가 1875-1876년에 인도를 방문하여 코끼리를 타고 호랑이를 사냥하는 모습이 그려진 콜맨의 녹말 제품 광고. 맹수를 쉽게 제압할 수 있는 용감하고 주도적인 존재로서 서구 제국의 이미지는 식민지 통치에 도움이 되었다.

경제적 요인 대신에 정치적 내지 군사적 요인을 강조하는 견해도 있다. 제국주의는 적대적 민족주의 정서가 팽배한 가운데 열강이 서로 우월한 위치를 차지하기 위해 벌인 경쟁의 소산이라는 주장이다. 이 입장에서 보면 제국주의적 식민지 쟁탈전은 정치적 및 군사적 기회주의의 결과였다.

레닌(1870-1924): 마르크스주의를 후진국 러시아에 적용하여 러시아 혁명을 이끈 혁명가. 1917년 프롤레타리아 독재를 표방하는 혁명 정권을 수립하고 1919년 코민테른을 창설하였다.

제국주의적 식민지 통치의 본질을 심리적인 측면에서 찾는 견해도 있다. 경제적, 군사적 또는 정치적 강제보다도 더 강력한 통제 기제가 심리적이고 문화적인 인식 체계에 있다는 주장의 예로 사이드(E. Said)의 논의를 들 수 있다. 그는 오리엔탈리즘(Orientalism)에 대한 논의를 통해, 식민지의 피지배자들이 제국주의 본국을 지배자 자격이 있는 강인하고 진취적이며 판단력과 지식을 갖춘 존재로 보는 반면, 자신을 나약하고 피동적이고 무지한 존재로 보게 되었다는 점을 강조한다. 이들의 패배주의와 열등감이 제국주의적 식민 통치를 가능하게 한 문화적 · 심리적 요인이었다는 것이다.

지구의 분할과 저항 움직임

대항해 시대 초기인 1500년을 기준으로 볼 때 향후에 서양 열강이 될 유럽 국가들이 지구상에서 차지한 토지의 점유율은 약 10%였고, 인구로는 많아야 16%에 불과하였다. 그러나 1913년에는 서양의 11개국이 지구상의 토지와 인구의 약 60%를 지배하였다. 산출량으로는 이 국가들이 전 세계 생산의 79%나 차지하였다. 이러한 식민지 쟁탈전의 가속화가 가장 현저하게 진행된 곳은 아시아와 아프리카였다.

오스만 제국의 근대화 1920년에 촬영된 이집트 알렉산드리아의 거리 모습. 운행 중인 전차가 뒤쪽의 마차와 대조를 이룬다.

서구 열강이 제국주의적 팽창 정책을 펼침에 따라 지구상의 많은 지역은 식민지화되거나 상대적 쇠

오리엔탈리즘: 팔레스타인 출신의 미국 문학 평론가이자 문명 비판론자인 사이드가 저술한 책의 이름이자 그 핵심적 내용. 서양인들이 지닌 동양의 이미지가 그들이 타자(他者) 만들기를 통해 형성한 것일 뿐이라고 역설하였다.

인도의 저항 1857년 인도 저항 세력이 장악한 델리를 탈환하고자 영국 군대가 반격을 가하고 있다.

퇴를 맞았다. 이슬람 경제권은 주목할 만한 경제적 성과를 보이지 못하였다. 경제 성장률은 낮았고, 과거에 보여주었던 무역에서의 역동성도 무뎌졌다. 이슬람 세력의 마지막 보루였던 오스만 제국도 쇠퇴의 분위기가 역력하였다. 서구 주도의 국제 질서는 무슬림들에게 좌절과 패배 의식을 안겼고, 이슬람 세계의 많은 이권이 유럽 열강들에 의해 침탈되었다. 독일과 이탈리아에서 민족주의가 국가의 통일과 경제 발전에 중요한 기여를 하였던 것과는 달리, 오스만 제국에서는 민족주의가 오히려 제국을 분열시키는 힘으로 작용하였다. 이슬람의 본래 가치를 되찾자는 정신적 변혁 운동이 서구 열강에 대항하는 민족 운동으로 변모하기도 하였지만 큰 효과를 거두지 못하였다. 이슬람 세계의 또 다른 변화 방향은 서구의 제도를 도입하여 개혁을 추진하는 것이었다. 이 개혁 정책은 유럽을 모방하여 신식 군대, 신식 교육, 신식 행정을 갖추고자 하였다. 그러나 기득권층의 저항, 지역적 반란과 자치권 요구, 이슬람 종교계의 반발 등으로 인해 개혁은 지체되었고 추진력은 약화되었다.

인도에서도 변화가 발생하였다. 1857년 반영 감정이 표출된 **세포이 항쟁**은 인도의 패배로 종결되었고, 이를 계기로 영국이 인도를 직접 통치하기로 결정함에 따라 무굴 제국이 붕괴되었다. 그러나 세포이 항쟁은 그 동안 지식인 집단 내에 머물렀던 인도의 민족 의식이 전 계층으로 확산되는 계기가 되었다. 영국은 지식인 집단에 대한 회유책으로 **인도국민회의**의 조직을 허용하였다. 그러나 1905년 영국이 벵

세포이 항쟁: 델리 근교에서 영국 동인도 회사에 고용된 세포이가 일으킨 식민 지배에 대한 항쟁. 세포이는 유럽식 군사 훈련을 받은 인도 출신의 군인을 말한다. 처음에는 세포이에 대한 차별적 대우가 원인이었으나, 점차 폭압적 식민 지배에 대한 저항이 되었다.

골을 분할하겠다는 계획을 발표하자 인도국민회의를 포함한 인도 전체가 반발하였다. 이때부터 인도국민회의는 영국의 애초 의도와 달리 영국의 식민 통치에 반대하는 운동의 전면에 나서게 되었다.

동남아시아에서도 서구의 침탈이 진행되었다. 프랑스는 기독교 선교사 박해를 명목으로 베트남을 공격하였다. 이에 베트남으로부터 조공을 받던 청나라는 1884년 프랑스와 전쟁을 벌였으나 패배하고 말았다. 이에 따라 프랑스는 베트남에 대한 지배권을 공고히 하였으며, 나아가 인접한 캄보디아와 라오스까지 영향력을 확대하여 프랑스령 인도차이나 연방을 수립하였다. 프랑스의 지배에 대해 베트남은 격렬하게 투쟁을 전개하는 한편, 새로운 민권 사상 보급과 문맹 퇴치 등의 사회 운동을 전개하였다. 한편, 영국은 미얀마와 싱가포르, 그리고 말레이 반도의 군소 이슬람 국가들을 묶어 말레이 연방을 수립하였다. 베트남에서와 마찬가지로 미얀마에서도 반제국주의 근대화 운동이 일어났다.

파이 자르기 19세기 말 중국이라는 이름의 파이를 놓고 영국, 독일, 러시아, 프랑스, 일본이 힘겨루기를 하고 있다.

중국은 아편 전쟁과 그 이후 조약의 체결 과정에서 약점을 고스란히 드러냈다. 1850년에는 **태평천국 운동(太平天國運動)**이 발발하여 15년에 걸쳐 청 왕조를 혼란으로 몰고 갔고, 결국 2,000만 명 이상의 사망자를 내며 끝이 났다. 일련의 역사적 사건

인도국민회의: 1885년 인도의 반영 여론을 약화시킬 목적으로 구성한 회의. 초기에는 영국의 통치에 협력하였으나 점차 민족주의적 반영 운동의 구심점이 되었다.

태평천국 운동: 1851~1864년 동안에 기독교 사상에 독특하게 영향을 받은 홍수전(洪秀全)이 농민군을 이끌고 정부를 전복하여 지상천국을 세우려고 한 반란 운동.

근대화의 열망 톈진의 철도 개통식에 참석한 리훙장(가운데)과 청의 관료들. 양무운동의 핵심 주체였던 그는 철도 건설을 강력히 추진하였다.

들을 통해 중국의 군사적, 기술적, 경제적, 외교적 무능력이 백일하에 드러나면서, 중국은 시대착오적 화이사상을 버리고 세상의 변화를 현실로 받아들이면서 미래를 모색해야만 하게 되었다.

변혁은 다양한 입장에서 추진되었다. 리훙장(李鴻章)과 같은 청의 관료들은 군수 공장의 건립, 신식 학교의 설립, 민간 기업의 창설 등을 추진하였다. 이와 같은 양무운동(洋務運動)은 중국의 전통적 가치를 유지하면서 서구의 기술을 수용함으로써 부국강병을 꾀한다는 중체서용(中體西用)의 사고를 기반으로 한 것이었다. 그렇지만 중국이 서구 열강과 세력을 겨룰 만한 위치에 단기간에 오를 수는 없었다. 결정적으로 1894년 청일 전쟁에서 중국이 일본에 패함으로써, 양무운동의 한계가 드러났다. 단순한 기술 도입만으로는 부강한 국가를 건설하는 데 불충분하며, 국가의 정치적 · 사회적 제도도 개혁해야만 한다는 목소리가 커져 갔다. 이에 따라 변법자강(變法自疆) 운동이 힘을 얻었다. 변법파 인사들은 입헌 군주제를 정치 개혁의 목표로 삼았고, 과거제의 폐지, 근대적 학교의 도입, 신식 군대의 창설, 민간 경제 활동의 진흥 등을 추진하였다. 그러나 기득권 세력의 반발로 이 운동도 결국 좌절되고 말았다.

양무운동, 변법자강 운동 등 위로부터의 개혁 운동이 실패로 끝나

양무운동: 서양의 과학 기술 도입을 통하여 국력을 배양하겠다는 정치적, 사회적 운동.
중체서용: 중국의 본질을 유지한 채 서양의 기술을 활용한다는 것.
변법자강: 낙후된 법령을 정비하여 스스로 국력을 강하게 한다는 뜻의 청말 개혁 운동의 주장.

자, 아래로부터의 외세 배격 운동이 새로이 추동력을 얻었다. 의화단(義和團) 운동이라고 불리는 이 움직임은 태평천국 운동을 잇는 민중 운동으로, 반외세의 기치를 내걸고 서구 열강에 대해 전쟁을 선포하였다. 의화단 운동이 확산되고 열강의 공사관이 공격당하자, 8개국 – 영국, 프랑스, 독일, 미국, 이탈리아, 러시아, 오스트리아–헝가리, 일본– 의 연합군이 결성되어 무력으로 의화단을 진압하고, 배상금의 지급과 외국 군대의 베이징 주둔 허용 등을 골자로 하는 조약을 강제로 체결하였다. 청나라가 열강의 침탈에 무기력하다는 것이 대내외적으로 판명나면서 청 왕조는 1912년 쑨원(孫文)이 이끈 신해혁명(辛亥革命)의 결과로 역사의 뒤안길로 사라지게 되었다.

열강의 대열에 합류하는 일본 선상에서 중국이 일본에게 패배를 인정하고 항복하는 모습을 담은 일본의 판화. 청일 전쟁에서의 승리로 일본은 열강의 하나로 인정을 받게 되었다.

일본도 다른 여러 국가들과 마찬가지로 외세에 의해 개항이 강요되었지만, 짧은 기간 내에 열강의 대열에 합류한 예외적인 사례였다. 일본은 화혼양재(和魂洋才)를 기치로 내걸었는데, 이는 중국의 중체서용과 마찬가지로 서양으로부터 과학 기술과 군사 기술만을 선택적으로 받아들이겠다는 뜻을 담은 것이었다. 일본이 중국과 달리 근대화를 빨리 이룰 수 있었던 데는 메이지 유신 이후 정비된 각종 제도가 신문물의 도입에 유리하였다는 점이 작용하였다. 오랜 난학의 전통 속에서 서양 사회에 대한 이해가 상당한 수준 갖추어 있었다는 사실도

의화단 운동: 1899–1901년 중국 화북 지방에서 발생한 반외세 민중 봉기. 8개국 연합군에 의해 진압된 후 청은 베이징 의정서를 체결하고 막대한 배상금을 지불해야 하였다.
신해혁명: 1911년 쑨원이 성공시킨 공화주의 혁명으로 중화민국 탄생의 기원이 되었다.
화혼양재: 일본 고유의 정신과 서양의 기술을 결합하여 근대화를 추진한다는 뜻이 담긴 용어.

중요하였다.

일본은 메이지 유신에 대한 불만을 무마하고 팽창주의적 제국주의 노선에 발맞추기 위해 동아시아 지역에 대하여 침투 정책을 실시하였다. 1876년 군사적 위압으로 체결한 강화도 조약을 통해 한반도에 발을 내딛는 일본은 1894년 청일 전쟁에서 승리를 거두고 그 여세를 몰아 1905년 러일 전쟁에서도 승전고를 울렸다. 러일 전쟁에서의 승리를 계기로 일본은 타이완, 조선, 사할린에 대한 지배권을 확실하게 장악하였고, 나아가 만주로 세력을 확장하고자 하였다.

위기를 맞은 조선

19세기에 조선의 경제는 어려움을 겪고 있었다. 인구가 정체하고 생산성의 향상을 찾아보기 어려운 상황이 계속되었다. 사회적으로도 부정과 부패가 만연하였고, 크고 작은 민란이 발생하여 혼란이 가중되었다. 조선 정부는 대내외적 난국을 헤쳐 나갈 방도를 찾지 못하였으며, 결국 외세의 침탈 속에서 스스로의 힘으로 근대화를 이끌어 가지 못하는 신세로 전락하고 말았다. 일본과 청이 서양 열강의 근대적 기술과 무력 앞에서 취약한 것으로 드러났고, 그러한 가운데 조선의 위기감도 더욱 커져 갔다.

지체된 경제 발전 1900년경에 촬영한 조선의 농촌.

1876년 조선은 일본

과 강화도 조약을 체결함에 따라 불가항력적으로 세계 무대에 모습을 드러내게 되었다. 강제적 개항 이후 조선의 사회는 중대한 변화를 맞았다. 1890년대 이후 국제적 분업 체계 속에서 조선은 쌀을 중심으로 한 식량 생산에 주력하고 일본은 면직물 생산에 주력하는 무역 체제가 성립되었다. 이 과정에서 조선에서는 미곡 시장의 성장에 적응한 신흥 지주가 출현한 반면에, 전통적인 면업은 쇠퇴를 맞이하였다. 국내 상인들도 외국 상인들과 경쟁을 하게 되었다. 특히, 청일 전쟁을 계기로 일본 상인의 침투가 두드러졌다.

정치적으로는 수구파와 개화파가 대립하였고, 내부적 분화도 발생하였다. 급진 개화파는 1884년 갑신정변(甲申政變)을 통해 신분제의 폐지, 입헌 군주제의 도입, 재정과 산업의 근대화 등을 내세웠지만, 개혁에 대한 대중적인 지지 기반이 취약한 탓에 실패하고 말았다. 1894년 동학 농민군의 봉기를 계기로 청일 전쟁이 발발하였고, 곧 이어 갑오개혁(甲午改革)이 이루어졌다. 갑오개혁은 국왕의 권한을 제약하고, 신분제를 폐지하고, 노비를 혁파하는 등의 정책을 내용으로 하였으며, 사법 · 경찰 · 군사 제도에 대해서도 개혁 정책이 담았다. 갑오개혁은 근대적 제도의 도입이라는 면에서 역사적 의의가 크지만, 현실에서는 기대만큼의 효과를 거두지 못하였다.

서구 문물의 탐구 1883년 최초로 미국에 파견된 사절단인 보빙사의 모습. 앞줄의 한국인은 왼쪽부터 홍영식, 민영익, 서광범이고, 홍영식 뒤에 서 있는 이가 유길준이다.

열강의 이권 침탈도 가속화되었다. 광산과 철도에 대한 이권이 외세에 넘어갔고, 조선의 연안 항로 및 대외 항로에

조선의 개방 1883년 조일 통상 조약이 체결된 직후 열린 서양식 연회 장면. 외교 고문이던 묄렌도르프와 김옥균, 홍영식, 일본 공사 다케조에 등이 참석하였다.

대한 권리도 빼앗겼다. 1897년 대한제국이 성립되어 대외적으로 자주 독립국임을 선언하였지만, 현실 세계에서 국운의 방향을 바꾸지는 못하였다. 일본이 러일 전쟁에서 승리함으로써 한반도에 대한 강제적인 통치 기반을 최종적으로 확립하게 되었다. 일본은 반일 투쟁을 진압하면서 1905년 을사조약으로 조선의 외교권을 강탈하였고, 마침내 1910년에 조선을 일본에 강제로 병합시켰다.

이에 따라 한국은 근대화라는 시대적 과업을 자주적으로 수행할 기회를 상실하고 일제 강점기를 맞이할 수밖에 없게 되었다. 일본은 한반도 지배를 대륙 진출을 위한 중요한 기반으로 보았고, 한국 사회의 근대화와 경제 개발이 여러 면에서 일본의 이익에도 부합하는 것으로 인식하였다. 행정 조직의 개편, 새로운 법 제도의 도입, 근대적 경제 제도의 확립, 철도와 수리 시설과 같은 산업 기반 시설의 확충 등을 통해 한국 사회의 운영 양식과 경제 체제는 변화를 맞이하였다. 그러나 식민지화에 따라 한국이 지불해야만 하였던 사회적 비용은 매우 컸고, 주체적인 국가 경영의 기회를 오랜 기간 포기할 수밖에 없었다.

제9장

고난의 시절: 양차 세계 대전과 대공황

1. 제1차 세계 대전이 남긴 경제적 유산은 무엇인가?
2. 전간기 세계는 어떤 경제 문제를 겪었나?
3. 대공황은 왜 시작되었고 어떻게 확산되었나?
4. 각국은 대공황에 대해 어떻게 대응하였나?

1. 제1차 세계 대전이 남긴 경제적 유산은 무엇인가?

전쟁 직전의 상황

19세기 말-20세기 초에 많은 경제적·사회적 변화가 발생하였다. 특히, 서구 열강들은 새로운 변화로 인해 폭발적인 국내적 상황을 맞고 있었다. 공업화가 진행된 국가에서는 무엇보다도 노동 세력이 크게 성장하였다. 노동자들은 노동조합을 결성하고 정치적 권리의 획득과 경제적 지위의 향상을 위해 힘을 기울였다. 19세기 말이 되면 노동 세력은 국내 정치와 경제의 중요한 행위 주체가 되었다. 이 시기에 서구 사회를 달군 또 하나의 이슈는 여성 운동이었다. 가장 중요한 주제는 여성의 참정권 획득 문제였다. 이 주제를 놓고 치열한 공방이 벌어졌으며, 격렬한 형태로 운동이 진행되기도 하였다.

여성 운동의 재평가 영국에서 여성 참정권 운동을 이끈 팽크허스트(E. Pankhurst)는 당시에 영국의 정치 체제를 위협하는 요소로 간주되었지만, 지금은 그 동상이 의회 안마당에 서 있다.
자료: Byung Khun Song (CC BY 2.0).

노동 운동과 여성 운동이 서구 사회에 대내적 긴장과 갈등을 불러일으켰다면, 민족주의 감정은 대외적인 폭발력을 제공하였다. 특히, 정치적 통일이 지연되고 공업화 경쟁에서 뒤처졌던 독일과 이탈리아에서는 민족주의 열풍이 휘몰아쳤다. 이 국가들은 공업화를 급속하게 진행시키면서 19세기 말-20세기 초에 경제력과 군사력 면에서 선발 공업국들에 필적하는 위치에 올랐다. 그러나 과거 중상주의 식민지화 정책에서 뒤처졌고 공업화의 시동이 늦게 걸린 이 국가들이 국제적으로 주장할 수

[표 9-1] 1914년 서구 열강의 식민지 확보 상황

국가	식민지 수	면적(1,000제곱마일)		인구(100만 명)	
		본국	식민지	본국	식민지
영국	55	121	12,044	46.0	391.6
프랑스	29	207	4,110	39.6	62.4
독일	10	209	1,231	65.0	13.1
벨기에	1	11	910	7.6	15.0
포르투갈	8	35	804	6.0	9.7
네덜란드	8	13	763	6.0	37.4
이탈리아	4	111	591	35.0	1.4
미국	6	3,027	126	98.8	10.0

자료: 김종현(2007), 286쪽.

있는 이권은 제한적이었다.

[표 9-1]은 제1차 세계 대전 직전 서구 열강들이 보유한 식민지의 규모를 면적과 인구를 기준으로 보여 준다. 식민지 확보에 가장 성공적이었던 영국은 면적으로 보면 본국의 약 100배, 인구로 보면 본국의 약 8.5배에 달하는 식민지를 보유하고 있었다. 프랑스, 네덜란드 등도 지구 전역에서 여러 식민지를 지배하고 있었다. 이에 비해 독일과 이탈리아가 확보할 수 있었던 식민지는 상대적으로 미미하였다. 이런 상황에서 자연스럽게 군비 경쟁이 격화되었고, 또한 각국은 세계적 차원에서 이익을 확대하고 보전하기 위해 이해 관계가 맞는 국가들과 동맹을 체결하였다. 제국주의 진영 간의 세력 균형은 전혀 안정적이지 않았다. 작은 충돌의 불씨 하나만 있어도 대규모 전쟁을 초래하기에 충분하였다.

총력전과 전시 경제 체제

제1차 세계 대전은 진정한 의미의 세계적 전쟁이었다. 무엇보다도 과거의 전쟁과는 달리 대부분의 열강들이 전쟁에 참여하였다. 참전한 인력이 전 세계적으로 총 6,500만 명에 달하였고, 그 중에서 사망자가 850만 명, 중상자가 220만 명이나 되었다. 직접적인 전투 외에 경제적 봉쇄와 질병으로 인해 목숨을 잃은 민간인이 660만 명이나 되었던 것으로 추정된다. 참전을 직접 결정한 열강들 외에 지구상의 여러 지역이 식민지와 보호령으로서 본국의 전쟁 수행을 위해 중요한 역할을 수행하였다는 점에서도 이 전쟁은 세계 대전의 면모를 보였다. 영제국의 경우를 보면, 800여만 명에 이르는 전체 참전 군인 가운데 250만 명 이상이 인도, 캐나다, 오스트레일리아 등지에서 왔다.

전쟁 수행을 위하여 1917년에 제작된 독일 포스터로 전시 공채 매입을 독려하는 메시지를 전하고 있다.

'총력전'을 수행하기 위해서 국가의 모든 자원이 전쟁 수행을 위해서 동원되는 전시 경제 체제가 구축되었다. 군인만이 아니라 여성을 포함한 민간인도 전투 및 비전투 활동과 다양한 생산 활동에 동원되었고, 국가 재정이 군비 지출로 몰림에 따라 민간 부문은 희생을 감내해야만 하였다. 무기 생산, 군수품 생산, 군수 서비스 공급에 자원 배분의 우선 순위가 매겨졌으며, 반대로 민간의 소비는 억제되었고 내핍이 강요되었다. 천연자원과 원료의 공급이 정부의 중앙 계획에 따라 이루어졌고, 소규모 기업이 강제로 합병되어 대규모 카르텔의 일부로 재편되기도 하였다.

군사비 지출이 GNP에서 차지하는 비중은 전쟁이 격화될수록 커졌다. 이 비중이 영국에서는 1913년 4%에서 1917년 38%로 증가하였고, 독일에서는 1914년 14%에서 1917년에는 무려 53%에 이르렀다. 전시 경제 체제 하에서 가격, 임금, 자본, 외환에 대한 통제는 일상화되었다. 이 경험은 정부 개입의 범위와 효과에 대해 자본주의 국가들이 현실적으로 생각해 보는 기회를 제공하였다. 이에 따라 경제적 또는 정치적 위기가 도래하였을 때 정부가 선택할 수 있는 정책의 범위가 제1차 세계 대전 이전에 비하여 엄청나게 확대되는 결과가 초래되었다.

전쟁이 진행되면서 1차 세계화 시대에 국제 무역을 활성화시켰던 금 본위제로부터 각국이 이탈한 것도 의미심장하였다. 1914년 전쟁이 발발하자 영국, 프랑스, 독일은 곧바로 금 본위제의 중지를 선언하였다. 1917년에는 미국과 일본이 금 본위제로부터 벗어났다. 총력전의 수행과 금의 자유로운 국제적 이동은 양립할 수 없는 조합이었다.

강화 조약의 체결 1919년 베르사유 궁전에서 조약이 체결됨으로써 전후 국제 관계에 대해 가닥이 잡혔다. 그러나 앞길은 그다지 밝지 않았다.

유럽의 전후 처리

전쟁이 끝난 후 체결된 **베르사유 조약**은 유럽의 정치 및 경제 지형을 송두리째 바꾸어 놓았다. 무엇보다도 독일은 절망적인 결과를 안게 되었다. 전쟁 기간에 독일의 영토는 이미 초토화되었는데, 이 강화 조약은 전쟁 전 영토의 13%, 인구로 보면 10%에 해당하는 지역을

베르사유 조약: 1919년 파리 평화 회의의 결과로 체결된 강화 조약. 독일에 전쟁 책임을 물어 식민지 상실과 배상금 부담을 강제하였고, 보유할 수 있는 군대의 규모가 극히 제한되었다.

독일의 위축 베르사유 조약에 따라 독일은 영토와 경제력과 군사력이 크게 축소되었다. 그림은 이를 요약하여 보여 주는 1919년 포스터.

독일이 상실하도록 정하였다. 특히, 알자스-로렌, 자르 등 자원과 공업 중심지를 포함하고 있었다는 점이 문제가 되었다. 새 국경선의 설정에 따라 공업지대가 자의적으로 분할되었기 때문에, 독일이 상실한 경제적 가치는 매우 컸다. 베르사유 조약은 또한 독일의 해외 식민지를 없앴으며, 해군을 해체한 채 10만 명 규모로 제한된 육군만 보유할 수 있도록 규정하였다. 이런 상황에 덧붙여 독일이 전쟁 배상금으로 330억 달러라고 하는 엄청난 금액을 연합국 측에 제공한다는 보복적 조치가 강요되었다. 독일인들 사이에서는 조약의 내용에 대한 반발이 거세게 일어났고, 절망감과 좌절감이 사회 전반을 무겁게 짓눌렀다.

베르사유 조약은 독일 이외에도 다른 패전 제국들을 해체 또는 약화시키는 결과를 가져왔다. 오스트리아-헝가리 제국은 더 이상 여러 민족을 아우르는 대규모 정치 단위로 남지 못하고 체코슬로바키아, 폴란드, 루마니아, 유고슬라비아와 왜소해진 오스트리아 및 헝가리로 나뉘었다. 러시아 제국도 영토의 일부를 상실하였는데, 이로부터 핀란드, 에스토니아, 라트비아, 리투아니아가 독립해 나왔다. 오스만 제국도 상당한 영토를 상실하게 되었다.

이런 변화 끝에 1919년에는 유럽의 독립 국가 수는 전쟁 전보다 12개가 증가하여 38개가 되었다. 신생 독립국들은 독자적인 재정 정책, 통화 정책, 무역 정책을 실시하였고, 독자적인 통화 제도를 만들었다. 여기에는 미국 대통령 윌슨이 주창한 민족 자결주의의 영향이 작용하였다. 그러나 영국, 프랑스 등 다른 승전국들은 종래의 제국 체제를 다시 강화하기를 희망하였다. 이런 상황에서 윌슨의 이상주의적 비전은 제한된 성과 이상을 기대할 수 없었다.

2. 전간기 세계는 어떤 경제 문제를 겪었나?

세계 경제의 특징

전후의 세계 경제는 이전과는 크게 달라진 모습이었다. 첫째, 유럽의 위상이 낮아졌다. 전쟁 과정에서 겪은 막대한 인적 · 물적 손실은 물론이고, 전후 인플레이션, 전쟁 배상금을 둘러싼 갈등, 전시 채무, 식민지의 상실, 동유럽의 분할 등 서로 복잡하게 얽힌 문제들이 경제 회복을 가로막았다. 유럽의 쇠퇴와 대조를 이룬 것이 미국의 부상이었다. 미국은 1917년 참전을 전후한 시기부터 괄목할 만한 경제 성장세를 기록하였으며, 전쟁 전에는 채무국의 위치에 있었지만 1919년에는 세계 최대의 자본 공급 국가로 떠올랐다. 다시 말해, 1차 세계화 시대에 영국이 차지하고 있었던 위상을 이제 미국

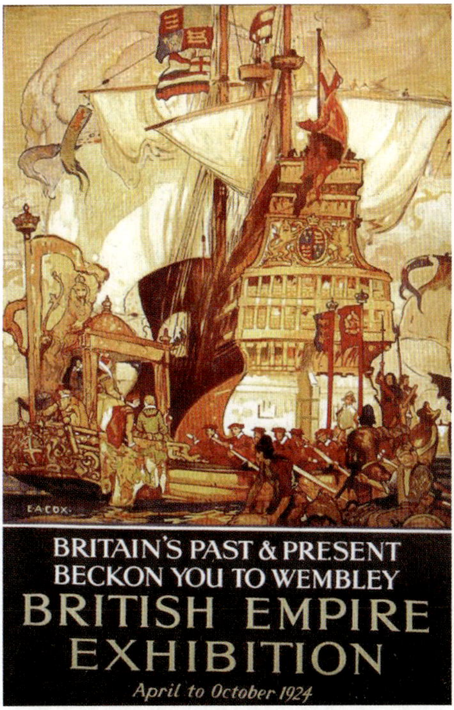

제국의 재건을 꿈꾸며 제1차 세계 대전 이전에 세계 최대의 제국을 거느렸던 영국은 전쟁이 끝난 후 다시 전전의 국제 질서로 돌아가기를 희망하였다. 1924년 영 제국 전시회의 포스터에 배어 있는 이런 희망이 현실화되기에는 영국의 국력이 너무 줄어든 상황이었다.

이 차지하게 된 것이다. 그러나 미국은 보호 무역주의 기조를 고수하였기 때문에, 전쟁 전에 영국이 다각 결제 체제를 통해서 수행하였던 국제 경제 순환의 활성화 역할을 담당하지는 못하였다.

전간기 세계 경제의 둘째 특징은 전반적인 과잉 생산 구조였다. 농업 부문에서는 캐나다, 오스트레일리아, 아르헨티나, 동유럽 일부 국가 등 신흥 농업국이 미국 자본의 투여에 힘입어 생산 능력을 크게 확장하였다. 화학 비료의 투입이 증가되고 기계화가 진전되어 수확을 증가시켰다. 이에 따라 국제 곡물 시장과 원료 시장에서 공급 과잉 현상이 발생하였고 덤핑이 만연하였다. 커피, 설탕, 밀 등의 국제 가격은 하락을 멈추지 않았다. 공업 부문에서도 전쟁을 거치면서 세계적으로 생산 능력이 크게 증대되었다. 전쟁 수행에 필요한 군수 물자의 생산을 늘리는 과정에서 철강, 석탄, 조선 등 구(舊)공업 부문이 크게 성장하였으며, 미국, 일본 등 새로 공업 강국으로 부상한 국가들뿐 아니라 브라질, 인도 등 저개발국도 공업 생산 기반을 조성하였기 때문이다. 기술 진보가 새로운 공급 능력을 증대시키는 요인으로 작용하기도 하였다.

과도해진 생산 능력 전쟁을 수행하기 위해 각국은 무기와 군수 물자를 포함한 공업 생산 능력을 경쟁적으로 확대하였다. 이는 전후 세계적인 생산 설비 과잉으로 이어졌다.

셋째로, 세계 경제는 국제적 노동 이동의 축소를 경험하였다. 신세계에서 그간 개발이 진척된 결과로 이민이 가능한 정착지가 이미 축소되었다는 점이 중요하였다. 그에 따라 인구 흡인지에서 이민자 유입에 관한 여론이 강경하게 돌아섰다. 미국에서는 1921년의 이민 할당법(Quota Act) 제정을 통해 유럽과 비유럽 각국으로부터 유입될 수 있는 연간 이민자의 수를 제한하였다. 아시아를 포함한 비유럽 지역의 국가들에게는 이민자 쿼터가 극히 적었다.

전간기 세계 경제의 넷째 특징으로 각국에서 노동조합의 지위가 강화된 점을 들 수 있다. 이미 전쟁 전에 영향력을 확대해 가고 있었던 노동조합 운동은 전쟁을 계기로 더욱 탄력을 받았다. 강제 징집된 대규모의 병력을 효과적으로 통솔하고 사기를 유지하기 위해서는 채찍뿐만 아니라 전후 향상된 생활 수준을 보장하겠다는 당근도 필요하였다. 군수 물자의 생산을 늘리기 위해서도 노동조합을 인정하고 협력을 구해야만 하였다. 따라서 전쟁의 종식과 더불어 유럽 각국에서는 노동 기본권의 승인, 최저 임금제, 사회 보장 제도의 확충, 선거권의 확대 등 노동자 조직의 세력을 확대시키는 방향으로 정책이 실시되었다. 노동조합의 조직도 중앙 집권화 경향을 강화하면서 더욱 힘을 증대시켰다.

마지막으로, 러시아에서는 사회주의 혁명이 발생하였다. 러시아는 19세기 후반부터 부분적으로 공업화를 경험하였지만 저임금과 낮은 생산성을 벗어나지 못하였고, 농촌 인구는 농노의 지위에서 해방되기는 하였지만 극심한 빈곤에 빠져 있었다. 농민 봉기와 노동 운동은 과격화되었고, 이에 대해 정부는 탄압 일변도로 대응을 하였다. 20세기가 시작되면서 노동자와 군인들의 파업과 반란이 이어졌고, 마침내 제정 러시아는 러일 전쟁과 제1차 세계 대전에서 취약점을 드러내면서 통제 능력을 상실해 갔다. 마침내 1917년 혁명가 레닌과 볼셰비키가 권력을 장악함으로써 혁명이 일단락되었다. 1918년부터 내전이

이민 할당법: 과거 10년 동안의 외국 출생 미국인을 출생국별로 분류하여 출생국 인구의 3%에 해당하는 이민자 수를 할당하되 총이민자를 35만 7,000명으로 제한한 법률이다. 3년 후에 법이 강화되어 이민자를 절반으로 줄였다. 동양인이 이민 할당을 받기에 불리하게 되었다.

볼셰비키: 다수파라는 뜻으로 구소련 공산당을 일컫는다. 프롤레타리아 계급에 의한 혁명과 독재, 그리고 소수의 직업적 혁명가가 중심이 된 당 조직을 강조하였다.

혁명의 시작 1917년 러시아 혁명 초기에 페트로그라드에서 촬영한 혁명군의 사진. 급조한 깃발에 '왕정 타도'라는 문구가 쓰여 있다.

격화되자 소련은 전시 공산주의 체제를 강요하였는데, 이것이 극심한 식량난과 생산 저하를 낳았다. 레닌은 이에 1921년 신경제 정책(New Economic Policy, NEP)이라는 타협적 정책을 내놓았다. 식량의 강제 징발을 중지하였고, 농민들이 잉여 농산물을 개인적으로 처분할 수 있도록 허용하였으며, 중소기업에게도 사적 소유를 인정하였다. 신경제 정책의 효과로 1925년경에 이르면 소련 경제는 전쟁 전의 생산 수준을 회복하게 되었다. 그러나 금융, 통신, 운송 등 기간 산업은 모두 국가의 통제 하에 운영되었으므로, 개인적 인센티브를 통한 자극이 전체 경제에 미친 효과는 제한적이었다.

경제 재건의 어려움

이러한 역사적 배경 하에 각국은 전쟁의 참화로부터 자국의 경제를 회복시키고 나아가 세계 경제 질서를 제1차 세계 대전 이전의 모습으로 되돌리려고 시도하였다. 금 본위제로 복귀하는 것이 재건의 중요한 방안이라고 여겼다. 그러나 경제 재건은 쉽지 않았고, 오히려 회복이 지연되면서 사회적 갈등이 심화되고 정치적 기반이 약해졌다.

무엇보다도 인플레이션이 발생한 국가가 많았다. 생산과 무역의

신경제 정책: 1921년 레닌이 제시한 경제 정책으로, 경제 위기에 대응하여 부분적으로 시장 경제적인 요소를 허용하였다.

혼란이 물가 인상 압력으로 작용하였고, 재건 붐이 이를 더욱 강화하였다. 특히, 중부 유럽의 국가들에서는 1920년대 초반에 하이퍼인플레이션(hyperinflation)이 발생하였다. 1922-1923년에 물가가 가장 높이 치솟았는데, 오스트리아에서 1만 4,000배, 헝가리에서 2만 3,000배, 폴란드에서 250만 배, 그리고 소련에서 40억 배를 기록하였다. 가장 극적인 수준의 하이퍼인플레이션은 독일에서 발생하였다. 1918년을 기준으로 보았을 때 독일의 물가는 1923년에 무려 1조 2,600억 배라는 전대미문의 상승을 기록하였다.

독일 정부는 재정 적자의 문제에 직면하자 국채 발행을 늘리는 정책을 폈는데, 이것이 통화량의 증가를 낳고 그에 따라 물가가 더 인상되었다. 정부가 향후 세금을 인상할 것이라고 예상한 민간은 자산을 외국으로 내보냈다. 독일의 정세 불안은 자본의 해외 도피를 가속화시켰다. 이에 따라 독일의 자본 수지가 악화되었고, 수입품의 가격이 인상되어 물가 상승 압력을 더욱 증대시켰다.

하이퍼인플레이션 시대의 화폐 1923년에 발행된 10억 마르크짜리 지폐. 물가가 지극히 빠르게 상승하였기 때문에 화폐 제작에 큰 공을 들이는 것은 무의미하였다.

이와 같은 요인들이 결합하여 상승 작용을 불러일으킴으로써, 독일은 역사상 유례없는 수준의 하이퍼인플레이션을 겪게 된 것이다. 하이퍼인플레이션이 야기한 경제적 파탄은 정치적 안정성에도 치명적인 상처를 입혔다. 1920년대 바이마르 공화국 체제 하에서의 민주주의가 뿌리째 흔들리고, 히틀러가 주도하는 국가 사회주의(NAZI)가 대두하

하이퍼인플레이션: 물가가 통제 가능한 범위를 벗어난 수준으로 치솟는 현상. 대개 전쟁, 경제 위기 등 특별한 상황에서 발생한다. 도매 물가지수가 전월에 비해 9월에 25배, 10월에 297배, 11월에 102배 올랐다. 하이퍼인플레이션이 발생하면 화폐에 대한 신뢰가 소멸하여 화폐 경제가 갖는 장점들이 모두 사라지게 된다.

는 배경이 되었던 것이다.

금융 붕괴를 맞은 독일이 프랑스가 요구한 전쟁 배상금을 지불할 능력이 없다는 점은 분명하였다. 그러나 프랑스는 전시에 미국으로부터 차입한 금액을 갚을 수단으로 배상금에 매달렸고, 결국 독일의 공업 지역인 루르 지방을 무력으로 점령하였다. 독일은 절망의 나락으로 떨어져 경제 회복에 대한 희망을 완전히 포기해야 할 지경이었다. 전시 채무와 전쟁 배상금을 둘러싼 갈등에 대한 해결의 실마리는 1924년 미국이 도즈 플랜(Dowes Plan)을 제안할 때까지 기다려야만 하였다. 이 플랜에 따라 독일은 매년 일정액씩 분할하여 배상금을 지급하게 되었으며, 미국으로부터 차관을 도입하도록 협정이 체결되었다. 도즈 플랜의 내용은 1929년 영 플랜(Young Plan)에 의해 보완되었다. 이 차관에 기초하여 통화가 안정화되었고, 통화 안정화에 힘입어 독일은 1924년에 금 본위제로 복귀할 수 있게 되었다. 그러나 그간의 혼란과 경제 위기는 독일 사회의 보수층에 큰 타격을 입혔고, 극단적 정치 세력이 힘을 키울 수 있는 토양을 제공하였다.

독일의 뒤를 이어 다른 국가들도 하나씩 금 본위제로의 복귀를 선언하였다. 영국이 1925년 금 본위제에 복귀를 하였고, 이어서 프랑스, 벨기에와 이탈리아가 1926년에 금 본위제로 돌아갔다. 대부분의 국가들이 19세기 후반에 존재하였던 세계 경제 질서의 부활을 기대하며 금 본위제로 돌아갔다. 금 본위제를 채택한다는 것은 금에 대한 교환 비율을 확정한다는 의미였는데, 금 본위제로의 복귀는 두 가지 방식 중 하나로 이루어졌다. 첫째, 영국, 네덜란드, 덴마크, 스웨덴 등은 디플레이션 정책을 펴 전쟁 이전의 화폐 가치를 되찾은 후 복귀하였다.

도즈 플랜: 독일이 배상금을 지불할 능력이 없었기 때문에 미국이 중재에 나서 독일에 8억 마르크의 차관을 제공하고 배상액을 낮추었다. 첫해에 금화 10억 마르크를 지불하고 1928년까지 금화 25억 마르크로 증액하는 것이 내용이다.
영 플랜: 1929년에 합의된 내용으로, 독일의 배상금을 더욱 낮추고 독일에 대한 경제 제재를 해제하는 것을 내용으로 하였다.

둘째로 독일, 프랑스, 벨기에, 이탈리아 등은 그간 화폐 가치가 너무 떨어졌다는 이유를 들어 전쟁 전보다 화폐 가치를 낮게 정하는 방식으로 복귀하였다. 그 결과 첫째 방식을 택한 국가가 둘째 방식을 택한 국가에 비해 무역 경쟁에서 불리하게 되었고, 따라서 양 국가군은 이후 경기 침체와 경제 회복을 각각 경험하게 되었다. 둘 중 어떤 선택을 하였건 간에 금 본위제로의 복귀가 전면적으로 이루어진 데에는 19세기 후반의 이른바 '고전적 금 본위제'가 부활할 수 있다는 복고적인 믿음이 널리 공유되었다는 사실이 크게 작용하였다.

히틀러의 등장 전후 독일의 피폐한 경제와 집단적 절망 속에서 히틀러는 대중적 인기를 집중시키는 수완을 발휘하였다.

그러나 전간기의 이른바 '재건 금 본위제'는 몇 가지 측면에서 과거와 사뭇 달랐다. 영국은 수출의 부족으로 경제적 문제가 적지 않았는데, 환율을 10% 절상한 수준에서 금 본위제로 복귀함으로써 경제 사정이 더 악화되었다. 따라서 과거 다각 무역망에서 영국이 수행하였던 역할을 다시 기대하기는 어려웠다. 한편, 미국은 보호 무역주의 정책을 고수하였으므로, 다른 나라들이 달러를 확보하는 것도 곤란하였다. 런던과 더불어 뉴욕이 새로운 금융 중심지로 부상함에 따라 결제 체제의 분산이라는 비효율이 발생하였다. 농산물과 원료를 수출하는 국가들은 국제 시장에서의 제품 가격이 하락하여 큰 어려움을 겪었다. 또한 단기 자본의 급속한 이동이나 중앙은행들의 개입 정책도 금 본위제가 순조롭게 작동하지 못하도록 만들었다. 이런 여러 가지 사정으로 재건 금 본위제는 전쟁 전의 고전적 금 본위제와 달리 원활하게 작동하지 못하고 초라한 성과를 거두는 데 그쳤다.

3. 대공황은 왜 시작되었고 어떻게 확산되었나?

광란의 1920년대

미국의 대공황을 상징하는 가장 대표적인 모습은 1929년 10월 말에 뉴욕 주식 시장이 보인 대폭락 장세였다. 이 시점부터 주가는 끝을 모르게 하락하여 3년 후 침체의 바닥에서는 고점 대비 하락폭이 89%에 달하였다. 이전의 주가 수준을 다시 회복하게 된 것은 1954년에 이르러서였다. 대공황의 충격은 이만큼이나 깊었다. 주가의 폭락은 분명히 대공황의 신호탄이었다. 그러나 불황의 전조는 이미 1929년 중반부터 나타나고 있었다. 생산이 정체하고 소비가 늘지 않는 등 1920년대를 거쳐 눈부시게 성장해 온 미국 경제의 활력이 두드러지게 약화되고 있었던 것이다.

장밋빛 전망 뉴욕을 대표하는 엠파이어 스테이트 빌딩은 대공황 직후에 완공되어 한동안 높은 공실률을 보였다. 1920년대에 낙관적 전망이 하늘을 찌를 듯하였음을 말해 준다.

대공황 시기에 주식 시장이 대폭락을 기록한 데에는 그에 앞선 시기에 주식 시장이 빠르게 상승하였다는 사실이 영향을 주었다. 1920년대 초 주당 평균 가격이 70여 달러에 머물렀지만 이후 지속적으로 상승하였고, 상승 속도가 점차 빨라져 대공황 직전에는 250달러에 육박하는 수준에 이르렀다. 미래 경기에 대한 낙관적 전망 속에 소비자는 차입을 늘렸고, 기업은 투자를 확대하였다.

이러한 낙관적 전망에는 근거가 있었다. 제1차 세계 대전의 격전장에서 지리적으로 떨어져 있던 미국의 경제는 전쟁 기간에 급속하게 성장하였고, 1920년대의 10년 동안 공업 생산은 약 90%나 증가하였다. 소비자의 구매력이 커지면서 자동차와 가전 제품과 같은 내구 소비재의 소비가 증가되었다. 라디오가 보급되고 전국 네트워크의 방송국이 라디오 전파를 내보내기 시작하였고, 유성 영화가 무성 영화를 대체하면서 영화의 전성기를 열었다. 또한 대형 백화점들이 지점을 계속 확장하였고, 통신 판매와 같은 새로운 유통 방법이 개발되었다. 이와 같은 변화 속에서 사람들은 기술 변화의 영향을 직장과 가정에서 가까이 느낄 수 있었고, 과거와는 질적으로 다른 경제 환경이 도래하였다는 장밋빛 인식이 널리 확산되었다. '광란의 20년대'(Roaring Twenties)는 당시 인기를 끌었던 재즈 클럽의 풍경에 그친 것이 아니라, 사회와 경제 곳곳에서 널리 관찰되는 모습이었다.

미국 대공황의 확산

1928-1929년에 미국의 주식 붐이 절정에 이르면서 정부가 통화 정책을 긴축적으로 운영하기로 함에 따라 이자율이 급속하게 상승하는 현상이 발생하였다. 그러자 해외로부터 자금이 대규모로 미국으로 유입되었고, 그에 따라 해외 여러 국가에서 금융 경색이 발생하였다. 미국에서는 긴축적 통화 정책의 영향으로 신용 대출이 축소되었고, 이는 주식 시장의 냉각과 경기의 전반적 하강으로 이어졌다. 1929년 주식 시장 붕괴는 이런 배경에서 발생한 것이었다. 뒤를 이어 은행 위기

가 발생하였다. 1933년까지 미국 전체 은행의 40%에 해당하는 1만 5,000개의 은행이 파산하였다. 은행 위기는 금융 중개 비용을 증가시키고 신용 경색을 가져왔다. 실질 금리가 급등함에 따라 기업과 가계의 부담이 증가하였고, 파산 사태가 이어졌다.

금융 경색은 국제적인 이슈이기도 하였다. 특히, 농산물을 주로 생산하는 국가들에서 문제가 심각하게 나타났다. 1920년대를 통해 1차 산품의 가격이 지속적으로 낮게 머물자, 이를 수출하는 국가들은 경제 위기에 봉착하게 되었다. 미국의 대외 자본 공급이 감소되자 유럽 국가들은 긴축적인 통화 정책을 펼치게 되었는데, 이것 역시 1차 산품 생산국의 수출을 어렵게 만들었다. 유럽 국가들이 자국의 농업 보호를 위해 관세를 높인 것도 어려움을 가중시켰다. 이렇게 외화 획득의 길이 막힌 농업국들은 공업국들에서 생산된 2차 산품의 수입을 줄일 수밖에 없었다. 국제적 농업 위기는 대공황의 중요한 전조였고, 대공황의 발발은 1차 산품의 가격을 더욱 폭락시켜 위기를 증폭시키는 역할을 하였다.

영국은 무역 적자가 증가하여 더 이상 다각 결제망을 활성화하는 역할을 수행하기 어렵게 되었다. 이 역할은 새로 등장한 경제 강자인 미국이 맡아야 하였다. 그러나 미국은 보호 무역주의를 버리지 않았고 국제 경제 질서를 주도하는 임무를 담당할 뜻이 없었다. 이 같은 국제 경제 환경에서는 농업국들만이 아니라 공업국들도 경제적 어려움을 겪을 수밖에 없었다. 1930년 미국이 제정한 스무트-할리 관세법(Smoot-Hawley Tariff Act)은 어려움이 가중되고 있던 세계 경제에 결정적인 타격을 가하였다. 외국산 공산품에 대해 높은 관세를 부과한다는 내용을 담은 이 법이 발효되자, 미국에 수출을 하던 유럽의 공업국들

스무트-할리 관세법: 2만여 내구재에 대해 유례 없이 높은 관세를 부과하는 것을 내용으로 한 법률. 1,000여 명의 경제 전문가들이 후버 대통령에게 거부권을 행사하도록 진정하였으나 그대로 입법화되었다.

은 타격을 피할 수 없었다. 미국의 보호주의적 관세 인상은 곧 다른 국가들이 관세를 올리는 연쇄 효과를 낳았다. 이제 무역의 전 세계적 축소를 피할 길은 없었다. 관세법 제정에 반대하였던 당시 경제학자들의 우려가 현실화된 것이었다.

유럽의 대공황

유럽에서는 방만한 경영을 해왔던 오스트리아의 최대 은행인 크레디트안슈탈트(Creditanstalt)가 1931년 지급 능력을 상실하여 파산하였다. 그러나 오스트리아 정부는 금 본위제 방어를 위해 외환 준비금을 소진하였고, 마침내 외환 통제를 결정하게 되었다. 이 충격은 곧 독일로 전파되었다. 이미 취약해져 있던 독일의 금융 시장은 공황 상태를 맞았다. 재정 문제까지 누적된 상황에서 독일의 정부와 중앙은행이 할 수 있는 일은 많지 않았다. 결국 독일은 1931년 7월에 실질적으로 금 본위제를 포기하였다. 독일은 심지어 금 본위제 이탈 이후에도 긴축적인 정책을 지속하였다. 경제의 황폐화 속에서 독일인들은 정치적으로 극단화되어 갔다.

독일의 은행 위기 자신이 저축한 돈을 잃는 것이 아닌지 우려한 예금자들이 베를린의 한 은행 앞에 몰려들어 있다.
자료: German Federal Archives / Georg Pahl, Wikimedia (CC BY-SA 3.0).

독일이 외환 통제를 시작하자, 영국의 파운드화에 압력이 가해져서 파운드화의 매각이 증가하였다. 영국은 전후 금 본위제로 복귀하면서 통화가 과대 평가된 문제를 안고 있었기 때문에, 경제의 취약점을 극복하기 어려웠다. 결국 영국은 1931년 9월 금 본위제를 포기하였다. 다른 국가들도 서둘러 금 본위제로부터 이탈해 갔다. 1933년에는 그간 디플레이션 정책을 통해 금 유출을 막아 보려던 미국이 불황과 실업의 압력을 견디지 못하고 금 본위제를 포기하였다. 한때 세계 경제의 원활한 작동에 중요한 역할을 하였던 금 본위제는 이로써 역사 속으로 사라졌다.

대공황이 가한 세계적 고통

대공황은 많은 국가들에게 엄청난 경제적 고통을 안겼다. 우선 서구 국가들은 생산의 하락을 경험하였다. 1929-1932년 동안에 공업 생산이 미국에서 45% 넘게 감소하였으며, 독일과 프랑스에서는 20-40% 감소하였다. 대공황 시기 이전에 이미 불황을 경험하고 있었던 영국의 경우 감소 폭이 10% 수준에 머물렀다. GDP가 감소한 데에는 소비와 투자의 감소가 모두 영향을 주었는데, 특히 투자 감소가 매우 컸다. 실업 문제는 더욱 심각하였다. 미국 경제는 1920-1929년에 4.9%의 실업률을 기록하였으나, 1930-1938년에는 실업률이 18.2%로 급증하였다. 실업률이 가장 높았을 때에는 20%를 넘었다. 1930년대 독일의 실업률은 8.8%, 영국의 실업률은 9.8%에 이르렀다.

식량 배급을 위한 행렬 뉴욕 시에서 가난한 사람들이 배식을 받기 위해 긴 줄을 형성하고 있다.

무역의 감소는 생산의 감소보다 더욱 큰 폭으로 발생하였다. 세계의 무역량을 보면, 1932년도에는 1929년도에 비해 25%의 감소가 나타났다. 이 기간에 무역 제품의 가격 하락도 발생하였다. 1932년도의 평균 무역품 가격은 1929년 수치의 52%에 불과하였다. 무역량 축소와 가격 하락의 효과가 결합되어 무역액의 감소는 더욱 크게 나타났다. 1932년 무역액은 1929년 무역액의 39%에 불과하였다. 1차 세계화 시대에 무역 증가율이 생산 증가율을 크게 앞섰다면, 대공황 시기에는 무역 감소율이 생산 감소율을 크게 앞서는 세계화의 후퇴(Deglobalization)를 보여 주었다.

대공황 이후의 세계

대공황 이후 세계 경제 질서는 어떻게 변화하였을까? 우선 대공황은 금 본위제 시대를 마감하였다. 이를 대체한 통화 제도는 달러, 파운드, 엔 등 주요 국가들의 통화를 중심으로 지역적 블록이 형성되는 지역 통화 제도였다. 서유럽에서는 프랑스를 중심으로 금 블록이 형성되었다. 20세기 초반 지구 전체를 휩쓸었던 세계화의 물결은 이제 지역주의 움직임에 자리를 내주고 말았다.

실업의 경험 1930년 디트로이트의 한 노동자가 고용을 찾는 표지판을 들고 있다. 대공황은 수많은 건실한 노동자들에게 실업의 고통을 가져다주었다.

대공황은 또한 자유 무역주의를 결정적으로 후퇴시켰다. 경제 위기에 처한 국가들이 국제적 공조를 이

폐쇄적 블록의 구축 대공황 이후 열강은 보호 무역주의적인 성격이 강한 블록 경제 체제를 형성하였다. 그림은 1940년에 제작된 포스터로 영 연방의 단합이 중요함을 강조하고 있다.

루지 못하고 자국 중심의 회복 정책을 실시함으로써, 국제적 경제 환경은 큰 변화를 맞이하게 되었다. 금융과 무역에 대한 제한이 세계적으로 강화되었다. 외환 관리 정책을 펴기도 하였고, 관세 인상, 수입 할당, 수입 금지 조치 등 다양한 무역 제한 조치가 실시되었다. 다자적 협정은 위축되고 두 국가 간에만 통용되는 협정이 빈번하게 도입되었다.

열강들은 자국을 중심으로 무역과 금융, 그리고 생산 요소의 이동을 통제할 수 있는 **블록 경제**를 구축하는 것이 현실적이라고 판단하였다. 1930년대를 통해 자신들이 보유한 식민지 및 경제적 교류가 많은 국가들을 묶어 배타적 성격을 가진 경제 단위로 설정하는 정책이 마련되어 갔다. 그리하여 영국 중심의 스털링 블록, **먼로주의**(Monroe Doctrine)에 입각한 미국의 달러 블록, 프랑스가 주도한 금 블록, 독일을 주축으로 한 마르크 블록, **대동아 공영권**(大東亞共榮圈)을 주장하는 일본의 엔 블록이 형성되었다. 역내에서는 생산물과 생산 요소가 자유롭게 이동하지만, 역외에 대해서는 다양한 관세 및 비관세 장벽과 비공식적 제한 조치를 통해 교류가 강력하게 억제되는 체

블록 경제: 특정 국가들이 연합하여 경제권을 형성하고, 역외 국가들을 배제하고 역내 국가들 중심으로 교류를 하는 체제.

먼로주의: 라틴 아메리카에 대한 유럽의 간섭과 러시아의 태평양 진출을 막기 위해 미국이 표방한 외교 정책이다. 유럽의 미국에 대한 불간섭 원칙, 유럽의 미국 대륙에 대한 불간섭 원칙, 유럽 제국에 의한 식민지 건설 배격 원칙 등을 내용으로 하였다.

대동아 공영권: 아시아가 서양의 지배로부터 벗어나기 위해서는 일본을 중심으로 동아시아와 동남아시아를 아우르는 광범위한 블록을 구축해야 한다는 주장.

제가 되었다. 따라서 역내적으로는 국가들 사이에 지배와 예속의 관계가 고정되고 강화되었다. 식민지 상태에 놓인 국가의 경제는 열강의 요구와 필요에 맞춘 분업 체제의 일부로 재편되었고, 독립적 전략에 따라 발전을 도모할 여지는 거의 없었다. 공업화의 충격은 선진국 경제에 머무른 것이 아니라, 이런 방식으로 국제적 분업 체제의 재편 과정을 통해 세계의 전 지역으로 파급되었던 것이다.

블록 경제가 강화되고 배타성이 증가한 사실은 세계적 차원에서의 합의와 협조가 어려워졌음을 의미하였다. 세계적 교역과 교류는 축소되었고, 블록 간의 경쟁과 갈등이 고조되어 갔다. 이런 갈등이 심화될 경우 이를 조정할 국제적 협력의 가능성이 크게 축소되었다는 점에서, 1930년대의 문제는 일시적인 것이 아니었다. 제2차 세계 대전의 그림자는 이와 같은 배경에서 드리워지기 시작하였다.

대공황의 원인

대공황이 발생한 근본적 원인은 무엇일까? 우선 대공황이 촉발된 미국 내부에서 여러 문제점을 찾을 수 있다. 첫째, 1920년대를 통해 대규모로 해외로 자본 수출을 하던 미국이 1928년부터 긴축 정책으로 돌아섬에 따라 자금이 해외로부터 미국으로 유입되는 결과를 낳았다. 이 정책 전환은 국제적 금융 경색을 초래한 결정적인 요인이었다. 둘째, 경기 변동에 민감한 내구 소비재의 시장이 1920년대 후반에 포화 상태에 이르러 자동차와 여러 가전 제품의 소비가 정체되는 현상이 나타났고, 같은 시기에 주택 경기가 좋지 않았다는 사정도 작용하였다. 셋째, 미국 정부가 고관세 정책을 실시함으로써 해외 제품에 대한 수요를 감소시킨 점도 중요한 요인이었다. 넷째, 주식 시장과 은행의 파산이 경제의 불안정을 증폭시킨 가운데 정부가 적절한 대응책을 마

기록 9-1 **대공황과 국제 경제의 리더십**

영국은 제1차 세계 대전 이전의 헤게몬이었으며 미국은 제2차 세계 대전 이후의 헤게몬이었다. 그 중간에 공백이 있었다. 런던은 더 이상 헤게몬이 아니었고 뉴욕은 아직 헤게몬이 되지 못하였다. 이 이야기에 따르면 명확한 리더십의 부재는 잘못된 정책으로 이어졌고 그것은 다시 불황으로 끝맺었다. 1929년 이후 각국은 나름대로 수요 감소에 대응하려고 하였다. 위기에 빠진 은행이나 통화에 대한 실질적인 최종 대부자가 존재하지 않았다.

오늘날은 미국이 헤게몬의 지위를 감당할 수 있는 유일한 후보이다. 그러나 오늘날 미국 내에는 대외적 책임을 회피하려는 경향이 1920년대만큼이나 강하게 존재한다. 당시 의회가 국제 연맹에 대한 지지를 거부하였듯이 오늘날의 의회는 국제 연합을 무력화시키려고 한다. 대중들은 세계 리더십으로서 지게 될 부담을 인내하지 않으려고 하며, 미국은 자신들의 국내 문제를 해결하는 데 집중해야 한다는 믿음이 퍼져 가는 징후가 발견된다. 더욱 중요한 것은 현재 미국이 대규모 자본 수입국이라는 사실이다. 1914년 이전 영국의 리더십이나 1945년 이후 미국의 리더십은 모두 자본 수출에 바탕을 두고 있었다. 엄청난 경상 수지 문제가 존재하는 상황에서 미국이 오늘날에 필요한 경제적 리더십을 어떻게 행사할 수 있을지는 의문이다.

자료: 페인스틴 · 테민 · 토니올로(2001), 264쪽.

련하는 데 실패를 하였다는 점이 지적되기도 한다.

그러나 대공황은 미국만의 사건이 아니었고, 넓게 보면 근본적인 원인을 세계 경제 체제의 문제에서 찾을 수 있다. 우선 재건 금 본위제의 취약성이 큰 문제였다. 많은 사람들이 기대하였던 것과는 달리, 재건 금 본위제가 국제 결제 제도로서 많은 결점을 지녔음은 이미 언급한 바 있다. 둘째, 제1차 세계 대전 이후 광범위하게 확산된 보호 무역주의가 소모적인 관세 전쟁을 촉발하였고, 이 과정에서 각국이 근시안적인 자국 이기주의에 매몰된 나머지 세계 경제의 축소와 자국 경제의 쇠퇴를 낳게 되었다. 셋째, 국제 시장에서 농산물과 원료의 가격이 매우 낮게 유지됨으로써 농업국들이 공업국으로부터 제품을 수입할 능력이 크게 제약받게 되었다. 이러한 글로벌 불균형의 문제에는 전간기에 유럽 경제가 빨리 회복하지 못하였다는 점도 작용하였는데, 그 배후에는 앞에서 살펴본 전후 조정 문제, 배상금과 전시 채무 등 복잡하게 얽힌 문제들이 일찍 해결되지 못한 채 지지부진하게 시간만 허비하였다는 사실이 자리하고 있었다.

종합하자면, 제1차 세계 대전 이후 글로벌 불균형, 고조된 경제적 자국 중심주의와 세계 통화 제도의 취약성이 경기 후퇴 국면과 맞물리면서 유례없는 대공황의 형태로 폭발하였던 것이다. 세계 경제 질서의 지배 구조라는 관점에서 본다면, 세계 경제가 원활하게 작동하지 못하고 국제적 공조 체제가 부재한 상황에서 어느 국가도 이를 해결하기 위해 능동적이고 효과적으로 리더십을 발휘하지 못하였다는 점이 중요하였다. 영국은 선도국의 역할을 담당할 능력을 상실하고 있었고, 미국은 선도국의 역할을 맡을 의사가 아직 없었다. 전간기의 세계 경제 질서는 '런던은 그만, 워싱턴은 아직'(no longer London, not yet Washington)인 상황이었던 것이다. 미국이 국제 사회에서 주도권을 행사하기 시작한 것은 제2차 세계 대전이 끝난 이후의 일이었다.

4. 각국은 대공황에 대해 어떻게 대응하였나?

국가별 탈출 전략

대공황을 벗어나기 위해 각국은 다양한 방식으로 대응을 하였다. 영국에서는 1930년대에 보수당과 노동당이 제휴한 거국 내각이 국정을 담당하였다. 경제 정책의 기본 기조는 균형 재정이었다. 정부, 금융계, 기업 모두가 적자 재정에 대해 뿌리 깊은 불신감을 가졌기 때문에,

기록 9-2　영국 경제 회복에 대한 인도의 기여

열강들의 경제 위기는 국내에 머무르지 않고 식민지의 위치에 있던 국가들에게로 파급되었다. 선진국의 경제 문제는 후진국으로 전파되었을 뿐 아니라 문제의 극복이나 완화도 후진국의 희생을 바탕으로 이루어진 경우가 적지 않았다. 아래의 내용은 영국이 대공황을 극복하는 과정에서 인도가 겪은 상황을 보여 준다.

1931년 영국이 금 본위제를 포기하였을 때 슈스터는 루피와 파운드 간의 연계를 끊고자 노력하였다. 파운드 가치가 자유롭게 변동하면 루피의 변동은 왜 허용되어서는 안 되는가? 런던은 이 조치를 즉각 폐지하고 과거의 환율을 그대로 유지하도록 지시하였다. 이것은 슈스터가 대공황의 충격을 증폭시킨 긴축 정책을 계속해야 함을 의미하였다. 슈스터의 후임자들도 1930년대 내내 이 정책을 따라야 하였다.

…

이런 정책은 인도의 모든 채무자를 엄청나게 압박하였다. 농산물 가격이 하락하여 농민 소득이 이미 절반이나 줄었는데, 긴축 정책 때문에 채무는 더욱 늘었다. … 그러므로 농민들은 아내의 금, 장신구, 혹은 자기 토지의 일부를 부유한 이웃이나 대금업자에게 팔아야 하였다. 1931년 영국이 금 본위제를 이탈하였을 때 금 가격이 30% 가량 상승하였기 때문에 대금업자들은 차입자들에게 담보물을 처분하겠다고 협박하여 금을 내놓도록 압력을 가하였다. 이렇게 해서 인도에서 흘러나간 엄청난 양의 '고통의 금'이 스털링 블록을 유지하는 데 기여하였다. 이러한 금의 쇄도를 영국은 예기치 못하였으며 슈스터도 인도 통화국에 쌓인 아름다운 장신구 더미를 보고 깜짝 놀랐다. 그러나 일단 금맥이 생기자 이것이 끊어지지 않도록 온갖 노력을 다하였다.

자료: 로터문트(2003), 136–137쪽.

케인스 식의 유효 수요 창출을 위해 공공 사업을 벌이는 정책은 현실적으로 불가능하였다. 실업이 직물, 석탄, 조선 등 구산업에 집중되어 있었기 때문에, 재정 확장 정책의 실효성에도 의문이 제기되었다. 불행 중 다행으로, 영국은 대공황 이전에 이미 불황이 깊었던 탓에 대공황이 초래한 추가적 충격은 그리 크지 않았다. 영국은 다른 국가들과

슈스터(George Schuster): 인도 정부의 재정 담당관.

비교하면 상대적으로 정부의 개입과 통제가 제한된 형태로 공황기 경제를 운영하였다. 지구 전역에 많은 식민지를 보유하고 있던 영국은 대공황의 충격을 부분적으로 식민지 국가들에게 전가할 수도 있었다.

프랑스는 금 블록에 잔류한 다른 국가들과 함께 늦게까지 금 본위제를 고수하였다. 이런 정책은 대공황의 충격에서 탈피하는 데 큰 장애물로 작용하였다. 경제 회복은 1937년 금 본위제를 이탈하고 평가절하를 하면서야 서서히 시작되었다. 1930년대 프랑스 정치는 혼란의 소용돌이에 빠져 있었다. 의회 민주주의를 위협하는 파시스트 세력이 준동하는 가운데 좌파와 급진주의자들이 연합하여 인민 전선(People's Front) 정부를 수립하였다. 정부가 실시한 노동 시간 단축(주 40시간)과 유급 휴가와 같은 정책은 프랑스 경제의 회복에 도움이 되지 않았다. 인민 전선 정부가 물러난 1937년 이후에야 비로소 경제 회복이 가시화되었다.

영국과 프랑스와는 달리 극단적인 정치적 선택을 한 국가들도 있었다. 대표적으로 독일에서는 1933년 나치 정권이 출범하였다. 민족적 자긍심에 상처를 받고 빈곤층이 급속히 증가하는 가운데 독일에서는 좌익과 우익이 극단적인 정치 활동을 벌였고, 나치는 공산당 세력을 두려워한 자본가 계층과 소부르주아 및 군부의 지지에 힘입어 선거를 통해 권력을 장악하였다. 나치는 디플레이션에 반대하고 실업을 감소시키기 위해 노동 조합을 분쇄하였고, 정부 지출을 늘려 도로, 주택, 자동차 등의 부문에 집중적으로 안배하였다. 비자유주의적 자본주의 체제라고 볼 수 있는 나치 경제 하에서 독일은 경기 회복에 들어섰다. 1935년부터는 히틀러는 재무장에 착수하였고, 재정 팽창에 가속도가 붙었다.

인민 전선: 반파시즘 성향을 공유하는 광범위한 통일 전선으로, 여기서는 프랑스에서 1935년에 형성된 정치 연합체를 말한다.

화려한 미래상 1935년경에 제작된 이탈리아 최초의 민간 여객기의 광고. 장밋빛 미래 대신에 머지않아 제2차 세계 대전이라는 재앙이 오리라는 생각은 들지 않았다.

이탈리아에서는 무솔리니가 독일과 유사한 성격의 파시스트 정권을 이끌었다. 나치가 구체제의 묵인 하에 권력을 잡을 수 있었던 것처럼, 무솔리니도 사회주의에 대한 반감을 결집하고 보수층과 타협하는 방법을 통해 권력을 쥐었다. 정부가 경제 전반에 대해 강력한 통제력을 행사한 점도, 노조를 탄압한 점도 모두 독일과 유사하였다. 이탈리아의 경제 회복이 본격화된 것은 1935년 에티오피아를 침공한 시점 이후였다.

스페인에서는 1936년 수립된 인민 전선 정부에 반대하여 프랑코(F. Franco)가 군사 쿠데타를 일으켰고, 이것이 스페인 내전으로 비화되었다. 독일과 이탈리아의 지원을 받은 프랑코는 소련의 지원을 받은 인민 전선에 대해 공세를 취해 마침내 1939년 전쟁에서 승리하였다.

일본은 제1차 세계 대전 이후 민주주의의 확대를 경험하기도 하였으나, 관동 대지진과 금융 공황으로 경제가 위기에 처하게 되었고 사회는 불안해져 갔다. 이러한 배경에서 일본은 군국주의의 길을 닦아 나아갔고, 그 결과는 대륙 침략의 형태로 표출되었다. 1931년 만주를 장악하고 괴뢰 정권인 만주국을 수립한 데 이어, 1937년에는 중일 전쟁을 일으켜 본격적인 중국 공략에 나섰다. 대륙 진출을 지원하기 위해 조선에서는 식민지 공업화가 본격적으로 진행되었다. 징용 등의

관동 대지진: 1923년 9월 관동 지역에서 발생한 진도 7.9의 강진. 10만 명에 육박하는 사상자가 발생하는 대혼란 속에 조선인 폭동설이 유포되면서, 조선인에 대한 무차별 학살이 자행되어 수천 명 이상이 목숨을 잃었다.

방식으로 노동력을 동원하는 체제도 마련되었고, 공업 원료와 자금을 확보하기 위한 정책도 다각적으로 실시되었다. 중국에서는 난징 대학살과 같은 참사가 발생한 가운데, 국민당과 공산당이 내전을 중단하고 일본의 침략에 공동으로 대응하였다. 일본은 중국의 여러 지역을 획득함으로써 한국, 타이완, 만주, 중국을 아우르는 경제권을 형성하고 식민지 지배를 강화하였다.

지워지지 않는 상처 일제 강점기에 한국의 삼림 자원이 수탈되면서 남긴 흔적. 소나무 몸체에서 기름(송탄유)을 채취한 자국이 고스란히 남아 있다.
자료: Byung Khun Song (CC BY 2.0).

소련의 경제 개발 계획

1930년대에 가장 괄목할 만한 경제 성장을 기록한 국가는 소련이었다. 레닌이 죽은 후 권력을 장악한 스탈린은 1928년에 1차 경제 개발 5개년 계획을 시작으로 해서 계획 경제적인 발전을 도모하였다. 중앙 집권적 계획 기구가 수립되었고, 집단 농장과 국영 농장 체제가 전국적으로 확산되었다. 전기, 철도 등 사회 기간망에 대한 정부의 투자가 대대적으로 이루어졌으며, 필요한 노동력 공급을 위해 소련 여러 지역으로부터 강제로 인구를 이송시키고 수용소를 통해 노역

난징 대학살: 1937년 말에서 1938년 초에 이르는 기간에 중국의 수도 난징과 인근 지역에서 일본군이 자행한 대규모 학살 사건. 약 30만 명이 희생된 것으로 추정된다.

기록 9-3 스탈린의 경제 개발 계획

1931년에 발표한 글에서 스탈린은 신속한 경제 발전의 중요성을 강조하였다. 그는 경제 발전의 속도를 소련의 사활이 걸린 문제로 인식하였다.

(경제 개발의) 속도를 어느 정도 늦추는 것이 가능하지 않느냐는 질문을 종종 받습니다. 동지들이여, 안 됩니다. 이것은 불가능합니다! 속도를 늦춰서는 안 됩니다! 오히려 반대로 우리는 우리의 힘이 닿는 한 속도를 높여야 합니다. 이것은 소련의 노동자와 농민에 대한 우리의 의무입니다. 이것은 전 세계의 노동 계급을 위한 우리의 의무입니다.

속도를 늦추는 것은 뒤떨어지는 것을 의미합니다. 그리고 뒤떨어진 이는 얻어맞게 되어 있습니다. 우리는 얻어맞기를 원하지 않습니다. 우리는 얻어맞기를 거부합니다. 과거 러시아의 역사를 통해 보면, 국가가 낙후되었기 때문에 끊임없이 얻어맞아 왔습니다. 몽골의 칸들에게 얻어맞았고, 터키의 고관들에게 얻어맞았고, 스웨덴의 봉건 영주에게 얻어맞았고, 폴란드와 리투아니아의 지주에게 얻어맞았고, 영국과 프랑스의 자본가에게 얻어맞았고, 일본의 남작들에게 얻어맞았습니다. 러시아가 낙후되었기 때문에, 즉 군사적으로, 문화적으로, 정치적으로, 산업적으로, 농업적으로 뒤쳐졌기 때문에 얻어맞았던 것입니다. 우리를 때리는 것이 이익이 되고 때려도 문제가 되지 않으니까 그들이 우리를 때린 것입니다. …뒤떨어지고 약한 자를 때리는 것, 이것이 약탈의 법칙입니다. 이것이 자본주의라는 정글의 법칙입니다.…

과거에 우리는 조국을 갖지 못하였고, 가질 수도 없었습니다. 그렇지만 이제 우리는 자본주의를 타도하였고 권력은 우리들, 인민들의 손에 있습니다. 우리는 조국을 가지고 있고, 조국의 독립을 지킬 것입니다. 우리의 조국이 얻어맞고 독립을 잃기를 바랍니까? 그렇게 되기를 원하지 않는다면, 가능한 한 일찍 후진성을 끝내고 사회주의 경제를 건설하는 진정한 볼셰비키 속도를 이루어야 합니다. 다른 길은 없습니다. 이것이 10월 혁명 전야에 레닌이 이렇게 말한 이유입니다. "죽지 않으려면 자본주의 국가들을 따라잡고 앞질러라."

자료: Stalin(1955), 40-41쪽.

에 종사하게 하였다. 연해주 지방에 거주하던 한인들도 1937년부터 소수 민족에 대한 차별적 정책의 일환으로 중앙아시아 지역으로 대규모로 강제 이주되었다. 1930년대에 소련 경제는 자본주의 진영의 어느 국가보다도 빠른 경제 성장률을 기록하였다. 그렇지만 정부 주도의 강제 동원과 가혹한 착취에 기초한 생산이 장기적으로 효과를 거두기는 어려웠으며, 또한 계획 경제 체제가 지니는 본질적 한계도 내포하고 있었다.

중앙아시아의 노동력 1930년에 촬영된 우즈베키스탄의 노동자들. 고된 노동에 동원되어 소련의 외형적 경제 성장에 기여하였다.

뉴딜 정책의 개혁 성과

미국에서는 루스벨트 대통령이 대공황의 충격에서 벗어나기 위한 정책으로 1933년부터 구제, 부흥, 개혁을 내건 뉴딜(New Deal)을 실시하였다. 경기 회복과 사회적 재분배를 목표로 하여 농업, 공업, 금융, 무역, 노사 관계, 복지 등 광범위한 분야에 걸쳐 정부가 전례 없는 개입을 하였다. 구체적인 정책의 시행을 위해 수많은 입법이 이루어졌는데, 이들은 때로 일관성이 부족하거나 효과가 의심스럽기도 하였지만, 7년이라는 짧지 않은 기간에 걸쳐 실시되었다.

우선 산업 부문에서는 산업부흥법(NIRA)과 농업조정법(AAA)이 제정되었다. 산업부흥법은 한시적으로 반독점법의 시행을 정지할 것을 규정하였다. 이를 통해 노동자의 임금을 인상시키는 효과를 기대하였는데, 임금 상승이 도리어 실업 문제를 심화시키는 요인으로 작용하였다. 산업부흥법은 또한 노동자의 단결권과 단체 교섭권을 보장하였

뉴딜: 루스벨트의 제안에 따라 미국에서 이루어진 대공황 극복 정책. 구제, 부흥, 개혁을 내걸면서 시장 경제 체제에 일정한 수정을 가하였다.

이민자 가족의 고난 1936년에 촬영한 캘리포니아 이민자 가족의 사진. 1930년대의 고통을 상징하는 유명한 사진이다.

는데, 이는 노동자의 권익을 향상시키는 데 중요한 버팀목이 되었다. 이 법은 1935년 **와그너법**(Wagner Act)으로 계승되어 1950년 무렵까지 미국의 노동조합이 성장할 수 있는 법적 기반으로 작용하였다. 농업조정법은 농산물의 생산량을 제한함으로써 가격을 지지한다는 목적으로 제정되었다. 이 조치의 주된 수혜자는 대규모 농가였고, 이와 대조적으로 소작농은 경작지를 제한하는 규정 탓에 큰 타격을 입었다. 스타인벡(J. E. Steinbeck)의 소설에 등장하는 소작인 가족처럼 고향의 농장에서 쫓겨나 타지로 이주해야만 하는 인구 집단이 발생하였다.

금융 부문에서도 여러 개혁 조치들이 이루어졌다. 상업 은행과 투자 은행을 분리하는 내용의 **글라스-스티걸법**(Glass-Steagall Act)이 제정되었다. 은행이 증권이나 보험 업무를 취급하지 못하게 한 이 법은 오랜 기간 미국 금융 정책의 근간으로 기능하였다. 미국의 은행은 지점을 보유하지 않고 본점만 있는 **단일 은행 체제**(unit banking system)를 특징으로 하였는데, 이 때문에 규모의 경제를 누리지 못하고 지리적 다각화도 이루지 못하는 단점을 지녔다. 단일 은행 체제가 위기에 취약하다는 인식이 고조됨에 따라 이 문제를 해결하기 위해 예금 보험 제

와그너법: 산업부흥법이 연방 최고 법원에 의해 위헌 판결을 받아 실효된 후에 제정된 법으로, 노동자의 단결권과 단체교섭권 보호를 확고히 하는 규정을 담았다.

글라스-스티걸법: 은행 규제와 투기 금지를 위해 1933년에 제정된 법률. 이 법이 규정한 금산 분리(金産分離)의 원칙은 1980년대에 들어서 약화되었고 1999년에 최종적으로 폐지되었다.

단일 은행 체제: 은행이 본점만 있고 지점을 보유하지 않는 제도로서, 지점 은행 체제와 대조를 이룬다.

기록 9-4 존 스타인벡, 『분노의 포도』(*The Grapes of Wrath*)

스타인벡이 1939년에 출판한 이 책은 1930년대 경작지를 잃고 새 삶을 찾아 캘리포니아로 떠난 오클라호마 소작민의 삶을 다루었다. 이 책은 출간되자마자 커다란 사회적 반향을 일으켰다. 이주의 행렬이 야기한 사회적 갈등을 느껴 보자.

서부에서는 이주민이 국도에 불어남에 따라 공황이 일어났다. 재산이 있는 자는 그 재산 때문에 공포에 떨었다. 굶주린 일이 없는 사람들은 굶주린 인간의 눈을 보았고, 심한 부자유를 모르고 살아온 사람들은 이주민의 눈에서 욕망의 불꽃을 보았다. 그래서 도시 사람들과 조용한 교외의 주민들은 스스로를 방위하기 위해 서로 모였다. 그들은 자기들 편은 선이고 이주민 쪽은 악이라고 억지로라도 스스로에게 납득시켰다. 상대와 싸우기 위해서는 누구나가 자기 자신에게 납득시키듯이 그들은 말하였다.

저 오우키 놈들은 더럽기 짝이 없고 무식하다. 놈들은 퇴폐적이고 색광이다. 오우키 놈들은 도둑이다. 놈들은 무엇이나 훔친다. 놈들에게는 소유권이란 관념이 없다.

이 마지막 말은 사실이었다. 재산을 갖지 않은 인간이 어떻게 소유자의 고통을 알겠는가? 또 방위하는 측의 사람들은 말하였다. 놈들은 전염병을 퍼뜨린다. 놈들은 불결하다. 놈들을 학교에 입학시켜 줄 수는 없다. 그들은 타향 놈들이다. 우리의 누이가 놈들과 같이 걸어 다녀 봐라, 대체 기분이 어떻겠는가?

본토박이들은 마음에 채찍질을 가하며 스스로를 잔학의 거푸집에 쑤셔 넣었다. 마침내 그 고장은 우리들의 것이다. 오우키 놈들이 멋대로 돌아다니게 내버려 둘 수는 없다. 무장한 사람들은 자신들이 실제로 그 토지의 소유주 같은 기분이 들었다.

…

그럼에도 이주민은 강물처럼 국도에 흐르고, 그들의 눈은 굶주림과 결핍으로 번쩍거렸다. 그들에게는 이론도 없고 조직도 없었으며, 있는 것은 그 수와 욕구뿐이었다.

자료: 스타인벡(1994), 335-336쪽.

도가 도입되었다.

구호 정책도 뉴딜 정책의 핵심적인 축 가운데 하나였다. 정부는 실업자와 저소득층에게 공공 근로 기회를 제공하고 낮은 금리로 대부

오우키: 오클라호마 사람을 낮추어 부르는 말.

대공황의 기억 워싱턴 시에 있는 루스벨트 기념관에 전시되어 있는 조각상. 무료 급식소에서 이른바 '빵줄'(breadline)에 서 있는 빈민들을 묘사하고 있다.
자료: DerDussi, Flickr (CC BY-SA 2.0).

를 하는 정책을 폈다. 이런 정책은 생산을 유발하기보다는 재분배의 측면이 강하였다.

뉴딜 정책을 어떻게 평가할 수 있을까? 뉴딜 정책은 미국의 경기 회복에 결정적인 역할을 하지 못하였다. 정책의 일관성이나 효과 면에서 뛰어났다고 볼 근거도 약하다. 오히려 많은 세부 정책들 간에 혼선이 야기되기도 하였고, 효율성도 낮은 경우가 많았다. 미국 경제의 회복은 금 본위제를 이탈한 후 평가절하가 효과를 발휘하고, 유럽의 정치 불안을 피해 미국으로 자본이 유입되어 이자율이 하락하면서, 소비와 투자가 증가된 결과였다. 여기에 제2차 세계 대전의 발발로 인한 특수가 더해짐으로써 본격적인 회복이 전개되었다. 일반적인 인식과는 달리 재정 지출의 확대가 경기 회복에 끼친 영향은 제한적이었다. 뉴딜의 역사적 가치는 전반적 위기 상황에서 민주주의적 사회 질서를 파괴하지 않으면서 회복의 실마리가 마련될 때까지 사회를 지탱하게 해주었다는 점에서 찾을 수 있다.

제10장

세계 경제의 황금기: 1945-1973년

1. 제2차 세계 대전 후 세계 경제 질서는 어떤 특징을 보였나?
2. 브레턴우즈 체제와 지역적 경제 협력체는 어떻게 운영되었나?
3. 세계 경제의 황금기는 어떤 모습을 띠었나?
4. 장기 호황의 요인은 무엇이었나?

1. 제2차 세계 대전 후 세계 경제 질서는 어떤 특징을 보였나?

사상 최대의 전쟁

20세기 전반기는 두 차례의 세계 대전과 대공황으로 인류가 큰 고통을 겪은 시기였다. 특히, 제2차 세계 대전은 인류가 경험한 전쟁 가운데 가장 큰 규모였고, 과학 기술과 경제력이 과거 어느 때보다 전쟁의 승패에 크게 영향을 끼쳤다. 3,000만 명 이상이 목숨을 잃었고, 부상과 기아에 시달린 사람의 수는 더 많았다. 물질적 피해는 물론이고 사회의 제도적 기반도 막대한 손상을 입었다. 전쟁을 치루기 위해서 당사국들은 전례 없는 규모로 자원을 총동원해야만 하였다. 제1차 세계 대전도 총력전의 성격이 강하였지만 제2차 세계 대전의 경우 그 강도가 더 심하였다. 제1차 세계 대전 기간에 영국은 국민 소득의 최대 38%를 군사비로 지출하였고, 이 비중이 가장 높았던 독일에서는 최대 53%를 기록하였다. 그런데 제2차 세계 대전에서는 군사비의 최대 비중이 영국에서 57%, 미국에서 45%, 그리고 독일에서는 무려 76%에 이르렀다. 소련과 일본도 각각 76%와 64%의 높은 비중을 기록하였다. 거의 모든 참전국에서 철저한 전시 동원 체제가 작동하였다.

대규모의 전쟁은 기술 진보를 전쟁 수행과 관련된 부문으로 집중시켰다. 이런 기술 진보는 군인은 물론 민간인까지 대상에 포함한 대량 살상으로 이어졌다. 전쟁 말기에 일본의 히로시마와 나가사키에 미국이 투하한 원자 폭탄은 새로운 기술이 초래한 파괴력을 여실히 보여 주었다. 전후에는 핵무기의 개발이 여러 열강들에 의해 이루어지면서 인류는 사상 초유의 살상력으로 스스로의 존립을 위협할 수 있는 상황을 맞았다. 한편, 전쟁 중에 독일과 소련에서는 인종적, 이념적 및 계급적 이유로 대량 살상이 이루어졌다.

제2차 세계 대전에서도 제1차 세계 대전과 마찬가지로 참전국들은 자국만이 아니라 자국이 보유한 식민지와 보호령의 자원까지 동원하여 전쟁을 수행하였다. 예를 들어, 영국의 승리를 돕기 위해 영 제국에 속한 많은 국가들로부터 대규모 병력이 참전하였다. 인도에서 250만 명, 오스트레일리아에서 90만 명, 캐나다에서 70만 명, 뉴질랜드에서 20만 명, 그리고 동아프리카에서 30만 명, 서아프리카와 남아프리카에서 각각 20만 명이 참전하였다. 다른 참전 열강들도 자국이 식민지와 보호령으로 삼은 국가, 그리고 전쟁 중에 점령하여 통제권을 쥐게 된 국가로부터 인적 · 물적 자원을 총동원하여 전쟁에 투입하였다. 그런 의미에서 제2차 세계 대전은 진정한 세계 대전의 면모를 보였다.

핵폭발의 상흔 1945년 8월 6일 히로시마에서 폭발한 원자 폭탄은 엄청난 피해를 낳았다. 사진은 폭발에 의해 뼈대만 앙상하게 남은 건물의 모습.
자료: Bill Pellowe, Flickr (CC BY 2.0)

전쟁 수행 과정에서 여성과 노동자가 많은 희생을 감수하면서 커다란 기여를 하였으므로, 전후에 이들에 대한 사회적 인정의 폭도 넓어졌다. 여성과 노동자의 정치적, 사회적 지위가 향상되었다. 여성의 권리 신장에는 새로운 기술의 향상도 영향을 미쳤다. 세탁기, 청소기 등 다양한 가전 제품이 등장하여 가사 노동의 부담을 경감시키고 여성의 경제 활동 참여를 확대하였으며, 피임약의 발명도 여성의 선택 범위를 확장시켰다. 복지 정책이 광범위하게 도입되면서 노동자의 생활 수준에도 큰 변화가 발생하였다. 정부가 국민들에게 '요람에서 무덤까지' 사회 안전망을 제공해야 한다는 복지 국가(welfare state)의 이념

복지 국가: 국민 전체의 복리 증진을 국가의 가장 중요한 목표로 삼고 고용, 소득, 사회 보장 제도 등에 대해 국가가 적극적으로 정책을 취하는 국가 체제.

이 현실화되어 서유럽과 북유럽 국가들을 중심으로 다양한 사회 보장 제도가 마련되었다.

전후 세계 질서

전쟁은 식민지 자원을 많이 보유한 연합군 측의 승리로 막을 내렸다. 역설적이게도 전후 세계 질서의 중요한 특징 가운데 하나가 탈(脫)식민지화(Decolonization)의 추세였다. 남아시아에서는 인도가 영국으로부터 독립하는 과정이 순탄하게 시작되는 듯하였으나, 종교적 분열로 인해 유혈 사태를 겪은 후 1947년에 파키스탄과 분리 · 독립을 하게 되었다. 방글라데시와 스리랑카도 독립을 이루었다. 동남아시아에서는 인도네시아가 네덜란드로부터, 싱가포르와 미얀마가 영국으로부터, 라오스와 캄보디아가 프랑스로부터, 그리고 필리핀이 미국으로부터 독립을 하였다. 동아시아에서는 한국과 대만이 일본의 지배로부터 벗어났다. 북아프리카에서는 리비아가 이탈리아로부터 독립하였고, 튀니지와 모로코가 프랑스의 통치를 벗어났다. 알제리는 식민지 지배를 포기하지 않으려는 프랑스와의 치열한 투쟁 끝에 1962년에야 독립을 이루게 되었다. 아프리카의 남부 지역과 중남미 등에서도 많은 국가들의 식민지 상태를 벗어났다. 이집트에서 1956년에 발생한 수에즈

전쟁의 소용돌이 제2차 세계 대전 중에 폐허가 된 프랑스의 한 지역으로 1944년에 미군 행렬이 진입하는 모습.
자료: PhotosNormandie, Flickr (CC BY-SA 2.0).

사태는 식민지 시대의 종언을 확인하는 역사적 사건이었다. 이집트 정부가 수에즈 운하 회사의 국유화를 선언하자 영국과 프랑스가 군대를 파병하였지만, 비판적인 국제 여론에 직면하여 결국 철수를 해야만 하였던 것이다.

수많은 국가들이 식민지 체제로부터 벗어나 독자적인 활로를 모색하게 되었지만, 탈식민지화가 곧 경제적 독립을 보장하는 것은 아니었다. 다수의 국가들이 빈곤과 정비되지 않은 제도로 인해 곤궁에 처하였고, 가까운 장래에 경제 성장을 기대할 수 있는 국가는 많지 않았다. 결국 대다수의 후진국들은 선진 자본주의 국가들에게 1차 산품을 수출하고 공산품을 수입하는 형태로 새로이 국제적 분업 체제에 편입되었다.

세계 질서의 재편 1945년 얄타 회담에 참석한 처칠, 루스벨트, 스탈린. 이들에 의해 제2차 세계 대전 이후 세계 질서의 기본 틀이 만들어졌다.

새로운 세계 질서의 또 다른 중대한 특징은 체제 경쟁이었다. 종전과 더불어 미국을 중심으로 하는 자본주의 진영과 소련을 중심으로 하는 사회주의 진영이 대립하는 체제가 형성되었다. 양 진영은 자신의 체제가 우월하다는 점을 입증하기 위해 군사력, 경제력, 기술력은 물론 학문과 예술, 문화와 스포츠에 이르기까지 모든 부문에 걸쳐서 경쟁을 벌였다. 새로 독립을 쟁취한 국가들을 자신의 진영으로 끌어들이기 위해 경제적 원조와 군사적 지원을 포함한 다양한 수단을 동원하였다. 이렇게 성립된 냉전(Cold War) 체제는 때로는 열전(Hot War)으

수에즈 사태: 수에즈 운하의 국유화를 선언한 이집트에 대해 영국과 프랑스가 파병하였지만 결국 무기력하게 철수함으로써 제국주의적 체제가 더 이상 작동하지 않게 되었음을 알리게 된 사건.

5분 간의 휴식 1967년 베트남에서 진지를 구축하는 작업을 하던 미군 병사들이 잠시 동안 휴식을 취하고 있다. 고엽제에 의해 말라죽은 나무들이 눈길을 끈다.

로 비화하기도 하고 때로는 긴장 완화(Détente)를 경험하기도 하면서, 1980년대까지 세계 질서의 기본 구도로서 작동하였다.

양 진영의 대립은 몇 차례 위기 상황으로까지 치달았다. 1948년 소련이 베를린 봉쇄에 나섰고, 1950년에는 한국 전쟁이 발발하여 세계가 냉전 시대 최초의 열전을 경험하였다. 1950년대를 거치면서 양 진영은 경쟁적으로 핵무장을 하고 군비를 확대해 나갔다. 1960년대에는 쿠바 위기와 베트남 전쟁의 형태로 냉전 시대의 갈등이 극대화되었다. 이후 직접적인 충돌은 잦아들었지만, 세계의 더 많은 지역에서 보다 은밀한 방법으로 경쟁과 갈등이 치열하게 전개되었다.

저개발국들은 자본주의와 사회주의 체제를 놓고 선택의 고민에 빠졌다. 일부 국가들은 강대국의 세력 다툼에 휘말리지 않기 위해 단

냉전: 제2차 세계 대전 이후 자본주의 진영과 사회주의 진영이 대치하면서 벌인 치열한 경쟁 상황. 직접 무력 충돌을 벌이지 않으면서 전시와 같은 긴장을 유지하는 상태를 말한다.

열전: 실제 무력 충돌로 비화된 상태.

긴장 완화: 1960년대 말부터 시작되어 1970년대까지 유지된 긴장 완화를 데탕트라고 한다. 전략 무기 감축, 닉슨 대통령의 소련과 중국 방문, 동서독의 UN 동시 가입 등을 포함한다.

베를린 봉쇄: 베를린은 전후 동서로 분할되었는데, 서방의 국가들이 서베를린에 대해 보유한 권리들을 포기하도록 만들기 위해 소련이 1948~1949년에 취한 폐쇄 조치. 서방은 11개월 동안 물자를 공수하는 조치로 대응하였다.

쿠바 위기: 쿠바에서 사회주의 혁명을 이끈 카스트로(F. Castro)가 친소 정책을 펴고 소련이 쿠바에 미사일 기지를 건설하기로 하자, 미국이 쿠바의 해상을 봉쇄하면서 소련과 일촉즉발의 군사적 대립 사태를 맞이하였다.

베트남 전쟁: 1945년 프랑스의 지배를 벗어난 인도차이나에서는 호치민의 주도하에 베트남민주공화국이 건립되었다. 지배력을 잃지 않으려는 프랑스와의 전쟁을 통해 호치민은 베트남 북부를 차지하였다. 남베트남에서는 친미 정권이 들어섰고, 미국이 1964년부터 군사 개입을 본격화하였다. 미국이 패전함으로써 1975년 사이공이 함락되면서 사회주의 통일 국가가 들어섰다.

결과 동맹을 추진하였다. 인도의 네루 총리는 한국 전쟁을 보고 냉전 체제가 세계 평화를 위협한다고 판단하여, 두 진영 모두에게 일정한 거리를 두는 비동맹 중립주의를 주창하였다. 1955년 인도네시아의 반둥에서 개최된 아시아-아프리카 회의에서 29개 신생국들은 양 진영으로부터 거리를 유지하여 자본주의적 경제 질서를 수용하면서도 서방 진영에 정치적, 군사적으로 종속되지 않고 평화 공존을 추구한다는 이른바 '반둥 회의 10원칙'을 채택하였다. 비동맹 운동은 이후 지지 세력을 확대하여 1980년에는 100개 이상의 국가가 이 입장에 동조하게 되었다.

팍스 아메리카나와 마셜 플랜

독일의 재건 마셜 원조는 유럽의 여러 국가들에게 전후 경제 재건의 전기를 마련해 주었다. 사진은 베를린에서 재건 공사를 하는 모습으로, 건물 벽에 마셜 플랜의 간판이 보인다.

전쟁이 종결되었을 때 세계 경제에서 미국이 차지하는 비중은 압도적이었다. 전쟁으로 큰 타격을 입은 유럽의 국제적 위상이 하락하면서 미국의 상대적 영향력은 더욱 강력해졌다. 바야흐로 팍스 아메리카나(Pax Americana) 시대가 개막이 된 것이다. 이런 경제적 우위를 바탕으로 미국은 유럽 자본주의 국가들의 경제 재건을 적극적으로 지원할 것을 천명하였다. 가장 핵심적인 정책이 마셜 플

팍스 아메리카나: 제2차 세계 대전 이후 미국이 세계 질서를 주도하는 상황이 조성된 시기를 말한다.

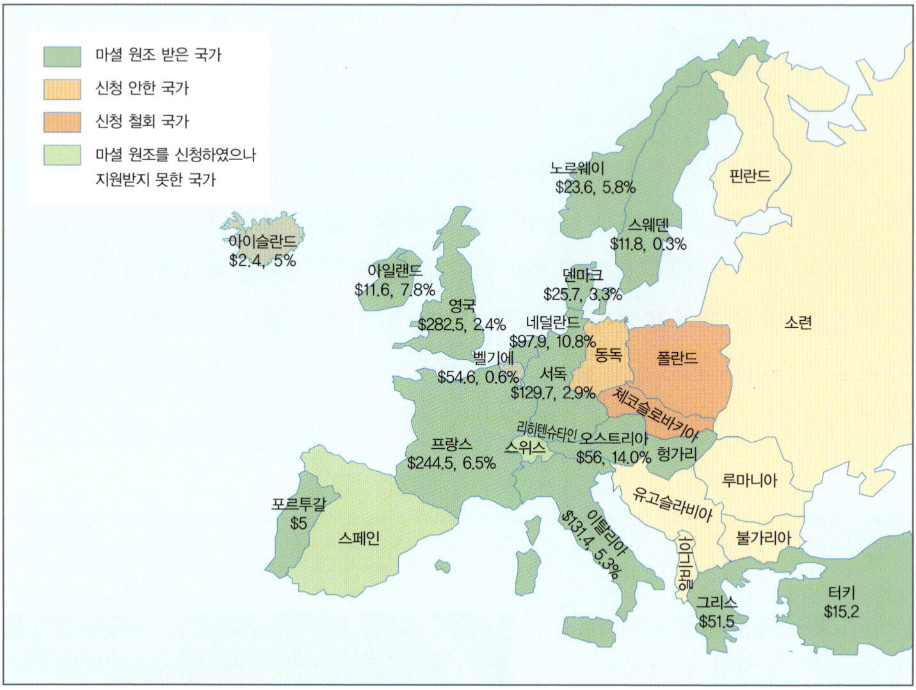

마셜 원조를 받은 국가, 금액, 국민소득에서 차지하는 비율

랜(Marshall Plan)이었다. 이에 따라 1947-1951년 동안에 미국은 서유럽의 16개 국가에 대해 120억 달러에 달하는 원조를 제공하였다.

마셜 플랜은 유럽을 사회주의화의 위협으로부터 단절시키는 실질적인 방안으로 마련되었다. 이는 미국이 과거와는 달리 유럽 문제에 적극 개입하겠다는 이른바 트루먼 독트린(Trueman Doctrine)과 맞물려 있었다. 마셜 플랜이 효율적으로 집행되기 위해서는 유럽 국가들이 경제 회복과 부흥에 대한 계획을 공동으로 짜는 것이 필요하였는

마셜 플랜: 정식 명칭은 유럽 부흥 계획(European Recovery Program)이지만, 1947년 미국의 국무 장관 마셜(G. Marshall)이 하버드 대학교에서 행한 강연을 통해 공식화되었기 때문에 이렇게 부른다.
트루먼 독트린: 1947년 미국의 트루먼 대통령이 선언한 외교 정책으로, 공산주의 세력의 위협에 대응하여 군사적 및 경제적 원조를 적극적으로 제공하는 내용이었다. 그리스와 터키가 가장 먼저 원조의 대상이 되었다.

데, 이를 위해 유럽 경제 협력 기구(OEEC)라는 형태로 협의체가 만들어졌다. 이 기구는 1961년 경제 협력 개발 기구(OECD)로 개편되면서 미국과 캐나다도 회원국으로 가입시켰다. 미국은 군사적으로 북대서양 조약 기구(NATO)를 결성하여 서유럽 국가들과 캐나다를 포함하는 조직을 형성하였다. 이에 소련은 코메콘(COMECON)을 통해 동유럽 국가들을 단일 경제권으로 포섭하였고, 바르샤바 조약 기구를 창설하여 군사 동맹 체제를 구축하였다.

중국의 실패한 실험

이념적으로는 양극 체제가 확실하게 정립되었지만, 모든 국가가 두 진영 가운데 하나로 편입된 것은 아니었다. 중국은 1949년 중화인민공화국이라는 공산 국가로 재탄생하였지만, 소련이 주도하는 공산주의 진영과는 차별화된 제3의 위치를 고수하면서 독자적인 발전을 지향하였다. 경제적으로 낙후되었던 중국은 1950년대에 마오쩌둥(毛澤東)의 주도 아래 혁명적 경제 발전을

대약진 운동의 시행착오 1958년 한 농촌 마을의 협동농장이 요청한 트랙터가 도착하자 주민이 환호를 하는 사진. 중국의 근대화 시도는 대실패로 마감되었다.

유럽 경제 협력 기구(OEEC): 1948년 마셜 플랜을 유럽에 효과적으로 집행할 목적으로 설립된 유럽의 국제 기구. 1961년 선진국 경제 협력체인 OECD로 전환되었다.

경제 협력 개발 기구(OECD): 시장 경제와 민주주의를 공유하는 국가 간의 정책 협의체로서 발족하였고, 점차 세계 경제 질서를 논의하는 선진국들의 모임이라는 성격이 짙어졌다. 한국은 1996년에 회원국이 되었다.

코메콘: 마셜 플랜에 대항하기 위해 소련의 주도로 동유럽 6개국이 결성한 경제 협력 조직. 유럽 경제 공동체에 대항하기 위해 경제 통합으로 형태를 바꾸었다가 소련 해체 이후 1991년 해체되었다.

문화 혁명의 상품화 마오쩌둥의 모습을 앞세운 문화 혁명 시기의 포스터들은 오늘날 관광객에게 판매하기 위해 제작되는 카드의 앞면을 장식하고 있다.
자료: Byung Khun Song (CC BY 2.0).

도모하였다. 1958년 대약진 운동(Great Leap Forward)으로 알려진 정부의 경제 발전 드라이브는 가정을 대신하여 인민을 직업별로 군대식으로 편성하고 생산의 증대를 독려하였다. 그러나 자연재해와 농민의 태업으로 농업 생산이 대폭 감소하였으며, 새로 건설한 재래식 소규모 제철소들은 질이 낮아 쓸모가 없는 철밖에 생산해 내지 못하였다. 결국 대약진 운동은 완전한 실패로 끝나고 말았다.

경제가 피폐화되고 국민의 생활 수준이 하락하는 가운데, 민생 경제의 회복을 위해 자작농을 인정하는 등 자본주의적 정책을 일부 도입한 수정주의 조류가 힘을 얻기 시작하였다. 이에 마오쩌둥은 1966년부터 공산당 내의 반대파를 숙청하고, 사회주의 계급 투쟁의 이념을 강화하는 문화 혁명(Cultural Revolution)을 주창하였다. 전국 각지에서 청소년들로 구성된 홍위병이 창설되었고, 이들이 수정주의적 당지도자, 지식인, 교사, 전통적 사고 보유자를 처형하고 박해하였다. 부르주아적인 가치와 낡은 사고를 모두 배척한다고 내건 문화 혁명은 중국 사회에 엄청난 혼란과 비용을 낳았다.

대약진 운동: 마오쩌둥의 주도로 진행된 농공업 증산 정책. 현실을 무시한 무리한 집단화와 기술적 시행착오로 최악의 결과를 낳았다.
문화 혁명: 1966부터 10년 동안 진행된 중국의 사회적, 정치적 정풍 운동. 강압적으로 전개된 혁명 과정에서 많은 희생자가 발생하였다.

고난 속의 한국

한국의 상황도 위에서 살펴본 세계사적 맥락에 정확히 닿아 있었다. 1945년에 한국은 해방을 맞았지만 민주 정부의 수립과 경제 발전의 길은 요원하였다. 이념적 갈등과 정치적 혼란 속에서 남한과 북한에 따로 정권이 수립되었고, 이에 따라 양측의 경제적 연계는 완전히 단절되었다. 일제 강점기에 공업화가 덜 추진되었던 남한이 상대적으로 더 큰 경제적 어려움을 겪었다.

이념 갈등의 파괴력 한국 전쟁은 얼마 되지 않았던 기존의 경제적 및 사회적 기반마저 철저하게 파괴되었다. 폐허 속에서 무엇이든 쓸모 있는 것을 찾고 있는 사람들.

한국 전쟁이 발발하면서 그나마 존재하였던 경제 기반도 모두 초토화되었고, 한국은 세계에서 가장 가난한 국가 중 하나가 되었다. 많은 인구가 생존 위협에 시달렸고 대중의 생활 수준이 앞으로 빠르게 향상되리라고는 기대하기 어려웠다. 종전 후 남한은 미국의 영향, 그리고 북한은 소련 및 중국의 영향을 받으면서 경제 발전을 추진하였다. 초기 조건에서 상대적으로 유리하였던 북한이 한동안 남한에 비해 나은 경제 개발 성과를 보였으나, 시간이 흐르면서 계획 경제 체제의 비효율성이 문제로 드러나기 시작하였다.

2. 브레턴우즈 체제와 지역적 경제 협력체는 어떻게 운영되었나?

세계적 경제 기구들

제2차 세계 대전 이후의 세계 경제 질서는 전쟁 이전과는 사뭇 다른 구조를 지녔다. 전간기의 경제적 혼란과 대공황의 쓰라린 경험을 통해 세계 각국은 국제적 경제 질서의 확립과 그에 기초한 체계적 정책 조율이 필요하다는 뼈저린 교훈을 얻었다. 이런 문제 의식을 가지고 1944년 44개국 대표가 모여 결정한 새로운 국제 경제 체제가 브레턴우즈 체제(Bretton Woods System)였다. 새로운 체제의 핵심은 다자주의적 세계화로서, 외환 시장을 안정적으로 운영하고 무역 장벽을 제거하여 자유무역 기조를 확립하는 것이 주요 목적이었다. 구체적으로는 브레턴우즈 체제 하에 창설되는 국제 기구의 회원국들이 제도화된 방식으로 의견을 제안하고 합의점을 도출하는 방법을 통해 전 세계에 통용되는 경제적 규범을 마련한다는 것이었다.

브레턴우즈 체제의 설계자들 미국의 화이트(Harry D. White)와 영국의 케인스(John M. Keynes)는 제2차 세계 대전 이후 세계 경제 질서에 대해 많은 논쟁을 하면서 브레턴우즈 체제의 골격을 만들었다.

브레턴우즈 체제는 세 개의 국제 기구를 중심축으로 삼았다. 첫째는 IMF(국제 통화 기금)로, 외환 관리의 철폐를 목표로 한 것이었다. 둘째는 IBRD(국제 부흥 개발 은행)로, 전후 경

IMF: International Monetary Fund의 약자이다.
IBRD: International Bank for Reconstruction and Development의 약자이며, 세계은행(World Bank)으로 발전하였다.

제 부흥을 위한 원조가 원래의 목적이었다. 셋째는 **GATT(관세 및 무역에 관한 일반 협정)**로, 국가 간의 무역을 가로막는 각종 제한을 없애고자 창설되었다.

IMF는 세계적인 통화 안정과 국제적 유동성의 확대를 보장하기 위해 1945년 설립되었다. 이 국제 기구는 수명을 다한 금 본위제를 대체할 새로운 국제 통화 제도를 마련하는 것을 핵심 과제로 여겼다. 이를 통해 개별 국가들이 외환 관리나 경쟁적 평가 절하를 하지 못하도록 국제적으로 공동 보조를 맞추고자 하였다. IMF에 가입한 회원국들은 자국 통화를 금 또는 미국 달러에 대비시켜 평가를 결정하고 타국 통화와의 환율을 고정하여 상하 1% 이내로만 바뀔 수 있도록 하였다. 금 1온스당 35달러라는 일정한 기준으로 미국은 달러를 언제든 금으로 태환할 수 있으며, 다른 국가들의 통화는 기축 통화인 미국 달러에 고정 환율로 묶이는 형태로 운용되었다. 또한 회원국들은 일정한 비율로 분담금을 내어 기금을 조성하고, 통화 위기를 맞은 국가는 기금으로부터 구제 금융을 받아 회복을 도모하도록 하였다. 이런 방식을 통해 IMF는 실질적인 고정 환율제를 전 세계적으로 확립하였다.

브레턴우즈 체제의 원활한 작동을 위한 또 하나의 금융 기구인 IBRD는 1946년에 창설되었다. 전쟁 피해의 복구와 전후 경제 부흥, 저개발국의 경제 개발에 필요한 중장기 자금 수요에 대응하기 위해서였다. IBRD는 회원국 정부와 기업에 자금을 융자하여 경제 회복과 개발을 돕는 사업을 실시하였다. 시간이 경과하면서 점차 저개발국에 대한 원조 사업의 비중이 높아졌고, 다양한 개발 프로젝트와 기술 원조도 제공하였다. 그런데 1950년대까지는 자금 수요에 비해 IBRD의 자본금이 부족하였기 때문에 기대하였던 활동을 충분히 할 수 없었다. 이에 추가적인 기관들을 설립하여 자금 공급을 늘리고 세계은행

GATT: General Agreement on Tariffs and Trade의 약자이다.

기록 10-1 **프리드먼의 자유 무역주의에 대한 신뢰**

시카고학파의 대표자 프리드먼(M. Friedman)은 1962년에 출간한 『자본주의와 자유』에서 자유 무역주의에 대한 강한 신뢰를 표명하였다. 그는 관세 협상 자체에 대해 부정적인 견해를 보이면서, 상대국의 태도와 관계없이 관세를 철폐하는 선택이 자국민에게 혜택을 가져온다고 강조하였다. 그러나 이와 같은 주장을 그대로 따른 국가는 현실적으로 존재하지 않았다.

자유 무역으로 나아가기 위해서는 어떻게 해야 하는가? 그 동안 우리가 채택하려고 노력해 왔던 방법은 다른 나라들과 관세 인하를 위한 상호주의적 협상을 벌이는 것이었다. 내게는 이것이 그릇된 방식으로 보인다. 첫째, 그렇게 하면 일의 진척이 매우 느려질 것임은 불을 보듯이 뻔하다. 혼자 움직이는 사람이 가장 빠르게 움직이는 법이다. 둘째, 그것은 기본적인 문제에 대해 잘못된 견해를 조장한다. 그것은 관세가 관세 부과 국가에는 도움이 되고 다른 나라에는 해가 되는 것처럼 보이게 하고, 우리가 관세를 인하하면 그것은 마치 좋은 무언가를 포기하였기 때문에 다른 나라의 관세 인하라는 형태로 보답을 받아야 하는 것처럼 보이게 한다. 실제 상황은 그와 전혀 다르다. 우리의 관세는 다른 나라뿐만 아니라 우리에게도 해롭다. 다른 나라들이 관세를 철폐하지 않더라도 우리는 우리의 관세를 철폐함으로써 혜택을 보게 될 것이다. 물론 다른 나라들이 관세를 낮추면 우리도 더 많은 혜택을 볼 수도 있지만, 우리가 혜택을 보는 데 다른 나라들의 관세 인하가 필요한 것은 아니다. 각자의 사적 이익은 서로 부합되는 것이고, 상충하지 않는다.

영국이 19세기에 곡물법(Corn Law)을 폐지하였을 때 그랬듯이, 나는 우리가 일방적으로 자유 무역으로 나아가는 편이 훨씬 낫다고 믿는다. 그렇게 하면 우리는 그들이 경험하였던 것처럼 정치 및 경제적 힘의 엄청난 증가를 경험하게 될 것이다.

자료: 프리드먼(2007), 127-128쪽.

(World Bank)이라는 이름으로 통합적으로 운영되게 되었다.

1947년 23개국이 모여 창설한 GATT는 관세 및 비관세 장벽의 철폐와 무역 증진을 목적으로 하였다. 구체적으로 보면, 다자주의에 입각한 회원국들 간의 교섭을 통해 관세율을 인하하고, 회원국 간에 최혜국 대우를 보장하여 자유 무역이 증진되도록 하였다. 특히, 수출입에 관련된 여러 제한 조치들을 원칙적으로 폐지하고, 공식 및 비공식

무역 차별을 철폐하는 데 주력하였다. GATT는 초창기부터 성공적으로 출발하였다. 회원국 수가 지속적으로 증가하였고, 실제로 여러 분쟁을 해결하는 데 기여하였다.

지역적 경제 협력체들

브레턴우즈 체제가 초창기부터 만족스러운 성과를 낼 것이라고 기대하기는 어려웠다. 실제로 IMF, IBRD, GATT는 모두 1950-1960년대에 제한적인 역할밖에 수행을 하지 못하였다. 따라서 과도기적인 방편으로 다양한 지역적 경제 협력체가 구성되어 운영되는 것이 현실적이었다. 또한 전후 유럽은 신속하게 경제 재건을 이루고 동시에 향후 전쟁 방지를 보장하는 제도를 짜야 하는 긴박한 상황에 처해 있었다. 따라서 다자적 경제 체제와는 별도로 유럽 내에서 독립적인 협력 구조를 구상할 필요가 있었다. 유럽 통합의 초기 청사진은 이런 목적에 부응하기 위해 설계된 것이었다.

금융 통화 측면에서는, IMF의 역할을 지역 결제 협정들이 부분적으로 담당하였다. 유럽 결제 동맹(European Payment Union, EPU)은 회원국들 상호간에 다각적 결제와 자동적인 신용 제공을 목적으로 1950년에 설립되었다. 이를 통해 전후 경제 회복기에 유럽 내에서 무역이 원활하게 이루어지게 하는 효과를 볼 수 있었다. 유럽 결제 동맹은 1958년 유럽 통화 협정(European Monetary Agreement)에 흡수될 때까지 유럽 내에서 통화의 교환이 안정적으로 유지되도록 하는 과도기적 역할을 무난하게 수행하였다. 한편, 영국은 이와 별도로 파운드화를 공동 통화로 하는 스털링 통화 지대(Sterling Area)를 구축하였다. 여기에는 캐나다를

유럽 결제 동맹: 각국의 수출입 초과분을 다자적으로 상쇄하게 함으로써 회원국 간의 무역 자유화를 촉진하고자 구축된 기구.
유럽 통화 협정: 서유럽 국가들 간에 통화 교환성이 회복됨에 따라 유럽 결제 동맹을 대체하여 조인된 유럽판 IMF.

기록 10-2 경제 통합의 종류

발라사(B. Balassa)의 분류에 따르면, 경제 통합은 다음과 같이 나뉜다. 첫째, FTA는 회원국 간의 무역을 저해하는 관세 및 비관세 장벽을 폐지하여 역내 무역을 자유롭게 하는 것으로 EFTA(유럽 자유 무역 지대)가 대표적인 사례이다. 둘째, 관세 동맹(Customs Union)은 역내 관세를 폐지하고 역외국에 대해 관세를 일률적으로 부과하는 것으로 베네룩스 관세 동맹이 여기에 속한다. 셋째, 공동 시장(Common Market)은 역내에서 상품이 자유롭게 이동하는 것은 물론 생산 요소도 자유롭게 이동하도록 하며, CACM(중미 공동 시장)이 한 예이다. 넷째, 경제 연합(Economic Union)은 공동 시장에서 한 걸음 더 나아가 경제 정책을 공동으로 입안하고 조정하는 형태로, EEC(유럽 경제 공동체)를 그 사례로 볼 수 있다. 마지막으로, 완전 통합(Complete Integration)은 모든 경제 및 사회 정책을 통일적으로 수행할 수 있도록 회원국의 주권으로부터 독립적인 기구를 설치하는 것으로서 정치적 통합에 근접한 형태이며, EU(유럽 연합)가 이에 가까운 모습을 보여 주고 있다. 그는 경제 통합이 이와 같은 순서로 진행된다고 논하였다. 유형별 경제 통합의 특성을 표로 정리하면 다음과 같다.

유형	FTA	관세 동맹	공동 시장	경제 연합	완전 통합
역내 관세 철폐	○	○	○	○	○
역외 공동 관세		○	○	○	○
생산 요소의 자유 이동			○	○	○
단일 경제 정책				○	○
초국가적 정치 통합					○

제외한 영연방의 국가들과 아일랜드, 이집트, 수단, 아이슬란드, 이라크 등이 포함되어 있었다. 스털링 통화 지대는 1950년대 말까지 대체로 원활하게 작동하였다.

무역 측면에서는 다자적 협력체인 GATT와 더불어 지역적 무역 블록들이 존재하였다. GATT는 무역 자유화를 촉진하기 위해 최혜국 대우 규정을 두고 있었는데, 이에 대한 예외 조치로 관세 동맹과

스털링 통화 지대: 파운드화를 통화로 사용하는 영연방국 및 기타 국가들의 지역적 통화 체제.

FTA(자유 무역 지대)를 허용하였다. 이 예외 조항에 기초하여 여러 관세 동맹이 형성되었는데, 가장 대표적인 것이 1944년에 결성된 **베네룩스 관세 동맹**(Benelux Customs Union)이었다.

핵 에너지의 공동 사용 1958년에 완성된 벨기에의 이 구조물은 핵분열의 순간을 표현한 것이다. 같은 해에 EURATOM이 결성되어 본부를 벨기에의 브뤼셀에 두었다.
자료: fdecomite, Flickr (CC BY 2.0).

지역적 경제 협력체의 또 다른 사례는 유럽의 경제 통합이었다. 1950년대에 유럽의 경제 통합은 크게 진전되었다. EEC(유럽 경제 공동체)는 1957년 공동 시장의 형성, 경제 정책의 수렴, 그리고 궁극적으로는 정치적 통합을 목표로 설립되었다. EEC는 상품뿐 아니라 서비스, 노동, 자본의 자유로운 이동을 강조하였고, 공동 농업 정책과 운송 정책을 실시하였으며, 사회 기금을 조성하여 회원국 간의 사회적 통합에 힘을 보탰다. 원자력의 평화적 용도 개발을 위한 EURATOM(유럽 원자력 공동체)도 함께 발족하였다. 이보다 앞서 1952년에 발족한 ECSC(유럽 석탄 철강 공동체)는 석탄과 철강에 대해 단일 시장을 형성하고자 하였다. 이 공동체의 형성에는 핵심적인 군수 물자로 사용될 수 있는 자원을 공동의 통제 하에 두고 생산과 이동을 지속적으로 감시할 수 있도록 한다는 의도도 중요하게 작용하였다. 전후 유럽의 통합 움직임은 경제적 목적뿐만 아니라 정치적 · 안보적 목적도 띤 것이었음을 말해 준다. 1967년에는 위의 세 기구가 통합되어 EC(유럽 공동체)로 새로 발족하였다. 한편, 1949년에 설립된 유럽 평의회(Council of Europe)는 회원국들의 민주주의를 고양하고 인권을 신장시키는 등의 정치적 목적을 지닌

베네룩스 관세 동맹: 벨기에, 네덜란드, 룩셈부르크 3국 간에 체결된 관세 동맹이다.

기구로서 역할을 하였다.

1960년대에는 세계 곳곳에서 또 다른 지역적 경제 협력체인 FTA가 형성되었다. 1960년 EEC에 속하지 않은 유럽 7개국(영국, 오스트리아, 덴마크, 노르웨이, 포르투갈, 스웨덴, 스위스)이 EFTA(유럽 자유 무역 지대)를 결성하였다. FTA의 결성 움직임은 유럽을 넘어서 세계로 확산되었다. 남아메리카와 아프리카의 저개발국들이 이와 같은 움직임을 주도하였다. 과거에 식민지 경험을 하였던 신흥 독립국들은 대개 민족주의에 기반을 두고 집단적 자족 경제 체제를 구축하고자 노력을 기울였는데, 이들은 대부분 수입 대체 전략을 핵심적 경제 발전 전략으로 채택하였다. FTA를 구성하면 시장 규모를 확대함으로써 규모의 경제를 누릴 수 있을 것이라는 인식이 공감을 얻어 갔다. 1961년 아르헨티나, 브라질, 칠레 등과 멕시코가 LAFTA(라틴 아메리카 자유 무역 지대)를 결성하였다. 공동 시장과 관세 동맹도 세계 곳곳에서 결성되었다. 중앙아메리카의 국가들이 만든 CACM(중미 공동 시장)이라는 이름의 공동 시장이 창설되었고, 아프리카에서도 유사한 조직이 결성되었다. 그러나 이 지역 경제 협력체들은 큰 성과를 거두지 못하였고, 이후 지역 경제 협력체 구상은 점차 힘을 잃어 갔다.

3. 세계 경제의 황금기는 어떤 모습을 띠었나?

눈부신 경제 성장

세계 경제는 이 시기에 가파른 성장세를 보였다. [표 10-1]은 지역별로 1인당 실질 GDP의 연평균 증가율을 보여 준다. 이 표는 19세기 초반부터 20세기 말에 이르는 기간을 다섯 시기로 구분하여 비교하고 있

【표 10-1】 1인당 연평균 실질 GDP 증가율

(단위: %)

지역	1820-1870년	1870-1913년	1913-1950년	1950-1973년	1973-1998년
서유럽	0.95	1.32	0.76	4.08	1.78
미국	1.34	1.82	1.61	2.45	1.99
동유럽	0.63	1.31	0.89	3.79	0.37
구소련	0.63	1.06	1.76	3.36	-1.75
일본	0.19	1.48	0.89	8.05	2.34
동아시아 16개국	-0.10	0.49	-0.08	3.83	3.30

자료: Maddison(2001), 186, 216쪽, 양동휴(2009), 240쪽에서 재인용.

다. 가장 눈에 띄는 점은 1950-1973년 동안의 1인당 실질 GDP 성장률이 다른 어느 시기보다 높았다는 점이다. 공업화 초기인 1820-1870년이나 전쟁과 대공황으로 얼룩진 1913-1950년은 물론이고, 경제 성장률이 높은 편이었던 1차 세계화 시대의 전성기인 1870-1913년이나 2차 세계화 시대의 앞부분을 이루는 1973-1998년보다도 훨씬 높은 성장세를 기록하였다. 이런 이유로 이 시기를 '세계 경제의 황금기'라고 부른다.

유럽과 일본의 '따라잡기'

일본의 부상 1950년대 이후 일본은 경제적 측면만이 아니라 문화적으로도 뛰어난 성과를 나타났다. 일본 만화의 거장 데즈카 오사무의 캐릭터인 우주 소년 아톰과 밀림의 왕자 레오.
자료: Byung Khun Song (CC BY 2.0).

지역별 성장률의 차이도 주목할 점이다. 1950-1973년 기간에 일본이 8% 이상으로 가장 높은 성장률을 보였고, 다음이 서유럽, 동유럽, 동아시아의 순서로서 모두 3%대를 기록하였다. 특기할 점은 미국이 2.5%에 미치지 못하는

기록 10-3

일본의 경제적 부흥

일본은 1950-1975년에 세계가 놀란 만한 경제 성장을 기록하였다. 이 시기 일본의 경제 발전 과정에 대한 경제사학자 킨들버거(Charles P. Kindleberger)의 묘사를 들여다보자.

첫 시기(1950-1967년)에, 일본의 수출은 직물, 의류, 도자기, 장난감, 가정용품 같은 노동 집약적인 상품이 지배적이었다. 이는 비단으로 대표되는, 전간기에 이 나라가 누렸던 비교 우위와 기본적으로 동일한 노선이었다. 여기에 외국에서 훔친 기술을 원용하였다. 재봉틀 회사는 그 상품에 'Seager'라는 인장을 찍음으로써 'Singer'로 기만한 다음, 국내 시장에서 2만 5,000엔에 파는 것을 해외에서는 1만 엔에 팔았다. 일부 싸구려 물품의 생산자들은 우사(Usa)라는 마을을 만들어서, 물품에다 'Made in Usa'라고 찍어서 미국의 원산지 표시 규정을 혼란스럽게 만들었다는 소문도 있었다. 비록 저축 수준은 높았지만, 재건의 수요가 너무 커서 이 시기 동안 늘 자본이 부족하였다. 1달러당 360엔의 환율은 저평가된 것이었다. 무역은 수입 초과였고, 여기에 해운업에서의 수입 초과도 더해졌다. 그러나 한국 전쟁을 위한 미국의 조달 노력은 1950년대 대부분의 기간 동안 이것을 상쇄하였다. 일본은 '수출 아니면 죽음'이라는 입장을 채택하면서, 수출을 지원하고 필수불가결한 것만 빼고 그 나머지는 수입을 억제하였다. 수출에 대해서는 저리의 대부와 특혜 조세를 제공하였다.…

두 번째 시기(1968-1975년)는, 저렴한 노동을 활용한 생산으로부터 자본 집약적이이거나 고도의 기술과 품질 통제가 구현된 생산으로의 전환 과정이었다. 풍부한 자본을 사용한 경우는 강철과 선박을 들 수 있고, 품질이 중요한 경우로는 자동차 이외에도 카메라, 라디오, 텔레비전, 가정용품, 시계 등을 들 수 있다.

자료: 킨들버거(2004), 312-314쪽.

성장률로 가장 낮은 수준을 보였다는 사실이다. 즉, 이 시기에는 19세기 중반 이래로 확대되었던 미국과 다른 지역과의 격차가 축소되는 현상이 발생하였다. 특히, 일본과 서유럽이 눈부신 경제 성장을 기록하면서 미국의 독주 체제에 변화가 일어났다.

이러한 따라잡기(catch-up) 현상은 세계 경제 질서의 미래에 대해 중요한 함의를 지닌다. 브레턴우즈 체제는 경제 중심국 미국의 번영과 기축 통화인 미국 달러화의 안정성을 기초로 구축된 것인데, 미국의 경제적 성과가 다른 지역에 뒤처지는 상황이 계속되면서 이 기초가 동요하게 되는 것이다. 결국 1970년대 초 달러화의 금 태환이 정지되고 곧이어 오일 쇼크가 터져 나와 세계 경제를 강타하면서 황금기는 종언을 맞게 된다.

4. 장기 호황의 요인은 무엇이었나?

기술 진보와 새로운 산업의 등장

이 시기에 세계 경제가 장기 호황을 누린 데에는 여러 요인이 작용하였다. 우선 당시에 발명되거나 개량된 많은 기술과 제품들이 경제와 사회에 많은 영향을 미쳤다. 전간기에는 전기, 화학, 철강, 기계 등의 분야에서 대기업 조직이 뛰어난 성과를 냈다면, 전후에는 기술 집약적 산업에서 대기업들이 규모와 범위의 경제를 실현하면서 눈부신 성장을 거두었다. 특히, 자동차, 제트 엔진, 컨테이너, 플라스틱, 합성 고무, 합성 세제 등에서 눈부신 혁신이 이루어졌다. 공장 설비에 자동화(automation)로 대표되는 노동 절약적이고 기술 집약적인 공정이 새로 도입되기 시작하였다는 점도 중요하였다. 정부의

항공 기술과 항공 산업의 발달 항공기는 이 시기에 기술이 눈부시게 발달한 대표적 부문이었다. 기술 진보에 뒷받침되어 항공 산업은 날개를 달았다. 사진은 1965년 런던 히드로 공항의 모습.

적극적인 연구 개발(R&D) 지원도 기술 진보에 기여를 하였다. 미국 정부의 경우 군수 산업과 우주 개발 산업을 중심으로 대규모 투자를 실시함으로써, 1960년대를 통해 정부 부문이 미국 전체 투자의 절반 가량을 담당하였다. 기술 진보의 원천으로 교육의 중요성이 강조되었다는 점도 새롭다. 인적 자본의 중요성이 그 어느 때보다 관심을 크게 끌었고 각국 정부는 효과적인 교육 제도의 마련을 위해 노력하였다.

이 시기에 직접적으로 경제적 · 사회적 영향을 가장 크게 끼친 변화는 내구 소비재의 상용화였다. 냉장고, 청소기, 다리미 등 가전 제품의 전파가 특히 두드러졌는데, 새로운 제품이 가장 빨리 전파된 곳은 미국이었다. 전기가 가정에까지 보급된 것이 이러한 내구 소비재의 시장이 형성될 수 있었던 배경이었다. 1965년 미국 가구의 절반이 세탁기를 보유하였고, 빨래 건조기도 1972년이 되면 보급률이 50%에 이르렀다. 중산층이 소비할 수 있는 가전 제품의 등장은 여성이 주로 담당하였던 가내 노동의 부담을 크게 경감시키는 효과를 가져왔다. 이 시기에 여성의 경제 활동 참여가 증가하게 된 데에는 이와 같은 가전 제품이 크게 기여를 하였다. 또한 피임약의 발명은 산아 제한과 가족 계획을 능동적으로 실시할 수 있도록 함으로써 여성의 선택 범위를 넓혔다.

전후 서구 중산층의 거실 1950년대에 보급이 본격화된 TV를 중심으로 한 거실 모습이 재현되어 있다(밴쿠버 박물관). TV는 사람들의 여가 이용과 정보 획득 방식에 큰 영향을 미쳤다.
자료: Byung Khun Song (CC BY 2.0).

TV는 동시대 사람들의 생활 양식에 변화를 초래한 가장 중요한 발명품이라고 볼 수 있다. 제2차 세계 대전 이후 보급이 본격화된 TV는 1973년에 미국에서 보급률이 50%에 이르렀다. TV의 등장은 여가의 양상에 혁명적인 변화를 가져온 것은 물론, 사람들이 정보를 얻는 경로도 크게 바꾸었다. TV는 곧 매스 미디어 산업의 본격적인 성장을 유발하였다. 방송과 언론 시장이 급속히 커졌고 광고 시장이 눈부신 속도로 확대되었다. 영화는 이 시기 매스 미디어 혁명을 이끈 또 하나의 주역이었다. 미국 할리우드에서 제작된 상업용 영화들은 전 세계 영화관에서 상영되었고, 이는 패션 산업, 연예 산업, 관광 산업 등에 엄청난 파급 효과를 낳았다. 이렇듯 매스 미디어 산업은 다른 산업들에 미치는 연쇄 효과가 매우 컸을 뿐만 아니라, 기술적 속성상 그 영향의 범위가 세계적이었다. 미국식 문화가 세계적으로 전파되고 미국적 가치관이 세계적으로 확산된 데에는 매스 미디어와 관련된 기술 진보가 큰 역할을 하였다.

노동 공급의 증가

노동 공급의 증가도 세계 경제의 황금기를 이끈 요인으로 꼽힌다. 이 시기에 노동의 공급은 다양한 경로를 통해 증가하였다. 서양의 여러 선진국들에서 양차 대전과 전간기에 비해 인구의 자연 증가율이 높아졌을 뿐만 아니라, 농업 부문의 과잉 인구가 높은 성장률을 보인 공업과 서비스업으로 이동해 갔다. 그 밖에 여성 노동의 경제 활동 참가율이 상승한 점, 그리고 외국 이민자가 대규모로 유입된 점도 지속적인 노동 공급에 큰 도움이 되었다. 노동이 안정적으로 공급된 결과로 공업과 서비스업이 필요로 하는 노동력이 낮은 임금 수준에서 충분히 확보될 수 있었다.

해외로부터 이민 노동자가 대규모로 유입된 것은 1960년대부터였다. 전후 빠른 경제 성장으로 노동력이 부족해진 국가들은 이민 노

여성의 사회 참여 1950년대부터 서구 국가에서는 여성의 경제 활동 참여가 눈에 띄게 증가하였다. 사진은 1952년 전화 교환수로 근무하는 여성 인력을 촬영한 것이다.
자료: Seattle Municipal Archives, Flickr (CC BY 2.0).

동력을 적극적으로 받아들였다. 이민자가 새 환경에 원활하게 적응하고 효과적으로 노동을 하기 위해서는 문화적 · 언어적인 이해가 깊어야 유리하였기 때문에 과거 식민지였던 곳 또는 교류가 활발하였던 곳의 주민이 선택되는 경향이 강하였다. 예를 들어, 알제리 노동자들은 프랑스로 향하였고, 파키스탄 노동자들은 영국으로 향하였다. 한국의 탄광 노동자 및 간호 인력이 서독으로 파견된 것은 이런 경향성을 벗어난 예외적인 사례였다.

광대한 토지를 보유하고 있어서 1차 세계화 시대부터 많은 수의 이민자를 받아들였던 미국, 캐나다, 오스트레일리아, 뉴질랜드 4개국에 해외로부터 들어온 이민자 수도 회복 국면을 맞았다. 지역별로는 유럽 출신 이민자의 비율이 1960년대 중반 이래 현저하게 감소하였다. 유럽 내에서 노동 수요가 증대된 상황을 반영하는 현상이었다. 이와 대조적으로 아시아를 비롯한 비유럽 국가들 출신의 이민자는 비율이 증가하였다.

투자의 증가

투자 증대도 이 시기 급속한 경제 성장의 한 요인이었다. GDP 중에서 투자가 차지하는 비중이 이 시기에 크게 증가하였다. 자본재의 증가는 기술 진보를 동반하는 경우가 많았다. 향상된 기술을 채용한 기계와 장비가 생산 과정에 투입되는 사례가 많았기 때문이다. 투자가 늘어난 데에는 수출품에 대한 해외 수요가 증가하였다는 사실이 중요하게 작용하였다. 수출의 증가는 생산에서 규모의 경제를 실현하기에 유리한 여건을 마련해 주었다. 국내에서도 투자에 대한 수요가 증가되었는데, 이는 당시 식료품 등 1차 산품의 상대 가격이 낮게 유지된 점과 관련이 깊다. 1차 산품의 가격이 낮아지면 노동자의 실질 소득이 높아지므로, 그에 따라 소득 탄력성이 높은 내구 소비재와 여행, 보건 등의 서비스에 대한 소비를 자극하게 되어 투자를 유발한 것이다.

국제적 자본 이동을 살펴보면, 1960년대까지는 공업국으로 향한 자본의 양이 높은 비중을 차지하였다. OECD 국가들에 대한 직접투자가 많았다는 점이 이에 기여하였다. 그러나 1970년대에 들어서서는 OECD 국가들 대신에 개발 도상국에 대한 직접 투자가 증가하는 현상이 발생하였다. 또한 공적 국제 자본의 규모도 확대되었다. 후진국에 대한 대외 원조와 공적 장기 차관의 공여가 증가하였기 때문이다.

케인스 경제학과 정부의 역할

이 시기 경제적 번영의 요인을 케인스 경제학의 힘에서 찾는 견해도 있다. 케인스와 그의 경제 이론을 추종하는 경제학자들은 정부의 적극적인 총수요 관리 정책을 통해 불황과 경기 침체의 문제를 해결할 수 있다고 보았다. 적어도 1970년대 초까지 케인스 경제학은 여러 국가들이 경제 운영을 하는 데 있어서 금과옥조로 여겨졌다. 케인스 경제학이 이 시기에 끼친 영향은 학문적 이론이나 정책적 주장에 머물지 않았다. 정부의 적극적인 개입을 통해 경제를 안정적으로 성장

여행업의 성장 1950년대부터 소득 수준의 향상에 힘입어 여행과 관련된 업종들이 빠른 속도로 성장해 갔다.
자료: 1950 Unlimited, Flickr (CC BY 2.0).

시킬 수 있다는 믿음이 많은 국가들에 의해 공유되면서, 이런 국가의 구성원들은 정부의 경제 관리 능력에 대해 신뢰를 갖게 되었고, 이는 경제 주체들이 미래에 대해 낙관적인 견해를 발전시키면서 자신감을 갖고 경제 활동을 하도록 만들었다.

정부의 역할은 때에 따라서 케인스적인 정책의 실시에 머무르지 않았다. 정부가 노동자 세력과 사용자 세력의 중간에서 협력을 이끄는 역할을 수행하였다는 점도 중요하였다. 노동자 집단과 사용자 집단 사이의 대립은 갈등을 통해 사회적 비용으로 이어지는 경향이 있었는데, 정부가 두 집단 사이에서 중재자 역할을 함으로써 협조를 이끌었다는 것이다. 예를 들어, 정부는 양 집단의 대치가 장기화되지 않도록 정보의 흐름을 원활하게 하고, 노사 간에 약속된 내용이 잘 지켜지는가를 감독하는 역할을 하였다. 노사정 위원회처럼 제도화된 방식을 활용하여 협약의 구속력을 강화한 국가도 있었다.

제11장

2차 세계화: 1973년-현재

1. 오일 쇼크와 스태그플레이션은 어떤 충격을 가져왔나?
2. 세계 경제 질서는 어떤 모습이었나?
3. 기술 진보, 신자유주의, 소련의 해체는 어떤 관련성을 가졌나?
4. 중국과 동아시아는 어떤 경제적 변화를 맞았나?

1. 오일 쇼크와 스태그플레이션은 어떤 충격을 가져왔나?

중동 사태와 오일 쇼크

제2차 세계 대전 이후 번영을 누리던 세계 경제는 1970년대에 들어서면서 심각한 어려움에 봉착하였다. 무엇보다도 오일 쇼크(Oil Shock)라는 커다란 충격이 발생하였다. 20세기에 들어서서 가장 중요한 천연자원이 된 석유를 둘러싸고 1970년대 초반에 중대한 위기 사태가 전개되었다. 1950년대 이래 세계 곳곳에서 유전의 발견과 원유의 생산이 증가하였는데, 초기에는 아랍이 원유 생산에서 차지하는 비중이 15%에 불과하였지만 점차 그 비중이 확대되어 갔다. 국제 석유 시장을 장악하고 있었던 서방의 국제적 석유 자본 –이른바 '메이저'(Major)– 들은 저유가 정책을 실시하였는데, 이에 대항하여 1960년에 이란, 이라크, 사우디아라비아, 쿠웨이트, 베네수엘라가 석유 수출국 기구(OPEC)를 결성하였다.

혁명 후의 이란 화폐 1979년 이슬람 공동체(움마)의 재건을 내건 호메이니(A. Khomeini)가 팔레비 왕조를 축출하면서 2차 오일 쇼크가 발생하였다. 사진은 호메이니를 따르는 군중들을 묘사한 화폐.

석유를 둘러싼 갈등이 현실화된 계기는 1973년 중동 전쟁의 발발이었다. 미국이 적극적으로 이스라엘을 지원하는 정책을 펴자 OPEC

석유 수출국 기구(Organization of Petroleum Exporting Countries): 메이저에 대항하여 유가 하락을 방지할 목적으로 1960년에 창설된 조직. 회원국이 처음에는 5개국이었다가 계속 증가하여 현재 12개국에 이르고 있다.

의 아랍 회원국들은 대미 수출 금지 조치를 취하였고, OPEC 전체 원유 생산량을 대폭 감축하기로 결정하였다. 이 1차 오일 쇼크의 충격으로 인해 원유 가격은 1년 만에 무려 4배 가까이 상승하였고, 세계 경제는 얼어붙게 되었다. 1979년에 발생한 이란 혁명은 2차 오일 쇼크를 유발하였다.

진퇴양난의 경제

오일 쇼크와 더불어 세계 경제에 타격을 준 것은 스태그플레이션(Stagflation)이었다. 지난 30년 동안 나타난 빠른 경제 성장은 케인스 경제학의 명성을 드높였다. 경제는 정부의 적극적인 개입을 통해 원활하게 관리될 수 있으며, 따라서 불황의 위험이 어느 때보다도 줄어들었다는 낙관적 견해가 힘을 얻었다. 그러나 1970년대에 발생한 세계 경제의 불안은 케인스 경제학에 대해 회의적인 평가가 대두될 토양을 형성하였다. 특히, 인플레이션과 경기 불황이 동시적으로 발생하는 현상인 스태그플레이션은 케인스 경제학에 대해 큰 타격을 가하였다.

문 닫은 주유소 1차 오일 쇼크가 발생하자 석유가 부족해 폐업하는 주유소가 미국에서 속출하였다.

스태그플레이션의 발생과 케인스 경제학에 대한 회의는 국가의 역할을 최소화하고 시장에 가능한 한 많은 신뢰를 부여하는 경제 사

이란 혁명: 종교 지도자 호메이니가 주도하여 왕정을 타파하고 이슬람 공화국을 탄생시킨 혁명. 이슬람 시아파의 원리주의가 중심이 되어 미국의 지원을 받는 팔레비 왕조를 붕괴시키고 신정주의(神政主義)적인 공화국을 건설하였다.
스태그플레이션: 스태그네이션(stagnation)과 인플레이션(inflation)의 합성어로 물가가 급속하게 오르는 가운데 경기 후퇴가 함께 나타나는 상황을 뜻한다.

상의 출현을 예고하였다. 신자유주의(Neoliberalism)라는 새로운 사조가 이런 환경을 바탕으로 대두하였다. 신자유주의는 정부 규제의 완화, 노동 시장의 유연화, 자본의 자유로운 이동 등을 주된 정책 기조로 삼았다. 그리고 복지 정책의 확대는 국가 재정을 팽창시키고 노동자의 근로 의식을 약화시킨다는 이유로 부정적으로 평가하였다. 하이에크(Friedrich Hayek)로 대표되는 이 이념은 경제 활동에 대한 국가의 개입에 대해 적극적인 반대 입장을 보였다. 프리드먼(Milton Friedman) 등 통화주의(Monetarism) 학자들의 주장도 유사한 맥락에서 제기되었다. 그들은 정부의 인위적인 경기 부양 정책이 효과를 거두기 어려우며, 바람직한 정부 정책은 재량적 개입을 포기하고 준칙에 따라 통화량을 조절하는 것이라고 보았다.

30년에 걸친 세계 경제의 황금기에 미국 경제는 서독을 필두로 한 유럽 경제와 일본 경제에 비해 낮은 성장률을 보였다. 그 결과 브레턴우즈 체제 하에서 기축 통화로 기능해 왔던 달러화에 대한 신뢰에 금이 가기 시작하였고, 1960년대 후반에는 달러 위기가 발생하기도 하였다. 국제적으로 금값이 상승하였기 때문에 금에 대한 달러의 상대적 가치는 지속적으로 하락하였다. 이는 브레턴우즈 체제의 근간이었던 미국의 금 태환

닉슨과 브레즈네프 1973년 미국을 방문한 브레즈네프 소련 서기장과 회담을 갖고 있는 닉슨 미국 대통령.

신자유주의: 경제 전반에서 국가의 개입을 비판하고 시장에 대한 전폭적인 신뢰를 담은 사상. 규제 완화와 시장 자유화 등을 주요 정책 내용으로 삼았다.

하이에크(1899-1992): 오스트리아 출신의 경제학자로 유럽과 미국에서 활동하면서 자유 시장 경제 체제를 강조하는 논의를 확립하였다. 대표작으로 『예종에의 길』(*Road to Serfdom*)이 있다.

프리드먼(1912-2006): 시카고학파의 핵심 인물로서 통화주의 학설을 주창하고 시장 기구에 의존하는 경제 정책을 주장하였다.

보장이 점차 힘겨워졌음을 의미하는 것이었다. 마침내 1971년 닉슨 대통령은 달러의 금 태환을 정지시키는 조치를 실시하였다. 이로써 달러 중심의 고정 환율제가 종말을 맞고, 각국의 통화가 상대적 가치에 의해 움직이는 변동 환율제가 새로운 국제 통화 질서로 등장하게 되었다.

2. 세계 경제 질서는 어떤 모습이었나?

WTO와 다자적 질서

세계 경제의 황금기에 다자적 세계화와 지역적 경제 협력 체제가 동시에 진행되었던 것과 마찬가지로, 1970년대 이후에도 이런 이중적 체제가 지속되었다. 우선 다자적 세계화를 보면, GATT가 출범 이래 자유 무역이 적지 않게 확대되었다. 특히, 1980년대에는 GATT 협의체로서 우루과이 라운드(Uruguay Round)가 출범하여 다자적 방식의 논의가 본격적으로 이루어졌다. 우루과이 라운드에서는 GATT의 전통적인 논의 대상인 국제 무역의 자유화 외에도 서비스업, 무역 관련 투자와 지적 재산권 등을 폭넓게 다루었고, 그 결과 무역 장벽을 낮추는 데 큰 역할을 하였다.

그렇지만 우루과이 라운드는 GATT의 회원국이 증가하고 회원국 간의 이해 관계가 복잡하게 얽히면서 효율적인 성과를 이루기 위해 치러야 할 비용이 얼마나 커졌는가를 보여 준 예이기도 하였다. 논의가 주로 관세 인하로 한정되고 적은 수의 국가가 협상에 참가하였던

우루과이 라운드: GATT 체제의 문제점을 해결하고 이를 다자 간 무역 기구로 발전시키고자 1986년에 시작한 국제적 협상. 다년 간의 협상을 거친 끝에 1994년에 세계 무역 기구의 설립이라는 성과물을 만들어 냈다.

과거와 달리, 우루과이 라운드의 협상 참가국은 123개국에 이르렀고, 일정한 합의에 이르는 데 8년이라는 긴 시간이 소요되었다. 이에 따라 다자적 무역 협상의 효율성에 대한 의문이 제기되었다.

우루과이 라운드는 최종 회의를 매듭지으면서 국제 무역 질서를 관장할 새 국제 기구로서 WTO(세계 무역 기구)를 1995년에 발족할 것을 결정하였다. WTO는 상품과 더불어 서비스와 지적 재산권을 다자적 논의의 대상으로 포함시켰다. 또한 무역 재판소의 기능을 강화하였고, 개별 국가의 무역 정책에 대한 감시와 개발 도상국에 대한 기술 협력도 WTO의 역할로 규정하였다. 달리 말하면, WTO는 GATT의 관심 분야를 확대하고 정책의 효율성과 구속력의 강화를 목표로 삼았다.

러시아의 WTO 가입 2011년 러시아를 WTO의 새 회원국으로 받아들이는 행사가 진행되고 있다.
자료: United States Mission Geneva/Eric Bridiers, Flickr (CC BY-ND 2.0).

WTO의 회원국 수는 지속적으로 증가하였다. 체제 전환을 한 동유럽의 일부 국가와 타이완, 베트남 등이 새 회원국이 되었고, 특히 2000년에는 중국이 가입하게 됨으로써 명실상부하게 세계 주요 무역국의 대부분을 포함하는 국제 기구라는 위상을 보유하게 되었다. 2011년에는 러시아가 새 회원국으로 가입함으로써 G20의 모든 국가들이 WTO의 일원이 되었고, 회원국 수는 150여 개로 늘어났다.

GATT가 창설된 이후 평균 관세율은 지속적으로 하락하였다. 1950

WTO(World Trade Organization): GATT를 대신하여 세계 무역 업무를 총괄하기 위해 1995년에 출범한 국제 기구. 본부는 제네바에 있으며, 2013년 초 기준으로 159개국이 가입되어 있다.

년에 25%였던 관세율이 1980년대에는 10% 이하로 떨어졌고, 1994년에는 5%에 도달하였다. 한편, 회원국의 숫자는 시간이 경과하면서 계속 증가하였다. 국제 무역을 관장하는 기구로서 WTO의 지위는 지금까지 탄탄하게 유지되고 있다.

만개한 유럽 연합

이러한 다자적 국제 질서와 별도로 지역적 경제 협력체가 영향력을 행사하는 모습은 이 시기에도 이어졌을 뿐만 아니라, 과거보다 확대된 양상을 나타냈다. 유럽에서는 유럽 연합(EU)이 회원국의 수를 증대시키며, 경제뿐만 아니라 정치적 및 사회적 통합까지도 가시권에 둔 정책이 실시되었다. 세계의 다른 지역에서도 다양한 종류의 지역적 경제 협력체가 성장하였는데, 특히 FTA의 확산이 두드러졌다.

유로의 탄생 유럽 연합에 속한 11개 국가에 의해 1999년 단일 통화 유로가 태어났다. 사진은 독일의 프랑크푸르트에 위치한 유럽 중앙은행 앞에 서 있는 유로의 조형물.
자료: irene, Flickr (CC BY-ND 2.0).

유럽 경제의 통합 움직임은 시기적 상황에 크게 영향을 받으며 침체와 활성화를 반복하였다. 세계 경제가 오일 쇼크와 스태그플레이션의 충격 속에서 침체기에 접어든 1970년대에는 유럽 통합의 추동력도 힘을 발휘하지 못하였다. 유럽에서 단일 통화를 형성하려는 구상도 별다른 진전을 보지 못하였다. 1980년대에 들어서 유럽의 통합 움직임은 재도약의 기회를 맞았다. 유럽 통합에 대한 열의가 다시 고조되었고, 그리스, 스페인, 포르투갈이 성공적으로 가입을 완료하였다.

유럽 통합의 움직임은 1990년대에 들어서 완성기를 맞이하였다. 1992년에 **마스트리히트 조약**(Maastricht Treaty)이 성공적으로 체결됨에 따라 유럽 연합의 실질적 형태가 완성되었다. 1990년대에는 탈냉전 분위기가 완연해짐에 따라 새로운 외교 · 안보 정책을 수립하여 유럽 연합 회원국들이 공유하자는 시도가 진전되었으며, 소련에서 탈퇴하여 새로 정치적 독립성을 갖춘 동유럽의 여러 국가들을 포괄하려는 움직임이 동조를 얻었다. 또한 **유럽 화폐 동맹**(EMU)이 결성되어 단일 통화의 도입이 실현되었다. 1999년 유럽 연합의 회원국 중 11개국이 단일 통화인 유로(Euro)를 도입하였다.

21세기에 들어서도 유럽 연합은 변화를 거듭하고 있다. 개별 국가 단위를 넘어서 **유럽 시민권**(European Citizenship)의 개념을 고려하게 되었고, 전면적인 통합에 한 걸음 더 다가서게 되었다. 지리적 범위도 확대되어 동유럽 국가들을 포함하게 되었다. 2004년 폴란드, 헝가리, 체코, 슬로바키아 등 10개국이 새로 가입을 한 데 이어서, 2007년에는 불가리아와 루마니아가 신규로 유럽 연합의 일원이 되었다. 2013년 현재 유럽 연합의 총회원국 수는 27개이고, 터키와 같이 문화적, 종교적으로 이질적인 요소가 많은 국가의 가입까지 고려하게 되었다.

이와 같은 전성기가 앞으로도 계속되리라고 기대할 수 있을까? 1970년대처럼 경제 상황이 좋지 않은 시기에 통합 움직임은 지연되었고, 반대로 1990년대처럼 경제 환경이 우호적인 시기에 통합이 가속

마스트리히트 조약: 유럽 공동체(EC)가 통합의 범위를 넓혀 유럽 연합으로 나아가는 내용을 담은 조약. 경제 협력 외에 안보, 사법 등의 통합을 규정하였다.

유럽 화폐 동맹(European Monetary Union): 단일 통화인 유로를 채택하는 것을 내용으로 하는 동맹. 영국, 덴마크, 스웨덴은 이에 동참하지 않아 자국 고유의 통화를 쓰고 있다.

유럽 시민권: 유럽 연합 주민은 특별한 경제적 행위가 관련되지 않더라도 유럽 연합 내의 어떤 국가로도 자유롭게 이동하고 거주할 수 있는 권리를 갖고, 유럽 연합 내에 거주하는 한 거주국의 기초 지방 단체 선거와 유럽 선거에서 투표권과 피선거권을 갖는다.

화된 역사를 우리는 보아 왔다. 이에 비추어 보면, 2000년대 후반에 시작된 글로벌 경제 위기에 따라 다시 통합의 움직임이 둔화될 위험이 있다. 특히, 한 회원국의 경제 위기가 다른 회원국들에게 전이될 위험에 대해 효과적인 대응책을 마련할 수 있을지 우려가 표명되기도 한다.

인기 높은 FTA

유럽의 경제 협력을 예외로 하면, 지역 경제 협력의 움직임이 새롭게 부상하게 된 것은 1980년대의 일이었다. GATT 회원국의 수가 증가하면서, 의견 조율이 점차 어려워졌다. 다자주의적 협정의 체결이 지지부진한 가운데, 세계 경제에서 미국이 차지하고 있었던 지위가 점차 약화되어 갔다. 이와 같은 배경을 바탕으로 그간 지역 경제 협력에 미온적이었던 미국이 입장을 바꾸어 FTA 결성을 주도해 가기 시작하였다.

재정 적자와 무역 적자가 누적되는 가운데 미국은 1992년에 캐나다와 멕시코를 아우르는 북미 자유 무역 협정(NAFTA)을 체결하였다. 이 시기에 미국이 FTA에 적극적인 태도를 취하게 된 데에는 유럽에 비해 상대적으로 저하된 경제

미국과 멕시코의 국경 국경을 가르는 장벽을 중심으로 왼편의 미국과 오른편의 멕시코가 대조를 이루는 샌디에고 지역의 모습. FTA는 노동의 이동을 막고 물자의 이동만 확대시켰음을 보여 준다.

북미 자유 무역 협정: 1992년 미국, 캐나다, 멕시코가 자유 무역 지대 창설을 위해 체결한 협정. 이 협정으로 유럽 연합과 쌍벽을 이루는 단일 시장이 형성되었다.

적 위상 속에서 유럽의 경제적 압박이 점증하고 있었다는 점이 작용하였다. 이로써 미국은 지역주의의 선봉이라는 새 이름을 얻었다.

미국의 태도 변화는 북아메리카 이외의 지역에서도 지역 경제 협정 체결 움직임을 가속화시켰다. 지역 무역 협정의 수가 1980년대에 일정한 수준으로 증가하더니, 1990년대에 들어서 급속한 증가세를 보였다. 2000년대에 들어서도 지역 무역 협정의 체결 건수는 계속 증가하고 있으며, 특히 과거에 이런 협정에 소극적이었던 중국이 적극적인 태도로 전환한 점이 주목된다. 한국도 자유 무역 지역의 창설을 위해 매우 적극적인 노력을 취하였다. 이미 칠레, 싱가포르, 유럽 자유무역 연합(EFTA), 아세안(ASEAN), 인도 등과 FTA를 체결하였고, 최근에는 세계 경제의 양대 축인 유럽 연합 및 미국과도 FTA를 성사시켰다.

제동 장치 또는 가속 장치

지역주의와 세계화는 어떤 관계일까? 지역주의는 세계 경제가 다자적 세계화로 나아가는 데 장애물로 작용할 것인가? 아니면 다자적 세계화를 현실적으로 이끌 견인차가 될 것인가? 이 문제에 대한 해답을 구하기는 쉽지 않다. 지역주의의 역사가 길지 않아 지역주의가 초래할 결과를 예측하기 어렵다는 점이 가장 기본적인 제약이다.

지역주의가 다자주의 세계화의 걸림돌이 될 것이라는 비관적인 주장을 펼치는 이들은 무엇보다도 지역 경제 협력체가 본질적으로 내부 지향적인 속성을 지니기 때문에 역외 국가들에 대해 높은 무역 장벽을 유지하는 경향이 있다고 말한다. 개별 지역 협정은 해당 국가, 산업, 시기 등에 대해 고유의 내용을 가지는데, 지역 협정의 수가 증가함에 따라 협정의 내용이 얽히고설키게 된다. 이런 스파게티 볼 효과(spaghetti bowl effect)로 인해 세계적으로 통용되는 자유 무역주의적인 협정은 도달하기 점점 더 어려워질 것으로 우려한다. 또한 지역주의 하에서는 역외 지역에 대한 개방의 필요가 적어지기 때문에 세계 경제는 지역적 블록들로 분할되어 폐쇄적 속성이 강화될 것이라고 본다. 둘째로 지역주의 하에서는 특정한 이익 집단이 특정한 산업의 보호를 위해 과도 기간 설정 등 자유 무역에 대한 예외적 조치를 주장하기 쉽다. 셋째, 지역주의 하에서는 역내에서 가용한 기술과 자원에 의존하는 생산 및 무역 구조를 발달시키게 된다. 정치적으로도 지역주의에 매몰됨으로써 산업 정책과 무역 정책이 역내 경제의 틀에 맞추어지게 된다는 것이다. 이런 선택은 경로의존성(path dependency)을 갖기 때문에, 역외 경제까지를 고려하여 다이내믹하게 경제를 조정하는 일이 점차 어려워진다는 견해다.

지역주의에 대한 저항 미국과의 FTA 체결에 반대하는 한국 시위대. 2006년 시애틀에서의 모습이다.
자료: Joe Marbel, Wikimedia (CC BY-SA 3.0).

지역주의에 대해 낙관적인 인식을 하는 이들은 지역주의가 다자적 세계화에 가까이 다가서는 현실적 대안이라고 본다. 다자적 세계화를 즉각적으로 달성하기 어려운 현재 상황에서 지역주의는 다자적 세계화로 접근하는 길을 열어 주는 역할을 한다는 것이다. 이 입장에서는 자유 무역의 방향으로 세계 경제가 변화하는 추세는 불가역적이

스파게티 볼 효과: 동시 다발적 FTA의 비효율성을 지적하는 것으로, 마치 복잡하게 얽힌 채 접시에 담긴 스파게티와 같다는 뜻이다. 원산지 규정, 통관 절차, 표준 등을 확인하고 관리하는 비용이 증가하는 부작용을 지칭한다.
경로의존성: 한 번 어떤 경로에 들어서면 나중에 그 경로가 비효율적인 것으로 판명되어도 돌이키기 어려운 경향성을 의미한다.

라고 본다. 즉, 지역 경제 협력체를 통해 달성한 지역적 자유 무역은 점차 확장될 운명에 있다고 판단한다. 둘째, 경제 협상의 효율성이라는 현실적 차원에서 볼 때 지역주의 외에는 선택의 여지가 없다고 주장한다. 협상 당사국의 수를 제한할 수 있고, 협상에 소요되는 시간을 단축할 수 있으며, 의제를 신축적으로 조정할 수 있다는 면에서 지역주의는 유리하다는 것이다. 마지막으로 지역 경제 협력체에 참가한 국가들은 역외 경제에 대해 시장 접근성을 확대시켜 주고 해외 직접 투자를 유치하는 데에도 유리하기 때문에, 점차적으로 역외 지역에 대해서도 자유화와 개방화를 진행하게 된다고 말한다. 이에 따라 지역주의는 회원국들을 개방으로 이끄는 힘을 지니고 있다고 이해하는 것이다.

지역주의가 실제로 어떤 효과를 더 강하게 가질까에 대해 예단하기는 어렵다. 이는 논리적으로 답을 구할 수 있는 문제라기보다, 지역 경제 통합에 가담하는 국가들이 구체적으로 어떤 목표를 가지고 어떤 방식으로 통합을 진전시키는가에 달린 문제라고 볼 수 있다. 현재로서는 많은 국가들이 지역 경제 통합이 다자적 세계화에 긍정적이라고 이해하거나, 또는 적어도 경쟁적인 지역 통합 추세에 뒤떨어져서는 향후 국가 경쟁력을 유지하기 어려울 것이라고 판단하는 것으로 보인다. 다자주의라는 이상을 추구하기 위해 개별 국가의 입장에 반해 통일된 국제적 기준을 강제한다면 저항을 야기할 수 있으므로, 차선책으로 자발적 요소가 강한 지역 경제 통합이라는 우회로를 택하는 것이 더 효과적이라는 현실적 계산도 있다.

금융 자본주의와 자본의 흐름

2차 세계화 시대에 세계 경제는 이러한 국제 질서 속에서 많은 변화들을 만들어 냈다. 그 중의 하나가 금융 자본주의의 발달이다. 금융 자본주의는 20세기 후반부터 시작된 금융 부문의 확장을 지칭하는 용어이다. 경제에서 금융 부문이 차지하는 비중은 1980년대 이래 지속적으로 증가해 왔다. 실물 부문에 비해 금융 부문의 성장이 빨랐다는 점은 세계 전체의 GDP 대비 금융 자산이 차지하는 비중이 1980년대 이래 약 3배로 증가하였다는 데에서 확인할 수 있다. 이런 금융화(financialization) 현상은 금융 부문이 실물 부문에 대한 지배력이 증대되는 모습으로 귀결되었다. 이제 금융 자본은 실물 부문의 기업에 직접적으로 투자를 하기도 하고, 기업 경영에도 참여하며, 기업 합병에서도 주도적인 역할을 하게 되었다. 미국의 경우 2000-2007년에 연평균 주식 가격은 6% 상승한 데 비해 금융 부문의 주가는 78%나 상승하였다.

금융화의 핵 어안 렌즈 파노라마 방식으로 촬영한 미국의 월스트리트.
자료: Martin ST-Amant, Wikimedia (CC BY-SA 3.0).

이런 변화가 발생한 데에는 금융 부문과 산업 부문의 절연을 법제화하였던 1933년의 글라스-스티걸법이 20세기 후반에 실질적인 규제력을 상실하였다는 사실이 제도적 배경을 이루었다. 1980년대부터 글라스-스티걸법의 규제를 우회할 수 있는 경로가 점차 많아졌으며, 마침내 1999년 미국 정부는 금융 산업의 경쟁력 강화라는 명분을 내세워 상업 은행이 주식 투자를 할 수 있도록 허용함으로써 본격적인 금융화의 길을 열었다. 이와 같은 변화는 미국에만 국한된 것이 아니었다. 유럽에서도 금융의 자유화와 개방화가 진전되었다. 독일의 유니버설 뱅킹(Universal

금융화: 실물 부문에 대한 금융 부문의 지배력이 강화되는 현상. 특히, 20세기 말부터 나타난 세계적 현상을 지칭하는 용어로 사용된다.
유니버설 뱅킹: 은행, 보험, 증권 부문이 자류롭게 상호 진출하는 금융 체제.

Banking) 체제나 프랑스의 방카슈랑스(Bancassurance)는 모두 은행 · 증권 · 보험 업무를 통합하는 구조를 가진 것이었다.

금융 규제의 세계적 완화는 세계 자본 시장의 추이에도 중대한 변화를 가져왔다. 2차 세계화 시대를 통해 세계 경제는 국제적 자본 이동이 급속하게 증가하는 현상을 보였다. 국제적 자본 이동은 어떤 방향으로 이루어졌을까? 2차 세계화 시대인 1997년과 1차 세계화 시대인 1913년의 자본 이동을 비교해 보자. 1913년에는 해외 투자의 절반가량이 1인당 소득이 미국의 40% 이하인 지역을 향하였던 반면에, 1997년에는 1인당 소득이 미국의 40% 이하인 지역으로 향한 투자액이 전체의 15% 수준에 불과하였다. 1997년에는 해외 투자의 약 80%가 미국 대비 1인당 소득이 60% 이상인 지역으로 흘러들어 갔다. 1913년에는 선진국이 개발 도상국, 특히 식민지화한 국가에 투자한 비중이 컸던 것과 달리, 1997년에는 자본이 선진국 위주로 투자되었다는 점을 알 수 있다. 국제적 자본 이동의 자유화가 진전되었다는 사실이 곧 개발 도상국에게 큰 이익이 되는 방향으로 세계 경제 구조가 움직였음을 의미하는 것은 아니다.

노동 이동의 방향

국제적 노동 이동도 증가하였다. 1960년에 약 7,600만 명이었던 세계 이민자 수는 1980년에 약 1억 명이 되었고, 2000년에는 약 1억 7,500만 명으로 증가하였다. 세계 인구 100명당 이민자 수로 환산하자면 1960년대에 2.5명이었던 이민자가 1980년에 2.3명으로 감소하였다가 이후 급증하여 2000년에는 2.9명에 이른 셈이다.

세계 평균과는 달리 선진국과 개도국을 구분해 보면 시간적 추이

방카슈랑스: 은행과 보험사가 업무 제휴를 맺어 종합 금융 서비스를 공급하는 체제.

가 더 명확하게 나타난다. 선진국은 1960년 이래 상승세가 계속되었고 20세기 말에는 상승의 속도가 더욱 빨라졌다. 반면에 개도국은 전체 기간에 지속적인 하락 추세를 보였다.

2000년대 말을 기준으로 보면, 가장 많은 이민자들이 정착한 곳은 유럽(35%)이었고, 북아메리카(23%)와 아시아(28%)가 뒤를 이었다. 아프리카(9%) 및 1차 세계화 시대에 각광을 받았던 남아메리카(3%)와 오세아니아(3%)는 상대적으로 흡인력이 약해졌다. 특히, 지난 20-30년 동안에 빠른 경제 성장을 보인 한국과 같은 국가가 많은 이민자를 받아들이게 된 것도 중요한 변화의 하나였다.

2차 세계화 시대의 이민은 1차 세계화 시대의 이민과 중요한 차이점이 있다. 첫째, 1차 세계화 시대에는 광활한 토지와 천연자원을 가진 국가들이 많이 존재하였다. 개발되지 않은 자원이 엄청나게 많은 국가들이 외국인 노동자의 유입에 적극적이었다. 이 추세는 2차 세계화 시대에 크게 약화되었다. 둘째, 1차 세계화 시대에 토지와 천연자원의 중요성이 컸다면 2차 세계화 시대에는 숙련과 기술의 중요성이 크다. 최근에는 개도국에서 선진국으로 노동과 자본이 동시에 이동하는 모습이 흔히 목격되고 있다. 이는 선진국이 상대적으로 발달된 기술을 사용하기 때문에 노동의 수익과 자본의 수익 모두가 개도국에 비해 높을 수 있기 때문이라고 설명된다. 선진국으로 향하는 이민자의 구성에서 높은 교육 수준이 두드러지는 것은 이런 변화의 산물이다. 이민의 동력으로서 저소득이나 실업과 같은 배출 요인이 크게 작용하였던 1차 세계화 시대와 차별화되는 지점이다.

3. 기술 진보, 신자유주의, 소련의 해체는 어떤 관련성을 가졌나?

정보 통신 기술의 혁신

세계화의 가속화를 이끈 정보 통신 기술의 발달은 1970년대부터 두드러졌다. 개인용 컴퓨터와 인터넷의 발달이 혁명적 변화를 이끈 두 주역이었다. 1976년 스티브 잡스(Steve Jobs)가 세계 최초로 개인용 컴퓨터를 조립하고 이듬해에 애플 사(社)를 창업함으로써 개인용 컴퓨터 시대의 막이 올랐다. 1980년대에는 개인용 컴퓨터의 성능이 향상되어, 사용자에게 컴퓨터가 더 이상 취미용 물품이 아니라 생산성 향상의 도구가 되었다. 개인용 컴퓨터의 업무 처리 능력 향상 효과가 사회적으로 인정되면서 보급도 가속화되었다. 정보 통신 기술의 보급 속도는 선진국과 개도국, 고소득자와 저소득자, 고학력자와 저학력자 사이에 차이가 컸다. 이러한 기술 전파의 비대칭성은 세계적으로 정보 격차(digital divide)를 확대하는 문제를 야기하였다.

신기술의 각축장 새로운 기술, 특히 정보 통신 기술의 발달은 세계화를 촉진하는 힘으로 작용하고 있다. 사진은 2011년 미국 라스베이거스에서 열린 산업 전시회 CES의 한 전시관.
자료: Tech Cocktail, Flickr (CC BY-SA 2.0).

다음으로 필요한 혁신은 이미 세계적으로 보급된 수백만 대의 개

정보 격차: 새로운 정보 기술에 접근성을 보유한 사람과 그렇지 못한 사람 사이에 경제적, 사회적 격차가 확대되는 현상.

인용 컴퓨터를 상호 연결하는 작업이었다. HTML(hyper text markup language)의 개발은 상이한 언어로 프로그래밍이 된 컴퓨터들이 자료를 소통할 수 있는 길을 열었다. 이 아이디어가 발전되어 1989년 월드 와이드 웹(World Wide Web)의 기본 안이 마련되었고, 1993년에 이것이 공개됨으로써 특허와 무관하게 모든 사람이 이를 사용할 수 있게 하였다. 이로서 정보 통신 혁명의 기술적 기반이 갖추어졌다.

데이터의 전송 속도와 양에 제한이 크다는 문제는 광섬유(optical fiber)의 발달에서 해결책을 찾았다. 1980년에 장거리 광통신망이 구축되기 시작하였고, 1988년에 대서양 횡단 광케이블이 부설되었으며, 수년 후 태평양 횡단 광케이블도 설치되었다. 광전송 용량은 지금까지 10년당 약 200배의 증가를 보여 왔다.

위성 방송 통신의 확산 위성을 이용한 방송 통신 기술의 발달은 인구 밀집지에서 멀리 떨어진 산사까지도 네트워크에 포함시켰다.
자료: Byung Khun Song (CC BY 2.0).

통신 위성의 발달도 데이터 전송 능력에 혁명적인 변화를 초래하였다. 1960년대에 본격적으로 시작된 통신 위성은 그 이후 전파를 증폭하는 기술의 발달과 정지 위성 궤도를 사용하는 방법이 개발되면서 세계적인 통신 네트워크로 성장하였다. 1988년에는 소형 접시를 통해 위성 방송을 직접 수신할 수 있게 됨으로써 방송 통신의 역사에 새 시

HTML: 웹 문서를 만들기 위해 사용하는 프로그래밍 언어의 한 종류. 하이퍼텍스트를 작성하기 위한 용도로 개발이 되었다.

월드 와이드 웹: 하이퍼텍스트를 기반으로 웹을 구성함으로써 인터넷에서 정보를 손쉽게 찾을 수 있도록 만든 방법 혹은 인터넷 네트워크를 의미한다.

광섬유: 에너지 손실과 송수신하는 데이터의 손실이 적다는 장점을 지닌 광학적 섬유. 복수의 광섬유를 묶어서 광케이블을 만들게 된다.

대가 열렸다. 1990년대 후반 **닷컴 붐**(dot-com boom) 시기를 맞아 엄청난 규모로 광섬유 네트워크가 세계 곳곳에 설치되었다. 그리고 역설적이게도 닷컴 붐이 식으면서 공급 과잉 현상이 발생하여 광통신의 비용이 크게 낮아지는 결과가 나타났다.

전례 없는 정보 통신 기술의 발달은 과거에 존재하지 않았던 산업의 탄생을 촉진하였다. 우선 유통 구조에 변화가 유발되었다. 대표적인 사례가 전자 상거래의 등장이었다. 인터넷 공간에서 개설된 상점을 통해 소비자와 생산자가 재화와 서비스를 거래하는 통상적인 전자 상거래뿐만 아니라 소비자, 생산자, 운송 업체, 금융 기관, 정부 기관 등의 상호 거래를 디지털 통신망을 통해 진행하는 활동도 이 범주에 포함된다. 1970년대 말에 온라인 쇼핑이 등장한 이후 1990년대에는 인터넷을 통한 상거래 및 금융 거래가 확산되었다.

혁신의 아이콘 애플의 스티브 잡스와 MS의 빌 게이츠는 현대의 정보 통신 혁명을 이끈 혁신의 상징이 되었다.
자료: David Geller, Flickr (CC BY 2.0).

21세기에 들어선 후에는 휴대 전화와 태블릿 PC 등이 스마트 기기의 형태로 등장하여 이동 통신 시장을 주도하고 있다. 이들의 등장에 발맞추어 전자책(e-book)이 출판 산업에서 새 흐름을 낳고 있으며, 앱(application) 개발과 같은 소프트웨어 산업도 비약적으로 발달하고 있다. 기술의 융·복합이 낳은 이런 변화는 정보 소통의 효율성을 높이고, 생산과 유통 방식의 변화를 가져올 뿐만 아니라, 사람들의 사고방

닷컴 붐: 1995-2000년 동안에 인터넷 관련 기술이 발달하면서 해당 기업들의 시장 가치가 크게 상승하고 투자가 몰린 현상.

식과 생활 양식에까지 엄청난 파급 효과를 만들어 내고 있다.

기술 진보가 변화시킨 경제 시스템

기술 진보는 세계 경제에 어떤 경제적 효과를 가져왔는가? 정보화 기술의 비약적인 발달이 유발한 경제적 변화는 폭이 매우 넓다. 개별 기업의 차원에서 보면, 컴퓨터 시스템의 도입을 통해 생산과 유통의 방식에서 혁신이 이루어졌다. 제품의 기획, 설계, 원료와 부품 조달, 생산, 포장 등 생산 과정은 물론이고, 마케팅, 재무 관리, 인사 관리 등 기업 운영의 전 부문에 걸쳐 정보를 수집하고 통합적으로 관리하는 체제가 확산되었다. 예를 들어, 1980년대 미국 국방부가 주도하여 탄생시킨 '칼스'(CALS, computer aided logistics support)라는 병참 지원 시스템이 높은 효율성을 지닌 것으로 인정을 받자, 민간 부문에서도 이를 응용하여 통합적 물류 및 생산 관리 시스템을 갖추기 시작하였다. 업종과 공정상의 특징을 반영하여 다양한 방식으로 진화를 거듭한 이 기업 관리 시스템은 비용과 시간의 절감에 많은 기여를 하였다.

자동화된 생산 라인 20시기 후반의 기술 진보는 생산 공정의 자동화를 가능하게 하였다. 사진은 용접 로봇이 빠른 속도로 작업하고 있는 한국의 자동차 생산 라인.
자료: ⓒ현대자동차.

칼스: 제품의 설계, 생산, 판매, 사후 관리 등 전 과정을 디지털 정보화하여 공유하도록 만든 정보 시스템.

국가 경제의 차원에서 기술 진보가 초래한 중요한 경제적 효과는 '고용 없는 성장'(jobless growth)의 출현이다. 이는 생산성 향상과 동전의 양면을 이룬다. 정보화 기술이 경제 전반에 적용된 영향으로, 1990년대부터 전 세계적으로 경제 성장이 고용의 증가를 동반하지 않는 현상이 보편화되었다.

기술 진보가 유발한 또 다른 중요한 변화는 국가 간의 분업 방식에서 찾을 수 있다. 과거에는 개별 국가가 생산 요소의 부존 조건 등에 맞추어 특정 제품의 생산 과정 전체를 담당하는 방식이 일반적이었다. 예를 들어, 한국은 TV의 생산에, 그리고 중국은 면 제품의 생산에 특화를 하는 방식이었다. 그러나 정보화가 깊이 진행되고 국가 간 물류 비용이 감소함에 따라 산업 내 분업 방식으로 생산하는 체제가 확산되었다. 즉, 한 산업 내에서 한국은 R&D를 담당하고, 중국은 반제품 생산을 담당하며, 대만은 완성 공정을 책임지며, 일본은 마케팅을 담당하는 식의 분업 체제이다. 이러한 산업 내 생산 단계별 특화 현상은 점차 세계 전역에서 발생하고 있다.

장기적 시각

기술 진보가 경제에 미치는 영향을 장기적인 시각에서 살펴보자. 콘드라티예프(N. D. Kondratiev)는 대략 50년을 주기로 경기 순환이 발생하며, 각 주기의 성쇠는 핵심적 기술의 개발, 전파, 사양화의 과정과 밀접하게 관련되어 있다고 보았다. 이 책의 앞부분에서 사용한 용어를 빌자면, 핵심적인 '거시 발명'이 발생하고 그에 따른 '미시 개량'이 이루어지는 주기에 따라 경기 순환이 이루어지는 것이다. 그의 논의는 산업 혁명기 이래 기술과 경제의 변화를 알아보기 쉽게 정리해 준

고용 없는 성장: GDP처럼 지표상으로 국가 경제가 성장하는 가운데 고용은 늘어나지 않는 현상을 말한다.

【표 11-1】 장기적 기술 진보와 경제 구조의 추이: 1770년대-현재

시기	핵심 산업	인프라	기술 혁신	기업 조직과 시장 구조	중심지
1770년대-1830년대	방적, 방직, 섬유 기계, 철공업, 수력, 도기	운하, 유료 도로	기계화, 공장제	소규모 기업, 무한 책임, 파트너십, 경쟁 시장	영국, 프랑스, 벨기에
1830년대-1890년대	증기 기관, 증기선, 공작 기계, 철강업, 철도	철도, 해운	증기 동력화, 운송 혁신	주식회사, 유한 책임	영국, 프랑스, 독일, 미국
1890년대-1940년대	전기 기계, 중장비, 군수 장비, 화학, 합성 염료	송전, 배전	전기 동력화, 공정 표준화	거대 기업, 전문 경영인, 독점 시장	독일, 미국, 영국, 프랑스, 네덜란드
1940년대-1990년대	자동차, 비행기, 내구 소비재, 석유 화학, 합성 원료	고속도로, 항로	어셈블리 라인, 부품 표준화, 운송 개선	다국적 기업, 독점 경쟁 시장, 수직적 통합	미국, 독일, 기타 유럽국, 일본, 캐나다
1990년대-현재	컴퓨터, 인터넷, 광섬유, 소프트웨어, 로봇, 재료 공학, 생명 공학	디지털 네트워크, 위성	네트워킹, 자동 제어 장치	컴퓨터화된 기업 네트워크, 신자유주의	일본, 미국, 독일, 기타 유럽국, 한국

자료: Freeman and Perez(1988) 및 Dicken(2007), 76쪽을 참조하여 작성.

다는 면에서 유용하다. 학자들이 요약한 기술 진보와 산업과 시장 구조적 특징은 [표 11-1]에 정리되어 있다.

현재의 세계 경제는 정보 통신 산업 및 생명 공학, 로봇 기술 등에 의해 주도되면서 디지털 네트워킹이 중요한 사회의 인프라로 인식되고, 자동 제어 장치와 네트워킹이 기술 진보의 핵심을 이루며, 과거에 비해 중추적 역할을 하는 국가가 다극화되었다는 특징을 보여 준다. 한국도 새로운 기술과 산업을 주도하는 역할을 부분적으로 담당하고 있다.

현재 진행 중인 기술 진보가 미래에 가져올 변화를 예측하기는 쉽지 않다. 가장 주목을 끄는 예측은 이른바 '지식 기반 경제'(knowledge-based economy)의 도래다. 지식 기반 경제란 지식과 정보를 창출하고 유통하고 이용하는 산업이 경제의 중심이 되는 경제 체제를 뜻한다.

그러나 이 개념은 단지 핵심 산업의 이동만을 의미하는 것이 아니다. 정보 통신 기술과 운송 기술의 발달, 그리고 세계 각국의 개방화가 진전된 상황에서, 전통적으로 경제의 큰 제약 조건이었던 수확 체감의 법칙이 약화되는 상황이 발생하였다는 점이 중요하였다. 과거와 달리 소수의 제품이 광대한 시장을 장악하고 지속적 성장을 보일 수 있는 기술적 · 제도적 기반이 형성되었다는 것이다. 이는 표준화된 대량 생산 체제를 갖춘 기업이 주도하던 시대가 저물고, 소수의 창의적인 조직과 아이디어, 제품이 세계적 시장 지배력을 행사하는 시대가 도래를 하였다는 의미이기도 하다. 이에 따라서 사회 조직과 제도를 혁신할 필요성이 커졌다. 예를 들어, 교육도 표준적인 지식을 습득하게 하는 것보다는 창의적 발상과 혁신을 유도하는 것으로 변해야 한다는 주장이 힘을 얻는다. 또한 강자 독식(强者獨食)과 소득의 양극화라는 경제 환경이 형성됨에 따라 양극화 문제가 심화될 가능성이 높아진다는 점도 중요한 시사점이다.

신자유주의의 폭풍

2차 세계화 시대를 기술적으로 규정한 것이 정보 통신 기술의 발달이라면, 사상적으로는 신자유주의가 이 시대를 규정지었다. 1979년에 집권한 영국의 대처(Margaret Thatcher) 총리는 기존의 큰 정부와 복지 정책을 버리고 경쟁과 시장 경제에 입각한 새로운 정책을 추진하였

지식 기반 경제: 지식과 정보의 보유 여부가 사회에서의 영향력과 가치에서 중심적 위치를 차지하는 경제를 말한다.

다. 대처는 영국 경제가 침체한 원인이 과도한 복지에 있다고 보고, 이를 대대적으로 개혁하고자 하였다. 대처리즘(Thatcherism)의 핵심적 내용은 복지 지출의 대폭적 삭감, 감세 정책, 국영 기업의 민영화, 노동조합의 활동 제한, 규제 완화를 통한 민간의 자유로운 경제 활동 보장 확대, 금융 빅뱅을 통한 금융 자유화 등이었다.

시대를 바꾼 두 인물 1988년에 촬영한 레이건과 대처. 신자유주의의 시대를 연 역사적 인물들이다.
자료: Ronald Reagan Library, Flickr (CC BY 2.0).

대처리즘에 대한 평가는 단일하지 않다. 한편에서는 대처의 단호한 경제 정책이 영국 경제의 회복과 활성화에 긍정적인 영향을 끼쳤다고 평가한다. 에너지, 운송, 통신, 철강, 조선 등의 부문이 민영화됨으로써 경영의 효율성이 증가하였고, 정부의 재정 수지가 개선되었다고 하며, 노조의 영향력을 제한함으로써 기업 경영과 경제 운영에 활력이 생겼으며, 자본 시장에서의 경쟁력이 크게 향상되었다고 인식한다. 그리하여 비대하였던 복지 국가를 축소시키고 경쟁에 기초한 사회를 부활시킴으로써 영국병(病)을 치유하는 역할을 하였다고 칭송을 받는다.

그러나 비판적 평가도 존재한다. 복지 국가를 축소시킴으로써 계층 간의 경제적 및 사회적 격차를 확대시켰으며, 저소득층에 대한 사회 안전망을 해체하여 사회 불안을 야기하였다는 것이다. 사회를 약육강식의 환경으로 전환시키고 시장 권력의 사회적 지배력을 확대시

금융 빅뱅: 금융 중심지로서 런던이 갖는 지위를 회복하고자 1986년 영국 정부가 단행한 금융 개혁 조치. 은행과 증권업의 장벽 철폐, 위탁 수수료의 자유화, 외국 금융 기관 활동의 자유화 등을 담았다.
영국병: 1970년대에 영국의 경제가 고임금과 저생산성으로 인해 국제적 경쟁력을 상실하였다는 것. 과도한 복지 지출과 노동조합의 영향력이 원인이었다는 진단이 있다.

기록 11-1 마가렛 대처의 인터뷰

대처는 복지 국가 체제가 영국병의 근본적 원인이라고 보고, 이를 대대적으로 수술하기로 하였다. 한 잡지(*Woman's Own*, 1987년 9월 23일)에 실린 인터뷰를 통해 대처의 인식을 짚어 보자.

내 생각에 우리는 그간 너무도 많은 아이들과 사람들이 다음과 같이 받아들이는 시절을 보냈습니다. '난 문제가 있으니 정부가 이를 해결해야 돼', '난 문제가 있으니 이걸 해결하기 위해 기금을 받아야만 해', '난 집이 없으니 정부가 집을 제공해야 마땅해.' 그들은 이렇게 자신의 문제를 사회의 탓으로 돌립니다. 사회란 누구입니까? 그런 것은 세상에 없습니다! 세상에는 개인으로서의 남성과 여성과 가족이 있을 뿐입니다. 사람을 통하지 않고서는 어떤 정부도 아무런 일을 할 수 없습니다. 그리고 사람은 첫째로 스스로에 의존해야 합니다. 우리의 의무는 우선 스스로를 돌보는 것이고, 그 다음에 우리 이웃을 돌보도록 애써야 합니다. 삶은 상호적인 것인데도 불구하고, 사람들은 의무는 없이 마음속에 너무나 많은 권리를 가지고 있습니다. 누구든 먼저 의무를 다하지 않고서는 권리를 내세울 수 없는 것이기 때문입니다. …이것이 우리의 비극입니다.

자료: Beare(2009), 393-394쪽.

켰으며, 그 속에서 사회 구성원의 공동체적 의식을 약화시켰다는 비판도 제기되었다.

1980년대 영국이 대처리즘의 태풍에 휩싸였던 것과 마찬가지로 미국은 레이거노믹스(Reaganomics)의 위력 하에 놓여 있었다. 레이건(Ronald Reagan) 대통령은 기업에 대한 정부 규제를 완화하고, 소득세율을 인하하고, 재정 지출을 축소하며, 인플레이션 방지를 위해 통화량을 조절하는 정책을 실시하였다. 그는 감세 정책이 노동 의욕과 투자 의욕을 높여 경제 성장을 가져올 것이라는 공급측 경제학(Supply-Side

공급측 경제학: 자원 배분을 정부 부문에서 민간 부문으로, 그리고 소비재에서 자본재로 전환함으로써 생산 증대와 물가 안정을 이룰 수 있다는 학설.

Economics)의 논리에 의존하여 경제 정책을 실시한 것이다. 그러나 한편으로는 그가 '강한 미국'을 내세우면서 군비 증강을 추진하였기 때문에 현실에서는 재정 지출이 증가할 수밖에 없었다. 또한 대내적으로는 영국에서와 마찬가지로 빈부 격차가 심해졌으며, 대외적으로는 미국식 경제 정책을 강제적으로 이식하려는 정책을 폈다는 논란을 야기하였다.

대처리즘과 레이거노믹스의 세계사적 중요성은 이들의 영향력이 영국과 미국 내에 머무르지 않았다는 데 있었다. 신자유주의라는 이름으로 총칭되는 이 정책 노선 – 정부 규제의 완화, 상품 시장의 개방, 노동 시장의 유연성 강화, 자본 시장의 자유화 등 – 은 세계적으로 전파되어 지구상의 많은 국가들에서 경제 정책의 기조로 받아들여졌다. 일부 국가는 자발적으로 새 노선을 수용하였지만, 다른 국가들은 비자발적인 압력에 의해 수용을 강요당한 측면도 있었다. 양국 및 양국의 영향력을 강하게 받는 국제 기구 – IMF와 세계은행 등 – 의 공식적 및 비공식적 압력이 작용하였을 경우 해당국에서는 이에 대한 반발 움직임도 나타났다. 반세계화 운동이 형성된 중요한 요인 가운데 하나가 바로 비자발적 세계화에 대한 반발이었다.

소련의 해체와 동유럽의 체제 전환

소련의 해체와 동구권의 체제 전환도 2차 세계화의 핵심적 요인이었다. 냉전 시대에 세계 질서의 한 축이었던 소련은 한때 군비 경쟁이나 우주 개발 등에서 미국을 위협하였지만, 경제 발전과 국민 소득 증대에 있어서는 경쟁이 되지 못하였다. 1964년부터 20년 가까이 집권한 브레즈네프 집권 시기에 비효율과 부패가 만연하였고, 생산성의 저하가 계속되었다. 1980년대 중반 고르바초프(Mikhail Gorbachev)의 개혁 · 개방 정책은 이런 절박한 상황을 배경으로 등장하였다.

종말을 맞은 레닌의 세계 고르바초프의 개혁 · 개방 정책은 소련의 해체로 이어졌고, 자본주의적 요소가 경제에 많이 도입되었다. 사진은 미국 시애틀의 상점 앞에 서 있는 레닌 동상.
자료: Chris Yunker, Flickr (CC BY-SA 2.0).

고르바초프가 선택한 소련의 방향은 페레스트로이카(Perestroika)와 글라스노스트(Glasnost)라는 용어로 대표된다. 구조 개혁을 의미하는 페레스트로이카는 스탈린 시대부터 누적된 소련 경제의 문제점들, 즉 계획 경제가 내포한 국가적 통제와 관료제의 문제, 생산성 하락, 소비재 부족, 창의성 부족 등을 해결할 방안을 모색하였다. 구체적으로는 개인의 경제 활동의 자유를 넓혔고, 생산 · 유통 · 무역에 대한 정부의 개입을 축소하였으며, 성과에 따른 급료 체계를 도입하였다. 즉, 생산 수단의 공유는 유지하되 자본주의적인 유인 체제를 적극적으로 도입하는 대폭적 개혁을 통해 경제를 활성화시킨다는 구상이었다. 글라스노스트는 개방을 의미하는데, 구체적으로는 개인 자유의 확대, 정보 개방, 개인의 정치 참여 확대 등을 내용으로 하였다. 종합하자면, 고르바초프의 정책은 정치적으로 민주적 중앙 집권제를 확립하고, 경제적으로 자율적 경영 체제를 구축하여 양자를 조화시키고자 한 것이었다. 그러나 급격한 변화를 모색한 그의 경제 정책은 임금 격차와 대규모 실업의 문제를 낳고 소비재의 물자난을 발생시킴으로써 대중의 반발을 샀다.

페레스트로이카: 정치 개혁과 경제 개혁을 내용으로 하는데, 구체적으로는 기본권의 확대, 관료제의 개혁, 시장 경제적인 유인의 도입 등을 말한다.
글라스노스트: 반소련적이라는 이유로 금지되었던 작품의 공개, 언론의 자유 확대 등을 내용으로 하는데, 사회의 부패와 관료제의 폐해를 비판함으로써 민주화에 기여하였다.

기록 11-2 **고르바초프의 연설**

고르바초프는 1980년대 후반에 소련의 개혁을 주도할 당시에, 세계화의 흐름 속에서 개혁이 불가피하다는 인식을 하고 있었다. 그의 1988년 연설에서 그가 생각한 세계적 변화가 무엇이었나를 생각해 보자.

우리는 가장 심오한 사회 변화를 목격하고 있습니다. 동쪽, 서쪽, 남쪽, 북쪽 상관없이 수억 명의 사람들과 새 국가들과 새 공공 운동들과 이념들이 역사의 최전선으로 이동하였습니다. 광범위한 기반을 가진, 때로는 거친 형태의 대중 운동들이 다차원적이고 모순되는 방식으로 독립과 민주주의와 사회 정의에 대한 열망을 표현해 왔습니다. 전 세계를 민주화한다는 사고는 강력한 사회 정치적 동력이 되었습니다. 동시에, 최근까지도 우리가 국가적 내지는 국지적 문제로 취급하였던 경제, 식량, 에너지, 환경, 정보, 인구 등의 많은 문제들이 이제는 과학과 기술의 혁명에 의해 세계적 문제로 변화되었습니다. 대중 매체의 발달과 교통 수단의 진보에 힘입어 세상은 더욱 가시적인 것이 되어 온 것 같습니다. 국제적 소통은 과거 어느 때보다 쉬워졌습니다.

자료: 고르바초프(1988).

정치적으로는 개혁에 반대하는 공산당 내 보수파와 개혁이 미진하다고 비판하는 급진 개혁파 사이에서 압박에 직면하였다.

1991년 공산당 강경파가 일으킨 쿠데타를 계기로 고르바초프는 실각하고 시민들의 저항을 이끌었던 급진 개혁파 옐친(Boris N. Yeltsin)이 권좌에 올랐다. 그는 발트 3국 – 에스토니아, 리투아니아, 라트비아 – 의 독립을 승인하였고, 11개 공화국을 통합하는 독립국가연합(CIS)을 결성하였다. 옐친의 통치기에 러시아에서는 많은 국영 기업이 민영화되었다. 이 과정에서 막대한 부를 축적하여 에너지, 제조업, 언론 등의 분야를 장악한 소수를 올리가르키(Oligarch)라고 부르는데, 이들

독립국가연합(Commonwealth of Independent States): 소련의 해체로 독립한 10개 공화국의 연합체. 러시아, 몰도바, 벨라루스, 아르메니아, 아제르바이잔, 우즈베키스탄, 우크라이나, 카자흐스탄, 키르기스스탄, 타지키스탄이 회원국이다.

페레스트로이카의 진행 경제개혁을 목표로 한 소련의 정책의 시행을 기념하여 1988년에 발행된 우표.

은 정치 권력과 결탁하여 공식적 · 비공식적 방법으로 러시아 사회와 경제를 쥐락펴락하는 위치에 올랐다.

1998년 러시아는 경제 위기를 맞았고, 구소련의 엄청난 부채가 부담이 되어 정부는 모라토리엄(moratorium)을 선언하기에 이르렀다. 1999년 옐친이 사임한 이후 권력은 푸틴(Vladimir V. Putin)에게로 넘어갔다. 그는 러시아 재건을 기치로 내걸고 정부의 통제력을 강화하는 정책을 실시하였다. 때마침 고유가 시대를 맞아 원유와 천연가스의 생산과 수출이 늘었고, 경제적 지표가 개선되는 모습이 나타났다. 그러나 빈부의 격차가 여전히 크고 에너지 부문을 제외하고는 국제적 경쟁력을 갖춘 산업 부문도 부족하였다. 정치적으로는 개혁이 퇴보하고 개인적 자유가 제약을 받았다.

소련의 해체는 소련의 구심력 하에 있었던 동유럽 국가들이 자립하는 결과로 이어졌고, 이 국가들은 기존의 계획 경제 체제를 포기하고 시장 경제 체제로 전환하였다. 이는 제2차 세계 대전 이후 세계를 양분하였던 냉전 체제가 종언을 고하였음을 의미하는 역사적 사건이었으며, 또한 자본주의적 질서가 세계를 주도하는 상황이 형성되었음을 의미하는 신호였다. 폴란드와 헝가리가 새로운 변화를 주도하였고, 체코슬로바키아, 동독, 불가리아가 변화의 바람에 동참하였으며, 이어서 루마니아와 알바니아가 합류하였다.

특히, 독일의 통일은 큰 상징성을 띠었다. 1969년 서독이 시작한 동방 정책(Ost Politik)을 계기로 동 · 서독 간에 교류가 증가하였고, 1980

모라토리엄: 위기가 발생한 국가의 채무 이행을 일정한 기간 유예 또는 연기하는 것.

년대에 들어서는 교류의 종류도 다양해졌다. 소련에서 출발한 개혁과 개방의 분위기가 확산되는 가운데 1989년 시위대가 냉전의 물리적 상징이었던 베를린 장벽을 무너뜨린 다소 우발적인 사건이 독일 통일의 시작을 알리는 신호탄이 되었다. 소련이 이에 대해 적극적인 대응 조치를 취하지 않자, 서독은 동독과의 통일 협상을 빠르게 진행시켜 갔다. 그리하여 1990년 경제 및 통화 동맹을 결성하여 동독을 실질적으로 흡수 통일하였다. 신속한 통일 과정에는 많은 비용이 소요되었는데, 특히 생산성이 낮은 동독 지역에서 실업이 급증하였고 이를 보완하기 위해 실업 수당 지출이 빠르게 치솟았다. 이는 서독의 세금 인상으로 이어졌고, 서독 지역의 실업률도 증가하는 현상이 발생하였다. 독일의 경제 성장 둔화는 통일 비용에 대한 경각심을 불러일으켰다. 그렇지만 시간이 흐르면서 동서독의 통합은 점차 강화되었고, 경제도 안정적 성장을 나타내었다.

기념물이 된 베를린 장벽 1989년 역사적인 붕괴를 맞은 후 베를린 장벽은 기념물로 삼으려는 사람들이 찾는 대상이 되었다.
자료: NatalieMaynor, Flickr (CC BY 2.0).

정리해 보면, 2차 세계화를 이끈 세 동력은 정보 통신 산업의 기술 진보, 신자유주의 사조의 확산, 사회주의권의 쇠퇴였다. 이들은 독립적인 배경 하에서 각자의 방식을 통해 진행이 되었으면서, 또한 상호작용을 거치면서 지구상의 지역 간 장벽에 균열을 초래하고 결국 붕

동방 정책: 서독의 브란트(W. Brandt) 총리가 추진한 소련과 동유럽국들에 대한 유화 정책. 동독을 승인한 국가와는 외교 관계를 맺지 않는다는 기존 정책을 포기하고 적극적인 수교 노력을 기울였다.

괴시켰다. 이와 같은 과정을 통해 20세기 말 지구는 명실상부하게 단일한 세계로 재탄생하였다.

4. 중국과 동아시아는 어떤 경제적 변화를 맞았나?

중국의 실용주의 경제 성장

문화 혁명 시기에 실각하였던 덩샤오핑(鄧小平)이 1973년에 정계에 복귀하면서 중국은 실용주의 노선을 채택하기 시작하였다. 그는 정치적으로는 공산당 체제를 그대로 유지하면서 경제는 정치에서 분리하여 시장 경제적인 요소를 대폭 도입하는 정책을 폈다. 흑묘백묘론(黑猫白猫論)으로 상징되는 덩샤오핑의 경제 정책은 개혁과 개방을 추구하였고, 이후 중국 경제는 눈부신 성장의 가도에 올랐다.

중국 경제의 부상 중국 노동자들이 장비를 이용해서 광섬유 장치를 검사하는 작업을 하고 있다.
자료: : Steve Jurveston, Flickr (CC BY 2.0).

중국은 1950년까지 아프리카를 포함한 세계 어느 지역보다도 낮은 경제 성장률을 보였으며, 1950-1973년에 와서야 약간의 증가를 보였다. 그러나 실용주의 경제 정책이 진행된 1973-1990년에는 동아시아의 '네 마리 용'에만 뒤질 뿐 다른 어느 지역보다도 높은 성장률을 기록하였

흑묘백묘론: 검은 고양이든 흰 고양이든 쥐만 잘 잡으면 된다는 의미로, 어떤 경제 체제이든 인민을 잘 살게 하면 제일이라는 뜻을 내포한다.

다. 그리고 마침내 1990년대에 와서는 세계에서 가장 빠른 속도의 경제 성장을 이루었다.

세계 속의 중국 경제

이와 같은 성장세 속에서 중국 경제는 점차 세계 경제에 통합되었다. 1997년 영국으로부터 반환받은 홍콩을 경제 특구로 지정하고 자치권을 부여함으로써, 홍콩 경제의 장래에 대한 외부의 우려를 불식시켰다. 2000년에는 WTO에 가입함으로써 명실상부하게 국제적 기준을 따르는 무역 국가로 자리매김을 하였다. 최근에는 아세안, 타이완에 이어 여러 국가들과 FTA 체결을 늘려 가고 있다. 한편, 국제 경제 무대에서 중국의 위상이 올라감에 따라 세계적인 갈등의 소지가 함께 증가하기도 하였다. 희토류(稀土類)를 포함한 천연자원과 에너지, 식량 등의 통제권을 둘러싸고 국제적 마찰이 고조되기도 하였으며, 중국의 무역 수지 흑자가 누적되면서 위안화의 평가를 둘러싼 논쟁이 진행되기도 하였다.

중국이 안고 있는 문제점들도 드러나고 있다. 1989년에 발생한 톈안먼(天安門) 사태는 개방화되는 중국 사회에서 민주주의에 대한 열망이 폭발력을 가질 수 있음을 보여 준 좋은 사례였다. 이 사태에 대해 공산당 내 강경파가 주도권을 장악하여 무력으로 시위를 진압함으로써, 톈안먼 사태는 중국 정치 체제의 완고함이 대내외적으로 확인되는 형태로 막을 내렸다. 중국이 안고 있는 또 하나의 문제점은 지역 간의 불균등이다. 경제 성장은 주로 랴오닝 성에서 광둥 성에 이르는 동부 해안 지역에 집중되어 있고, 다른 지역, 특히 서부의 일부 성에서는

희토류(rare earth resources): 세슘, 란탄 등의 희귀 광물을 일컫는 용어. 다양한 산업 제품의 핵심 원료로서 유용성이 크기 때문에 많은 국가들의 관심 대상이 되고 있다.
톈안먼 사태: 1989년 6월에 발생한 학생과 시민의 민주화 시위. 중국 정부의 무력 진압으로 끝이 났다.

1인당 소득이 매우 낮은 수준에 머물러 있다.

중국은 이제 세계 경제 체제에서 독특한 역할을 하고 있다. 특히, 미국과의 관계가 주목을 끈다. 중국이 세계 경제에서 차지하는 중요성이 비약적으로 증대되어 '세계의 공장'이라는 지위를 누리게 된 반면에, 미국은 장기적인 재정 수지 및 경상 수지 적자에서 벗어나지 못하고 있다. 이런 세계의 양대 경제 대국 간에 미묘한 공생적 관계가 존재한다. 양국의 관계를 설명하기 위해 퍼거슨(N. Ferguson)은 **'차이메리카'**(Chimerica)라는 용어를 만들었다. 중국이 저가 상품을 대량으로 수출하여 얻은 무역 수지 흑자를 기반으로 미국의 국채를 매입하고, 미국이 이를 통해 재정 적자 문제에 대처하면서 중국산 제품을 계속 소비하는 상호 의존적 관계를 일컫는 용어다. 이를 통해 중국은 경제 성장과 일자리 창출이라는 이익을, 미국은 재정 안정과 소비 수준 유지라는 이익을 누리게 되었다는 것이다.

세계 무대에 나선 중국 오랜 폐쇄 정책을 뒤로 하고 중국은 세계 무대에서 활동의 범위를 넓히고 있다. 사진은 2012년 베이징 올림픽의 개막식 행사 장면.
자료: U.S. Army, Flickr (CC BY 2.0).

이 공생적 관계가 단기적으로는 양국의 경제에 공통의 이익을 안겨 줄 수 있지만, 장기적으로 지탱이 가능할지는 불확실하다. 차이메리카는 글로벌 불균형의 문제를 격화시킬 것인데, 이 문제는 중장기적으로 세계 경제의 안정성을 위협하는 요인으로 등장할 가능성이 높

차이메리카: 중국 경제와 미국 경제의 공생적 관계를 설명하는 신조어. 현대 세계 경제의 주요 특징 가운데 하나로 지적된다.

다. 미국은 국제 수지의 불균형을 해소하고 균형을 되찾는 방안의 하나로 환율 조정을 고려해 왔다. 그러나 국내적으로 높은 경제 성장률을 계속 유지해야 하는 중국이 위안화의 환율을 쉽게 절상할 것으로 예상하기는 어렵다. 미국은 국제 수지 불균형을 완화하는 방안으로 중국 및 아시아 시장에 대한 접근성을 강화하는 정책도 강조하고 있다. 유무형의 무역 장벽을 낮춤으로써 미국의 수출을 확대할 수 있다는 계산이다. 그러나 이러한 방안이 미국이 의도하는 만큼의 효과를 가까운 미래에 가져다줄 것으로 보기는 어렵다.

차이메리카의 시대 2011년 미국을 방문한 후진타오 주석을 오바마 대통령이 맞이하고 있다. 미국과 중국의 경제적 연계는 과거 어느 때보다 밀접하다.
자료: Old Guard Museum, Flickr (CC BY-SA 2.0).

동아시아와 라틴 아메리카

중국에 앞서 20세기 후반기에 가장 눈부신 경제 성장 성적표를 받은 국가는 동아시아의 네 마리 용이었다. 한국, 타이완, 홍콩, 싱가포르는 세계 평균에 비해 눈에 띄게 높은 경제 성장률을 기록해 왔다. 네 마리 용은 평균적으로 1960년대에 9.1%, 1970년대에 9.0%, 1980년대에 7.9%, 그리고 1990년대에 5.7%라는 높은 경제 성장률을 보였다.

동아시아 네 마리 용의 이러한 경제적 성과는 같은 기간에 유사하게 경제 개발을 추진하였지만 미약한 성과밖에 거두지 못한 라틴 아메리카 국가들의 경험과 극명한 대조를 이루었다. 동아시아와 라틴

솟아오르는 용 동아시아의 네 마리 용은 20세기 후반에 세계에서 가장 빠른 경제 성장을 기록하였다. 사진은 마천루가 가득한 홍콩의 도심.
자료: Byung Khun Song (CC BY 2.0)

아메리카의 경제적 성과를 차별화시킨 요인 가운데 경제 개발 전략에 대한 두 가지 차이가 주목을 끌었다. 하나는 시장과 금융의 국제적 개방에 관한 전략의 차이였고, 다른 하나는 **수입 대체 공업화**(import substitution industrialization)와 **수출 주도 공업화**(export-oriented industrialization) 중에서 어떤 발전 전략을 취할 것인가의 문제였다.

첫째, 라틴 아메리카의 국가들은 일찍부터 개방적인 경제 정책을 실시하였다. 1960년대부터 아르헨티나, 브라질, 멕시코 등은 외국 자본을 대규모로 끌어들여 공업화의 기반을 닦는 데 힘을 기울였고, 1970년대에는 금융 자유화를 적극적으로 추진하였다. 그러나 외채는 연평균 20%라는 높은 속도로 증가한 데 비해서 경제 발전의 속도는 예상보다 더뎠고, 1970년대 말과 1980년대 초의 국제적 경기 후퇴 속에서 이 국가들의 1차 산품 수출은 난관에 봉착하였다. 통화 가치가 지속적으로 하락하였고, 마침내 1982년에 채무 위기가 발생하였다. 경제 성장이 지연되었고, 국민들의 소득이 하락하였으며, 실업률은 급속히 치솟았고, 충격적인 수준의 인플레이션이 계속되면서 구매력 축소에 따른 생활 수준의 저하가 발생하였다.

수입 대체 공업화: 기존에 수입해서 사용하던 물품을 국내 생산을 통해 국산품으로 대체하는 방식으로 공업화를 진행한다는 전략. 수입품에 대한 관세 및 비관세 장벽의 구축, 국내 생산자에 대한 보조금의 지급 등이 대표적인 정책 수단이 된다.
수출 주도 공업화: 협소한 국내 시장이라는 한계를 수출 확대를 통해 극복하려는 발전 전략. 해외 수요를 활용할 수 있고 규모의 경제를 기대할 수 있다는 장점을 지닌다.

기록 11-3 IMF의 메뉴

경제 위기에 봉착한 국가들은 IMF와 같은 국제 기구로부터 구제 금융을 차입하게 되는데, 이때 차입국은 경제 운영 방식에 대한 기준을 '권고'받게 된다. 그런데 이런 구조 조정 프로그램이 해당국에게 부정적인 영향을 끼치기 쉽다고 비판론자들은 지적한다. 이런 비판의 목소리를 들어 보자.

IMF의 경우, 전 세계 100여 개 채무국들에 긴축 재정, 통화의 평가 절하, 무역 자유화, 민영화 등 똑같은 메뉴를 동시에 적용하고 있다. 채무국은 경제 주권과 재정 및 통화 정책상의 통제권을 유보하게 되며, 중앙은행과 재무부(그리고 종종 지방 관청들까지는)는 재편되고 국가 기구가 축소되면서 이른바 '경제적 신탁통치'에 들어가게 된다. 이어서 국제 금융 기관들은 일부 시민 사회의 통제를 뛰어넘어서 그 나라의 경제 정책을 결정하는 '대리 정부'(parallel government)를 수립한다. 그리고 IMF가 제시한 '경제 운용 목표'를 충실히 이행하지 못하는 나라는 국제 사회의 블랙리스트에 오르게 된다.

구조 조정 프로그램은 '민주주의'와 이른바 '올바른 정치'(good governance)라는 명분을 내세워 채택되지만, 실제로는 사회 불안이 야기되면서 국내 안보 기구를 강화할 필요성이 절실히 요구된다. 따라서 여기서는 제3세계 지배 엘리트들과 결탁된 정치적 억압이 이와 동시에 진행되는 '경제적 억압'을 떠받쳐 줄 수밖에 없게 된다.

'올바른 정치'와 다당제 선거 제도 유지는 차관 제공 기관과 채권자들이 내거는 조건에 포함되어 있기는 하지만, 경제 개혁 본연의 성격은 진정한 민주화를 방해한다. 왜냐하면 IMF의 조건을 이행하기 위해서는 ('앵글로색슨의 자유주의 정신'과 반대로) 필연적으로 군부와 권위주의적인 국가의 지지가 요구되기 때문이다. 구조 조정 프로그램은 허구적인 국가 제도와 사이비 의회 민주주의를 조장하고 또 이런 사이비 의회 민주주의는 경제적 구조 조정 과정을 보장하게 된다.

자료: 초스도프스키(1998), 38쪽.

IMF와 세계은행은 구제 금융을 제공하면서 신자유주의적 구조 조정을 요구하였다. 이 요구를 받아들인 라틴 아메리카 국가들의 경제는 더욱 개방화되었는데, 이는 위기 상황에서 국내의 자본이 대규모로 해외로 유출될 수 있음을 의미하는 것이기도 하였다. 이것이 통화 가치의 하락과 이자율의 상승을 가져와 경기 회복을 더욱 어렵게 하였다. 1982-1985년 동안에 1인당 GDP는 9% 가까이 하락하였다. 이 충격은 장기간 라틴 아메리카의 경제 회복을 가로막는 장애물로 작용하였으며, 1990년대에 멕시코와 아르헨티나가 겪게 되는 경제 위기의 서막이었다고 볼 수 있다.

둘째, 라틴 아메리카는 동아시아와는 다른 경제 발전 전략을 취하였다. 라틴 아메리카는 대체로 제2차 세계 대전 이전까지 1차 산품을 생산하여 수출하는 경제 구조를 공통적으로 가지고 있었다. 농산물, 광물, 그리고 반(半)가공된 물품들이 수출의 주종을 이루었다. 그러나 1950년대와 1960년대를 거치면서 라틴 아메리카는 기존에 수입하던 제품을 국내에서 생산하도록 전환함으로써 경제 발전의 기반을 닦는다는 수입 대체 전략을 폈다. 이와 대조적으로 동아시아는 수출을 공업화와 경제 성장의 중심 축으로 삼는 전략을 취하였다. 초기에는 노동 집약적인 물품을 생산하여 해외로 수출하였으며, 1970년대 이후에는 고부가가치 상품의 생산과 수출을 강화하였다. 실제 역사의 과정을 통해 결과적으로 동아시아의 공업화 전략이 더 효과적이었던 것으로 나타났다.

일본 경제의 부침

1950년대부터 계속된 일본 경제의 눈부신 성장은 세계적인 찬사를 받았다. 고난의 1970년대를 거치면서도 일본 경제는 상대적으로 탄탄한 성과를 유지하였다. 일본 기업은 서구의 기업과 구별되는 고유한 특징을 지니고 있었다. 종신고용제, 연공서열에 따른 임금 체계, 주주로부터 경영자가 독립적으로 활동하는 방식, 기업 내 승진 관행, 노사 협력과 고용 안정을 중시하는 노동조합의 성격 등이 이에 해당하였다. 이런 특징 덕택에 일본의 기업은 조직 내의 각종 마찰을 최소화하고 안정적인 경영 체제를 유지하였으며, 이것이 국제 경쟁력을 가져온 원동력이라는 주장이 널리 인정을 받았다. 여기에 작업 공정의 혁신을 통해 비용 절감과 생산성 제고를 도모하고, 부품의 재고를 최소화함으로써 – 이른바 JIT(Just-in-Time) 방식 – 일본의 경쟁력은 불패의 신화를 낳았다. 생산과 무역에서 발군의 성장세를 과시한 일본은 자본 공급 측면에서도 곧 강국으로 부상하였다. 무역 흑자가 해외 투자로 이어지면서 1985년에 세계 1위의 순채권국 지위에 올랐다. 일본 경제의 성장 가도는 탄탄대로처럼 보였다.

전자 산업 왕국 일본의 전성 시대 1970년대 후반 일본 기업이 제작한 '워크맨'은 일본의 기술력을 과시하면서 전 세계 소비자의 마음을 흔들었다.
자료: Edvvc, Flickr (CC BY 2.0).

그러나 비약적 성장은 경쟁국들의 견제를 야기하였다. 1985년 선진 5개국은 이른바 플라자 합의(Plaza Accord)를 통해 달러화의 가치를 낮추고 엔화의 가치를 높이기로 결정하였다. 일본 정부는 엔화 가치의 상승이 불황으로 이어질 것을 우려하여 재정 확장 정책을 폈고 통화량의 공급도 계속 늘렸다. 이에 따라 주식과 토지에서 자산 인플레이션이 발생하였고, 일본 경제는 버블을 맞게 되었다. 이후 일본 경제는 1990년대에 장기 침체를 맞았다. 불황의 신호탄은 부동산 버블의 붕괴였다. 부동산의 가치가 하락하자 부동산을 담보로 대출을 해왔던 은행들이 즉각적으로 타격을 입었다. 이어서 다른 금융 기업들도 파

JIT: 재고를 줄이고 적기에 필요한 부품과 제품을 공급하는 방식. 도요타 자동차 생산 방식의 중요한 일부이다.
플라자 합의: 뉴욕 플라자 호텔에서 모인 G5 재무 장관들이 달러화 가치를 낮추는 개입 정책을 펴기로 결정한 것으로 재정 적자와 무역 적자가 누적된 미국이 주도하였다. 이후 2년 동안 달러 가치는 30% 이상 증가하였다.

지진의 충격 2011년 발생한 동일본 대지진과 원자력 발전소 누출 사고는 일본 경제와 사회에 엄청난 타격을 입혔다. 사진은 지진으로 폐허가 된 건물들.
자료: ©Ho-Yeon Kim.

산을 맞았고, 주식 시장의 버블 붕괴도 동반되었다. 이러한 금융 위기의 충격이 기업의 신용 경색으로 이어지면서 본격적인 실물 경제의 위축이 발생하였다. 1990년대 내내 일본 경제는 장기 침체의 그늘을 벗어나지 못하였다.

2000년대에 들어서서도 일본 경제가 부활하는 본격적인 신호가 나타나지 않는 가운데, 2011년에는 동일본 대지진의 영향으로 발생한 쓰나미가 대규모 피해를 입혔고 후쿠시마 현에 소재한 원자력 발전소에서 다량의 방사능이 유출되는 대참사로 치달았다. 동일본 대지진의 충격으로 일본은 인적 · 물적 피해는 물론이고, 사회 운영 시스템에 대한 불신이라는 큰 타격을 입었다.

동일본 대지진: 1911년 발생한 리히터 규모 9.0의 초강력 지진. 사망자와 실종자가 2만 명에 달하였고, 지진으로 발생한 쓰나미가 원자력 발전소의 전원 공급을 차단시켜 방사능 누출 사고로 이어졌다.

제12장

도전, 좌절과 기회: 세계화 속의 한국

1. 한국 경제는 어떻게 발전해 왔나?
2. 외환 위기는 왜 발생하였나?
3. 오늘날 한국 경제는 어디에 서 있나?

1. 한국 경제는 어떻게 발전해 왔나?

경제 개발의 첫걸음

한국 경제는 세계 경제의 황금기와 2차 세계화 시대를 지나면서 많은 변화를 경험하였다. 그러나 출발은 순탄하지 않았다. 3년에 걸친 한국 전쟁은 국토를 폐허로 만들었고 엄청난 인적 · 물적 피해를 남겼다. 이 밑바닥에서 출발하여 한국인들은 서서히 회복의 기회를 만들어 갔다. 1960년대부터 가시적인 경제 성장이 나타나기 시작하였다. 1961년 정권을 장악한 박정희는 정치적으로는 강압적인 독재 체제를 유지하면서, 경제적으로는 1962년부터 연이어 경제 개발 5개년 계획을 수립하고 집행함으로써 국가 주도의 경제 발전 전략을 취하였다. 개발 독재(Developmental Dictatorship)의 전형으로 불리는 이러한 통치를 통해 한국 경제는 빠른 경제 성장을 이룩하면서 동아시아의 네 마리 용 가운데 하나로 국제 무대에서 인식되기 시작하였다.

한국 전쟁의 유산 1950년에 발발한 전쟁을 거치면서 한국은 세계에서 가장 빈곤한 국가 중 하나가 되었다.
자료: Expert Infantry, Flickr (CC BY 2.0).

한편, 북한은 1950년대 중반부터 사회주의적 경제 체제를 구축하는

개발 독재: 비민주적인 정권이 경제 발전을 우선시하면서 국가의 자원을 동원하고 집중적으로 활용하는 체제. 개발 도상국이 경제 발전을 이루는 데 정치적 집중이 유리하다는 논리를 내건다.

데 본격적으로 힘을 기울였다. 토지 개혁, 기간 산업의 국유화, 농업과 중소기업의 협동화가 순차적으로 이루어졌다. 북한은 1960년대부터 본격적인 공업화를 추진하였는데, 당시 인도 등 여러 국가들이 도입하였던 생산재 산업 우선 정책을 수용하였다. 그러나 1960년대는 물론이고 1970년대에도 경제는 기대한 성과를 거두지 못하였고, 국민의 생활 수준은 낮은 수준에 머물렀다. 그 결과 1960년대에 남한보다 높았던 북한의 1인당 GDP는 1970년경을 기점으로 역전되었고, 1980년이 되면 남한의 1인당 GDP가 북한보다 두 배를 상회하는 상황이 되었다. 이후 남북한 간의 격차는 시간이 지날수록 더욱 확대되었다.

경제 개발의 본격화

한국 경제는 다른 동아시아 국가들과 마찬가지로 수출 주도형 경제 발전 전략을 채택하였다. 라틴 아메리카 국가들이 수입 대체형 경제 발전 전략을 취한 것과 대조적으로 한국은 영세한 내수 시장의 한계를 해결하는 방안으로 수출의 중요성을 강조하였다. 수출 산업에 종사하는 기업들에게 국가의 지원과 혜택이 집중되었고, 이 과정에서 경제의 다른 부문들에게는 양보와 희생이 요구되었다. 경제 성장의 초기에는 섬유, 신발 등 경공업에 초점이 맞추어졌으나 1970년대부터 정부는 중화학 공업의 육성에 힘을 기울였다. 중화학 공업에 집중된 투자는 한때 경제에 큰 부담이 되기도 하였지만 1980년대부터 자동차, 조선, 석유 화학 등에서 괄목할 만한 성장이 이루어졌다.

산업 구조의 변화는 무역 구조에서도 나타났다. 1948년 1,400만 달러로 시작한 한국의 수출은 1964년 1억 달러를 달성하였고, 2004년에는 2,000억 달러를 넘어섰다. 지난 40년간 수출 규모가 연평균 21%씩 증가하여 2,000배 이상의 성장을 이룩한 것이다. 1961년 한국의 5대 수

기업가의 역할 한국의 경제 성장 과정에서 기업가의 역할은 중요하였다. 때로는 기술적 문제점을 기업가가 해결하기도 하였다. 사진은 1984년 빠른 조류로 인한 방파제 건설의 어려움을 해결한 정주영의 이른바 유조선 공법.
자료: ©현대건설.

출품은 철광석, 중석, 생사, 무연탄, 오징어였다. 이후 1차 산품의 비중은 줄고 대신에 경공업의 지위가 올라가 1970년 5대 수출품은 의류, 합판, 가발, 철광석, 전자 제품이 되었다. 1970년대와 1980년대를 거치면서 중공업과 기술 집약적 산업의 비중이 점차 증가하여 1990년에는 의류, 반도체, 가죽 제품, 선박, 영상 기기가 5대 수출품으로 등재되었다.

경제 개발 과정에서 정부와 친밀한 유대 관계를 맺고 있는 재벌 기업으로의 경제력 집중이라는 한국 특유의 현상이 발생하였다. 한국의 전형적 기업가는 소규모 자기 자본으로 자영업을 운영하였던 경험을 살려 1945년 이후 또는 한국 전쟁 이후 사업 범위를 확장해 간 사람들이며, 정부 주도의 경제 개발 과정에서 사업 기회를 포착하여 기존에 경험이 없는 분야에서까지 저돌적으로 사업을 추진한 사람들이었다. 이들은 생산, 판매, 자금 조달, 심지어는 기술적 애로 사항에 대해서까지도 스스로 적극적으로 해결책을 찾았다. 기업가 정신을 지닌 이러한 사업가 외에 양질의 노동력도 경제 발전의 중요한 원동력이었다. 그러나 노동자의 근로 조건은 열악한 경우가 많았고, 노동조합의 활동은 기업과 정부에 의해 제한되곤 하였다. 근로 조건의 개선은 장기간에 걸쳐 서서히 이루어졌다.

1990년대부터는 기술 집약적인 산업의 발전이 두드러졌다. 특히, 정보화 산업은 기업의 적극적 투자와 정부의 지원이 맞물리면서 한국

기록 12-1 중공업 진흥 정책의 첫 발

1970년대에 한국 정부는 기업가들에게 중공업 부문에 뛰어들 것을 요청하였다. 필요한 자본 공급과 기술 도입 등에 대해서는 정부가 적극적인 지원을 약속하였다. 대표적 기업가의 자서전을 통해 기업가가 생각한 바를 상상해 보자.

내가 큰 일로 선택한 조선은 당시는 불행하게도 (유리한) 조건을 구비하고 있지 않았다. 그럼에도 조선을 선택한 이유가 있었다.

첫째, 조선은 리스크가 큰 업종이기는 하나 많은 이들에게 직장을 제공할 수 있고 많은 연관 산업을 일으킬 수 있는 종합 기계 공업이기 때문에 국민 경제적 입장에서 꼭 필요하였다.

둘째, 우리는 외화가 필요하였다. 현대 건설이 해외 진출로 외화를 벌어들이기는 하지만 리스크가 너무 큰 데 비해 규모는 작았다.

조선을 해서 국내에 앉아 규모 큰 달러 계약을 하자.

마침 정부도 조선, 제철, 주물 등 4대 공장 건설에 박차를 가하는 시기였다. 당시 김학렬 부총리는 이미 시작된 제철에서 생산한 철을 대량으로 소비해 줄 사업으로 조선소 건설을 권유하다 못해 성화가 대단하였다.

자료: 정주영(2001), 115쪽.

경제의 중심 산업으로서 빠르게 성장하였다. 그리하여 2000년대 초반에 이르면 정보 기술 제품의 수출이 전체 수출의 30%를 초과하게 되었다. 2012년 한국의 5대 수출품은 석유 제품, 반도체, 자동차, 선박 해양 구조물, 평판 디스플레이로, 기술 집약적 산업과 중공업이 한국의 양대 주력 산업으로 자리를 잡았음을 말해 준다.

고도 성장의 요인

한국 경제의 고성장을 이끈 요인은 무엇이었을까? [표 12-1]에 성장 요인별 기여도가 분석되어 있다. 국민 소득의 증가는 투입 요소인

수출 주도형 경제 한국은 수출 주도형 공업화 전략을 취하면서 빠른 경제 성장을 이룩하였다. 사진은 수출품을 가득 적재한 대형 컨테이너 선박.
자료: Bernhard Fuchs, Flickr (CC BY 2.0).

노동과 자본의 증가에 의해 발생하기도 하고 여러 요인에 의한 생산성의 향상을 통해 발생하기도 한다. 노동 투입의 기여도는 1960년대 이래 줄곧 감소세를 보인 반면에, 자본 투입의 기여도는 1980년대까지 지속적인 상승을 보였다가 1990년대에 약간의 감소세로 돌아섰다. 노동 집약적 산업에서 자본 및 기술 집약적 산업으로의 주력 산업 이전이라는 한국 경제 성장의 역사가 반영된 것이라고 볼 수 있다. 생산성 측면에서 가장 눈에 띄는 점은 기술 진보의 기여도가 1970년대 이래 상승세를 지속하였을 뿐만 아니라 1990년대에 매우 빠른 성장률을 기록하였다는 점이다. 현재의 한국 경제가 기술 혁신에 의해 견인되고 있음을 여실히 보여 준다. 공식적 · 비공식적 교육과 훈련을 통한 인적 자본의 확충이 장기적인 경제 성장을 위해 얼마나 중요한가를 보여 주기도 한다.

기술력의 과시 2010년 삼성전자의 최신 LED 제품이 국제적 박람회장에 전시되어 관람객들의 이목을 끌고 있다.
자료: Mark Krynsky, Flickr (CC BY 2.0).

한편, 남한이 경제 발전을 지속하여 세계 경제의 중요한 부분으로 위상을 확대해 간 것과는 대조적으로, 북한은 만성적인 경제난에 봉착하여 탈출구를 찾지 못하였다. 1980년대

【표 12-1】 한국 경제의 성장 요인: 1963-2000년

(단위: %)

항목	1963-1970	1970-1979	1979-1990	1990-2000	1963-2000
국민 소득	100.00	100.00	100.00	100.00	100.00
총요소 투입	48.64	55.11	65.88	53.47	52.90
노동 투입	41.06	39.89	39.74	28.50	36.08
자본 투입	7.58	15.22	26.14	24.98	16.81
총요소 생산성	51.36	44.89	34.12	46.53	47.10
자원 재배분	2.80	7.11	6.48	0.18	4.75
규모의 경제	13.03	16.18	17.92	16.05	16.80
환경 오염 방지	0.00	0.00	-0.29	-0.85	-0.25
불규칙 요인	17.22	8.76	-8.70	-8.39	3.57
기술 진보	18.32	12.84	18.70	39.54	22.24

자료: 김동석 · 이진면 · 김민수(2002), 135쪽.

에도 앞선 시기와 마찬가지로 경제 성장은 저조하였고, 사람들의 생활고는 심각한 수준에 머물렀다. 1989년 이래 소련이 해체되고 동유럽 국가들이 체제 전환을 해가는 시기에 북한도 개방의 필요성을 느꼈고, 그 결과로 1993년에는 나진 · 선봉 경제 특구를 지정하여 외국 자본을 유치하고 수출품 생산을 독려하였다. 그러나 1990년대에 북한 경제는 사정이 더욱 악화되었고, 특히 1990년대 중반에 발생한 식량난은 대규모 기근 사태로 이어져 막대한 인명 피해와 영양실조를 낳았다. 그리고 이는 다시 생산성의 하락을 초래하여 경제에 더욱 큰 부담으로 작용하였다. 한 추계에 따르면, 1998년의 1인당 GDP는 573달러로 1990년보다도 50% 가까이 하락한 것으로 나타

북한의 공사 현장 2012년 여름에 수해를 겪은 함경남도 지역에서 겨울이 오기 전에 공사를 서두르는 일손들.
자료: EU Humanitarian Aid and Civil Protection, Flickr (CC BY-SA 2.0).

났다. 2002년에는 개성 공단을 건설하여 남한과의 경제 협력을 강화하는 모습을 보이기도 하였지만, 이후 핵무기 개발과 관련되어 해외 지원이 차단되고 남북 관계가 경색되면서 북한은 경제 회생의 돌파구를 찾지 못하고 있다. 2009년에 단행한 화폐 개혁도 물가 상승과 통화 가치 하락으로 이어져 국민의 생활고를 한층 심화시켰다. 정치적으로도 3대로 이어진 독재적 통치로 인해 민주주의의 싹을 찾아보기 어려운 상황이 계속되고 있다.

2. 외환 위기는 왜 발생하였나?

위기의 발생

한국 경제의 발전 과정이 늘 순탄하지만은 않았다. 1950년대와 1960년대에는 경제 개발에 필요한 자본과 기술이 모두 부족하여 어려움을 겪었다. 1970년대부터 오일 쇼크와 중공업 투자 과잉의 부담이 한국 경제를 압박하였다. 한편, 1980년대 후반에는 플라자 합의에 따른 엔화 강세에 힘입어 우호적인 국제 경제 환경을 맞기도 하였다. 한국 경제의 성격을 변화시킨 가장 중요한 사건은 1997년 말에 발생한 외환 위기였다. 초기에는 외환 부족과 그에 따른 환율 급상승이 가장 눈에 띄었지만, 곧 은행 위기와 주가 폭락, 기업의 연쇄 도산, 대규모 실업이 발생하였다. 1997년 6월 4,300억 달러였던 GNP가 1년 후인 1998년 6월에는 2,830억 달러로 떨어져, 무려 34.2%의 기록적인 감소를 보였다.

1980년대와 1990년대를 거치면서 권위주의 권력 체제는 민주화의 열망에 자리를 내주어야 하였고, 국가 주도형 경제 정책 기조도 자율과 개방을 강조하는 방향으로 전환되어 갔다. 한편, 대외적으로는 신자유주의적 세계화의 압박이 강화되면서 한국 경제의 대외 개방도를 높여야 한다는 분위기가 고조되었다.

한국은행 한국의 금융 통화 정책을 담당하는 중앙은행인 한국은행의 전경.

그렇지만 개방화 · 자율화 · 투명화된 경제 체제로의 전환은 순탄하게 이루어지지 않았다. 1990년대 중반이 되자 경제 내의 고비용–저효율의 문제가 심화되었고, 수출 경쟁력 악화와 수입액 증가로 발생한 경상 수지 적자로 달러가 부족해지자 이를 획득하기 위해 은행과 종금사들이 해외로부터 단기 차입을 크게 늘리면서 외환 위기의 첫 단추가 끼워졌다. 채산성이 악화된 기업들은 1996년부터 연쇄적으로 도산하기 시작하였다. 과거 경제 발전을 이끌었던 대우, 기아, 한라 등 대규모의 기업 집단들이 도산하였고, 중견 및 중소기업이 겪은 어려움은 더욱 컸다. 금융 산업도 엄청난 타격을 피할 수 없었다.

이런 상황에 대해 정부는 부도 유예 등의 미봉책으로 대응하였고, 따라서 금융 기관의 부실은 더욱 심화되었고 주식 시장은 동요하였다. 1997년 인도네시아, 태국, 말레이시아 등 동남아시아 국가들에서 금융 위기가 발생하였다. 이 사태는 국내 종금사의 해외 단기 차입을 어렵게 만들었고, 외환 시장에서 달러에 대한 수요가 급증하면서 원화 환율의 급상승을 야기하였다. 통화 당국은 환율 방어를 위해 보유

종금사: 종합 금융 회사의 약자. 1975년 외자 도입을 주된 목적으로 설립되었으나, 1994년 지하 자금 양성화를 내걸고 투자 금융 회사들이 대거 종금사로 전화되면서 주로 기업에 단기 자금을 공급하는 역할을 하였다.

기록 12-2 환율, 첫 2,000원대 외환 벼랑

1997년 말 한국 경제는 절망적 상황에 빠져들고 있었다. 당시의 신문 기사를 통해 외환 위기의 충격을 되새겨 보자.

금융 회사들의 외환 부족 현상이 심해지면서 원화로 달러를 살 때의 현찰 매도율이 사상 처음 2,000원선을 넘어섰다. 또 금융사들이 기업 자금줄을 더욱 심하게 조임에 따라 기업들의 연말 무더기 부도 가능성이 높아지고 있다.

총외채 규모도 애초에 알려진 것보다 훨씬 많은 2,400억 달러에 이르는 것으로 밝혀져, 외환 위기 가속 탓에 국가 부도로 이어지는 게 아니냐는 우려마저 나오고 있다.

23일 서울 외환 시장에서 원-달러 환율은 오전 한때 1995원까지 치솟는 등 초강세를 보였다. 이날 시장 평균 환율은 1,685.30원에서 1,964.80원으로 279.50원 뛰었다.

국제 신용 평가 기관들도 우리나라의 신용 등급을 잇달아 낮춤으로써 외환 위기를 가중시키고 있다. 무디스가 22일 한국의 신용 등급을 2단계 낮춘 데 이어 S&P(스탠더드 앤 푸어스)도 23일 우리나라의 장기 외환 신용 등급을 BBB-에서 B+로 4단계나 낮췄다. 외환 당국의 한 관계자는 "이번 신용 등급 하락으로 우리나라는 '투자 부적격'으로 분류돼 해외 신규 차입과 기존 차입금 만기 연장이 더 어려워지고, 정부가 발행하는 외화 표시 채권의 해외 매각도 사실상 불가능해진 것 같다"고 말하였다.

자금 시장도 외환 위기 영향으로 금리가 폭등하는 등 극심한 경색 현상을 빚고 있다. 주가 지수도 사상 최고인 7.50%의 하락률을 보이며 29.70포인트나 폭락한 366.36으로 마감됐다.

또 극심한 외화 부족 상태에 있는 은행들이 국내 기업의 수출 환어음과 신용장 매입을 꺼리고 있어 무역 업체들의 자금난을 부채질하고 있다. 이와 함께 국제 경제 은행 자기 자본 비율을 맞추기 위해 자금을 극히 보수적으로 운용함에 따라 기업들의 연말 연쇄 부도 가능성이 높아지는 등 경제 전반이 수렁으로 빠져들고 있다.

자료: 〈한겨레신문〉, 1997년 12월 24일자.

외환을 소진해 버렸고, 마침내 1997년 11월 대외 지불 능력을 거의 상실한 정부는 외부에 자금 지원을 요청하게 되었다. 그리하여 일련의 경제 개혁을 이행한다는 조건 하에 구제 금융을 IMF와 세계은행 및 아시아 개발 은행으로부터 받는다는 합의서에 정부가 서명하였다.

외환 위기의 진단

한국 경제가 외환 위기에 처하게 된 근본적 원인에 대한 진단은 다양하다. 우선 대외적 조건의 변화를 강조하는 견해가 있다. 신자유주의적 압박이 한국 경제를 신속한 개방화로 내몰았고, 이에 한국 정부가 적절한 대응을 하지 못한 것이 위기의 원인이었다는 주장이다. 여기에는 문제의 출발점이 외부적 압력에 의해 진행된 강제성이 강한 세계화 과정에 있다는 인식이 들어 있다.

금융 중심지 월스트리트 뉴욕 증권거래소가 보이는 월스트리트의 모습. 세계 금융업의 심장부인 곳이다.
자료: Andres Nieto Porras, Flickr (CC BY-SA 2.0).

동아시아형 경제 발전 과정을 높이 평가하는 입장에서는 위기의 원인을 다른 데에서 찾는다. 한국 경제가 근본적인 취약점을 가진 것은 아니었고, 단기적인 유동성 위기를 겪은 것뿐이라는 견해다. 이에 따르면 경제 위기는 금융 규제를 너무 급속하게 푸는 과정에서 발생한 것이라고 주장한다. 오히려 국경을 넘어 활동하는 초국적 투기 자본이 비난의 대상이 되어야 한다고 지적한다.

다른 한편에서는 한국 경제의 내부적 문제에 논의의 초점을 맞춘다. 비록 단기적인 유동성 부족이 문제를 촉발시켰다고 하더라도, 국내 경제의 기반이 견실하지 못하였기 때문에 전반적인 경제 위기로 확대된 것이라는 주장이다. 기업의 수익성 부족, 금융 기관의 건전성 부족, 정부 정책의 투명성 부족과 같은 구조적 요인들이 결합됨으로써, 외부 충격이 발생하였을 때 경제 주체들에게 경제 회복에 대한 신뢰감을 주지 못해 불안이 증폭되었다는 주장이다.

국내 경제 기반의 취약성을 강조하되, 이를 경제 운영 체제의 원활한 전환에 실패한 정부의 책임이라고 보는 견해도 있다. 정부 주도형 경제 관리 체제가 1980년대를 거치면서 개방과 자율을 강조하는 자유 시장형 체제로 적절히 전환하는 데 실패하였기 때문에 경제 위기가 발생하였다는 지적이다. 중앙 집권적 통제 체제는 초기의 경제 개발에는 유리한 측면이 있었지만 시대적 변화를 따라잡지 못하는 한계를 안고 있는데, 이러한 구체제가 지닌 구조적 문제점들이 청산되지 못함으로써, 장기적으로 한국 경제의 추동력을 저해하고 외부 충격에 민첩한 대응이 가능한 체제로의 전환을 가로막았다는 주장이다.

위기 이후의 한국 경제

외환 위기는 한국 경제의 운영 체제와 경제 주체들의 인식에 대전환을 가져왔다. 경제 위기의 충격을 맛본 후 기업가, 금융가, 소비자, 관료는 모두 세계 경제의 흐름이 우리의 삶에 직접적이고 강력한 영향을 끼친다는 것을 인식하게 되었다. 치열한 경쟁 시대에 살아남기 위해서는 국지적 보호 체계에 안주해서는 안 되며, 성장 동력의 지속적 확보를 위해 가혹하리만큼 강력한 체질 개선과 개혁을 추진해야 한다는 데 모두가 동의하게 되었다. 한편, IMF의 자금 지원을 받으면서 이행하기로 약속한 바에 따라 경제 운영 방식에 변화를 가하는 것이 불가피해졌다. [표 12-2]에 정리되어 있는 이 구조 개혁 프로그램은 신자유주의적 기조와 맥을 같이하는 것으로서, 이후 한국 경제 정책

[표 12-2] IMF 차관 협약 양해 각서의 주요 내용

정책	부문	주요 내용
거시 정책	통화	유동성 환수와 금리 인상
	환율	환율을 시장 지표로 활용
	재정	긴축 재정
구조 조정 정책	금융	금융 시스템 투명화, 구조 조정
	무역	무역 규제 철폐
	자본	자본 자유화 가속화
	기업	지배 구조 개선
	노동	노동 시장 유연화

자료: 한국무역협회(2006), 245쪽에서 작성.

의 기본 틀로서 작용하였다.

한국 경제는 외환 위기로 큰 비용을 지불한 후에 점차 충격에서 벗어났다. 차입금은 2001년에 상환을 끝마쳤지만, 위기 이전과는 경제 구조와 운영 방식이 확연히 달라졌다. 기업과 금융기관들은 자의반 타의반으로 설정된 새로운 경제 질서에 발 빠르게 대응해 갔고, 시대에 뒤처진 집단들은 도태되어 시장에서 퇴출되었다. 대외 개방도가 크게 증가하였고, 이는 한국 경제에 활력을 제공함과 동시에 장래에 대한 불안감도 증

세계적 경쟁 속의 한국 기업 미국 뉴욕의 타임스 스퀘어 전광판에 한국 기업의 광고가 나오고 있다. 국제적 명성의 해외 운동 선수가 광고 모델이다.
자료: LGEPR, Flickr (CC BY 2.0).

폭시켰다. 구조 개혁 프로그램에 발맞추어 국내 기업들은 관치 체제에서 벗어나 자율적 경영의 기틀을 마련하였다. 양적 성장보다 수익을 중시하는 풍토가 정착되었으며, 기업 경영의 투명성도 강화되었다. 이런 면에서 보면, 한국 경제는 자율적인 경제 체제라는 새 환경에 적응해 가는 기회를 맞았다.

그러나 구조 개혁을 급속하게 추진하는 과정에서 문제점들이 드러났다. 해외에 대한 개방이 너무 빨리, 그리고 부문에 따라서는 너무 폭넓게 진행되면서, 예상하지 못하였던 부작용들이 나타났다. 기업들이 장기적 투자보다는 단기 실적의 향상에 치중하게 되면서 적극적인 혁신을 도모하는 기업가 정신이 후퇴하였다. 여기에는 외국인의 지분이 크게 증가하고 이와 병행하여 경영자에 대한 주주의 압력이 커졌다는 사실이 작용하였다.

특히, 외환 위기 이후 자본 시장 개방은 빠른 속도로 진행되었다. 외국 자본의 유입은 1960년 초반까지는 무상 원조의 형태였고, 그 이후 차관의 도입이 대표적인 유입 형태가 되었다. 1990년대에는 1980년대부터 이루어진 부분적인 시장 개방의 결과로 주식 및 채권에 대한 투자의 비중이 증가하였다. 그러나 한국 자본 시장의 가장 결정적인 전환점은 1997년의 외환 위기였다. 주식 시장, 채권 시장, 외환 시장, 은행 등이 모두 외국인에게 전면적으로 개방되었다. 이 시점부터 2007년까지 국내에 유입된 주식 및 채권 투자는 1,460억 달러에 육박하여, 전체 외국인 투자의 절반을 상회하였다. 외국인 직접 투자도 급증하여 570억 달러에 달하였다. 외국인 직접투자는 외환 위기 직후에는 제조업에 집중되었으나, 2000년대 중반부터는 금융업으로 몰렸다. 8개 시중 은행 가운데 3개가 외국인 소유로 바뀌었고, 나머지 5개 은행도 외국인 보유 지분이 50% 이상이 되었다. 세계적으로 유래를 찾기 힘든 수준의 급속한 변화였다.

외국 자본 비율의 급상승을 바라보는 시각은 엇갈린다. 긍정적인 입장에서 보면, 저비용으로 자금을 조달할 능력이 있는 외국 자본과의 경쟁에 직면하여 국내 금융 기관들이 경영 효율성 제고에 힘쓰게 되었다. 금융 선진국의 다양한 금융 기법을 익힐 수 있는 기회를 갖게 되었다거나, 전보다 엄격한 신용 평가에 기초하여 대출을 보수적으로 운용하게 되었다고 지적되기도 한다. 부정적인 입장에서는, 우선 외국 자본의 진출이 투기성 자본의 비중을 높임으로써 국내 기업이 단기적 이익에 초점을 맞추어 경영을 하도록 압박하였다. 또한 기업 활동의 과실을 높은 배당금의 형태로 해외로 유출할 위험이 증대되었다. 한국 경제의 장기 성장력 확보에 중요하다고 생각되는 산업 자본의 안정적 공급은 관심사에서 멀어지고, 소비 금융과 같은 단기적·비산업적 활동에 주력하게 되었다는 점도 지적된다. 특히, 외국계 은행은 내국계 은행보다 기업 대출의 비중이 크게 낮았으며, 또한 이 비중이 지속적으로 하락하는 추세를 보였다. 내국계 은행도 점차 기업 대출 비중을 지속적으로 낮추어 왔다.

로봇 기술의 진보 로봇 기술은 향후 한국 경제를 이끌 핵심 기술의 하나로 평가된다. 사진은 2004년에 제작된 한국 최초의 두 발 보행 로봇 '휴보'(Hubo).
자료: David Hanson, Wikimedia (CC BY 2.5).

외환 위기 이후 양극화가 심화되었다는 점도 지적된다. 위기 이전에 한국의 소득 분배는 OECD 국가 가운데 양호한 수준이었으나, 위기를 겪은 이후 소득 불균등도가 빠르게 증가하였다. 우리나라는 OECD에 속한 34개국 가운데 **지니 계수**가 높은 순

지니 계수: 계층 간의 소득 분배를 보여 주는 수치로서, 0에 가까울수록 소득 분배가 균등하고 1에 가까울수록 소득 분배가 불균등하다.

서로 15위를 기록하였다. 임금 노동자의 **절대 빈곤율**도 1996년 2.5%에서 2004년 4.9%로 크게 증가하였다. 비정규직의 규모가 빠르게 증가하고 있다는 점도 이런 현상과 맥을 같이한다. 이들은 모두 노동 시장의 유연화 정책과 관련이 깊다. 선진국에 비해 사회 복지망이 취약하다는 점도 밀접한 관련성을 가진다.

2001년을 기준으로 할 때 GDP 대비 사회 복지 지출의 비율은 OECD 평균이 22.6%인 데 비해 한국은 8.7%에 불과하였다. 스웨덴(29.5%)과 같은 복지 국가는 물론이고 이 비율이 상대적으로 낮은 일본(17.5%)과 미국(15.2%)에 비해서도 매우 낮은 수준이었다. 외환 위기의 전개 과정 및 극복 과정에서 우리나라의 저소득층은 큰 고통을 맛보아야만 하였다.

3. 오늘날 한국 경제는 어디에 서 있나?

한국 경제의 위치

수많은 위기와 기회를 거치면서 한국 경제는 오늘날 세계 경제에서 중요한 비중을 차지하는 위치에 올랐다. OECD에 소속한 34개국을 대상으로 한 비교가 한국의 현재 위치를 알려 주는 유용한 척도가 될 것이다. 2010년(일부는 2009년)을 기준으로 볼 때, 한국의 GDP는 1조 달러를 약간 상회하여 세계 10위에 달하였다. 그러나 1인당 GDP는 2만 달러를 조금 넘어 OECD의 평균치인 약 3만 7,000달러에 비해 격차를 보이면서 26위에 머물렀다. 인구는 4,800만 명에 육박하여 9위를 차지

절대 빈곤율: 월간 소득이 최저 생계비에 이르지 못하는 가구를 절대 빈곤 가구라고 하는데, 이 절대 빈곤 가구가 전체 가구에서 차지하는 비율을 말한다.

하였는데, 인구 밀도로 보면 가장 높은 국가다. 식량 자급률은 30개국 가운데 27위에 머물고 있다.

세계 속의 한국 경제 2012년에 특수 기술로 촬영된 지구의 야간 이미지. 동아시아에서 중국 동부, 남한, 일본이 조명으로 밝게 빛나는 반면에 북한은 어둡게 나타나 있다.
자료: NASA Goddard Photo and Video, Flickr (CC BY 2.0).

인구 구조는 현재 경제 성장에 유리한 모습을 보이고 있는데, 특히 생산 가능 인구의 비율이 73%로서 OECD 국가 중에서 1위를 차지하고 있다. 그러나 합계 출산율이 1.15명으로 OECD 평균인 1.74보다 현저히 낮아 최하 순위를 기록하고 있다. 이는 한국의 고령화가 세계에서 가장 빠른 속도로 진행되고 있음을 의미하며, 따라서 생산 가능 인구의 비율도 빠른 속도로 하락할 것으로 예상할 수 있다. 경제 활동 참가율이 낮다는 점도 문제점의 하나다. 2010년 현재 경제 활동 참가율이 66%로 27위에 머물고 있으며, 특히 여성의 경제 활동 참가율은 30위인 55%로 최하위권에 위치하고 있다. 앞으로 유능한 여성 인력이 보다 많이 경제 활동에 종사할 수 있도록 사회적 제도 개선과 인식의 전환이 필요할 것이다.

한국인들의 노동 조건은 어떠한가? 노동 연평균 근로 시간은 2,193시간으로 OECD에서 최장 시간을 기록하고 있다. OECD 평균치인 1,739시간과 큰 격차를 보인다. 이와 대조적으로 노동 생산성은 매우 낮아서 27위에 머물고 있다. 다행스럽게도 노동 생산성의 증가율이 매우 높기는 하지만, 아직 갈 길이 멀다. 근래에 외국인 노동자의 유입이 빠른 속도로 증가하기는 하였지만, 외국인 노동자의 비율은

아름다운 도시의 야경 서울 강남의 화려한 불빛은 밤에도 일하는 인구가 많다는 사실을 보여 준다.
자료: Duesride, Wikimedia (CC BY-SA 3.0).

2.3%(20위)로서 OECD 평균인 10.2%와는 큰 차이를 보이고 있다. 노동조합 조직률은 33개국 중에서 30위인 10.0%로, OECD 평균인 27.6%에 비해 매우 낮은 편이다. 그러나 인구 1,000명당 파업 근로 손실 일수는 9위를 기록하여 상대적으로 노사 관계가 거칠다는 점을 보여 주고 있다.

한국의 총저축률은 32.0%로 32개국 가운데 3위를 기록하고 있다. 그러나 이는 기업과 정부의 저축률이 각각 1위와 3위를 차지하였기 때문이고, 가계의 순저축률만 보면 불과 3.2%로 중하위권에 머물고 있어 잠재적인 불안 요소가 되고 있다. GDP 대비 R&D 지출은 30개국 중에서 3위를 보이고 있으며, 이공계 대학 졸업자의 비율도 2위를 기록하고 있다. 그러나 이공계 박사 학위자의 비율은 33개국 중에서 27위로 고급 인력은 아직도 부족하다는 점을 보여 준다. 이런 상황이 반영된 탓으로, 한국의 기술 무역 수지는 수입에 비해 수출이 43%에 불과해 기술 역조가 아직 심하다는 점을 말해 준다. 한국 경제가 고도의 기술 수준에 도달하려면 이공계 고급 인력을 확충하는 일이 절실하다.

사회적 측면을 보면, 먼저 사회 복지 지출의 수준이 최하위권이라는 점이 눈에 띈다. 그러나 사회 복지 지출의 증가율은 높은 수준(4위)을 보이고 있다. 지니 계수는 높은 편에 속하는데, 이는 외환 위기 이후에 달라진 사회적 상황을 반영한다. 또 하나 중요한 점은 산업 재해율이 23개국 가운데 2위를 차지하고 있다는 사실이다. 그간 산업 재해 문제의 심각성에 대해 사회적 인식이 부족하였고, 산업 재해 방지를 위한 교육과 기술 투자에 소홀하였다는 점을 말해 준다. 마지막으로 부패 지수는 30개국 중에서 22위를 차지하고 있어, 선진 국가로 도약하는 데 부패 문제의 해소가 반드시 필요함을 알 수 있다.

변화하는 한국 사회 한국의 경제가 급속한 변화를 겪은 것과 마찬가지로 한국의 사회도 빠르게 변화해 왔다. 여가를 보내는 방법에도 세계화가 영향을 끼쳤다. 사진은 대형 놀이동산에서 진행되고 있는 외국식 퍼레이드의 모습.
자료: Byung Khun Song (CC BY 2.0).

요약하자면, 한국은 단기간 내에 빠른 경제 성장을 이룩하였고, 특히 양적 측면에서 세계 경제의 중요한 일원으로 성공적으로 자리매김을 하였다. 그러나 빠른 경제 성장은 빠른 사회 변화를 동반하였고, 그 속에서 '압축 성장'이 갖는 문제점, 즉 고속 성장의 과정에서 사회의 여러 부문과 여러 집단이 적절한 균형을 찾지 못하고 갈등이 증폭되는 문제가 발생하였다. 선진국들이 오랜 기간에 걸쳐 해결책을 강구해 온 여러 문제들에 대해 한국 사회는 그간 본격적인 논의를 미루고 근원적 해결책 마련을 회피해 왔다. 선진 경제, 선진 사회로 나아가기 위해서는 누적된 문제들을 해결하고 사회 구성원 대다수가 동의할 수 있는 체제와 질서를 마련하는 것이 반드시 필요하다.

제13장

21세기의 세계화

1. 세계 경제의 현 주소는 어디인가?
2. 글로벌 경제 위기는 어떻게 전개되었나?
3. 인류가 당면한 세계적 차원의 문제들은 무엇인가?
4. 세계화를 어떻게 볼 것인가?

1. 세계 경제의 현 주소는 어디인가?

200년간의 변동

지금까지 우리는 세계 경제의 변화 추이를 역사적 관점에서 살펴보았다. 특히, 지난 2세기 동안 세계화가 확장한 시기와 후퇴한 시기의 변화를 시기별로 살펴보았다. [표 13-1]은 1820-2000년 동안의 장기적 경제 변화를 상품, 노동, 자본의 국제적 이동 측면에서 정리하고 있다. 세계화가 확장한 시기에는 상품, 노동, 자본의 이동이 활발해졌고, 세계화가 후퇴한 시기에는 상품, 노동, 자본의 이동이 축소되었다. 이러한 변화는 운송비의 하락과 같은 기술적 요인에 영향을 받기도 하였지만, 관세 인하, 이민 정책 등과 같은 정책적 요인에 따라서도 영향을 받았다.

오늘날의 세계 경제

현재 세계 경제의 무역 네트워크는 어떤 모습일까? 다음 그림이 전체적인 흐름을 보여 준다. 서유럽, 아시아 · 태평양, 북아메리카가

【표 13-1】 세계 경제의 장기적 변화

기간	세계화	대륙 간 상품 가격차	노동 이동	자본 이동
1820-1914	확대	감소	증가	증가
1914-1950	축소	증가	감소	감소
1950-2000	확대	감소	증가	증가
전체 기간	확대	감소	증가	증가

자료: Lindert and Williamson(2003), 231쪽.

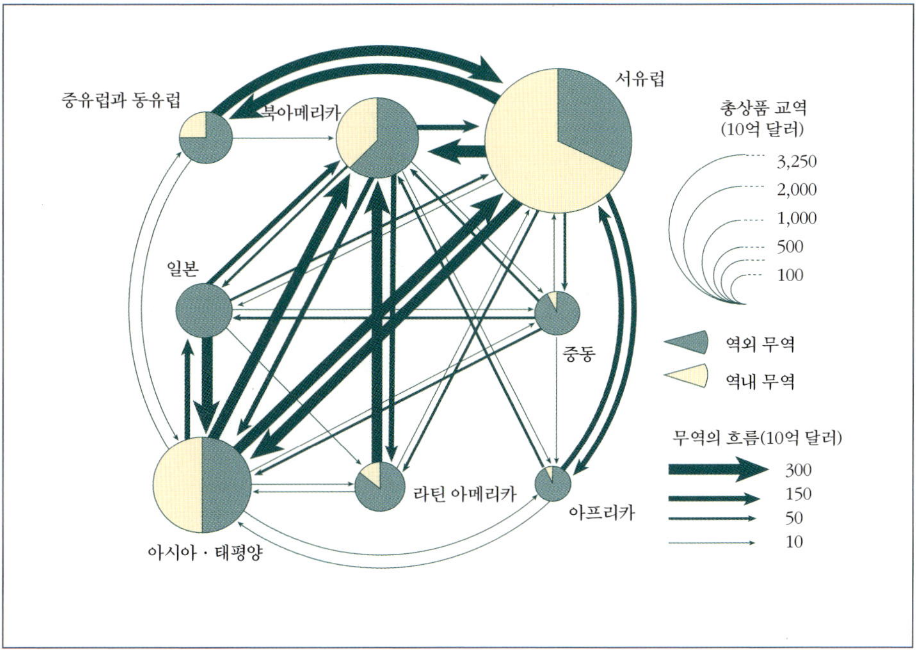

세계의 무역 네트워크
주: 10억 달러 이하의 무역은 그림에 표시하지 않음.
자료: Dicken(2007), 62쪽.

교역량이 가장 많은 세 축을 형성하고 있다. 이 가운데 역내 무역의 비중은 서유럽이 가장 높고, 아시아 · 태평양이 그 다음이며, 북아메리카가 가장 낮다. 그 밖에 일본, 중유럽과 동유럽, 라틴 아메리카, 중동, 아프리카가 지역적 축을 형성하고 있다. 우리의 주목을 끄는 점은 각 축을 연결하는 수출과 수입의 양이 차이를 보이는 곳이 많다는 사실이다. 예를 들어, 아시아 · 태평양에서 북아메리카로 향하는 교역량은 반대 방향으로 이동하는 교역량에 비해 훨씬 많다. 마찬가지로 일본과 유럽도 북아메리카에 대해 수출 초과를 보이고 있다. 지역 간의 국제 수지가 지속적으로 불균형한 상태에 놓이는 글로벌 불균형의 문제는 현대 세계 경제가 안고 있는 심각한 고민거리다. 특히, 개별 국가 간의 국제 수지 불균형이 세계적 다각 결제망의 차원에서 상쇄가 되지 않는다면 문제는 심각성을 더할 것이다.

글로벌 불균형의 규모는 시간이 흐르면서 점차 확대되었다. 특히, 21세기에 들어서 규모가 현저하게 증가하였다. 미국은 1980년대 이래 줄곧 경상 수지 적자를 기록하였지만, 특히 1990년대 후반부터 적자 폭이 크게 늘어났다. 반대로 경상 수지 흑자를 가장 지속적으로 기록한 국가는 일본이었다. 1980년대 이래 일본은 흑자를 놓치지 않았다. 21세기에는 중동과 북아프리카, 러시아, 중국 등도 흑자 진영에 합류하였는데, 특히 중국은 2000년대 중반부터 경상 수지 최대 흑자 국가의 자리를 차지하였다. 제11장에서 살펴본 '차이메리카' 체제는 이런 고착화된 무역 불균형을 배경으로 작동하는 것이다.

현대 경제의 또 다른 특징은 변동성의 심화에 있다. 과거에 비해 경제의 변동성이 증가하였다는 증거는 여러 측면에서 나타난다. 그 가운데 하나가 기업 순위의 빠른 변동이다. 시가 총액을 기준으로 볼 때, 1999년에 세계의 25개 거대 기업 가운데 2009년에 25위 안에 남은 기업의 수는 8개에 불과하였다. 국적별로 보면 미국과 일본의 퇴조 및 중국의 약진이 뚜렷하게 나타났다. 1999년에는 미국 기업이 19개, 일본 기업이 3개, 그리고 영국, 독일, 핀란드의

중국 기업의 성장 중국 기업들은 이제 세계적으로도 큰 비중을 차지하고 있다. 사진은 상하이의 금융 중심 지구 풍경.
자료: Alvin Leong, Flickr (CC BY-SA 2.0).

【표 13-2】 1999년과 2009년 기준 세계의 10대 거대 기업

순위	1999년		2009년	
	기업	국적	기업	국적
1	마이크로소프트	미국	엑손모빌	미국
2	GE	미국	중국은행	중국
3	NTT도코모	일본	마이크로소프트	미국
4	시스코	미국	중국석유천연가스	중국
5	월마트	미국	월마트	미국
6	엑손모빌	미국	BHP빌리턴	오스트레일리아
7	인텔	미국	HSBC	영국
8	일본전신전화	일본	중국건설은행	중국
9	루슨트	미국	구글	미국
10	노키아	핀란드	차이나모바일	중국

자료: *Wall Street Journal*, 2009년 12월 21일자.

기업이 각각 1개였다. 그러나 2009년에는 미국 기업 14개, 중국 기업 4개, 영국과 스위스 기업 각 2개, 오스트레일리아, 브라질, 네덜란드 기업 각 1개로 나타났다. [표 13-2]에 제시한 세계 10대 기업을 보면, 미국은 1999년 7개에서 10년 후에는 4개로 줄었고, 반면에 중국은 1999년에는 하나도 없었으나 10년 후에는 4개로 급증하였다. 업종별로는 에너지와 금융 부문의 성장과 정보 통신 부문의 퇴조가 뚜렷한 대조를 이루었다.

현대 경제의 변동성을 가장 강하게 느낄 수 있는 분야는 금융이다. 세계적으로 금융 위기의 빈도가 높아지고 강도가 커지는 데에는 이 부문에서 새로운 행위 주체가 대두한 사실이 중요하게 작용하였다. 바로 **헤지 펀드**(Hedge Fund)의 등장이다. 헤지 펀드는 세계 곳곳의 증권 시장과 외환 시장에 투자해 단기 이익을 추구는 민간 투자 기금

헤지 펀드: 전 세계의 금융 시장에 투자해 단기적 이익을 추구하는 투자 기금.

을 의미한다. 1949년에 처음 헤지 펀드가 등장하였을 때에는 위험을 회피하기 위해 국제적으로 분산 투자를 하는 펀드를 의미하였지만, 헤지 펀드가 본격적으로 성장하기 시작한 1990년대부터는 고수익을 노리고 단기 투자를 하는 펀드가 주종을 이루었다. 헤지 펀드는 파생 금융 상품을 다양하게 조합하여 고위험 상품을 개발하고 대규모 자금을 동원하기 때문에 국제 금융 시장을 교란하는 힘을 보유하였다. 이렇게 큰 영향력 때문에 헤지 펀드에 대해 규제를 강화해야 한다는 주장도 적지 않다. 2008년 글로벌 금융 위기가 발생하기 직전에 세계적으로 헤지 펀드의 규모는 약 2조 원이었던 것으로 추정된다.

2. 글로벌 경제 위기는 어떻게 전개되었나?

위기의 발생과 전파

2007-2008년에 세계 경제는 엄청난 지각 변동을 겪었다. 이 글로벌 경제 위기는 각국의 경제를 불황, 실업, 기업 파산 및 개인 파산에 직면하게 하였다. 미국에서 시작된 이 위기의 직접적 출발점은 서브프라임 모기지(sub-prime mortgage) 사태였지만, 기저에는 2000년대 중반부터 지속된 세계적인 저금리 기조와 이로 인한 유동성의 세계적 증가라는 배경이 자리하고 있다. 즉, 자산 가격 특히 부동산 가격의 급등세가 지속되면서 버블이 확대되어 갔고, 결국 서브프라임 모기지의 증권화라고 하는 취약한 부분이 터지면서 대규모 거품 붕괴로 이어지게

파생 금융 상품: 예금, 외환, 주식, 채권 등 기초 자산으로부터 파생되어 나온 금융 상품. 대표적으로 선물, 옵션, 스와프 등이 있다.
서브프라임 모기지: 미국의 부동산 금융 상품 가운데 하나로, 비교적 신용도가 낮은 고객을 대상으로 하는 비우량 부동산 담보 대출 상품이다.
증권화: 자산을 유통시키기 위해 매매가 가능한 소액의 증권 형태로 만드는 작업. 자산 유동화라고도 한다.

되었다.

그간 신자유주의 사조 속에서 정부 규제를 완화하고 시장에 대한 믿음을 극대화하는 형태로 경제 제도가 운영되어 왔다는 사실이 버블의 한 원인으로 작용하였다. 특히, 금융 부문에서 이런 현상이 두드러졌다. 금융 감독과 평가 체계가 약화되면서 위험을 감수하면서라도 높은 수익률을 얻고자 하는 금융 기관의 행태가 나타났고, 전례 없는 규모로 다양한 파생 금융 상품이 등장하면서 버블을 확대시켰던 것이다.

버블로 돌진하는 황소 뉴욕 금융가를 상징하는 황소 상. 금융 시장의 상승장(bull market)이 무한정 지속될 수는 없었다.
자료: Glen Scarborough, Flickr (CC BY-SA 2.0).

세계 실물 생산의 증가에 비해 파생 금융 상품의 증가는 매우 빨랐는데, 특히 2000년대에 들어서 파생 금융 상품의 증가세는 엄청난 수준이었다. 결국 저금리와 규제 완화의 환경 하에서 이상 과열(irrational exuberance)을 보였던 경제 주체들이 순식간에 파국적 상황을 맞게 되었다. 금융 기관의 부실화와 파국은 세계적 명성을 지녔던 기업들을 하루아침에 세계 금융 지도에서 사라지게 만들었다. 리먼 브라더스(Lehman Brothers)는 파산하였으며, 메릴 린치(Merrill Lynch), 워싱턴 뮤추얼(Washington Mutual), 와코비아(Wachovia)는 다른 기업에 인수되었다. 이 밖에도 수많은 금융 기관이 축소, 인수 또는 파산과 같은 비운을 맛보아야만 하였다.

이상 과열: 연방 준비 위원회 의장 그린스펀(A. Greenspan)이 1990년대 후반 미국 주식 시장의 폭등을 설명하기 위해 사용한 용어. 지나친 기대가 일으킨 상승 작용에 기인한 비정상적 과열이라고 지적하였다.

금융 기관의 부실화와 그에 따른 금융 경색의 영향은 곧 실물 부문까지 전이되었다. 가계 소비의 위축과 기업 투자의 감소가 뒤따르면서 금융 위기는 본격적인 경제 위기로 확대되었다. 그리고 이는 다시 국제 무역의 축소로 이어져 글로벌 위기 사태로 비화되었다. 글로벌 위기의 여파는 1970년경 이래 오일 쇼크를 포함한 어떤 경제적 위기보다도 큰 충격을 가져왔다. 세계 경제의 실질 GDP 증가율이 -2%에도 미치지 못하여, 전 세계인의 평균 생활 수준이 하락하는 유례를 찾기 힘든 상황이 발생하였다.

범세계적 경제 위기로부터 자유로운 국가는 거의 없었다. 선진국과 개발 도상국을 막론하고 대부분의 국가들이 경기 침체의 나락으로 빠져들었다. 각국 정부는 아래에서 살펴볼 여러 정책을 통해 경기 후퇴를 방어하기 위해 적극적인 행보를 보였지만, 세계 경제의 둔화를 막기에는 역부족이었다.

무너지는 금융 제국 2008년 9월 세계적 금융 기업 리먼 브라더스가 파산하는 장면을 취재하기 위해 많은 기자들이 본사 건물 앞에 진을 치고 있다.
자료: Patrick Stahl, Flickr (CC BY-SA 2.0).

대공황 이후 최대의 국제적 공황이라고 일컬어지는 현재의 글로벌 경제 위기가 어떤 결말을 맺게 될지는 불확실하다. 미국으로만 한정을 하더라도 가계 부문의 순자산 손실의 규모가 2008년 한 해 동안 11조 달러에 이르렀다. 미국과 유럽 연합의 실업률은 제2차 세계 대전 이후 최고 수준인 10%에 이르렀다. 한때 국가 경제 혁신의 성공 사례로 칭송되던 아이슬란드, 두바이, 아일랜드는 졸지에 구제의 손길을 요하는 상황을 맞게 되었다.

가라앉은 꿈 21세기 초 장밋빛 미래를 꿈꾼 대표적 도시 두바이는 글로벌 금융 위기의 직격탄을 맞았다. 사진은 두바이 바다에 건설 중인 인공 섬의 모습.
자료: Richard Schneider, Flickr (CC BY 2.0).

위기에 대한 대응

세계 각국은 글로벌 경제 위기를 맞아 다양한 대응 정책을 실시하였다. 파산 위기에 빠진 개별 금융 기관을 구제하는 것을 시작으로, 금융 경색을 막기 위한 정책적 금리 인하, 통화 정책의 완화, 확장적 재정 정책 등을 적극적으로 실시하였다. 또한 국가별로 금융 감독과 규제의 강화, 금산 분리 원칙의 적용, 부실 금융 기업의 국유화 등의 조치를 취하였다.

미국은 시급한 현안인 금융 시장의 안정화를 위해 은행 등 금융 기관의 자본을 확충하고, 금융 기관의 채무를 정부가 보증하며, **양적 완화**(quantitative easing) 정책을 통해 유동성 공급을 확대하였다. 영국 정부는 대형 은행들에게 자본을 확충하고, 금융 기관 부채에 대해서 보증을 서 주었다. 프랑스, 독일, 일본 등 여타 국가들도 금융 기관의 부실화를 막고 유동성의 안정적 공급을 보장하기 위한 안정화 조치를 앞다투어 실시하였다.

확장적 재정 정책을 운영하는 전략도 선진국들이 공통적으로 취한 위기 대응책 중 하나였다. 경기 부양을 목적으로 복지와 사회 간접 자본 투자에 대규모 재정 지출을 하거나 조세 감면 정책을 취하는 국가가 많았다. 예를 들어, 미국 정부는 대규모의 감세 정책을 실시하였고, 일자리 창출과 경기 부양을 위해 재정 지출을 크게 늘렸다. 유럽

양적 완화: 중앙은행의 정책으로 금리 인하를 통한 경기 부양 효과가 한계에 봉착하였을 때 중앙은행이 국채 매입 등을 통해 유동성을 시중에 직접 푸는 정책을 뜻한다. 경기 침체에 제동을 거는 효과를 볼 수도 있으나, 지나칠 경우 인플레이션과 자산 가격 거품을 야기할 수도 있다.

지쳐 가는 세계 경제 글로벌 경제 위기 속에서 빠져나오기 위해 각국은 전력을 다하고 있다. 자국의 통화 가치를 떨어뜨리는 전략은 통치자들에게 가장 달콤한 유혹이다.
자료: Justin Cozart, Flickr (CC BY-SA 2.0).

국가들도 사회 간접 자본 투자를 위한 재원을 마련하였고, 조세 감면을 위한 다양한 정책을 실시하였다. 그러나 이런 정책은 필연적으로 국가 부채의 증가로 이어졌다. 이러한 재정 압박으로 인해 앞으로 추가적 재정 정책을 펼칠 여지는 크게 제한되고 있다. 그리스와 스페인에서는 이미 재정 위기가 현실화되어 국제적 지원에 의존해야만 하는 상황이 되었다.

금융 위기가 선진국에만 국한된 것이 아니었으므로, 많은 개발 도상국들도 위기 대응 정책의 수립과 집행이 필요하였다. 대부분의 국가들은 선진국의 사례를 좇아 유사한 대응 전략을 마련하고 수행하였다. 통화의 신인도가 약한 국가들은 선진국과 통화 스와프 협정을 체결하여 위기 상황의 발생에 대처하기도 하였다.

종합하자면, 세계 각국은 위기 극복을 위해 국제적 공조가 필요함을 인식하였고, 실제로 개별 국가들이 자국의 단기적 이익을 위해 보호 무역주의를 경쟁적으로 택하거나 평가 절하를 경쟁적으로 실시하는 등의 우(愚)를 범하지는 않았다. 비록 완벽한 국제 공조가 이루어지고 있다고 볼 수는 없지만, 과거 대공황으로부터의 회복이 지연되고,

통화 스와프: 복수의 국가가 서로의 통화를 미리 정한 환율에 따라 일정한 시점에 교환하는 외환 거래를 말한다. 환율 급변동의 위험을 회피하는 수단으로 사용된다.

사회 불안이 증폭되고, 급진적 정치 집단이 대두하였던 사례로부터 배운 값비싼 역사적 교훈이 현대인에게 영향을 끼치고 있는 것은 분명해 보인다. 그렇지만 경제 위기가 지속될 경우 개별 국가들이 자국 우선주의에 끌리지 않으리라는 보장은 없다.

경제 위기의 확산 그리스 재정 위기 소식에 미국 주가 지수가 폭락하는 상황이 TV에서 방영되고 있다.
자료: Goerge Kelly, Flickr (CC BY 2.0).

새로운 세계 경제 질서의 모색

경제 위기의 여파는 개별 기업과 국가에 국한되지 않는다. 기업과 국가의 경제 활동에 대해 국제적 기준을 제공하는 세계 경제 질서 자체에도 중대한 변화가 발생하고 있다. 1970년대에 등장하여 그 후 30여 년 간 가속화된 신자유주의적 경제 기조가 현재의 경제 위기 속에서 비판을 받게 되었고, 개별 정부 및 국제 기구의 통제를 강화하는 이른바 **신(新) 브레턴우즈 체제**(New Bretton Woods System)의 구상이 필요하다는 주장도 대두되고 있다.

이러한 문제 의식은 선진국에만 국한된 것이 아니다. 그간 신자유주의 질서 속에서 선진국들은 개발 도상국들에게 특정한 경제 개혁 처방을 권고 또는 강제하여 왔다. 이런 처방에 대한 신뢰가 무너지면서, 선진국의 처방이 따라잡기(catch-up), 즉 선진국과 후진국 간의 경제적 격차를 해소하는 수렴 효과를 가져오지 않고 오히려 양자 간의 격

신 브레턴우즈 체제: 기존의 세계 경제 질서를 대체할 경제 체제로 논의되는 방안을 가리킨다. 대체로 개별 국가의 결정 권한 강화, 금융 감독의 강화와 위기 경보 체제의 확립 등을 핵심적 내용으로 한다.

차를 확대시키는 이른바 '사다리 걷어차기'(kicking out the ladder) 효과를 초래할 수도 있다고 믿는 개발 도상국들이 점차 많아지게 되었다. 경제 발전 전략의 구상에 있어서 국가의 역할을 중요시하고 개별 국가가 정책적 자율성을 발휘할 공간을 보장하는 형태의 새로운 틀이 필요하다는 주장이 힘을 얻고 있다.

글로벌 위기에 대응하는 과정에서 미국, 유럽, 아시아의 선진적 자본주의 국가들은 정부의 적극적인 정책 개입을 선택하였다. 과거의 사례에서와는 달리 글로벌 위기에 대응하는 국가들 사이에 공조 체제가 어느 정도 잘 작동하였다. 불황에 대처하는 인류의 능력이 증대되었기 때문에 현재의 글로벌 위기가 심화되지 않고 머지않아 회복의 길에 들어설 것이라는 예측도 제기되고 있다. 국제 경제 질서도 위기 이전과 별로 차이를 보이지 않는 형태를 유지할 것이라고 이런 낙관적 견해는 예측한다.

그러나 낙관적 견해를 경계하는 주장도 나온다. 비관적 견해의 첫째 근거는 각국이 재정 확장 정책을 계속할 여력이 점차 감소하고 있다는 점이다. 이는 세계적인 현상이지만, 특히 재정 적자가 심한 국가들로부터 먼저 우려의 목소리가 전해지고 있다. 남유럽의 여러 국가들이 재정 압박을 받고 있고, 미국과 일본의 사정도 녹록하지 않다. 둘째, 경제 위기가 지속되면서 자국의 이익을 앞세우는 분위기도 감지되고 있다. 금융 규제와 보호 무역주의를 내세우는 정치 세력이 목소리를 높이고 있고, 외국인 노동력의 유입에 반대하는 견해가 표출되고 있으며, 희소 자원과 에너지 확보를 둘러싼 국제적 경쟁도 격화되고 있다. 이런 정책들은 국가 간의 협력을 저해하고 정책 공조를 어렵게 하여 불황으로부터 회복을 더디게 만들 위험이 크다. 셋째, 인위적인 경기 부양 정책은 불가피하게 자산 가격의 상승을 초래하며, 이는 향후 자산 거품을 만들어 낼 위험이 있다. 넷째, 2차 세계화 시대에 확대된 지역 경제 협력체가 위기를 확산시키는 기폭제로 작용할 수도 있다. 예를 들어, 한 국가의 위기 상황은 그 국가가 포함된 지역 경제 협력체 전체로 확산될 위험이 있다. 지역 경제 협력체를 해체하거나 재편하는 데에는 큰 비용이 소요되기 때문에, 이에 대한 정책적 선택이 폭은 제한적일 수밖에 없다.

3. 인류가 당면한 세계적 차원의 문제들은 무엇인가?

인구 증가와 생활 수준

오늘날 인류는 개별 국가가 해결하지 못하는 많은 문제들을 안고 있다. 국제적 공조와 세계 시민으로서의 개인의 협조가 없이는 해결이 어려운 문제들에 대해 살펴보기로 하자. 첫째, 인구 증가는 일차적으로 개인과 개별 국가의 문제이지만, 인구의 증가가 지구 자원에 대한 압박을 가져오고 환경 오염을 악화시킨다는 면에서 세계적인 문제라고 볼 수 있다. 또한 인구 증가는 교육과 같은 인적 자본 투자가 적절히 이루어질 경우 생산성을 높여 소득을 향상시킬 수도 있지만, 그렇지 못할 경우에는 실업 문제를 악화시키고 1인당 소득을 감소시킴으로써, 뒤에 살펴볼 빈곤의 문제로도 연결이 된다.

세계의 인구는 1950년에 25억 명이었으나 2000년에는 60억 명으로 증가하여 무려 2.4배의 증가를 보였다. 현재 세계 인구는 70억 명에 이르며, 2050년에는 90억 명에 이를 것으로 예측된다. 기술 진보의 속도가 얼마나 빠를지에 달려 있기는 하지만, 지구 환경에 대한 인구 압력은 앞으로도 계속 높아질 것으로 보인다.

소득 불균등의 문제도 중요하다. 흔히 세계화는 소득 불균등을 심

인구 압력 인구 증가는 생활 여건을 악화시키고 자원 사용을 증대시킨다. 사진은 방글라데시에서 종교 집회에 참석하려는 승객으로 가득한 기차.
자료: Muntasirmamunimran, Wikimedia (CC BY-SA 3.0).

화시키는 것으로 인식된다. 이 이슈를 1차 세계화 시대와 2차 세계화 시대를 포함하는 장기적 자료를 통해 살펴보자. 다음 그림은 1820년부터 1992년 기간의 소득 불균등 추이를 보여 준다. 여기에서는 국가 간의 불균등과 국가 내의 불균등을 구분하고 있으며, 둘을 합한 세계 불균등의 추이도 함께 보여 주고 있다. 세계 불균등은 1820년대부터 제1차 세계 대전 직전까지 심화되다가 전간기에 완화되었으며, 다시 제2차 세계 대전 후부터 지속적으로 심화되었다. 두 세계화 시대에 소득 분배가 악화되고 세계화가 후퇴한 시기에 소득 분배가 개선된 모습은 세계화가 소득 불균등을 악화시키는 경향이 있다는 주장에 힘을 실어 준다.

다음으로 국가 간 소득 분배와 국가 내 소득 분배를 구분하여 시간적 추이를 살펴보자. 1차 세계화 시대에 국가 간 소득 불균등은 심화되었다. 공업화를 성공적으로 수행하고 국제 무역을 확대시킨 국가들은 소득 증가를 경험하였지만, 이에 뒤처진 국가들은 소득 증가가 미미하여 격차가 확대된 것이다. 그러나 이 기간에 국가 내 소득 분포에는 주목할 만한 변화가 발생하지 않았다. 경제난이 심하고 세계화가 후퇴한 전간기에는 국가 간 소득 분배가 크게 약화된 반면, 국가 내

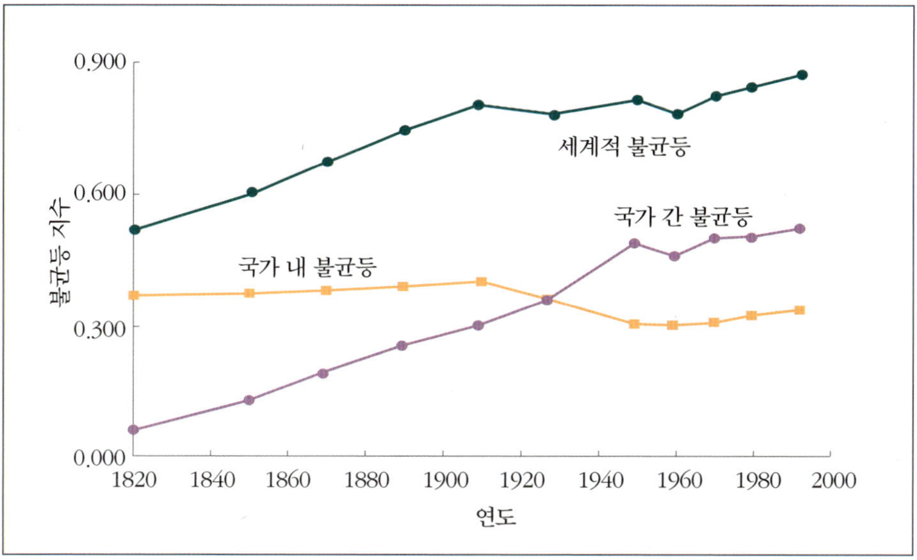

1820년 이래 글로벌 소득 불균형
주: 33개 국가를 대상으로 함.
자료: Bourguignon and Morrison(2002), 734쪽.

소득 분배는 약간 개선된 모습을 보였다. 제2차 세계 대전 후, 특히 1970년대 이후의 2차 세계화 시대에는 국가 간 소득 분배가 약간 악화되었고, 국가 내 소득 분배는 미미하게 악화된 양상이 나타났다. 종합하자면, 세계화가 진전된 시기에 전반적인 소득 분배는 악화되었고, 국가 간 소득 분배는 크게 변한 데 비해 국가 내 소득 분배에서는 변화가 작았다. 한편, 세계화가 후퇴한 시기에는 국가 간 소득 분배는 급속히 악화된 반면에 국가 내 소득 분배는 개선되었다.

마지막으로, 선진국과 개발 도상국을 구분하여 소득 불균등의 문제를 살펴보자. 1980년 이래 선진국과 개발 도상국 간에 의미 있는 차이점이 존재한다. 선진국 그룹에서는 국가 내 불균등은 확대되었지만, 국가 간 불균등은 감소하였다. 이와 달리 개발 도상국에서는 국가 내 불균등과 국가 간 불균등이 모두 확대되었다. 선진국의 경우 소득 분배에 대한 신자유주의적 세계화의 효과가 양 방향이지만, 개발 도상국의 경우 그 효과가 국가 간이든 국가 내든 상관없이 소득 분배를 악화시키는 방향으로 작용하였다는 것이다. 종합하자면, 세계화가 소득 불균등을 심화시킨다는 통념은 역사적 근거가 있다. 특히, 개발 도상국의 우려에는 충분한 이유가 있는 것으로 보인다.

곤궁한 삶 지구 곳곳에서 수많은 사람들이 아직도 빈곤을 벗어나지 못한 채 살아가고 있다. 사진은 인도 남부에서 촬영된 가난한 주민들의 모습.
자료: Sean Ellis, Flickr (CC BY 2.0).

빈곤 역시 세계적 공조가 필요한 문제다. 많은 국가와 사람들은 여전히 빈곤의 문제에서 헤어나지 못하고 있다. 세계적으로 1998년 기준으로 12억 명이 하루 소득 1달러 미만을 벌었다. 그중 절반에 조금 못 미치는 수가 남아시아에 거주하였고, 아프리카의 사하라 이남 지역과 동아시아 및 태평양 지역이 뒤를 이었다. 지리적으로 볼 때 빈곤의 문제가 가장 심각한 지역은 아프리카이다. 이 대륙에 거주하는 많은 사람들은 심각한 빈곤에 처해 있고, 이들이 속한 국가들은 무거운 부채를 짊어지고 있다.

지구 생태계와 환경

다음으로 생태계의 변화와 세계적 전염병의 문제를 보자. 세계화는 재화와 천연자원의 장거리 이동을 증가시킬 뿐 아니라 사람, 동물,

식물, 미생물, 바이러스의 지리적 이동성을 확대시켰다. 또한 때로는 생산의 특화를 위해 단작화를 실시하거나 새로운 작물을 도입하는 사례가 증가하였으며, 수익성을 높이기 위해 작물에 유전자 변형을 가하는 경우도 증가해 왔다. 이런 변화들은 기존의 생태계를 교란하는 효과를 초래하는데, 안정화된 생태계에 갑작스러운 변화가 발생하면 예측하기 힘든 많은 부작용이 발생할 수 있다. 그 가운데 하나가 생물 종의 다양성이 축소되는 위험이다. 생물 종의 다양성을 확보하는 것은 지구의 생태계를 풍부하게 유지하는 길일 뿐만 아니라, 인류의 장래 생존과 복지를 위한 중요한 예비적 자원을 확보하는 길이기도 하다.

세계화가 진전되면서 항공 여행 및 화물 운송이 급속하게 증가하자 국제적인 전염병 확산의 위험도 증가하였다. 질병의 잠복기보다 사람과 동식물과 재화의 이동 속도가 더 빨라짐에 따라 세계 곳곳으로 질병이 전파될 위험이 커졌다. 과거에는 특정 지역에서만 일시적으로 발병하던 질병 중에서도 이제 세계적인 전파력을 지닌 질병으로 성격을 바꾸게 된 경우가 많다. 2002년 발생한 사스와 2009년 발생한 신종 인플루엔자 A의 맹위는 이러한 세계적 전염병의 창궐 위험이 과거 어느 때보다 커졌다는 사실을 말해 준다.

세계적으로 가장 많은 희생자를 내고 있는 전염병은 에이즈(AIDS)이다. 에이즈를 일으키는 HIV 바이러스에 감염된 인구는 2004년에 약 4,000만 명에 달하였다. 이는 성인 1,000명당 11명이라는 높은 비율이다. 감염자 1,000명당 사망자 수는 평균 78명에 이른다. 이 질병은 지리적으로 매우 불균등한 분포를 보인다. 세계 전체 감염자의 절반을 훨씬 넘는 수가 아프리카 사하라 이남 지역에 거주하여, 1,000명당 74명

사스(SARS, Severe Acute Respiratory Syndrome): 2002년 11월부터 중국 남부 지방에서 발생하여 전 세계로 확산된 증후군. 환자는 발열과 기침, 호흡 곤란, 비정형 폐렴 등의 증세를 보였으며 높은 치사율을 기록하였다.

신종 인플루엔자 A: 신종 플루 또는 H1N1이라고 부르며, 사람, 돼지, 조류의 인플루엔자 바이러스의 유전 물질이 혼합된 새로운 형태의 바이러스에 의해 발병한다.

에이즈: 후천성 면역 결핍증이라고 부르며, 신체의 면역 체계가 제대로 작동하지 못하게 되는 전염병이다.

세계적 질병의 공포 2009년에 유행한 신종 인플루엔자 A는 질병이 과거 어느 때보다도 빨리 세계적으로 확산될 수 있다는 사실을 상기시켜 주었다. 사진은 이집트의 공항에서 검역이 이루어지는 모습.
자료: -NACH-, Flickr (CC BY-SA 2.0).

이나 된다. 감염자 중 사망에 이르는 인구도 1,000명당 91명으로 이 지역에서 가장 높다. 이와 대조적으로 서유럽, 북아메리카, 오스트레일리아와 뉴질랜드에서는 감염자 1,000명당 사망자가 20명을 밑돈다. 감염률은 물론 감염자의 생존율에 있어서도 선진국과 개발 도상국 간에 차이가 크다는 사실은, 세계적 차원의 노력을 통해 개발 도상국의 에이즈 문제를 완화시킬 수 있다는 점을 말해 준다.

환경 오염과 기후 변화의 문제는 이미 널리 알려져 있다. 지구 온난화는 화석 연료의 지속적 사용이 주된 원인이 되어 발생하는데, 한 예측에 따르면 2030년대에는 지구의 평균 기온이 현재보다 1.5-4.5℃ 상승하며 해수면은 20-140cm 높아질 것이라고 한다. 지구 온난화의 영향으로 세계 곳곳에서 기상 이변과 사막화 현상이 목격되고 있으며, 심지어 작은 섬나라들은 머지않아 해수면 상승으로 인해 존재 자체도 위협을 받게 될 것이라고 기상학자들은 전망하고 있다. 이런 환경 문제의 해결에는 세계 여러 국가들의 공통된 해결 의지와 구체적인 해결 방안 및 책임 분담에 대한 동의가 필수적이다. 그러나 현실에서 대다수의 국가가 동의하는 결정에 도달하는 것은 매우 힘들다.

환경 문제에 관한 세계적 합의를 어렵게 만드는 요인은 현재 진행 중인 환경 파괴 요인의 국가 간 불균형만이 아니다. 오늘날의 환경 문제가 과거로부터 누적된 환경 문제의 총합이므로 환경 개선 부담도 역사적 책임 소재에 따라야 한다는 주장이 개발 도상국들을 중심으로 대두되고 있는데, 선진국들은 대체로 이를 선뜻 받아들이려 하지 않는다.

사라지는 빙하 지구 온난화의 심각성을 보여 주는 증거 가운데 하나가 빙하의 축소 현상이다. 사진은 1980년에 비해 빙하가 훨씬 줄어든 상황을 보여 준다.
자료: Nathan Wong, Flickr (CC BY 2.0).

19세기 이래 지구상의 탄소 배출량은 가파르게 증가하여 왔다. 인류가 사용한 전체 에너지 중에서 화석 연료가 차지하는 비중도 80%대까지 증가하였다. 산업혁명 시기부터 현재까지 배출된 이산화탄소의 양을 기준으로 볼 때 현재 선진국들의 책임은 전체 환경 오염의 3/4을 넘는 것으로 알려져 있다. 2011년 한 해만을 기준으로 보면, 중국(29%), 미국(16%), 유럽연합 27개국(11%), 인도(6%), 러시아(5%), 일본(4%)의 순을 보이고 있다. 1인당 배출량으로는 미국, 캐나다, 오스트레일리아, 사우디아라비아 등이 높은 순위에 위치하고 있다.

법치주의와 민주화

마지막으로, 법치주의와 민주화 운동에 관해 생각해 보자. 세계화 시대에는 발달한 정보 통신 기술의 영향으로 다른 국가의 정치적 환경과 민주화 수준에 대한 정보를 빠르게 습득할 수 있으며, 동시에 한 국가가 처하고 있는 정치적 상황을 다른 국가에 쉽게 전파할 수 있다. 시장 개방과 사람의 이동성 증가도 지식과 정보의 범위를 넓히고 강

기록 13-1 섬나라들의 위기감

태평양과 카리브 해 등지의 작은 섬나라들이 지구촌에서 사라질 위기에 처해 있다며 국제 사회의 관심과 지지를 호소해 유엔이 대책 마련에 나서기로 하였다. 유엔은 9일(현지 시간) 내년 1월 10일부터 14일까지 인도양의 섬나라 모리셔스에서 국제회의를 갖고 작은 도서국(島嶼國)들이 직면한 어려움을 해결하기 위한 대책을 논의하기로 하였다고 밝혔다. 회의에는 코피 아난 사무총장도 참석, 도서국들에 대한 국제 사회의 관심을 유도하고 유엔의 지원 방안을 점검할 예정이다.

유엔이 이처럼 '소도서국 구하기'에 나선 것은 세계적 기후의 변화와 해수면의 상승, 허리케인과 같은 자연재해, 테러 위협에 따른 관광업 침체 등으로 섬나라들이 존재 자체의 위기를 맞고 있다는 판단 때문이다. 안와룰 초두리 유엔 사무차장 겸 최저개발국·소도서국 담당 고등 판무관은 "작다는 것, 그리고 멀다는 약점 때문에 이들 나라가 지구촌의 관심에서 소외되고 있다"면서 섬나라들이 국제 사회의 무관심에 낙담하지 않도록 해달라고 호소하였다. 초두리 사무차장은 특히 "나우루, 투발루, 몰디브 같은 나라는 해수면 상승으로 물에 잠길 위기에 처해 있다" …고 호소하였다.

올 여름 카리브 해에는 총 14개의 주요 허리케인이 휩쓸고 가면서 200억 달러의 경제적 손실을 입혔으며, 태평양 폴리네시아 서단의 나우루(인구 1만 2,000여 명), 미크로네시아의 투발루(인구 1만 1,000여 명) 등은 해수면 상승으로 나라 전체가 사라질 위기에 처해 있다.

자료: 〈연합뉴스〉, 2004년 12월 10일자.

도를 높인다. 따라서 한 곳에서 정치적 개선 – 표현의 자유와 같은 기본권의 향상, 권위주의적 정부의 자의적 권력 행사 제한, 법치주의의 진전 등– 이 이루어지면, 이 사실을 다른 지역의 구성원들도 즉각적으로 알 수 있고, 이에 동조하는 움직임을 세계적으로 전파시킬 수 있다. 때로는 국제적 여론을 조성함으로써 변화가 발생하고 있는 곳의 정치 상황에 적극적인 영향을 끼치기도 한다. 이런 이유로 세계화를 긍정적으로 보는 견해는 세계화의 진전이 정치 발전에 기여를 한다고 본다.

세계 여러 지역의 법치주의 수준에는 큰 편차가 존재한다. 유럽

OECD 가입국들처럼 높은 법치주의 수준을 보인 곳이 있는 반면에, 러시아, 아프리카, 라틴 아메리카처럼 법치주의 수준이 낮은 곳도 있다. 1996-2002년의 자료를 보면, 이 기간에 법치주의 상황이 가장 크게 개선된 지역은 유럽 연합 가입 후보국들이었다. 대부분이 구소련의 영향력에서 이탈하여 체제 전환을 하는 과정에 있으며 2004년부터 순차적으로 유럽 연합의 일원이 될 국가들이었다. 이 국가들의 유럽 연합 가입은 경제적 이익만이 아니라 민주적인 정치 체제를 도입하고 조기에 정착시키는 이익을 가져다주는 것이었다. 이 국가들을 제외하고는 법치주의가 눈에 띄게 개선된 곳을 찾기 어렵다. 유럽 OECD 가입국들과 러시아만이 약간의 개선을 보였을 뿐, 아시아의 네 마리 용, 남아메리카, 아프리카는 모두 법치주의 정체 내지 후퇴를 경험하였다. 따라서 세계화의 진전이 곧 법치주의와 같은 정치적 수준의 향상으로 이어질 것이라고 속단을 하기는 어렵다.

한편, 2010년부터 북아프리카와 서아시아의 이슬람 국가들을 중심으로 진행된 반독재 민주화 운동인 이른바 **재스민 혁명**(Jasmine Revolution)은 세계 질서에 영향을 끼치는 새로운 정치적 움직임으로 주목할 만하다. 정치적 억압, 인권 침해, 정부의 부패뿐만 아니라 경기 침체

아랍의 민주화 운동 2011년 장기간 권위주의적 체제에 속박을 받던 이집트인들이 민주화를 요구하며 시위를 벌이고 있다. 이동 통신 기기들이 정보의 전파에 중요한 역할을 하였다.
자료: Al Jazeera/Jamal Elshayyal, Flickr (CC BY-SA 2.0).

재스민 혁명: 2010년부터 이슬람 세계에서 발생한 민주화 운동을 지칭하는 용어로, '아랍의 봄' 또는 '아랍의 자각'(Arab Awakening)으로도 불린다.

와 실업 등 경제적 불만도 이 움직임의 원인이 되었다. 튀니지에서 시작된 시위는 알제리, 리비아, 요르단, 이집트, 예멘, 시리아 등으로 빠르게 확산되었고, 튀니지, 이집트, 리비아 등에서는 정권이 교체되었으며, 일부 국가들에서는 정치적 타협이 이루어졌다. 민주화의 열기는 여전히 북아프리카와 서아시아에서 강렬하게 휘몰아치고 있으며, 일부 국가는 내전의 소용돌이로 빠져들기도 하였다.

4. 세계화를 어떻게 볼 것인가?

약이 되는 세계화

풍요로운 경제 세계화를 긍정적으로 보는 견해에 따르면 세계화에 적극적인 국가는 평균적으로 높은 소득 수준을 누릴 수 있다고 한다.
자료: Byung Khun Song (CC BY 2.0).

세계화를 보는 시각은 다양하다. 단순화하자면, 세계화가 긍정적인 효과를 가져온다고 보는 견해들이 있는 반면에, 세계화의 영향이 전반적으로 부정적이라고 보는 견해들도 있다. 이들을 간략하게 정리해 보자.

세계화의 영향을 긍정적으로 평가하는 근거의 하나는 세계화가 국가라는 정치적 기구의 통제력을 약화시킨다는 점이다. 개인이 국가 권력으로부터 해방되어 자유롭게 권리를 향유할 수 있게 되며, 개별 국가의 통제에서 벗어나 세계적 공통성을 갖는 이른바 '세계 시민'으로서의 지위를 누리게 된다는 것이다. 국민들은 외국에서 사람들이 어떤 정치적 권리를 누리는지 손쉽게 파악할 수 있기 때문에 국내 정치에 영향을 끼칠 수 있으며,

종교적 다양성 세계화는 종교적 포용을 내포한다. 사진은 타이완의 공항에 마련된 기도 공간으로, 종교별 상징과 건축물의 특징을 반영한 디자인이 돋보인다.
자료: Byung Khun Song (CC BY 2.0).

국내의 실상을 외국과 국제 기구에 전하여 동조자와 협력 세력을 구함으로써 국내에 변화의 압력을 가할 수도 있다. 이런 과정을 통해 세계화는 민주적 정치 질서가 세계 곳곳에 파급되도록 긍정적인 영향을 끼칠 수 있다.

세계화는 지역 간의 경제적 · 정치적 · 문화적 · 기술적 장벽을 낮추는 과정을 통해 시장 규모를 확대하고 규모와 범위의 경제를 실현할 수 있는 기반을 창출한다. 각 경제 주체는 비교 우위를 지닌 상품의 생산과 유통에 특화함으로써 전문화와 교역의 이익을 극대화할 수 있다. 세계화가 진전된 경제에서는 수확 체감의 법칙이 작용할 여지가 축소되기 때문에, 소수의 혁신자가 과거보다 큰 이익을 누릴 수 있게 된다. 따라서 세계화에 적극적인 경제는 이런 이점들을 살리게 되어 평균 소득 수준의 향상을 기할 수 있다고 설명한다. 경제 주체들 간의 소득 격차는 커질 수도 있지만, 평균적인 소득 수준은 높아지는 경향이 강하다는 것이다.

마지막으로, 세계화가 문화적 다양성을 증가시키는 긍정적 효과를 유발한다는 주장도 피력된다. 지구 곳곳의 다양한 문화에 대해 노

출이 되는 범위가 확대되고 빈도가 증가함에 따라, 상이한 문화에 대한 이해가 깊어지고 포용력이 커진다는 것이다. 이런 이해와 포용력이 곧 세계 시민이 가져야 할 미덕이라고 할 수 있다.

독이 되는 세계화

세계화가 유발하는 효과가 부정적이라는 견해도 많다. 무엇보다도 세계화는 사회의 안전망 제공을 기본적인 목적으로 하는 복지 정책의 근간을 약화시킬 수 있다. 세계화 시대에는 강자 독식의 가능성이 크기 때문에, 경쟁에서 밀려난 약자들에게 복지 안전망을 제공하는 것이 사회의 안정에 크게 중요해진다. 이를 위해서는 복지 재원의 마련이 중요한데, 세계화된 경제 환경에서는 이것이 어렵게 된다. 왜냐하면 자본은 국제적 이동성이 크기 때문에 과세를 하기 어려워 상대적으로 이동성이 약한 노동에 대해 과세가 집중되는 경향이 발생하기 때문이다. 노동 중에서도 고소득 숙련 노동보다는 저소득 비숙련 노동이 가장 약한 이동성을 보이는데, 이 계층은 조세 부담 능력이 가장 작으며 오히려 복지 지출의 대상이 되어야 할 집단이다. 따라서 복지 정책을 시행할 사회적 여력은 한계에 봉착하게 된다.

세계화는 계층 간의 갈등을 심화시키는 요인으로 작용하기 쉽기 때문에 공동체적 사회 의식을 훼손하는 악영향을 초래한다는 점도 지적된다. 시장 권력의 지배력이 커짐에 따라 사회적 긴장과 갈등을 해소하고 공동체적 의식을 회복하려는 노력이 성과를 거두기 어려워진다는 것이다. 빈곤과 소득 불균등의 문제, 정보 격차, 환경 이슈 등 다양한 사안에 대해 사회 통합의 심리적 구심점이 약화되고, 약육강식의 분위기가 팽배해질 수 있다는 우려가 제기되는 것이다.

세계화가 문화적 다양성을 촉진할 것이라는 낙관적 기대와, 반대로 세계화가 오히려 문화적 다양성의 축소를 낳을 것이라는 견해도 있다. 소수의 특정 문화가 광범위한 지배력을 행사함에 따라, 수많은 국지적 문화들은 설 자리를 잃고 주변적인 지위로 밀려나거나 소멸된다는 것이다. 이른바 **'맥도널드화'**(McDonalization)라는 이름을 탄생시킨 미국 패스트푸드의 세계적 전파와 할리우드 영화의 세계적 흥행, 그리고 유럽 프로 축구 리그들의 대인기는 모두 이런 추세의 사례로 지적된다. 상업적인 가치가 적은 제품, 오락, 취미 등은 점차 설 자리를 잃고, 국지적 기반의 활동은 사람들의 관심사에서 멀어져 도태될 수밖에 없다는 것이다.

9.11과 점령 운동

21세기에 들어서 세계화에 영향을 크게 준 두 개의 사건이 발생하였다. 2001년에 터진 **9.11 사건**과 2011년에 전개된 **점령 운동**이 그것이었다. 이들은 세계화의 역사에서 어떤 위치를 차지하고 있으며, 앞으로의 세계화에 어떤 영향을 미칠 것인가?

2001년에 미국 뉴욕의 세계 무역 센터 쌍둥이 빌딩과 워싱턴의 국방부 건물을 대상으로 발생한 동시다발적 항공기 테러 사건은 대규모의 인적 및 물적 피해를 가져왔고, 세계적으로 커다란 심리적인 충격을 초래하였다. 이 9.11 사건의 배후로 **알카에다**(Al-Qaeda)와 같은 **이슬람 원리주의**(Islamic Fundamentalism) 세력이 지목되었고, 미국은 테러와

맥도널드화: 패스트푸드 업체 맥도널드의 제품과 기업 관리 체제가 국제적으로 확산된 것처럼, 미국식 경영과 문화가 해외에서 널리 수용되는 현상을 칭한다.

9.11 사건: 2001년 9월 11일 뉴욕을 강타한 항공기 테러 사건. 약 3,000명의 인명 피해와 막대한 경제적 피해를 가져왔다.

점령 운동: 미국 경제의 불안과 소득 불균형을 항의하는 시위로, 처음에는 '월스트리트를 장악하라'(Occupy Wall Street)라는 구호를 내걸었다. 점차 다른 국가들로도 확산되어 세계적으로 영향을 끼쳤다.

알카에다: 반미, 반이스라엘을 표방하는 이슬람 무장 세력의 국제적 네트워크.

이슬람 원리주의: 원래 이슬람 공동체의 순수성을 회복하자는 사상이지만, 통상적으로는 이슬람 무장 조직의 사상을 지칭하는 용어로 사용된다.

불타는 세계화의 상징 뉴욕 세계 무역 센터 건물이 테러 공격으로 화염에 휩싸여 있다. 이 사건으로 인해 세계화의 움직임은 큰 영향을 받았다.
자료: 9/11 photos, Flickr (CC BY 2.0).

의 전쟁을 기치로 내걸고 아프가니스탄에 대해 대대적 공격을 가하여 탈레반 정권을 붕괴시켰다. 이 사건이 오늘날의 세계화 과정에 중요한 분기점이 되었다는 견해가 있다. 미국과 초국적 기업 및 국제 기구가 연합하여 강압적으로 신자유주의적인 세계화를 밀어붙이고 있다고 인식하는 이슬람의 원리주의자들이 일방적인 국제 질서에 거부감을 가지고 극단적인 형태로 반감을 표출한 것이라고 볼 수 있다는 것이다.

9.11 사건은 세계화의 주도 세력에게 중대한 충격으로 다가왔지만, 이 충격은 세계화 추진 진영의 '외부'로부터 온 것이었고, 그에 대한 반응은 외부와 내부의 분리를 강화하는 형태로 나타났다. 서구와 중동, 기독교권과 이슬람권의 구분과 갈등이 고조되어 갔다. 서구 사회 내부에서도 이슬람 인구가 사회로부터 배제되는 현상이 발생하였는데, 이는 다시 소외된 이슬람 인구를 극단적 정치 이념으로 몰아넣는 악순환을 가져왔다. 2003년 미국이 이라크와 벌인 전쟁은 이런 마찰과 갈등을 더욱 고조시켰다. 마치 냉전 이후의 새 세계 질서로서 헌팅턴(S. Huntington)이 제시하였던 '문명의 충돌'이

현실화된 듯한 모습이었다. 그러나 이른바 문명 충돌론은 현재의 국제적 갈등과 충돌이 문명 본연의 소산인 것으로 이해하는 문제점을 안고 있다. 특히, 종교적 가치 체계의 차이가 필연적으로 충돌을 야기하게 된다는 주장은 지나치게 단순하며, 국제 정치적 역학 관계를 충돌의 핵심적 원인으로 보는 것이 타당하다는 비판을 받는다.

9.11 사건이 신자유주의적 세계화에 대한 외부의 저항이었다면, 2011년에 발생한 월스트리트 점령 운동은 세계화 진영의 내부에서 출발한 저항이었다. 이 운동은 1%로 상징되는 초고소득 계층과 나머지 99%와의 빈부 격차에 대한 저항이었다. 글로벌 경제 위기가 미국에서 발생하고 세계적으로 확산되는 과정에서 실업률이 증가하고 중산층이 얇아지면서 소득 분배 문제에 대한 반발이 폭발하게 되었다. 금융가의 탐욕적 행태와 정부의 무기력한 감독 체제에 대한 비판이 세계적으로 호응을 얻은 것은 이 문제가 미국에 국한된 것이 아님을 말해 주었다.

월스트리트를 점령하라 금융 위기가 진행되는 가운데 월스트리트 금융가의 탐욕스런 행태를 비판하는 목소리가 힘을 얻었다. 사진은 2012년 점령 시위를 벌이고 있는 시위대의 모습.
자료: Michael Fleshman, Flickr (CC BY-SA 2.0).

이 저항 운동은 두 가지 측면에서 의미를 찾을 수 있다. 첫째, 저항이 신자유주의적 세계화를 주도하였던 국가들에서 가장 격렬하게 발생하였는데, 이는 세계화가 유발하는 부정적 효과가 국내적으로도 심각하게 인식되는 상황이 되었음을 의미하는 것이었다. 즉, 세계화에 대한 반발 움직임이 강자 독식을 체험한 선진국 내부로부터도 확산되

문명의 충돌: 탈냉전 사회의 새로운 국제 질서가 문명권 간의 대립과 마찰을 중심으로 이루어질 것이라는 주장.

기 시작하였다는 것이다. 둘째로, 9.11 사건에 대해서는 외부를 내부와 차단시키고 배제하는 정책으로 대응하였지만, 국내적 반발에 대해서는 이런 정책을 쓰기 곤란하다는 점이다. 다시 말하면, 국내의 여론, 시민사회의 운동, 유권자로서의 정치 참여 등 여러 경로를 통한 정치 과정을 거쳐서 세계화에 대한 반발이 국내 정치에 직접적으로 영향을 끼치게 된다는 것이다.

세계화의 길은 하나? 세계화의 이미지를 이용하는 수많은 광고에서 보듯이, 현대인들은 세계화가 불가피한 유일한 길이라는 인상을 받으며 살고 있다.
자료: Byung Khun Song (CC BY 2.0).

대안 세계화 운동의 발전

세계화에 대한 비판을 좀더 살펴보자. 2차 세계화가 위세를 키워가는 동안에 다른 한편에서는 세계화에 대한 반발도 증대되었다. 세계화에 대한 반발은 다양한 수준에서 전개되어 왔다. 세계화는 본질적으로 한 사회, 한 개인이 다른 사회, 다른 개인에 의해 영향을 받는 범위와 강도와 속도가 증대됨을 의미한다. 따라서 세계화는 필연적으로 기존의 정치 체제, 경제 구조, 문화 유형에 변동을 초래하고 개인의 사고 방식, 기호 체계, 행동 양태에도 변화의 필요성을 부각시킨다. 이러한 과정에서 세계화에 대해 반대 또는 주저하는 태도가 생성된다.

어떤 사람들은 세계화라는 추세 자체를 거부하고 개별 사회가 가능한 한 독자적인 길을 걷는 것이 바람직하다고 본다. 근본주의적 반세계화론이라고 불릴 수 있는 이런 견해는 세계화 자체에 대해 부정적인 태도를 보인다. 그러나 세계화를 비판하는 사람들의 대부분은 세계화 자체를 거부하기보다는 최근의 세계화가 추진되는 방식에 대해 불만을 표출하고 있다. 즉, 세계화와 관련된 주요 결정이 특정 집단에 의해 이루어져 왔고, 세계화가 지나치게 빠르고 강압적인 방식으로 진행되었고, 그로 인해 피해를 보거나 불안감을 느끼는 사람들에 대해 고려를 충분히 하지 않는다는 점을 지적하는 것이다. '인간의 얼굴을 한 세계화'를 주창하는 이들의 입장은 반세계화라기보다는 대안 세계화(Alternative Globalization)의 성격을 지닌다.

시애틀 전투 1999년 WTO 회담에 반대하는 시위대들이 시애틀의 회담 장소 근처에서 경찰에 맞선 모습.
자료: Steve Kaiser, Wikimedia (CC BY-SA 2.0).

세계화에 대한 저항 운동이 구체적인 힘을 가진 실체로 처음 대중적으로 인식된 것은 1999년의 일이었다. WTO 각료 회의가 시애틀에서 개최된다는 소식이 캐나다의 작은 시민 단체에 의해 인터넷을 통해 확산되자, 세계 곳곳에서 신자유주의적 세계화에 반대하는 사람들이 시애틀로 집결하였다. 총회 기간에 세계 각국으로부터 시위대가 몰려들어 반대 시위를 벌이고 초국적 기업의 상점들을 공격하였다. 결국 협정은 무위로 끝났고, 곧 이 '시애틀 전투'는 세계화에 대한 세

대안 세계화: 기존의 세계화 기조에 저항하는 관점에서 제안하는 대안적인 개혁 방향을 일컫는다. 예를 들어, 기업의 사회적 책임을 강조하고, 협동조합과 공정 무역을 확산하며, IMF와 세계은행을 개혁할 것을 표방한다.
시애틀 전투: 1999년 WTO 각료 회의를 저지시킨 반세계화 시위. 참가 단체들의 주장은 반TFA, 노동 환경 개선, 환경 보호, 소비자 권리 보호 등 다양하였지만 기존 세계화에 대한 저항이라는 면에서 공감대를 가졌다.

계적 저항 운동의 선구로 인식되었다.

신자유주의적 세계화는 예상치 못한 저항에 직면하였고, 세계 각지의 시민 운동 세력은 응집력을 높여 갔다. 세계화 저항 운동은 단기간 내에 빠른 속도로 성장하였고, 이제는 세계화론자의 입장과 대조되는 논의를 발전시키는 장으로 **세계 사회 포럼**(WSF)을 정기적으로 개최하고 있다. 세계화가 진행된 것과 발맞추어 세계적 범위에서 활동하는 시민 단체의 숫자 역시 빠르게 증가하였다.

세계화의 미래와 선택

세계화의 움직임은 미래에 어떤 변화를 경험할 것인가? 세계 경제는 어떻게 변화할 것이며, 그 속에서 우리는 어떤 선택을 할 수 있을 것인가? 이 책을 끝맺으며 이 문제에 대해 생각해 보기로 하자.

세계화의 미래에 대한 인식은 다양하다. 한편에서는 세계화의 추세가 지속될 것이며 그 강도가 높아질 것이라고 예상한다. 정보 통신 산업과 같은 기술 진보가 계속될 것이기 때문에 세계화를 진전시키기에 유리한 물질적 기반이 강화될 수밖에 없다는 주장이 그 가운데 하나다. 세계화는 자본주의 경제의 심화 발전이 필연적으로 낳게 되는 현상이라고 보는 주장도 있다. 정치적 민주화와 법치주의에 대한 열망도 돌이키기 어려운 속성을 가지므로 이 측면에서의 세계화가 필연적이라고 보는 견해도 마찬가지다.

그러나 다른 한편에서는 세계화의 추세에 대해 유연한 해석을 하는 견해도 있다. 현재의 세계화는 신자유주의적 색채를 짙게 띠고 있는데, 이것이 세계화의 유일한 방식은 아니라는 것이다. 문명의 충돌

세계 사회 포럼: 대안 세계화 활동가들이 개최하는 연례 국제 행사로, 친(親)세계화 모임인 다보스 포럼(Davos Forum)에 대응하는 형태를 띤다.

기록 13-2 '지구촌 현안' 두 목소리

세계의 정 · 재계 지도자들이 참석해 지구촌의 주요 현안에 대해 논의하는 '세계 경제 포럼'(WEF, 다보스 포럼)과 이에 대항해 반(反)세계화를 주장하는 각국 시민 · 사회운동가들의 회의인 '세계 사회 포럼'(WSF)이 26일 스위스 알프스 산속 휴양지 다보스와 브라질 남부 도시 포르투알레그레에서 각각 5일 간의 일정으로 개막되었다.

다보스 포럼: '단호한 선택을 위한 책임'을 주제로 열린 올해 포럼은 각국 참석자들이 국제 경제 및 무역 등 종전에 주로 다루어 왔던 이슈보다는 '공평한 세계화'와 빈곤 해소 등을 가장 시급하게 해결할 과제로 설정하는 등 이전과는 분위기가 달라졌다고 WEF 사무국은 전하였다. 이는 세계화의 부작용으로 지목되는 전 세계적 부의 양극화 현상에 대한 따가운 시선을 의식한 것으로 분석된다.

개막 연설에 나선 토니 블레어 영국 총리도 자신이 올해 의장을 맡는 선진 8개국(G8) 회의와 하반기 의장이 되는 유럽 연합(EU)에서 빈곤 퇴치와 기후 변화 대처에 주력하겠다고 말하였다. 기조 연설에 나선 다른 인사들도 각종 국제적 현안에 대해 전 세계가 공동 노력해야 한다고 역설하였다.…

세계 사회 포럼: 다보스 포럼이 세계화를 지향하는 선진국들과 거대 다국적 기업을 망라하는 자본가 중심의 모임이라면 세계 사회 포럼은 이에 대항해 반세계화를 강력히 주장하는 진보 세력들의 모임이다. 5년 전 '또 다른 세계는 가능하다'라는 모토로 출범한 이 포럼은 시종 자유분방한 분위기 속에 세계화의 대안을 모색하는 각국 활동가들의 한판 축제라고 할 수 있다.

'정의롭고 평등한 세계를 위한 인권과 존엄성'을 주제로 열린 올해 포럼은 특히 사전 참가 신청자 외에 일반인에게도 문호를 개방, 역대 최대 규모인 15만여 명의 일반 참가자들로 북적거릴 전망이다.…

참가자들의 거리 행진으로 개막한 포럼은 5일 간 반세계화를 위한 다양한 주제를 놓고 500여 차례의 회의와 세미나, 문화 행사로 이어진다. 참가자 중에는 루이스 이냐시오 룰라 다 실바 브라질 대통령과 노벨 평화상 수상자인 아르헨티나 인권 운동가 아돌포 에스키벨 등이 눈에 띈다.

자료: 〈국민일보〉, 2005년 1월 27일자.

로 비쳐지는 오늘날의 국제 관계도 탈냉전 시대의 세계화가 필연적으로 초래한 결과물이 아니라, 특정한 국가와 권력의 특정한 정치 행위

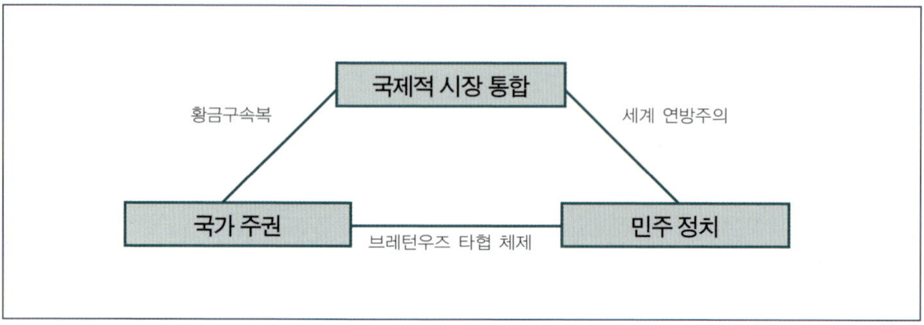

세계화의 삼자택이
로드릭(2011), 제9장.

가 낳은 산물로 보는 것이 타당하다고 말한다. 또한 세계화에 대한 저항 운동이 얼마나 강력할 것인가에 따라 세계화의 방향과 속도가 영향을 받을 것이라는 예측도 가능하다.

세계화에 관해 우리는 얼마나 넓은 선택의 여지를 가지고 있을까? 세계화와 관련하여 우리는 어떤 세계적 경제 체제와 어떤 국내적 정치 구조를 선택할 수 있을까? 그리고 모두가 동의할 수 있는 최상의 선택이란 과연 있을 수 있는 것인가? 이 질문에 답하기 위해서 세계화를 둘러싼 이른바 삼자택이(Trilemma)의 문제를 살펴보는 것이 유익하다. 이 문제의 핵심은 세 가치, 즉 국제적 시장 통합, 국가 주권(National Determination), 민주 정치(Democracy)를 동시에 만족시키는 것은 불가능하다는 점이다. 위 그림에 세계화의 삼자택이 구조가 표시되어 있다.

브레턴우즈 타협 체제(Bretton Woods Compromise)란 1970년대에 형성된 국제 경제 질서, 즉 무역 자유화를 선도하는 GATT 체제에 대해 상당한 수준의 예외를 허용하여 개별 국가들이 자율적으로 산업 정책이나 무역 정책을 실시할 수 있도록 하는 체제를 말한다. 브레턴우즈 타

삼자택이: 세 가지 중에 두 가지만을 선택할 수 있는 딜레마 상황. 학자에 따라서는 '불가능한 삼위일체'(impossible trinity)라는 표현을 쓰기도 한다.
브레턴우즈 타협 체제: 기존의 브레턴우즈 체제에 개별 국가의 자율성을 결합한 세계 경제 체제를 의미한다.

협 체제는 국가 주권(자기 영토에 대해 독립적으로 주권을 행사하는 체제) 및 민주 정치(선거의 자유가 보장되며 선거 결과에 따라 국가의 제도가 바뀌는 체제)와 양립할 수 있다. 그러나 국제적 시장 통합에는 도달할 수 없다. 이 체제는 1980년대를 거치면서 신자유주의의 대두와 더불어 입지를 상실하여 결국 역사의 뒤안길로 접어들게 되었다. 뒤를 이어 등장한 황금구속복(Golden Straitjacket)이란 세계화에 편입되기 위해 필요하다고 여겨지는 조건, 즉 상품 시장의 자유화, 노동 시장의 유연화, 자본 이동의 자유화, 정부 규제의 철폐 등의 제도 정비를 말한다. 달리 말하면 신자유주의적 경제 질서를 의미한다. 이 황금구속복은 국제적 시장 통합과 국가 주권은 충족시키지만, 민주 정치와는 양립할 수 없다. 즉, 신자유주의 체제하에서는 정치 과정을 통해 제도에 변화를 가져올 수 있는 민주 정치의 공간이 왜소화될 수밖에 없다. 마지막으로 세계 연방주의는 미국이나 유럽 연합의 이상적 형태라고 볼 수 있는데, 이는 국제적 시장 통합과 민주 정치를 만족시킬 수 있지만, 개별 국가는 독자적 주권 행사에 제약을 받을 수밖에 없다.

이렇듯 세계화 시대에 우리는 선택의 문제에 직면하게 된다. 학자들과 정책 결정자들이 생각하는 세계화의 바람직한 위치는 위의 세 축 어디에선가 위치해 왔다. 예를 들어, 2차 세계화 시대는 황금구속복을 강조한 나머지 민주 정치가 작동할 여지를 제한해 놓았다. 글로벌 금융 위기 이후의 세계 질서는 어떤 모습이 될 것인가? 신자유주의적 질서로 복귀할 것이라는 예상이 있는가 하면 브레턴우즈 타협 체제가 적절하다는 주장도 제기되고 있다. 궁극적 지향점은 세계 연방주의이며, 이를 앞당기기 가장 좋은 제도를 구상해야 한다는 견해도 있다. 새로운 세계 질서에 대해 국가 간, 집단 간, 개인 간 견해가 합의

황금구속복: 세계화의 옹호론자인 칼럼니스트 프리드먼(T. Friedman)이 사용한 표현으로, 세계화의 흐름에 동참하기 위해 갖추어야 할 제도를 비유한 용어.

점을 찾지 못하는 혼란한 상황이 대두할 것이라는 추측도 있다.

세 가치를 동시에 만족시키는 제도는 존재하지 않는다. 세 가지 중에서 둘을 골라야 하는 상황에서, 지구상의 사람이 동일한 선택을 할 것으로 기대할 수도 없다. 따라서 앞으로 어떤 세계 질서를 만들어 가는 것이 바람직할 것인지를 두고, 21세기 초의 세계를 살아가는 우리 앞에는 중대한 선택이 놓여 있다.

참고문헌(본문에 인용된 책, 논문 및 기타 자료)

고르바초프, 「유엔총회 연설문」, 1988. 12. 7(http://en.wikiquote.org/wiki/Mikhail_Gorbachev).

김동석 · 이진면 · 김민수, 『한국경제의 성장요인 분석: 1963-2000』, 한국개발연구원, 2002.

김종현, 『경제사』, 경문사, 2007.

드레주, 장 피에르 지음, 이은국 옮김, 『실크로드』, 시공사, 1995.

디킨스, 찰스 지음, 장남수 옮김, 『어려운 시절』, 푸른산, 1989(원저: Charles Dickins, *Hard Times*, 1854).

로드릭, 대니 지음, 고빛샘 · 구세희 옮김, 『자본주의 새판짜기』, 21세기북스, 2011(원저: Dani Rodrik, *The Globalization Paradox*, W. W. Norton, 2011).

로터문트, 디트마르 지음, 양동휴 · 박복영 · 김영완 옮김, 『대공황의 세계적 충격』, 예지, 2003(원저: Dietmar Rothermund, *The Global Impact of the Great Depression 1929-1939*, Routledge, 1996).

마르코 폴로 지음, 김호동 옮김, 『동방견문록』, 사계절, 2000(원저: Marco Polo, *The Travels of Marco Polo*).

마르틴, 한스 피터 · 하랄트 슈만 지음, 강수돌 옮김, 『세계화의 덫』, 영림카디널, 2003(원저: Hans-Peter Martin and Harald Schumann, *Die Globalisierungsfalle: Der Angriff auf Democratie und Wohlstand*, 1996).

송병건, 『경제사: 세계화와 세계 경제의 역사』, 해남, 2012.

스미스, 애덤 지음, 김수행 옮김, 『국부론』 상 · 하권, 비봉, 2007(원저: Adam Smith, *An Inquiry into the Nature and Causes of the Wealth of Nations*, 1776).

스타인벡, J. E. 지음, 최윤영 옮김, 『분노의 포도』, 혜원출판사, 1994(원저: John E. Steinbeck, *The Grapes of Wrath*, 1939).

유네스코 아시아 · 태평양 국제이해교육원, 『세계화 시대의 국제 이해 교육』, 한울아카데미, 2003.

양동휴, 『20세기경제사』, 일조각, 2009.

애쓰모글루, 대런 · 제임스 A. 로빈슨 지음, 최완규 옮김, 『국가는 왜 실패하는가』, 시공사, 2012(원저: Daron Acemoglu and James A. Robinson, *Why Nations Fail*, New York: Random House Inc., 2012).

오금성 외, 『명청시대 사회경제사』, 이산, 2007.

이성형, 『콜럼버스가 서쪽으로 간 까닭은』, 까치, 2003.

이영석, 『공장의 역사: 근대 영국사회와 생산, 언어, 정치』, 푸른역사, 2012 (원저: F. Taylor, *The Principle of Scientific Management*, Harper, 1914).

정주영, 『시련은 있어도 실패는 없다』, 제삼기획, 2001.

초스도프스키, 미셸 지음, 이대훈 옮김, 『빈곤의 세계화』, 당대, 1998(원저: Michel Chossudovsky, *The Globalization of Poverty: Impacts of IMF and World Bank Reforms*, Zed Books, 1997).

클라크, 그레고리 지음, 이은주 옮김, 『맬서스, 산업혁명, 그리고 이해할 수 없는 신세계』, 한스미디어, 2009(원저: G. Clark, *A Farewell to Alms*, Princeton: Princeton University Press, 2008).

킨들버거, 찰스 지음, 주경철 옮김, 『경제강대국 흥망사, 1500-1990』, 까치, 2004(원저: Charles P. Kindleberger, *World Economic Primacy: 1500-1990*, Oxford: Oxford University Press, 1996).

페인스틴, 찰스 · 피터 테민 · 지아니 토니올로 지음, 양동휴 · 박복영 · 김영완 옮김, 『대공황 전후 세계경제』, 동서문화사, 2008(원저: Charles Feinstein, Peter Temin and Gianni Toniolo, *The World Economy between the World Wars*, Oxford University Press, 2008).

프리드먼, 밀턴 지음, 심준보 · 변동열 옮김, 『자본주의와 자유』, 청어람미디어, 2007(원저: Milton Friedman, *Capitalism and Freedom*, University of Chicago Press, 2002).

한국무역협회, 『한국무역사』, 한국무역협회, 2006.

헌트, E. K. 지음, 김성구 · 김양화 옮김, 『경제사상사』, 풀빛, 1982(원저: E. K. Hunt, *History of Economic Thought*, NY, 1980).

헬드, 데이비드 · 앤터니 맥그루 · 데이비드 골드블라트 · 조너선 페라턴 지음, 조효제 옮김, 『전지구적 변환』, 창작과 비평사, 1999(원저: David Held, Anthony McGrew, David Goldblatt and Jonathan Perraton, *Global Transformation*, Stanford University Press, 1999).

홉스봄, 에릭 지음, 정도영 옮김, 『자본의 시대』, 한길사, 1983(원저: E. J. Hobsbaum, *The Age of Capital: 1848-1875*, Vintage Books, 1975).

홉슨, J. A. 지음, 신홍범 · 김종철 옮김, 『제국주의론』, 창작과비평사, 1982(원저: J. A. Hobson, *Imperialism: A Study*, Allen and Unwin, 1902).

Beard, E., ed., *501 Must-Know Speeches*, London: Bounty Books, 2009.

Bourguignon, F. and C. Morrison, 'Inequality among world citizens: 1820-1992', *American Economic Review*, 92(4), 2002.

Dicken, P., *Global Shift: Mapping the Changing Contours of the World Economy*, 5th edn., London: SAGE, 2007.

Findlay, R. and K. H. O'Rourke, *Power and Plenty: Trade, War, and the World Economy in the Second Millennium*, Princeton: Princeton University Press, 2007.

Freeman, C. and C. Perez, 'Structural crises of adjustment, business cycle and investment behaviour', in G. Dosi *et al.*, eds., *Technical Change and Economic Theory*, London: Pinter, 1988.

Harley, C. K., 'Reassessing the Industrial Revolution: a macro view', in J. Mokyr, ed., *The British Industrial Revolaution: An Economic Perspective*, Oxford: Westview, 1993.

Harris, R., 'Government and the Economy, 1688-1850', in R. Floud and P. Johnson, eds., *The Cambridge Economic History of Modern Britain*, Vol. 1: *Industrialization, 1700-1860*, Cambridge: Cambridge University Press, 2004.

Hunter, D., *The Diseases of Occupations*, London, 1962.

Lindert, P. H. and J. G. Williamson, 'Does globalization make the world more equal?', M. D. Bordo, A. M. Taylor and J. G. Williamson, eds., *Globalization in Historical Perspective*, Chicago: University of Chicago Press, 2003.

Maddison, A., *The World Economy: A Millennial Perspective*, Paris: OECD Press, 2001.

Malanima, P., *Global Economic History Series*, Vol. V: *Pre-Modern European Economy: One Thousand Years (10th-19th Centuries)*, Boston MA: Brill Academic Publishers, 2009.

O'Brien, P., ed., *Atlas of World History,* 2nd edn., Oxford: Oxford University Press, 2010.

Obstfeld, M. and A. M. Taylor, *Global Capital Markets: Integration, Crisis and Growth*, Cambridge: Cambridge University Press, 2004.

O'Rourke, K. H. and J. G. Williamson, *Globalization and History: The Evolutions of a Nineteenth-Century Atlantic Economy*, Cambridge MA: MIT Press,

1999.

Rockoff, H., 'The Wizard of Oz as a Monetary Allegory' , *Journal of Political Economy*, 98(4), 1990.

Sanders, T. *et al.*, *Encounters in World History: Sources and Themes from the Global Past*, 2 Vols., New York: McGrawHill, 2006.

Stalin, J. V., 'On the tasks of workers in the economy', in his *Works*, Vol. 13, Moscow: Foreign Language Publishing House, 1955.

Taylor, F. W., *The Principles of Scientific Management*, New York: Harper, 1914.

Ure, A., *The Philosophy of Manufactures*, London: Chas. Knight, 1835.

http://avalon.law.yale.edu/

찾아보기

ㅂ

ㅅ

ㅇ

ㅎ